茶谷誠一編

関屋貞三郎日記

第一巻

大正一五年／昭和元年（一九二六）〜昭和五年（一九三〇）

国書刊行会

関屋貞三郎。宮内次官就任前後の頃か。

［右］内務省に任官間もない台湾総督府参事官時代の関屋貞三郎（1900 年頃）。
［左］長男正彦を抱いた貞三郎、後ろは妻衣子（1905 年頃）。

鹿児島県内務部長時代に官舎にて撮影した家族写真（1910 年頃）。

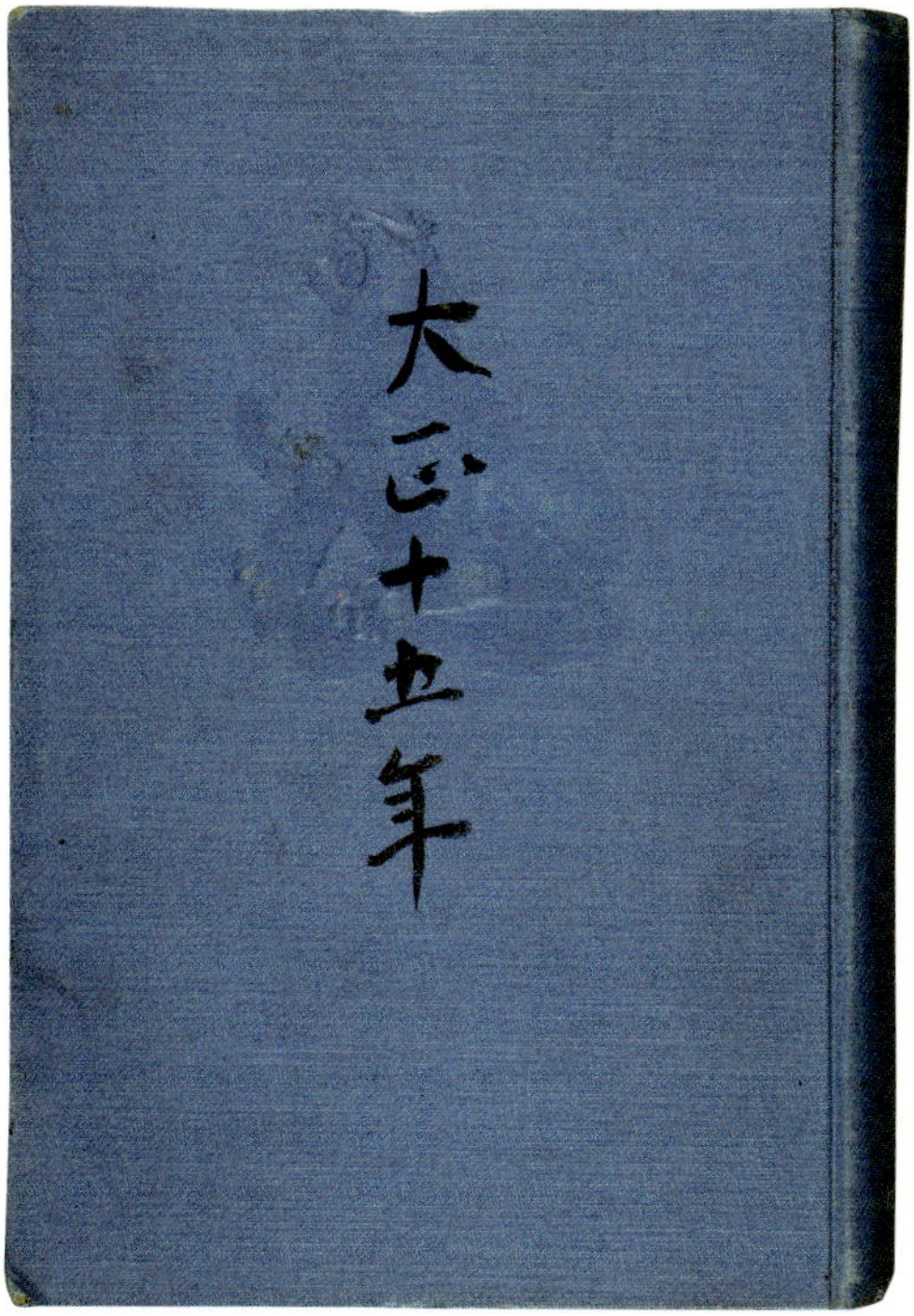

［上］大正 15 年（1926）日記の表紙（国立国会図書館憲政資料室蔵）。
［下］大正 15 年（1926）日記本文の最初の頁（本書 15 頁）（国立国会図書館憲政資料室蔵）。

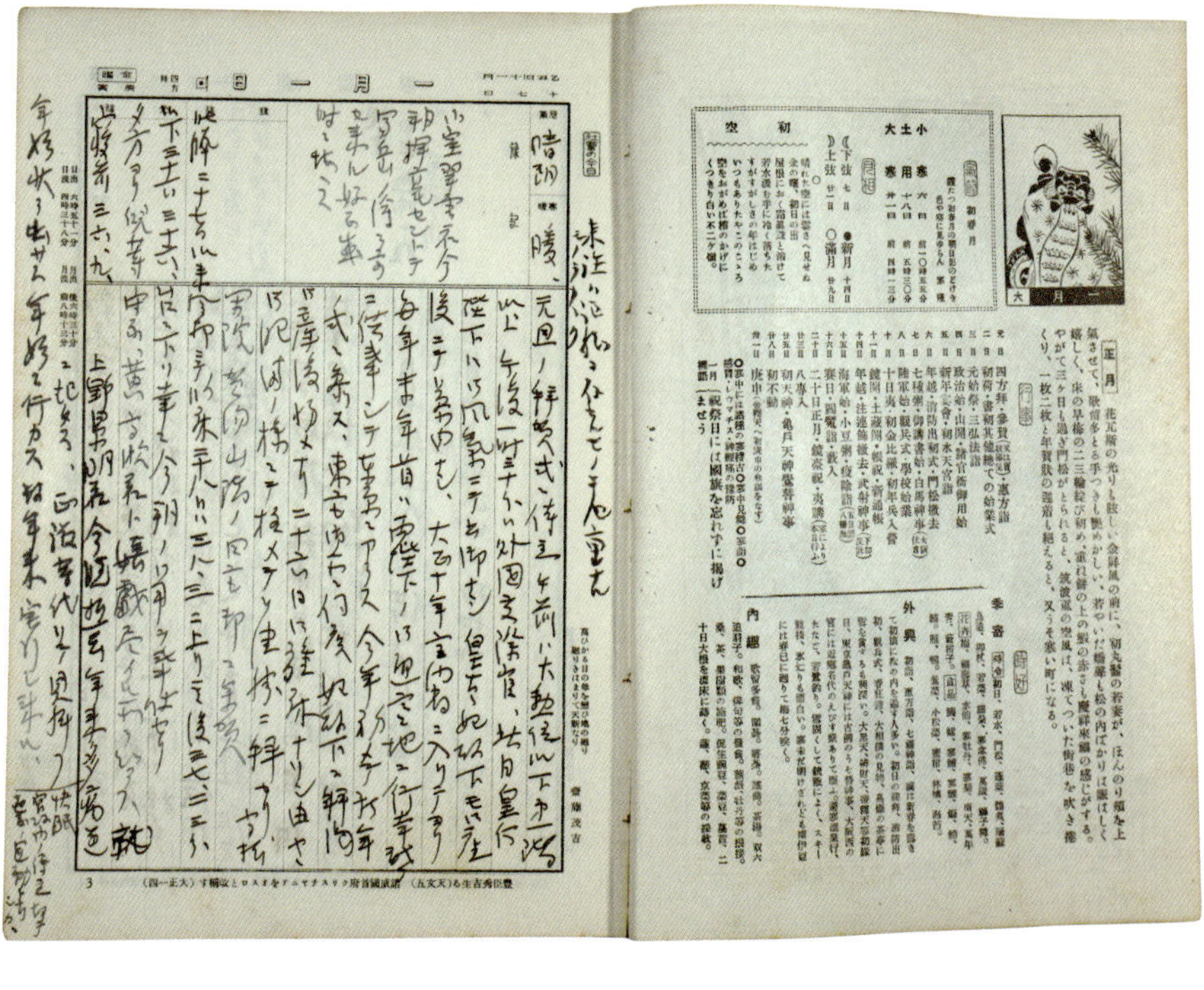

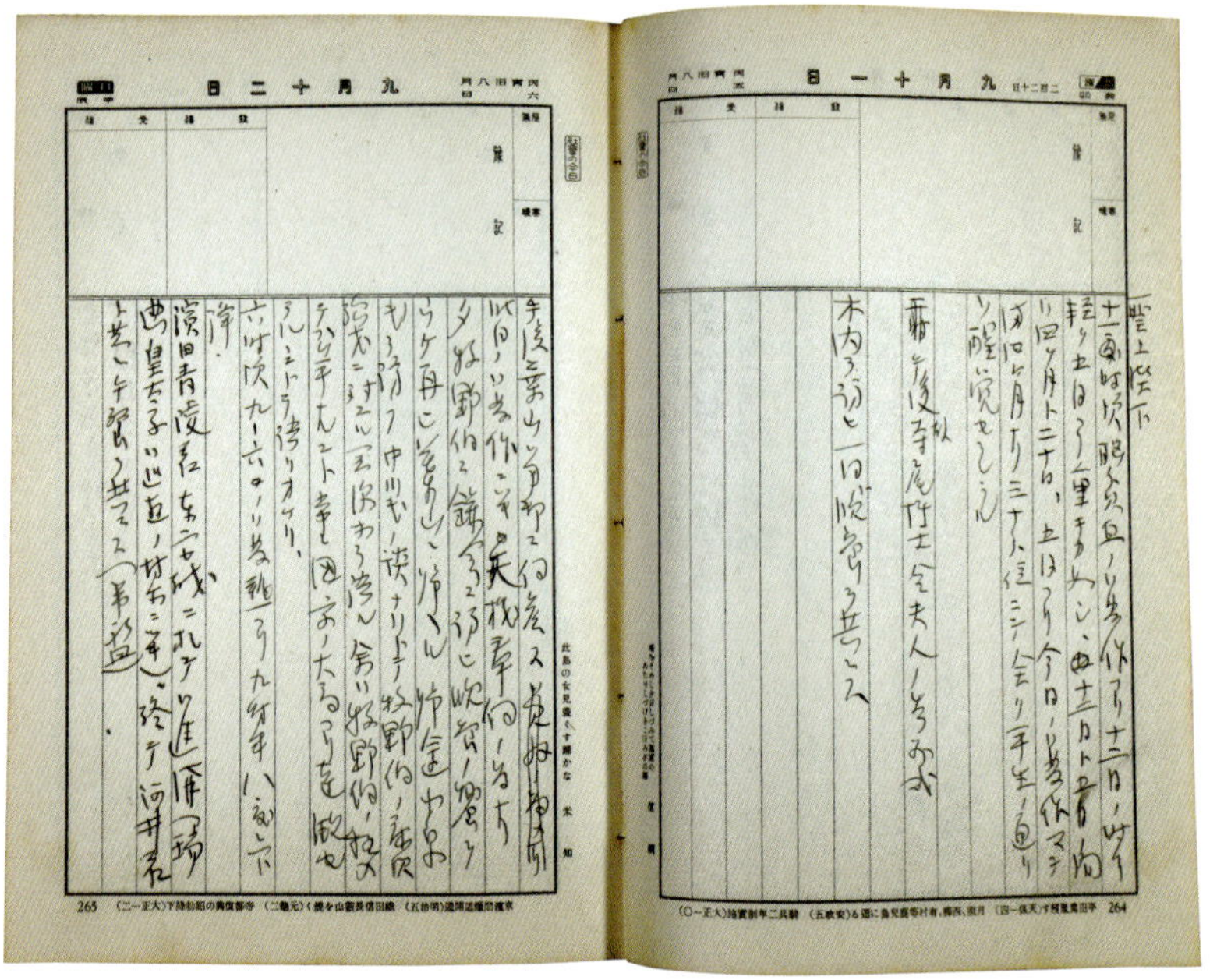

大正15年（1926）9月11日条、大正天皇の病状悪化を示す発作の記事。
9月12日条、貞三郎が牧野伸顕を評した記事（本書70、71頁）（国立国会図書館憲政資料室蔵）。

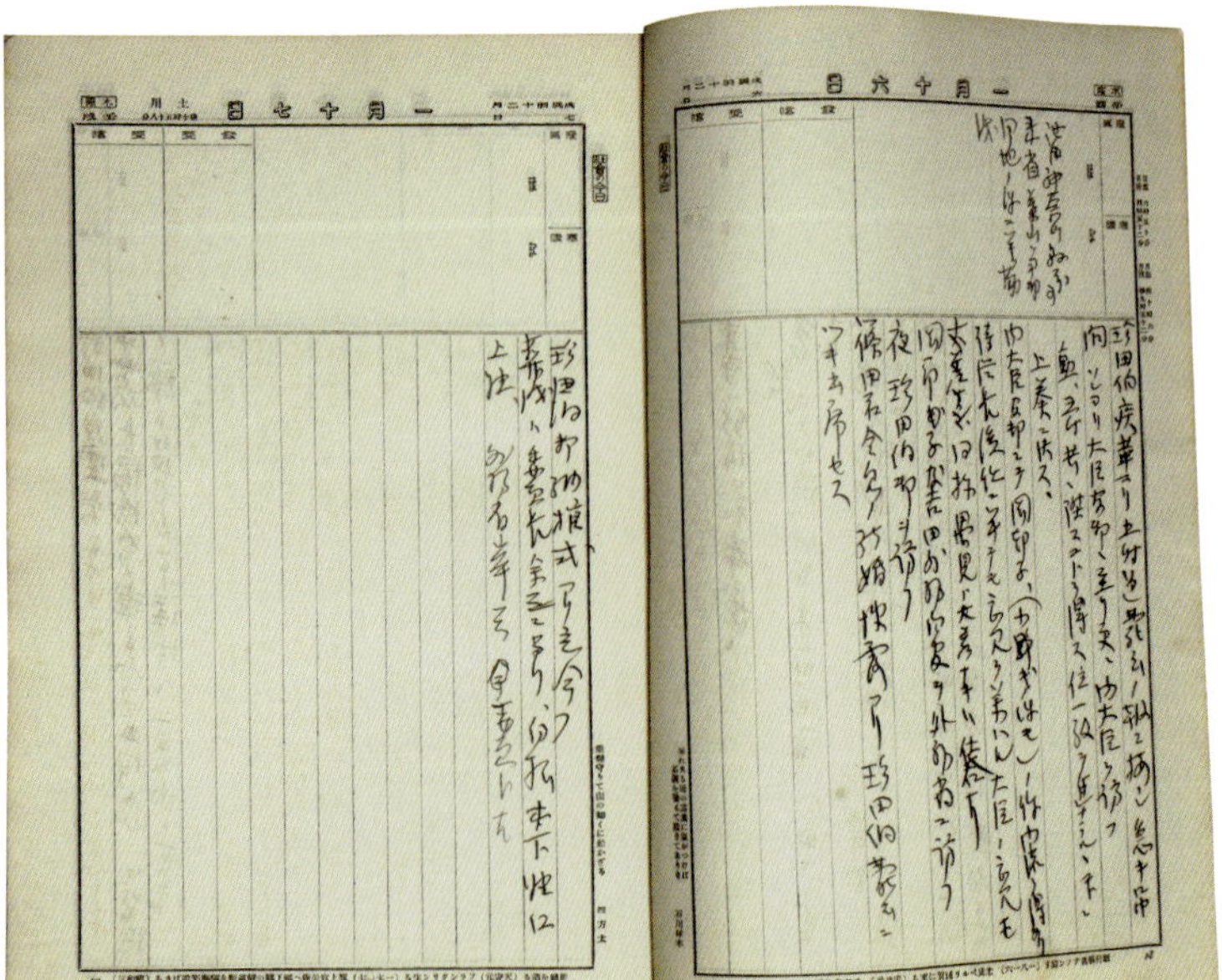

昭和4年（1929）1月16日条、珍田捨巳侍従長の死去と
その後任人事に関する記事（本書265頁）（国立国会図書館憲政資料室蔵）。

刊行にあたって

関屋友彦

このたび茶谷誠一先生の編集で「関屋貞三郎日記」が刊行される運びとなりました。私は関屋の家族を代表して茶谷先生に心から御礼申し上げます。

「日記」は大正十五年から昭和二十一年までの二十年間に及ぶものと、昭和二十五年のものです。父がこの様に二十年間以上、「日記」の執筆を継続したのは、公私の責任感からと推察します。

なお、戦後の混乱のなかで、貞三郎のつけていた全ての日記原本を紛失しましたが、幸いにも後日京都の古本屋で発見した人から連絡を受け、一部を除き回収しました。しかし、昭和二十二年から二十四年までの三年分は行方不明であり、現在まで所在がつかめません。

貞三郎は大正十年に宮内次官に就任しています。大正天皇がご病気で、皇太子の裕仁親王が摂政宮として天皇の職務を代行する内外厳しい時代でした。大正十五年十二月、大正天皇が崩御し、昭和天皇の御代となりました。貞三郎は昭和八年二月に退官するまで、宮内次官として陛下の側近にお仕えしました。それから日本は対米英戦争に突入、そして、昭和二十年八月に終戦を迎えました。

「日記」を最後に残した年（昭和二十五年）、貞三郎はすでに公私両面の仕事から引退しており、家族団欒の時間を過ごしながら、癌で亡くなりました。享年七十五歳。

ここで私は、皆様に若い時代の貞三郎を紹介し、よき指導者に恵まれて次第に公職に立つに至った経緯を紹介したいと思います。

貞三郎は栃木県足利町福居の出身で、明治八年誕生。幼少の時から物覚えが早く、将棋を覚えて村の長老を次々と打ち負かしていました。村の長老達はこの子を田舎においておくのはもったいない、東京で勉強させようと村で学費を出してくれたそうです。

貞三郎は東京に出て大学予備校に入り、東京帝国大学法学部を卒業後、高等文官試験に合格、内務省に入りました。

この時、指導教授は貞三郎に大学に残り大学教授の道に進むことを薦めましたが、家計が苦しく官吏の道を選びました。

貞三郎は、内務省に入省すると台湾総督府参事官となり台湾に赴く事になりました。時に明治三十三年、貞三郎二十五歳の時でした。

時の台湾総督は児玉源太郎陸軍中将で、児玉は貞三郎を秘書官に選びました。この児玉との縁は貞三郎のそれからの歩みにおいて大切な指針となりました。貞三郎は児玉の側近として七年間仕えましたが、児玉から学んだ知的、精神的賜物はとても言い尽くすことはできません。

児玉は日露戦争が始まると、貞三郎をそのまま秘書官として満州にも連れて行きました。私はここに児玉の貞三郎に対する信頼と愛情をみる思いがします。戦争が終わり、貞三郎は児玉の配慮で日本の租借地となった関東州の都市、大連の市長を務めました。

その後、明治四十三年韓国併合の際、朝鮮総督として寺内正毅陸相が任命された折、貞三郎は鹿児島県の内務部長を務めていましたが、朝鮮総督の学務局長（教育相）に任命され、京城に赴きました。

この時、私は生まれたての赤坊で、父母に連れられて京城に赴き、小学校一年生まで京城に居た記憶があります。

貞三郎は寺内総督の下で朝鮮人教育の基本方針を定めるという難題に直面しましたが、寺内総督を説得して、次のような教育令を作成、施行するのに成功しました。

朝鮮教育令　明治四十四年八月二十二日公布

第三条　教育は時勢及民度に適合せしむることを期すへし

関屋学務局長は寺内総督とともに、朝鮮の歴史と文化への配慮を通じて朝鮮の人心の安定に少しでも役立つように、必死に尽力しました。私はこれをみても児玉源太郎に培かわれた精神が見事に働いているのを感じます。

その後、貞三郎は朝鮮を離れて内地に戻り、静岡県知事を務めた後、大正十年、牧野伸顕宮内大臣の信任を得て、宮内次官に起用され、昭和天皇の側近として身近にお仕えする光栄を得ました。その十二年間の活動が「関屋貞三郎日記」に記されています。

最後に、父、貞三郎と母、衣子の出会いと生活について一言。

父は児玉総督の民政長官を務めた後藤新平夫妻の仲人で衣子と結婚しました。衣子は旧幕臣の長田家に生まれ、結婚後、貞三郎の同意のもとにキリスト教の徒として一生を貫きました。貞三郎は宮内次官就任前、牧野大臣に呼ばれた折、妻の衣子がクリスチャンであることを率直に告げた、と聞きました。宮内省で問題になることを心配したのですが、西洋事情に明るい牧野は、その心配はいらない、と励ましたそうです。その後、衣子は貞明皇后のご支援を得て、聖公会のコンウォール・リー女史による草津のらい病患者救済事業等、社会事業の支援に熱心に取り組みました。

戦後、貞三郎はマッカーサー元帥の軍事秘書だったボナー・F・フェラーズ准将と天皇の戦争責任問題で会談しましたが、この出会いは、衣子のクリスチャン人脈の縁で親交のあった河井道（恵泉女学園創始者）の導きによるものでした。河井はフェラーズの古い友人だったのです。貞三郎は、晩年、塚本虎二先生の指導で、キリスト教の信仰の徒となりました。

貞三郎は子煩悩で、子供といるのが大好きでした。夕飯も帰ってきて私たちと共にし、日本が直面している問題、また心の問題を率直に話してくれました。私共も父の話から社会を知り、それで育ったのです。

私は、我国がもっと精神基盤を強固にして、アジアで、そして世界で役立つ国に成長して欲しいと思います。これが私の亡き父への最大の弔辞です。

平成二十四年八月

＊　関屋友彦氏は二〇一六年（平成二八）六月に逝去されました。

目次

刊行にあたって（関屋友彦） 1

大正一五年／昭和元年（一九二六）

大正一五年一月 15
大正一五年二月 24
大正一五年三月 33
大正一五年四月 38
大正一五年五月 44
大正一五年六月 51
大正一五年七月 57
大正一五年八月 63
大正一五年九月 69
大正一五年一〇月 75
大正一五年一一月 83
大正一五年一二月 91

昭和二年（一九二七）

昭和二年一月 97
昭和二年二月 103
昭和二年三月 106
昭和二年四月 110
昭和二年五月 112
昭和二年六月 120
昭和二年七月 126
昭和二年八月 132
昭和二年九月 139
昭和二年一〇月 148
昭和二年一一月 153
昭和二年一二月 160

昭和三年（一九二八）

昭和三年一月 177
昭和三年二月 185
昭和三年三月 193
昭和三年四月 199
昭和三年五月 203
昭和三年六月 208
昭和三年七月 212
昭和三年八月 220
昭和三年九月 225
昭和三年一〇月 231
昭和三年一一月 240
昭和三年一二月 248

昭和四年（一九二九）

昭和四年一月 261
昭和四年二月 269
昭和四年三月 274
昭和四年四月 279
昭和四年五月 286
昭和四年六月 294
昭和四年七月 300
昭和四年八月 306
昭和四年九月 313
昭和四年一〇月 319
昭和四年一一月 323
昭和四年一二月 325

昭和五年（一九三〇）

昭和五年一月　331
昭和五年二月　337
昭和五年三月　343
昭和五年四月　349
昭和五年五月　353
昭和五年六月　355
昭和五年七月　359
昭和五年八月　362
昭和五年九月　368
昭和五年一〇月　374
昭和五年一一月　379
昭和五年一二月　385

関屋貞三郎宛牧野伸顕書簡　391

解説（茶谷誠一）　427
人名索引

凡例

一、「関屋貞三郎日記」の原本は関屋家遺族（貞三郎二男の友彦氏）から国立国会図書館憲政資料室へ寄託され、後、寄贈されて同室所蔵となった。今回の翻刻にあたっては、同資料室に所蔵の冊子版（原本を複写したもの）を使用した。日記稿本の作成にあたっては、ほぼ記載されている内容全てを網羅したが、一部、服用した薬の名称や睡眠時間などを単語で表記した箇所、関屋が休暇中に詠んだ和歌などについては翻刻から割愛した。また、明らかに誤記、脱字と思われる箇所については、適当と思われる語句を補った。日記原本で罫線などで抹消した箇所は翻刻を行わなかった。

二、判読不能な語句は■で表記し、インク染みやかすれで判読困難な語句は□で表記した。

三、本文中、（　）でくくった文章や語句は日記原本のものである。

四、本文中の脱字は本文該当箇所に続けて、〔　〕内に適当と思われる語句を補った。また、本文中の誤字と思われる箇所については、該当語句の脇にママと割書きを入れ、続けて〔　〕で正しい語句を補った。

五、日記原文はほとんどカタカナで記されているが、一部ひらがなで記されている箇所もある。翻刻にあたっては、読者の便宜を考慮し、固有名詞を除いて全てひらがな表記で統一した。

六、漢字の旧字体は新字体に改めて表記した。また、読者の便宜を考慮し、原文に適宜句読点を補った。

七、日記原本の体裁について、罫線のついた本文部分を先に表記し、罫線のない頁上部の「余記」欄に筆記されたものは、各日条の最後に【上欄】と表記したうえで収録した。また、欄外などに追記された文章は内容上もっとも適切に思われる箇所に挿入した。

八、闕字については原文の表記に従った。

九、登場人物については、初出時に〔　〕で氏名と肩書きを補い、各年の初出時には氏名のみを〔　〕で補った。外国人については判明できた範囲で原綴りを補った。

一〇、日記原文には、現在の人権感覚からみて不当もしくは不適切と思われる表現や語句が含まれている箇所もある。しかし、本日記が歴史的資料であることを考慮して、原文のままの表記にとどめておいた。

大正一五年／昭和元年（一九二六）

大正一五年一月

一月一日（金） 晴朗　暖

元旦の拝賀式に侍立。午前は大勲位以下第一階以上、午後一時三十分は外国交際官、此日、皇后陛下〔節子〕は御風気にて出御なし。皇太妃殿下〔良子〕も御産後にて参内なし。大正十年宮内省に入りてより毎年末、年首は両陛下〔大正天皇、貞明皇后〕の御避寒地に行幸啓に供奉して東京にあらず。今年初めて新年の式に参す。東宮御所に伺候、妃殿下に拝謁。御産後初め〔て〕なり。二十六日御離床なりし由、やゝ御肥満の様にて極めて健勝に拝せり。高松〔高松宮宣仁親王〕、閑院〔閑院宮載仁親王〕、賀陽〔賀陽宮恒憲王〕、山階〔山階宮武彦王〕の四宮邸に年賀。

昨臘二十七日以来風邪にて臥床。二十八日は三八．三に上り、其後三七．二、三分以下、三十一日三十六台に下り、幸に今朝の御用を奉仕せり。夕方より児等、守永、黄、高瀬〔伝〕君と嬉戯尽くる所を知らす。就寝前三六．九。

上野景明〔工学士カ〕君、今暁逝去。年末多病遂に起たす、正治等代りて見舞ふ。

年始状を出さす、年始に行かす、数年来実行し来る。快眠。宮城内の侍立、却て適度の運動となりしか。

【上欄】

小室翠雲〔帝国美術院会員〕君、今朝揮毫せんとて富岳の絵を寄せ来る。好意感謝に堪へす。

一月二日（土）

朝来、背部に少寒を覚え（三六．五）昼に至りて三六．九。終日引籠りて出ず。宮様の年賀は本多〔猶一郎・宮内省秘書官〕君に依頼す。

俊一〔大倉俊一〕来りて銀行勤務の困難を訴ふ。極めて時勢後れなるか如し。而かも川崎銀行の信用基礎堅実なるは已に定評あり。一種の店員使用法あるによるか。

子供等、凧揚に熱中。午餐の際、糸を樹に括り食後至れは糸きれて凧已に無し。乃ち句を寄す。

正月や凧とんで子供くやしがり

児等の返句。

正月やかせひいておやぢくやしかり

半眠、短。

【上欄】

読書。日本趣味十種の系図の話。

一月三日（日）

朝昼共、三六・四。終日用心の為め引籠り、元始祭にも参列せす。

山口十八〔陸軍歩兵第一一旅団長〕君夫妻〔ヌイ〕、熊本より上京来訪。病の故に面会せす。正彦〔関屋正彦・関屋貞三郎の長男〕を答礼の為め遣はす。

上野君にも正彦代りて更に弔問。

大倉信〔子〕姉来訪。キントン問題にて兄弟ケンカの由、一笑話なしと、気の毒に堪へす。少々の年玉をおくる（但キントン）。

村井吉兵衛〔村井財閥創始者〕氏死去の由、白根〔松介・宮内大臣官房秘書課長兼庶務課長〕君より通し来る。

午後気分快し。

【上欄】

安井小太郎〔第一高等学校教授〕氏講義「大学」を読む。

一月四日（月）

御用始にて大臣〔一木喜徳郎・宮内大臣〕の挨拶あり（十一時）。

上野景明君の葬儀告別式に参列。風邪にてやゝ無理なりき。

後藤〔新平・貴族院議員〕子邸にDr Mott〔ジョン・R・モット John R. Mott・万国基督教青年会理事〕来朝の際に招待せられたる挨拶を述ふ。

村井氏邸弔問。

此夜、別に発熱も覚えさりき。

一月五日（火）
初谷藤兵衛君来訪。本山〔俊介〕法学士の依頼なり。
新年宴会の御招待に参内。
帰宅後、鼻カタルを覚ゆ。昨日上野氏邸の寒さに因る。
風邪中おすこと最上るへし。復た臥床。
朝は六時三《ママ》、四分なりき。五時頃三七。
松平君に示したる歌。
　朝日願がふ五十鈴の川水は昔も今もすみわたりけり
外に、
　多摩川は流れ流れて幾十里ちりもそめぬ今朝の春かな

一月六日（水）
消防出初式に摂政殿下〔皇太子裕仁親王〕台臨。之を矯〔嘱〕

矢とし組の諸氏感激を極めんといふ。

昨夜より鼻カタルと咳にて若干の発熱あり。上野氏告別式に参列の為め更にブリ返へせしもの。将来慎まさるへからす。

船曳医学士来診。胸部湿布をなす。気管に少許のカタルありと。

一月七日（木）

熱三六・八、九分に上る。昨日より可。

小室翠雲君来訪。杉浦〔倹一〕君来訪。

寝室は南面、日光をうけ申分なし。閑静此上なし。多くは訪客を謝し読書、黙想に耽ける。詩思なきを憾む。

衣〔関屋衣子・関屋貞三郎の妻〕、此日より離床。

明日より学校初まるとて児等宿題を片附け悲観悲観とこぼす。

一月八日（金）　寒
児等の学校初まる。

朝来咳少く、熱三六・三、平熱。

金海岡画伯より墨竹、米竹二幅を送り来る。

清浦〔奎吾・第二三代内閣総理大臣〕子母堂、村井氏の告別式あり、代理を出す。

友彦〔関屋友彦・関屋貞三郎の二男〕、熱大に減す。

野口〔明・宮内省〕秘書官、大臣の命にて見舞に来る。

太陽（一月号）藤沢〔利喜太郎・貴族院議員〕博士「ステファニック」将軍を懐ふの一文あり。

「チェック〔チェコ〕」の三名士　マザリック〔トマーシュ・ガリッグ・マサリク Tomáš Garrigue Masaryk〕大統領、ベネシュ〔エドヴァルド・ベネシュ Edvard Beneš〕外相、ステファニック将軍。

一月九日（土）

夜来少雪。午前中も■く。

友、大に快く離床。守永氏、昨日来発熱、引籠中。

Queen Victoria（E. Gordon Browne）、改造　河合栄二《ママ》〔治〕郎〔東京帝国大学経済学部助教授〕君の在欧通信を読む。前者は英語比較的簡明にして興味の尽くるを覚えす。在欧通信は如何に記者の多読なるかを思はしむ。真に敬服の至なり。氏の将来は刮目に値すへし。

【上欄】

川西氏の大阪府■社会事業の調査書其他前年来の書類を見了る。

大蔵省の矢橋、太田二氏来訪。金性洙〔朝鮮の独立運動家〕、浦口の両〔氏〕及朝日の下村〔宏〕君も。

一月十日（日）

実吉〔敏郎〕君（博義王〔伏見宮博義王・伏見宮博恭王の第一王子〕附海軍武官）夫妻来訪。

石義澄君、金沢高校に入学の為め出発につき来訪。

金学元「日本大学専門科生」箕浦氏の紹介を以て来訪。

朝日新聞の訪欧飛行の四勇士、東京駅着。病の故に出迎せす。安辺浩（大尉）〔陸軍航空局航空官〕、河内一彦〔朝日新聞社飛行士〕、篠原春〔空白・篠原春一郎・陸軍航空部検査官付〕、片桐〔庄平・陸軍航空部検査官付〕、四氏両三日前、神戸着。叙勲の栄を荷はる。新聞社より朝日賞（各一万五千円）、村上賞（各五千円）を受贈せらる。

正、友、光〔関屋光彦・関屋貞三郎の三男〕の室変更、正彦は階上の寝室に来る。

【上欄】

Queen Victoria を読了。文章平明なるも記事豊富にして要を得、官著たるを失はす。

一月十一日（月）

午後より出勤。

久邇宮〔邦彦王〕殿下より御招待にて夫妻参上。今夕は第三回にて課長級出席、敬重なる御饗応なり。

去八日、摂政殿下観兵式行啓の際、赤坂表町順天堂病院前にてブラジル大使〔リナルド・デ・リマ・エ・シルヴァ〕夫妻と警官との間に行違あり。昨今問題になり居り、二、三団体もさはき出したる如くにて未解決を見す。

安眠。

一月十二日（火）

出勤。

東京日々主催のこども博覧会開場式あり。欠席。本博覧会は東伏見宮妃殿下〔周子〕総裁に推戴、清浦子会長たり。岡田〔良平〕文相、東京府知事〔平塚広義〕、市長〔中村是公〕及余を顧問とす。

赤十字社病院に至り佐藤〔恒丸〕院長の健康診断を受く。別に憂ふへき何物もなしと。昨年十月頃より両脚又は肺の冷感を覚えることにつきては原因を言明せす、中毒の徴なしと。休息をすゝめらる。温泉を可なりとせるも、一日二回位を適当とする由。

本多代議士主催の啓処〔鈴木啓処〕画伯の揮毫展覧を紅

葉館にて開会。富谷〔鉎太郎カ〕、奈良及余を顧問とす。一寸出席せるのみにて帰宅。

一月十三日（水） 昨夜来暖

朝、熊沢一衛〔伊勢電気鉄道社長〕君来訪。国民新聞の件につき意見を確めおけり。

徳富〔猪一郎（蘇峰）・国民新聞社社長兼主筆〕氏を新聞社に訪ふ。震災後、バラツクにて凡て雑居其混雑名状すへからす。徳富氏中央の一端に坐を占め、編輯員其前へ並ふ。到底如何なる役所にても此く迄に不便を忍へるものなかるへし。近日中に新築に移転の由。

【上欄】

木下〔道雄・宮内省〕事務官を招き、女官、御養育掛等につき懇談。

一月十四日（木）

東宮職に於て訪欧飛行の四氏、安辺、河内、篠原、片桐の四君（村上《ママ》〔村山龍平〕朝日社長同行）を招き玉ひ、安辺大尉より訪欧の経過を言上。活動写真台覧。

【上欄】

史実考査委員会（称制を在位と見るや否や）開会。

一月十五日（金）

御講書始。グロテウス〔フーゴー・グローティウス Hugo Grotius・オランダの法学者〕著と国際聯盟（山田三良〔東京帝国大学法学部教授〕博士）

論語（岡田正之〔学習院教授〕）

続日本紀（関根〔正直・宮内省御用掛〕博士）

部局長、課長等を集めて卑見を述へ打合を為す。主として秘密漏洩、出勤時間等のことを初め職務に一層忠実親切ならんこと。

大塚〔惟精〕栃木県知事を主賓とし、加藤、松本、林の諸氏を招く。

田中、山根二氏より結婚披露の通知あり、欠席の旨返事す。一昨夜か田中氏、突然来訪。此問題につきては語らす、単に上京の挨拶と思へり。

【上欄】

政友〔会〕田中〔義一〕総裁、乾〔新兵衛・実業家〕某より三百万を受取りたる件に干する記事、各新聞に出つ。佐藤〔繁吉〕某より田中総才に対し請求の訴訟なり。

一月十六日（土）

東宮職にて加藤〔高明〕首相より内閣干係事務の御説明をなす。

松平〔慶民・式部官兼宗秩寮事務官〕子爵邸にてデビットソン氏と西園寺〔八郎・東宮職御用掛〕君と茶に招かる。

夜、牧野〔伸顕・内大臣〕伯邸にて飯田欓隠師の禅につき講話あり。阿部無仏〔阿部充家・国民新聞社顧問〕居士の斡旋による。若洲小浜〔空白〕寺の住職なり。数年前僧籍に入れりといふ。

一月十七日（日）

東宮殿下御催の鴨猟、浜離宮。若槻〔礼次郎〕内相初め地方長官（行啓の地方）、鉄道局長〔東京鉄道局長・福富正男〕等。

朝日の訪欧飛行成功記念の宴会〔帝国ホテル〕。

沢田君令嬢、去月末死去のことを聞き弔問す。

倉富〔勇三郎〕氏、去月二十八日枢密顧問官兼会計審査局長官より枢府〔枢密院〕副議長に栄転につき、風邪の為め後れたるにつき挨拶に訪問。

本山俊介君、初谷藤兵衛君と同行訪問。

一月十八日（月）

御歌会始。

図書寮編輯官補秋山光夫君も選歌の中に入る。

中央官衙建築委員会第一回、大蔵大臣官邸に開かる。浜口〔雄幸〕蔵相は閣議にて武内〔作平〕政務次官代て司会す。終て晩餐。

河水清

皇后陛下　河水の瀬ことに音はかはれともおしなへてこそすみわたりけれ

東宮殿下　広き野をなかれゆけとも最上川つみにいるまてにこらさりけり

妃殿下　水底のさゝれのかすもよむはかり河のなかれきよくもあるかな

高松宮殿下　神代よりたへす流るゝ河水のきよきか国のほこりなりけり

秋山光夫　谷川をむすひてすめる山人のこゝろを水つきよさにぞしる

一月十九日（火）

相馬〔孟胤・宮内省式部官兼朝香宮御用掛〕子爵来訪。朝香宮〔鳩彦王〕随員として巴里以来の事情を語る。

富谷氏と会し同氏紹介の書籍の件につき懇談。

中央朝鮮協会打合（日本クラブ）、経費問題。

石井氏案、一年二万余。東拓にて宝を貸す代はりに其賃金に相当する三千四百円位は負担する由なりき。

木内〔重四郎・故人〕氏令夫人（磯路）、昨日死去につき牛込良胤〔木内良胤・外交官、のち関屋貞三郎の長女淑子と結婚〕君邸に弔問。岩崎久弥〔三菱財閥三代目総帥〕男には此際初めて面会。

守尾考蔵君来省。岩倉家土地は一坪三百二十五円にて売却の契約出来たる由を告く。

一月二十日（水）

学習院〔長・福原鐐二郎〕、女子学習院長〔松浦寅三郎〕等と大臣官邸に会合。

長田戒三〔大倉組支配人カ、関屋貞三郎の妻衣子の弟〕来訪。謙蔵の件につき懇談。

大塚〔常三郎・内大臣秘書官長兼東宮御用掛〕君、沼津駿東病院に入院の由、令夫人〔璞子〕来談。令夫人は明日沼津に向ふ筈。

【上欄】

皇室儀制令、枢密院にて可決。軍旗親授式につき石黒〔忠悳・枢密〕顧問官より意見ありしも撤回せられ、全会一致。

一月二十一日（木）

英大使Eliot〔サー・チャールズ・エリオットSir Charles Eliot〕氏、離任帰国につき宮中にて御陪食。

木内夫人の葬儀（青山）に列す。

三越にて出来合のマント（一九．五〇）、インバネス（七九．五）を買ふ。

大塚夫人より来電。

肋膜及腹部に水溜りて十七日と二十一日に各千グラムの水をとり、やゝ重態なるも心配する程に非すと。

竹屋〔空白・津根〕子、東宮職御用掛となり、照宮〔成子内親王・皇太子裕仁の長女〕御養育掛を命せらる。夜、竹屋氏来訪、懇談。

一月二十二日（金）
李三栻（明大）君来りて、三菱合資入社の内諾を得たるを告く。
李秉鎮君来訪。

侍医寮診療事業の為め大臣官邸にて午餐の饗あり。

一月二十三日（土）

二時半の汽車にて箱根小室画伯を訪ふ。

小田原より乗合自動車にのる。賃■本三五〇銭、外に荷物の為五〇銭、六時頃着。

別荘は長興山房といふ西園寺〔公望・元老〕公揮毫の額あり。大正三年頃、野崎広太〔元三越呉服店社長〕氏より購譲ひ《ママ》受けたりと。震災と昨年の水害にて甚しく破損せるを見る。但■昨年温泉をほりあて一分〔空白〕石を湧出する由。主人の悦ひ知るへきなり。主人夫妻の歓待感謝する所、誠に夫人の手料理は敬服の外なし。

【上欄】

中央官衙準備委員会。

一月二十四日（日）

九時頃離床、浴後、座敷の寒気堪へ難きものあり。座敷は崖下に在り、終日日光を見さるか為めか。

主人起き来り、共に炬燵に入り僅に安堵の思をなせり。此方面座敷は南向にて日光を受く。曽根■■君も来り緩談。午後早雲寺、正眼寺の辺、旧街道を散歩す。寒気慥に東京にまさる。夕方、藤野君山〔帝都賜菊園学会長〕、中川吉郎〔日本画家〕の二名、東京より来遊。此夜、君山君の談をきく。該博なる史論、詩歌文章語りて尽きす。

一月二十五日（月）

七時四十分の電車に投し小田原に出つ。十一時過、沼津につく。駿東病院に大塚君を見舞ふ。左程に衰弱せす、床上に跪座し談話す。八田〔善之進〕侍医の東京より来診するをまち上京、大学に入院の筈。水、胸部、腹部に溜まりて苦痛の由、但熱なし。

三時過、興津にゆき西園寺公に面会。それより蒲原に田中〔光顕・元宮内大臣〕伯を訪ひ、伯悦ひ迎ひ蓆りに宿泊をすゝめらる。好意に甘へ御世話になる〔最初は水口屋に宿泊の予定なりき〕。万事行届きて申分なし。誠に気候箱根に比し凌きよく、夜、伯の旧事を語ること尽きす。極めて有益なる一夜を過せるは感謝に堪へす。

一月二十六日（火）

朝八時前起床。箱根と異なり、余寒気を覚えす。

高知県覚醒会長藤沢行俊〔高知県水平社〕氏、田中伯を来訪。氏は特殊部落の出身にして、而かも極めて穏健の意見を有せらる。後日上京来訪の筈。

庭内を一巡、梅花満開のもの半開のもの、場処によりて異る。十時十五分発にて帰途につく。藤沢に下車。片瀬に山本氏を訪ふ。不在。土屋忠安氏を訪ひ鎌倉に出て藁谷君（夫人のみ在宅）、牧野伯を訪ふ。何れも不在。牧野伯新邸を拝見（日本橋箱崎町大竹氏の請負になる由、其第三弟某君、懇切に停車場まで案内しくれたり）。邸は二千坪以上にて前後[redacted]を眺め風景最佳。停車場まで歩行二十分、別に寒さを覚えす。日中は暖きも、朝夕の寒気は東京に譲らすと語れり。

夜、英国教育に干する著書を見る。

一月二十七日（水）

十時半、皇族会議。西溜に開かる。就学令につきてなり。摂政殿下、議長の職を取り王《ママ》〔玉〕ひ、高松、閑院、伏見両宮〔博恭王、邦芳王〕、久邇、山階、梨本〔梨本宮守正王〕、朝香、閑院若宮〔閑院宮春仁王〕、御出席。説明員は福原、次官〔関屋貞三郎〕、仙石〔政敬・宗秩寮〕総才、松浦、大谷〔正男・宮内省参事官〕。書記は渡辺〔直達・式部次長〕、岩波〔武信・宗秩寮事務官〕。参列員穂積〔陳重・枢密院〕議長、一木宮相、江木〔翼〕法相、横田〔秀雄〕大審院長なり。

牧野内大臣は病気欠席。

午後、林野不用存整理委員会あり。

東久世〔秀雄・内匠頭〕君、大谷君、杉〔栄三郎・図書頭兼諸陵頭〕君、白根君及各令夫人を招く。杉君の長唄をきく。軽妙なる所少らす敬服の至なり。

一月二十八日（木）

朝横沢君、賀来〔佐賀太郎・熱帯産業社長〕君来訪。

原田〔熊雄〕首相秘書官来談。去て後間もなく白根秘書課長より加藤首相の危篤を報す。実は午前九時頃、既に絶命すと。

中央官衙委員会に出席。

加藤邸を弔問す。

高松宮殿下に参上。晩餐に陪し緩談二時間余。

今夜九時三十五分、若槻内相臨時総理に就任。加藤子は伯爵正二位大勲位の栄典を授けらる。

一月二十九日（金）

高橋其三〔帝室林野局次長〕君、外遊につき来談。

エリオット大使の為め三井〔高棟・三井合名会社社長〕男邸午餐、衣、同伴出席。

大塚君、五時過沼津より東京駅着。高橋〔信カ・侍医〕博士同伴、車中故障なかりし由。

【上欄】

李王世子〔李垠・陸軍歩兵大尉〕御外遊の件につき倉富御用掛、篠田〔治策・李王職〕次官、仙石総才と会合。

一月三十日（土）

金沢〔庄三郎・言語学者〕博士来訪。

午後東宮職にて牧野内府、珍田〔捨巳・東宮〕大夫と面会、島津〔長丸・貴族院議員〕男の件懇談。

三越の寺崎〔武男・版画家〕画伯（入江氏等紹介）の像を見る。故寺崎遊氏の令息にて在外十四年、重《ママ》〔主〕に伊太利にて研究せし由。

小室画伯の母堂〔ふき〕、昨日死去につき弔問。

加藤伯邸弔問、御通夜をなす。

一月三十一日（日）

午後、小森雄介〔島津家家老の子〕君を訪ひ島津男の件を懇談。十五銀行の話をきく。

英大使館訪問。

午前中は加藤邸にゆく。

細川〔護立・貴族院議員〕侯（近々渡欧）訪問。

小室翠雲君母堂の為め弔問、通夜。小室君には原田君と同しく造花各一個を供ふ。

大正一五年二月

二月一日（月）

エリオット前大使帰国、出発を送る。

寺崎画伯展覧会にて「アルプス」の像（五つ）を購ふ。

九科展を見、山本鼎〔版画家〕氏に面会。木盆五枚を注文す。

財団法人日本農民美術研究所　信越線　大扇駅

出版部　麴町内山下町一の一　日本産業協会内　■

二四五七

自宅　大森山王字源蔵原二八一〇

二月二日（火）

加藤伯葬儀、青山葬場に行はる。十二時より接待にゆく。焼香の後、小室君母堂の告別式に立会。

西郷〔吉之助〕侯来訪。霞関土地九十二万円にて日々新聞社に売渡せし由。此内十万円の手附、之にて諸方の借金を返へし残金七十二〔此内二万は手数料〕万円は後日受取る筈にて之にて勧業、興業の借金を払ふ由。

二月三日（水）

牧野内府を訪ふ。島津男のこと、秩父宮殿下〔雍仁親王〕妃のこと、十五銀行のこと等。牧野伯より若槻首相の往訪の際、各派領袖を召さるゝこと等につき意見を徴されたる由。

大塚君を稲田内科第十七号に訪ふ。胸腹部水気やゝ減せる由。

松永武吉〔内務官僚〕氏令妻死去につき弔問。多くの子女を残し従来家政の労苦も少らさりしこと真に同情に堪へす。

高知県覚醒会長藤沢行俊君来省。

二月四日（木）

高橋林野次長の外遊を送る。

鹵簿に干する会議。

松永君夫人の葬儀（聖アンデレ）に列す。

伏見宮貞愛親王三年祭、参列せす。

特別会議。四時半より大臣官邸。

【上欄】

鹵簿に干し馬車を存置するや否やにつき大臣臨席を乞ひ会合。存置に決す。

1．儀制令の干係。

2．経費、自動車と比し甚しく減せさること。

二月五日（金）

東伏見宮邸、英大使館員に賜茶に陪す。

岩崎小弥太〔三菱財閥四代目総帥〕男を訪ひ島津男の件につき懇談。晩餐を共にす。其節高輪邸に干する談あり。

位階令案の総会（七時より）。

二月六日（土）

役所は休。

午前中、賀来君来訪。

足立太一君来訪。李王世子殿下外遊につき御伴の件につき懇談、幸に快諾。

篠田君来訪。午餐を共にし、随員の件につき協議す。

一時の汽車にて熱海に来る。就任以来、公然休暇を得て静養をなすを得るは今回か最初なり。四時半着。車中、佐野彪太博士夫妻、古河〔虎之助・古河財閥三代目当主〕男夫妻〔不二子〕か同しく熱海行に会す。富士屋に投す。室は三階の二室なり。此家に於ける最上のものならん。旧式にて便ならす、殊に室外の眺望佳ならさるにあらさるも、人家櫛比、自動車の音屋外に騒しく、東京官舎の閑静なるに似す。久邇宮様に伺候。

夜、佐野博士、分部〔資吉・久邇宮家属官〕君来訪。

二月七日（日）

午前、散歩。

十一時、久邇宮邸に伺候。荒木十畝〔帝国美術院会員〕の席画を頂く。

藤原銀次郎〔王子製紙社長〕君、新邸を案内せらる。佐野博士の新邸にて午餐の饗をうく。風景絶佳、建築は簡素なるも設計頗る妙なり。

小松氏の案内にて梅園をへて小林君の土地を見る。温泉の試掘本月中に完了の予定なる由。元柴東海散士〔柴四朗・元衆議院議員、小説家東海散士〕の土地にて十万坪ありといふ。それより三島街道に出て、途中自動車に乗り帰へる。四時過ぎなり。それより大倉別邸に入る。町長石渡要吉氏、駅長永井登久二氏来訪。之れより先き高瀬伝〔鉄道省官僚〕君、国府津より来遊。

金参十円を渡。熱海の計算は別出。

【上欄】

佐野博士の注意。

1．毛布にて身体を包むこと。方法は直接教授のこと。

2．就寝前足先を七分間冷水に浸たすこと。その時頭を冷水を含むタオルにてまくこと。

何れも血行をよくする方法にて元来、就寝の際は頭の血液か減すへきものなるに、血管収縮せさるか為め血液は依然頭部にも上るか故に不眠を起すといふ。

二月八日（月）

午前中家に在り、手紙を認む。

望月〔軍四郎カ・帝国商業銀行専務〕氏（柳一宣〔朝鮮懐中基督教会監督カ〕君令息学資）、林荘治〔実業家〕君等。

本郷〔房太郎・久邇宮家宮務監督〕大将来訪。

夜、久邇宮殿下より晩餐の御招を蒙る。

二月九日（火）

午前、御用邸を見る。

一．熱海町道路狭隘、御用邸附近、誠に甚し。

一．周囲の環境、附近旅館、料理店等多し。

一．眺望に乏しきこと。

一．御殿の構造、御殿風にて御転地の気分なきこと。

等、将来御用邸に適せす。熱海は到底両殿下（摂政宮）の御用に適せす。若必要とせは皇孫殿下の御用なり。果然らは寧、佐藤邸、古河男の空地等を可とす（背後に御料地もあり）。

熱海ホテルにて午餐。本郷、牧野（貞亮・侍従）、分部の三氏と。午後は殿下の御伴にて散策。両殿下、三条西夫人（信子・伯爵三条西公正の妻、久邇宮邦彦王の第二王女）、当別荘に成らせらる。

【上欄】

午後四時頃、久邇宮殿下御座敷にて七十余度。

田中、熊沢、伊藤等の諸氏へ手紙。

二月十日（水）

本郷大将同車、七時発帰京。古河男も同車。

十一時頃着、出省。仙石、東久世二君と御用邸其他につき協議。篠田次官と面会。

東京日々主催のこども博覧会を見る（同会の顧問なり）。微雨にて入場者少し。須田君の案内を蒙る。

賀来君と会談。

七時より帝室制度審議会に出席。王公家軌範に干する法律案を議定す（特別委員会）。

佐野博士の診察を乞ふ、其時の処方。

【上欄】
■那　三．〇〇、ホーレル水　十滴、苦味■■　十六滴（一．〇〇）、ホミカチンキ　同、水　一〇〇（一日朝四分の一、昼四分の一、夜二分の一）。

二月十一日（木）

紀元節。皇霊殿の儀に参列。宴会後、大臣と面会。久邇宮熱海御別荘の件につき懇談。

衣同道、佐野博士を病院に訪ひ、全身温蒸の治療をうく。甚快なり。

大塚君を病院に訪ふ。

夜、秋元君来訪。熱海土地の件につき懇談す。

【上欄】

望月君より返書あり。柳一宣君令息学資の件、来年度より引受けらるゝ筈、今年は□□□□□□由。

二月十二日（金）

午前、秋元君来訪。木下事務官来訪。守永女史を紹介す。

沢山精八郎〔沢山汽船社長、貴族院議員〕氏来談。長田戒三同席。

十一時半の汽車にて二宮に来り山階宮殿下（磯村別荘）に伺候。鈴木属（禎二《ママ》〔碇治〕）に面会。殿下には御面会遊されず、単に「よろしく」との御伝言なり。鈴木属と今《ママ》〔懇〕談一時間。自動車にて小田原に来る。途中、酒匂松濤園を見る。二十余年前の旧態を改めず、感慨最深し。

小田原林野出張所に立寄り、御用邸の跡を見る。六時過、熱海着。

【上欄】

林君より大沢君の出金承諾の返事あり。

二月十三日（土）　好晴

午前八時、室内（戸を開けて）五〇・度。（戸を閉めて）六〇・度。

午前、分部君来訪。

午後、殿下に御伴して竹内同族株式会社土地を見る。最高五百尺以上、有効面積三万坪ありといふ。勾配やゝ峻。

神崎一郎氏（田中清二《ママ》〔次〕郎氏の湯河原土地差配人）来訪。中村是公氏の土地を見る。凡て三千坪余。

牧野氏を訪ふ。

二月十四日（日）

坂中君（竹内同族株式会社主事）の案内にて潮見崎の土地を見る。小菅氏の有及同族株式会社の土地、眺望甚佳。

河合〔鉡太郎・東京帝国大学農学部教授〕林学博士来訪。長瀬君亦来訪。河合君と共に錦浦に遊び（石渡七五郎氏の有にて三十八丁歩）石渡氏にも面会。別荘より歩程三十分余。

熱海ホテル、蜂須賀、東、長瀬、小林の五《ママ》氏を招き午餐を共にす。

夜、貫一茶屋に招かる。

夕方より微雨、夜に入りてやゝ烈し。室内六十度（夜九時）。

朝来、のぼせ気味、片〔肩カ〕のコリ甚し。歯痛もあり。

二月十五日（月）

朝、分部君来訪。

十一時発にて帰京。三時過着。出省。

夜、帝室制度審議会。王公家軌範の第一回特別委員会に列す。

時々歯痛を感ず。

大木〔遠吉・貴族院議員〕伯、京都客舎に於て急病にて逝去の由。東京朝日紙上にて知り哀悼に堪へす。常に大体に通し統領の器、将来を嘱目せられたるに惜むへし。俄に易簀せられたり。誠に一片の俠骨同僚、政客の企及し難きものあり。余や白蓮〔柳原白蓮・歌人〕事件当時より特に面晤の機を得、心衷頗る敬慕せしなり。

二月十六日（火）

朝、小島君、人見〔次郎・日本産業協会幹事長〕君等来訪。

李〔軫鎬〕朝鮮学務局長来訪。鮮学生徒後援会設立問題につき意見を徴せらる。

大倉喜七郎〔大倉組頭取〕君来訪。古川《ママ》〔河〕男土地の件につき注意を促せり。頗る快く切に同男と協議せしことを希望せらる。

十一時半、東久世君と同行、発車。二時過真鶴に下車、御料地をみる。入口まで約三十丁と称す。五十分を要せり。御料地内見聞に約五十分を要し、五時頃真鶴駅に帰へり、五時四十分にて熱海に来る。此日、此地方にて最寒冷なりしと。室内夜五十度。

真鶴御料地は約三十二町歩。終点に村合地あり。殆無高木地なり。御料地に至る途中、東京人士の手に移れるもの少らす。別荘の有無は明ならす。御料地は松楠の大木少らす。夏時も頗る清涼なりといふ。

二月十七日（水）

東久世君と共に御用邸、御料林等を見る。

久邇宮邸に伺候す。

熱海ホテルにて午餐（停車場、自動車一人五〇銭）。

伊豆山方面に散策、それより梅園を見（停車場より二人にて一・五〇）。

海岸通より□□別荘を見る。行歩、数時間に及ぶ。

一．御用邸は不適当なること。

一．御料林は佐藤、古川《ママ》〔河〕等の土地を一処にせされは皇族の御所用にも適せさること。

一．皇孫の御用邸としては右の如くするも、余り端近にて不適なるへきこと。

一．皇孫等の為め熱海に御用邸の要するや否は侍医頭〔入沢達吉〕にも協議のこと。

【上欄】

白根秘書課長より電あり。秩父宮殿下、瑞西ミュレンにて麻疹にかゝらせられ、十六日発熱四〇．五に上る。

小田原、箱根、鎌倉御用邸等につきても意見を交換す。

二月十八日（木）
東久世君、朝七時出発。
昨日の運動、やゝ多きに過き疲労を覚え、引籠。読書、手紙。
午後四時、衣、守永来着。同道散歩。
【上欄】
朝十時、戸を開、五〇。
秩父宮殿下御不例につき天機奉伺、御機嫌奉伺の件。
白根秘書課長に委《ママ》〔依〕頼す。

二月十九日（金）
久邇宮邸に伺候。衣同伴。
御用邸、伊知地《ママ》〔地知〕邸に野口[redacted]女史を訪ふ。松方邸を訪ふ。
一時過、湯河原に遊ふ。衣、守永、トミ同伴。田中清次郎氏土地及大倉邸等を見て帰へる。駅より温泉場まて自動車二・五〇。車中、小田原出張所の浜〔三郎・技師〕及大久保〔教恵・技手〕二氏の訪問するに会し、熱海ホテルに伴ひ茶を餐す。

久邇宮殿下より晩餐の御案内をうく。東開《ママ》〔海〕母堂、竹内母堂同席。終て名所カルタの御相手をなし《ママ》。夜、微雨。

二月二十日（土）
伊東御訪在の伏見宮殿下、伺候。午前八時過自動車、上多賀、下多賀、網代、宇佐美をへて伊東に達す。一時三十分を規定とす。実は一時廿分位にて足る。網代まで道路やゝ狭し。
伊東にては中村長五郎〔伊東自動車創設者〕氏、伊東町長、共に病気。設場員、古見小学校長、分署長（署長は出署中の由）、代部長、十八公、三千丈、東海自動車尾浜徳三郎等の諸君の御世話になる。築港の防波堤、仏現寺、浄の池別荘地域、小学校等を見、午餐後（暖香園）宮殿下に謁す。二時過発にて帰荘。尾浜君送り来る。熱海ホテルにてブリ二尾を求む。一尾（二〆五百目）五円。松方〔巌・十五銀行頭取〕公を答訪。夜、古河君来訪。

二月二十一日（日）
九時四十分発にて帰京。来書を処理す。
進経太〔技術者〕君夫人の訃を弔問。胃潰瘍にて急に逝去。哀悼に堪へす。

七時の急行にて奈良に向ふ。車中、山本、三橋、両代議士に会す。寝台の温度高く薬を用いたれとも殆眠を成さす。

二月二十二日（月）

朝七時三分京都着。乗換へて直に奈良に向ふ。鈴木信太郎〔奈良県知事〕君に面会。奈良ホテルに入る。

少憩の後、帯解、円照寺にゆく。奈良より二里程、自動車二十分。準備は全く整ひ別に指図すへき用事もなし。寺境は閑静、御離所も小丘上にあり、寺より四丁。閑院宮、伏見宮、已に寺に御着にて拝謁す。十二時過、帰宿。

女子高師に槙山〔栄次〕校長を訪ひ、教授、生徒監秋草ちか女史、木下竹次〔奈良女子高等師範学校教授〕君に面会。それより久保田〔鼎・奈良帝室博物館〕館長を博物館に訪ひ、正倉院の周囲の拡張工事を見る。此頃より雨漸烈し。

四時半発、再ひ帯解に行く。西園寺、杉、松平の諸君同乗。七時より霊代安置儀あり。式後、帰宿。時に八時十分。

二月二十三日（火）

夜来、雨。朝に至りて止む。斂葬当日なり。参列者、百名余。京都府知事〔池田宏〕、師団長、旅団長、荒木〔寅三郎・京都帝国〕大学総長、大阪警察部長〔小栗一雄〕、奈良県知事〔鈴木信太郎〕、柳沢〔保恵・貴族院議員〕伯等。

午後、時々降雨あり。四時過、埋葬。墓前祭すむ。

今回の葬儀委員長は日野西〔資博・宮中顧問官〕子、委員は岩波、醍醐〔忠直・式部官〕の両氏。司祭長津田少将、副長は植松〔雅道〕陵墓監。東京より来れるは、次官、仙石総才、杉諸陵頭。喪主は博英王〔伏見宮博英王〕殿下にて、博恭王殿下、閑院宮殿下、梨本宮殿下御参列。皇族御代拝総代は高松宮石川〔岩吉〕事務官なり。

二月二十四日（水）

秋草ちか女史（奈良女高師教授生徒監）来訪。

九時半発、帯解にゆく。十日祭、朝来霽天。

午後二時帰宿。知事の案内にて正倉院の周囲拡張工事を見る。四月中旬竣工の予定。池は千八百坪（?）、水深八尺（?）。尚、考慮を要するは、

一．東大寺寄の竹林を高野槙に代えること。

一．同道路を隔てたる山林を整理し火災の憂なきを図ること。

薬師寺を見る。白鳳年間の三重塔、銅鋳の釈迦像等天下一品なりと。帰途、平城宮趾を見る。夜、県の両部長斎藤〔直橘・奈良県内務部長〕、中谷〔秀・奈良県警察部長〕両氏、槙山校長、久保田館長を招き晩餐。

木下竹次君、杉本君来訪。杉本君は目下、大阪毎日社会部へ勤務し、京都の方は其事務長なり。

【上欄】

水取に十日余まりの寒さかな春■し平城宮趾に吾■■ば

二月二十五日（木）

八時十五分、奈良発にて京都にて特急に乗換え博恭王、博英王殿下も御同車。松平乗承〔元貴族院議員〕君同室なりき。

奈良旅行は従来と異なりバスなきにも拘らす、旅舎のホテルなるか為め若干の剰余を生せしか如し。

奈良ホテル、浴室付八円（室のみ六・〇）。食事は朝一・五〇、昼夜二・五〇。チップは約二割位を可とすと。

二月二十六日（金）

午後、王公家軌範に干し王公族の範囲等につき大臣初め大谷、西園寺、入江〔貫一・帝室会計審査局長官〕、仙石等協議す。

中央朝鮮協会理事会に出席（殖産銀行内）。

夜、青山女官〔元子〕第二子〔忠徳〕の急死を弔問。昨夜、奈良より帰宅、此凶事を聞き真に同情に堪へす。青山女官は夫故〔忠允〕子爵没後、十八、九年二児の教養に専念し今日に及ひ、曩に女官に推薦せし際も二児〔忠精、忠徳〕の教養に就きては何等支障なきのみならす、却て是二児将来の刺□《ママ》〔激〕とも奮発となるへしと彼我の意見も一致し快諾せしものなりしか、今日此訃に逢ひ哀悼尤も深からさるを得す。

二月二十七日（土）

田中伯、昨夜蒲原より上京、面会を求められしに付、今朝訪問。北白川宮大妃〔富子〕の件と増田御用掛の件なりき。

青山子爵母堂（東宮女官）の第二子の告別式に行く。

東宮御所にて珍田伯に面会。

王世子殿下、来月一日帰鮮に付、伺候。

珍田伯とは島津〔ハル・皇后宮〕女官長の将来につき意見を交換す。

二月二十八日（日）

加藤前首相の追悼会に出席。

木内良胤君兄弟〔信胤・横浜正金銀行頭取席調査部、木内重四郎の二男、高胤・木内重四郎の三男〕及山内豊中〔海軍大佐〕夫人〔草子〕及令嬢〔春子〕等来遊。

李学務局長来りて鮮人学生資金につき協議。

「今井信之氏」英文世界時《ママ》〔思〕潮研究会発行 The Current of the World

【上欄】

王公家軌範に干し王公族の権能に関する法律案（皇室令は委任のこと）につき帝室制度委員会総会。午後は特別委員会。

大正一五年三月

三月一日（月）

故下岡忠治〔前朝鮮総督府政務総監〕君の追悼会（西本願寺）に臨む。

台湾の事情紹介の為め、総督府主催の活動写真を見る（帝国ホテル）。

〔以下、「二日」と記載〕

熊沢君来訪。戒三の件につき語る。戒三の面会の約をなししか遂にそのことなく帰国せりと。此人にして此疾あり。惜むへきなり。戒三には気の毒千万。但、戒三のやり繰とから無理あるは遺憾なり。

三月二日（火）

二条〔厚基・貴族院議員〕公爵と華族会館にて面談。

夜、黒沢礼吉君来訪。将来の身上につき懇談。真に気の毒に堪へす。代議士の立争か困難の基因をなせり。

三月三日（水）

岩崎小弥太男来訪。

赤坂離宮にて殿下御外遊記念日につき午餐を賜はる。

当時の両艦長は少将となり予備（漢那〔憲和・香取艦長〕、小山〔武・鹿島艦長〕氏）、小栗〔孝三郎・第三艦隊〕司令長官は大将となり予備、参謀長田口〔久盛〕少将早く已に退職、予備。変遷の速なるに驚く。

大塚氏を病院に訪ふ。や丶快く室内を歩行すと。尚咳引続き困難するか如し。

児玉〔秀雄〕関東長官を訪ひ黒沢君の件につき依頼。

三時、東宮妃殿下内謁見に於て雛祭につき茶を賜ふ。内大臣、大臣、次官。其他は東宮職々員。

村上君、白根君より紹介せられ小林氏の治療をうく。手のひらにて数回押すときは熱堪へ難き思あり。

【上欄】

永田仁助君、仁井田君等も亦来り治療をうけ居る由。

帰途、岡村三活君を訪ふ。沢山精八郎氏の帝国ホテルに於ける小宴に臨む。

三月四日（木）

力石〔雄一郎・内務官僚〕君来訪。横沢君、佐伯君来訪。菊池福次君来訪。

制度審議にて王公家軌範特別委員会第四回。

【上欄】

本願寺新法主光暢氏〔大谷光暢・東本願寺第二四代法主〕、熱海に久邇宮殿下来訪のこと、新聞紙上に担はれ、時節柄注意を引く。

午後、山田〔益彦・久邇宮附〕事務官等と大臣室にて会合。

三月五日（金）

大倉、佐伯、日疋〔日匹信亮カ〕等、諸氏来訪。

一高同窓会幹部会に参列。

十五年度予算
収入　一三五〇〇．とす。

一人三円とし、四五〇〇人の見込。

稲田〔龍吉〕博士に大塚君病気を問合せたるに、全快の見込なしと。失望落胆。

議会、中野正剛〔憲政会所属衆議院議員〕君、昨夜陸軍機密費四百万円の始末につき、田中大将当時の関係者弾劾の演説をなし、今朝の新聞紙上諸説紛々たり。

今日より小林氏の手熱療法をうく。

【上欄】

久邇宮様、熱海御別荘御買入につき宮内省にて代金調達のこと、大臣、杉内蔵〔頭〕、岩波（仙石は病気）協議の上決定。本郷大将に伝達。

三月六日（土）
佐伯、黒沢君等来訪。
一高会来年度予算。

三月七日（日）

草生〔政恒・退役陸軍〕少将来訪。皇族の兵役問題等につき懇談。

石川利左衛門、巷野秀蔵、二氏来遊。午餐を共にす。

行地社の招待（帝国ホテル）。大川〔周明・思想家〕君の挨拶あり。江木〔千之・枢密顧問官〕、松岡〔洋右・南満洲鉄道理事〕、松村〔介石・宗教指導者〕の三氏の演説あり。卓上にて、余、永田〔秀次郎・元東京市長〕、松岡、丸山〔鶴吉・前朝鮮総督府警務局長〕、和田〔彦次郎・貴族院議員〕の諸氏の演説あり。極めて愉快なる会合あり。

三月八日（月）
東宮妃殿下御誕辰につき午餐に陪す。
上原〔勇作・陸軍〕元帥夫人〔槇子〕の告別式に行く。
御料地（不用存）の会議。
王公家軌範の特別委員会。

三月九日（火）
原田光次郎君を岡本旅館に訪ふ。絵画の進境一驚三嘆。菊十二枚、竹十二枚の模写最驚くへし。翠雲兄の山水十二枚は垂涎禁せす。
岩松五良、島崎氏等来訪。

藤岡〔万蔵〕中佐（朝香宮附）第九聯隊附に転任、近日出発につき招待。相馬、折田〔有彦・朝香宮附事務官〕二氏と共に。

三月十日（水）
島津女官長来訪。
元田肇〔衆議院議員〕氏来訪。池辺〔棟三郎〕元侍医頭の病危篤の由。
奉天戦記念、偕行社五十年記念につき戸山学校内に催あり。摂政殿下行啓。雨。

三月十一日（木）

安岡〔正篤カ・拓殖大学講師〕君其他多数来訪。

堀江〔武子〕女史来訪。稲葉君（朝香宮随員）を招き晩餐を共にす。

議会は中野君の自決案上程等にて混《ママ》〔困〕難を極む。

【上欄】

世襲財産会。岩倉〔具栄・東京帝国大学法学部在学〕公の霞関土地売却に干する案決定。

松本姿水〔日本画家〕君等に招待状を発す。

在布哇、真下龍平君に一書。

笑招、小室翠雲兄に。

小林氏の治療をうく。

三月十二日（金）

加藤武男〔三菱銀行常務取締役〕君来訪（次頁に記す）。

【三月一三日欄に記載分】

加藤武男君来訪。岩崎男（久弥）の旨を受け木内良胤君求婚の件につき懇談。信仰の点につきては互に之を尊重すへきは勿論なるも、良胤君も未厳格なる信仰に入りたる〔に〕も非れは別に心配なかるへく、此義安心して婚約を進められたしとのことなりき。依て吾等は御異議なきも一応淑子〔関屋貞三郎の長女、のち木内淑子〕の意見を徴し直に確答すへき旨を答へおけり。

木内良胤君と淑子婚約のことは昨年来話あり、今年に至り漸次濃厚となり、今月、木内兄弟、山内夫人等を招き午後児等と共に歓談婚戯。其後、山内夫人より招かれ衣及子女等往訪。今日、加藤君の来訪を見たり。衣、喜色面に溢れ大に意を安せるもの丶如し。

朝香宮両殿下〔鳩彦王、允子内親王〕の御招にて衣同伴、参上。仙石君、折田君同席。

三月十三日（土）

加藤氏を訪ひ淑子婚約異議なき旨を挨拶せり。

原田光次郎君、入京につき郷里の少壮画伯を招く。松本姿水君の昨年常展特選に入りたる祝も兼ぬ。

松本姿水君、岡田蘇水〔日本美術協会審査委員〕君、福田浩湖君、石川寒巌君、橋本邦助君、武井晃陵君。

三月十四日（日）　暖気加はる

大隈会館に於ける狩野家画《マヽ》展覧を見る。溝口〔禎次郎・東京帝室博物館美術課長〕君、同行。

午後、大塚君を訪ふ。病勢不良なる如く見受けたり。

松岡映丘〔日本画家〕君門下の大和像模写展覧会、光風会等を見る。

故加藤首相の令嗣、厚太郎君の招待会に出席。

三月十五日（月）

金井〔四郎・宮内省〕事務官、藤岡中佐等来訪。

吉田博画伯の米欧山岳画の展覧を見る。何れも佳なり。

京城槿花女子高、李瓊完女史来訪。同校の為め金三万円を募集する由。来京已に二週間にして殆得る所なし（校長は金姜■士女史にて本日は病の為め来訪せす）と。

秘書課長の紹介状にて上京、募集に奔走中の由、気の毒に堪へす。同女史の夫は金亭墩君にて明大卒業生の由。

【上欄】

御料地の会議（北海道）。

三月二十九日（月）

特急にて出発、名古屋に来る。車中、石丸優三（商業会議所連合会顧問）君、資本家代表顧問として渡欧するに逢ふ。外に後藤台湾総務長官、杉浦代議士等。

名古屋にて丸文旅館に投す。直に殿下（山階宮武彦王）に拝謁（鈴木属、島田、藤井の両人、殿下に随伴。御世話申上く）。浅野長武（山階宮武彦王の女婿）君已に在り。懇談の上、殿下に拝謁。殿下より四ケ条につき已に御自分の意見は尽き居ることを語らる。

【上欄】

名古屋行。

1. 御結婚御取止　2. 降下　3. 海軍辞職　4. 藤麿王（山階宮菊麿王の三男、山階宮武彦王の弟）に継承せしむること

依て、

一．四ケ条につきては重大の結果もあれは御即答し難きも十分考慮すへく

一．今日は御病中なれは、御中上は適当の時期に非す。ともかくも十分に静養然。それには医師の意見によりて山地を可とす。名古屋に滞在は不可なることを縷述せり。

三月三十日（火）

午前中拝謁。御東行をおすゝめせり。殿下は誠意を諒し玉へる由御話ありたるも自分と鈴木に一任にせよとて御聞入なし。

午後急に岐阜に移らんことを申出てられ、自動車を命じ旅館に出てらる。運転手（島田及藤井）岐阜行を肯せす、為めに殿下の御怒を蒙り島田途中より帰宿す。浅野君、直に殿下の御後を追、直諫して事漸く止む。昨夜来、殿下やゝ昂奮の御様子ありて岐阜行も其結果なりしか如し。

三月三十一日（水）

午前中殿下に拝謁後、殆二時間、浅野長武氏同席にて言上、別記（日記原本に記載なし）の如し。殿下は極めて快く御聴取り遊はされたるは感激に堪へす。稍意を安せり。

午後犬山行電車に投す。所謂日本ラインを下り犬山城

下に出つ。電車は柳橋より犬山口に出て乗換へてライン遊園に至るなり。此間約一時半、遊園停留場より約十二、三丁にて木曽川畔（可児郡土田村）乗船場に達す。概緩流、殆急流なし。城下に着きしは午後六時半、七時犬山発にて帰宿す。殿下の御機嫌麗はしく、御食欲も昼夜共昨日より増進の由を聞きけり。安堵せり。

十一時五十分発にて帰京。浅野、大石〔正吉・山階宮宮務監督〕、香川〔景之・山階宮事務官〕三氏同行。

【上欄】

犬山行。同行、大石、浅野、名古屋の三氏。

大正一五年四月

四月一日（木）

牧野内府の主催、波蘭公使〔スタニスワフ・パテク Stanisław Patek・駐日ポーランド公使〕の為め送別をかね白大使〔アルベール・バッソンピエール Albert Bassompierre・駐日ベルギー大使〕其他を招待。余夫妻臨席。

四月二日（金）

山階宮御邸に会合。藤麿王、山階〔芳麿・山階宮菊麿王の三男〕侯爵臨席。外に九条〔道実・掌典長〕公、浅野君夫妻〔安子・山階宮菊麿王の娘〕、宮務監督、事務官、仙石総才と余。実状を梨本宮殿下に浅野君より言上のことに決定。

午餐を賜はる。

午後二時、皇后陛下に拝謁。山階宮の御近状を言上。

草間要〔軍医〕博士の診を乞ひ眼鏡の度につき試験を乞ふ。

佐竹義文〔内務官僚〕君の招待（河内屋）、梶原君同席。

四月三日（土）

神武天皇祭に大臣代理として参列。雨。

李王世子殿下の御留別会（霞関離宮）に夫妻共御招待を受る。

大塚君二七日なり。用事の為めゆかす。

草間博士の再度の試験をうけ処方箋をうけ神田、打石町七中村卯吉氏眼鏡販売所にて製造を依頼す。

波蘭公使「パテツク」氏出発につき見送る。

沢山喜多路〔沢山兄弟商会専務取締役〕君来訪（大村に住居のこと、諸経費千五百を要すること）。

【上欄】

遠用球面鏡　左右共－2.5D　瞳孔距離60粍
近用球面鏡　左右共＋0.66D　瞳孔距離98粍

四月四日（日）

小室翠雲君を訪ひ、淑子の為め揮毫を依頼す。快諾せらる。

太田光熙〔京阪電気鉄道社長〕君来訪。戒三の将来につき懇談。氏も戒三の何人かの下に寧使用せらるゝことの得策なることを語らる。結局、福沢〔桃介・帝国劇場取締役会長〕氏は如何と問ひしに同意なる由。

今朝、福沢桃介君来訪。

午後、吉祥寺岩崎男農園に遊ぶ。正、友同車。幸に良胤君も途中より同車。

四月五日（月）

牧野内府を訪ふ。

朝香宮、北白川宮〔永久王〕（三年祭に参列せさりし御侘）伺候、拝謁。

摂政殿下に拝謁。山階宮御近状を言上。

李覚鍾〔朝鮮総督府嘱託〕君来省。森永喫茶店にて茶を共にす。洋菓を金性洙君に贈る。

山口十八子夫妻を招き晩餐を共にす。

李王〔李坧、純宗〕殿下、病勢稍御重態の電報あり。同時に王世子殿下の御洋行を延期し至急帰鮮を乞ふの電あり。

四月六日（火）

皇后陛下、女子学習院卒業式に行啓。大臣代理として出席、答辞を朗読。淑子、高等科を卒業（二十五名）。

今朝、李王世子殿下京城に出発。妃殿下〔方子〕、徳恵姫〔李徳恵・李王世子の異母妹〕も御同伴。

北白川〔宮成久王妃房子内親王カ〕、竹田〔宮恒久王妃昌子内親王カ〕両殿下に拝謁。東久邇宮〔稔彦王〕殿下の御近状を申上く。第一信（一月初）より第四信（三月末）までの内容を言上。

久邇宮殿下に拝謁。同様申上。新御殿の襖に描ける大観〔横山大観〕、■村の絵を拝見。

木村雄次〔東洋生命保険会社社長〕君長男、■男君の〔長島氏令嬢〕結婚披露に臨む。自由結婚なりとて木村君令弟語る。且悦ひ且悲む。■■将来の多幸を祈る。帰途、良胤君を訪ふ。

【上欄】

十時頃、穂積議長の肺炎併発のことをきけり。

女子学習院卒業式。
山階宮、名古屋より弁天島丸文別荘に御移転の由、や丶愁眉を開けり。

四月七日（水）

今暁一時頃、穂積枢府議長薨去の由。入沢博士の談によれは従来心臓の疾患（狭心症）あり。昨日来肺炎併発、遂に起たさりし由。篤学先生の如きは稀に観る所、殊に後進の誘掖指導、門下生の等しく欽仰措かさる所なり。

若槻首相に面会。昇爵に干する希望あり。仙石総才、牧野内府を訪問。西園寺八郎君を興津西公に赴かしむ。

木内良胤君来訪（仏語教授をうくる為め荒野ジョルジエット夫人の時間決定）。木内家との婚約以来、児等喜悦面に溢れ良胤君の来訪を悦ふこと甚し。真に良婿を得たるは感謝の限なり。

【上欄】
昨日か今日、沢山精八郎君に一書。
一．沢山君、大村に住居のこと。
一．千五百円送金依頼のこと。

四月八日（木）

午前九時、一木大臣奈良方面より帰京。大臣官邸に仙石総才と御待受けして御面会す。穂積議長は昇爵せさることに決定。

海軍大臣〔大角岑生〕に面会、山階宮殿下の御近状を報告。

穂積議長の喪発表。正二位、桐花大綬賞下賜。

四時過向島大倉〔喜八郎・大倉財閥総帥〕男別邸に招かれ感涙会に出席。席上、越後の人、唐沢章君の越後追分最感嘆。

南大曹〔医師〕博士亦来賓の内に在り。余の病状を語りしに或は脊髄に干せすやと注意せらる。

四月九日（金）

午後、大石正巳〔元衆議院議員〕氏を見舞ふ。已に離床、閑座。身体の故障を三浦〔謹之助・宮内省御用掛〕博士より説かれたる由にて多少自己の危険をさとり、生前財産処分の必要を痛感せられ、中野土地の売却等につき語らる。

小室画伯の崇文院事業の披露あり。清浦子、徳富氏の演説あり。

穂積先生の御通夜にゆく。

四月十日（土）

穂積枢府議長の葬儀（青山斎場）。

十一時頃より雨。

赤十字社にて佐藤院長の診察を受く。今年に入り第二回なり。別に特殊の意見なし。可成適宜の運動、食事、夜間頭を使はぬこと等の外注意なし。歯の微痛は前歯（二）の故障によるもの、如し。

加藤伯母堂〔服部久子〕を訪ふ。

木内信胤、高胤来訪、食事を共にす。良胤後れて来訪。

原田君来訪。

四月十一日（日）

淑子結納の日なり。午前十一時、加藤武男君来訪。木内家の品を持参す。目録と松魚節箱とおひ料一包、五品料一包と親族書となり。目録一、帯一筋、一．松茸一箱、一．寿留女一だい、一．子生婦一たい、一．友白髪一たい、一．末広一たい、一．家内喜多留一荷、以上。

親類書　弟信胤、弟高胤、伯母加藤春路〔加藤高明の妻〕、伯父岩崎久弥、伯母岩崎寧子、叔母早尾富子、叔母幣原雅子、叔父岩崎康弥〔岩崎弥太郎の三男〕、叔父岩崎正弥〔岩崎弥太郎の四男〕、姉山内美艸子、妹渋沢登喜子、従兄木内直、従姉木内けい、従姉木内こう、従弟岩崎勝太郎。

当方より結納品を加藤君に托す。礼服料と帯料と異るのみ。

好天気にて春正に闌、真に吉日なり。

午後、信胤、高胤、庭球に来る。赤飯をたき一同午餐を共にす。家族の外、戒三、間下君、守永さん同席。

【上欄】

淑子結納。

此日団氏の飛行機ページェントの催あり。

山階宮附鈴木属より来書。殿下、弁天島に御転養以来、従前より御安静なりと。

四月十二日（月）

伏見宮殿下の御召により朝参上。癌研究所の土地の件なり。

中島〔正武〕賀陽宮監督来訪。辞意につき懇談。

外相〔幣原喜重郎〕の英新大使 Tilly〔ジョン・ティリー John Tilley〕氏招待につき陪席。淑子も同伴。

四月十三日（火）

大邱李楠学君の男李聖熙君、令妹李正守同伴来訪。朴重陽〔朝鮮総督府官僚〕君の紹介による。正守嬢は今回東京女子美術学校に入学せり。

古山石之助〔日立製作所常務〕君、日立鉱山の重役となり先輩東京に住居せられたるにつき旧友を帝国ホテルに招かる。

木内を訪ひ披露のこと、一般招待（茶）のことを相談す。十二日は親類のみとし、十五日は一般に招茶（工業クラブ）。

四月十四日（水）
池辺元侍医頭宅を弔問。
平沼〔騏一郎〕枢府副議長を訪問。昇任の祝意をのぶ。
杉浦君を訪ふ。
大島〔義昌・陸軍〕大将邸弔問。
米国新大使〔チャールズ・マクベーグCharles MacVeagh〕の御陪食。
吉田〔増蔵・漢学者、宮内省図書寮〕編修官来宅、勤王論勃興の経過を語る。
山内〔豊景・貴族院議員〕侯より招待（家扶は仙石稔君なり）に参列。

四月十五日（木）

池辺前侍医頭の告別式。

大島大将の告別式に陪棺者としての参列。

渋沢敬三〔渋沢倉庫取締役〕君夫妻、木内良胤、高胤等を招く。山内夫人、信胤君は病気。

【上欄】

従三位に叙せらる。

四月十六日（金）

西郷侯来訪。岩倉家負債整理の顚末を語る。霞関土地売却代九十二万、負債償却八十六万（国際信託四十余万、勧業二十余万、等）、水野子邸買入十万其他にて二万余の不足なりと。

明治神宮奉賛会の常議員会。

全部個人九百万余　事業は本年十月迄に完了。残金は十万を出てさるへしと。

小山〔松吉〕大審院検事総長厳父の告別式。

箕浦氏夫人の逝去を御弔問。

小田切氏方に大塚氏遺族を訪問。

小林〔丑三郎カ・法学博士、関屋貞三郎の義兄〕を訪問、淑子結婚の件を話す。

四月十七日（土）

夜、露大使〔ヴィクトール・L・コップ Viktor. L. Kopp〕晩餐会。

珍田伯を訪ひ木内と淑子の結婚につき媒妁人たることを御願ひす。

小杉〔放庵・洋画家〕画伯、池田、天野〔弘一〕、本田の諸氏を訪ふ。松岡画伯を訪ふ。不在にて岡本万次郎〔画家〕君、山本君、応接せらる。

加藤君を訪ひ先日の御礼を述ふ。

四月十八日（日）

健彦〔関屋貞三郎の四男〕を伴ひ新宿園に遊ふ。平生の約を行ひしなり。但園内、殆見るに足るも〔の〕なく健彦も失望せり。

横山大観画伯を訪ふ。邸内外の仕構凡ならす。以て画伯の趣味を窺ふへし。宮中に保存すへき力作を依頼す。

徳川達孝〔侍従長〕伯長男〔空白・徳川達成〕氏と戸田伯令嬢〔元子・故戸田氏秀の二女〕の結婚披露に出席。

四月十九日（月）

真下貞子来訪、東京府知事に紹介す。

徳川頼倫〔元宗秩寮総裁〕侯の一年忌、上野寛永寺にて行はる。宮内大臣其他部局長も焼香。

英大使の晩餐、新任 Tilly 大使赴任後第一回ならん。

岩崎男、珍田伯を訪ひ媒妁のことを依頼し承諾を得たり。

四月二十日（火）

宮中顧問官、錦鶏間祗候の賜餐（千種間にて朝香宮台臨）。

橋本利邦君来訪（大阪天王寺区東高津北ノ町四一、東京は大久保百人町、筒井氏方）、調和道の要旨を説かる。簡易なる実行方法を教へらる。尚霊的治療を受く。此夜は不思議に安眠せり。近来なき所。

明治神宮外苑絵画館に閑院宮総才殿下の台臨に付常議員等参集。

千五百坪、一坪に付工費千七百円余。

殆日本品を用いたり。技師は小林君。

此日烈風近来稀なり。

【上欄】

御歴代史実考査委員会。

長慶天皇　践祚、譲位、崩御の時期に干する答申を決す。

四月二十一日（水）

蜂須賀〔正韶・貴族院副議長〕侯と華族会館にて面会。令嗣正氏君に北白川姫宮〔美年子女王・北白川宮成久王の第一王女〕を頂くことありとせは此上なき光栄なりとのことなり。林〔権助・元駐英大使、宮内省御用掛〕大使には手紙を出す筈。

島津〔忠承〕公と三条〔公輝・宮内省皇后宮主事〕公姪子〔泰子・三条公実の三女〕嬢との結婚披露（上野精養軒）に列す。

【上欄】

昨夜安眠。橋本君の調息法によるか又は霊療法によるか、ともかくも近頃なき所にて爽快なり。

四月三十日（金）

地方長官御陪食。

小室翠雲兄来宅。金屏風に松と鶴を描く。淑子持参の品なり。

殆一気呵成、中々の大作。画伯の好意謝するに辞なし。一同大悦。画は上出来。画伯、亦快心の作なりと語る。

大倉男退職と福沢君就職につき帝劇に招かる。欠席。

大正一五年五月

五月一日（土）

東京〔府〕美術館開館式に参列、同時に太子展（聖徳太子記念展覧会）を見る。佐藤慶太郎〔若松市議会議長〕（福岡県若松の人）君、前年百万円を東京府に寄付し之により建築せられたるものにて、当時宮内省にて上野公園の内四千坪を貸付せり。設計は岡田信一郎〔建築家〕君。当時の知事は宇佐美〔勝夫〕なり。

川村〔景明・帝国在郷軍人会会長〕元帥の葬儀に参列。

阪本氏を訪ふ。

菊池米太郎君来訪、晩餐。夜を共にす。五十歳後、五十四、五歳まで最注意を要する由。信仰又は三昧に入りたる人の健康につき語らる。

夜、筧〔克彦・東京帝国大学法学部教授〕博士を訪ひ水上〔七郎・佐賀県内務部長〕君の件につき懇談。

菊池君と雑談後、調息法を行ふ。その故にか久振にて熟睡せり。

五月二日（日）
午後より吉祥寺岩崎農園に至り別荘にて秩父宮殿下宛の書を認む。
林荘治君を訪ひ草雲〔田崎草雲・南画画家〕先生の傑作を見る。白石山房即目の富士、一棹揺山其他一点。

五月三日（月）
司法官の御陪食。
蜂須賀侯《ママ》を星ヶ岡茶寮にて招かる。茶寮の会員となる。

五月四日（火）
大臣より警察部長を華族会館に招く。
御歴代史実考査委員会（安徳天皇の後鳥羽天皇との践祚の年月日等）は欠席。
林君より朴賛氏への学資を送り来る。
金学元に四十五円を貸与す。来月より一ケ月五円乃至七円を返へす筈。
足利銀行支店より三千五百円（此内三ケ月分利子差引き結局三千四百…円となるを受取る）。

五月五日（水）
宮中御陪食。海軍特別検閲使。

五月六日（木）
幣原外相私邸を訪ひ淑子結婚に挨拶をなす。
徳川〔家達・貴族院〕議長官舎にて米大使マクベー氏の為め招宴。
二条公爵より中央亭へ招かる。入沢博士等と共に。

五月七日（金）
伏見宮殿下復興局の事業御視察に随伴。
東京少年審判所を見る。
山内豊中君を訪ふ。

五月八日（土）
故Bishop Harris〔メリマン・コルバート・ハリス、メソジスト派宣教師〕の記念会をハリス館にて行はる。米山■■氏二、三十名、余亦一席の談話を試む。
管野医学士と多川遊亀子嬢の結婚披露に臨む。

五月九日（日）
真下貞子氏来訪。品川高等女子高（七五）、中野家政

〔女〕学校（二〇）に就職の由。

終日家に在りて接客。

御祝品を整理し陳列す。中々多数なり。正田貞一郎〔日清製粉社長〕君、正田文右衛門君及次男卓治君を同行来訪。伊藤常夫君三女芳子嬢、母堂と共に同時に来宅。来二十一日の結婚式媒妁につき挨拶の為め。

祝品、何れも友人諸氏の好意を感謝するのみなるか、筧博士の自動車を駆りて特に来訪せられ、自ら揮毫せられたる色紙短冊を寄せられたるは最感銘せる所。歌数首実に博士の人格の発露にて淑子等の永く記念とすへきもののみなり。

五月十日（月）

山階宮萩麿王〔山階宮菊麿王の第四王子、鹿島萩麿〕殿下、御成年式につき賜餐（霞関離宮）。

高松宮殿下に伺候、拝謁。

「チエッコ　スロバキア」公使館晩餐会に出席、衣は欠席。

良胤君に母〔関屋卯多〕を面会せしむ。

淑子初めてしまだに結ぶ。能く似合ふ由。本人は余程苦しそうなり。

淑子の荷物を木内家へ送付し了り、衣、頗る安心せるか如し。荷物は余として寧全力を尽せりといふへし〔荷物目録等は後日の参考として衣に於て整理しおく筈〕。一切衣の裁量に任かし嘴を容れす、独り玉堂〔川合玉堂・帝室技芸員〕の硯幅、翠雲の金屏風、栖鳳〔竹内栖鳳・帝室技芸員〕の絵は余の最意を用いし品。幸に諸画伯の好意により速に揮毫せられたるは寧望外なり。

【上欄】

婚儀の荷物を木内家に送付す。

五月十一日（火）

火曜会に出席。

二時より東宮職にて海外在勤員の報告あり。上海雪沢〔千代治・外務事務官〕、ハルピン中村、北京立野の三氏。石原〔雅二郎・内務省警保局〕保安課長と同伴参集。

明日、淑子結婚につき簡単なる家族の送別晩餐。

【上欄】

林大使に一書。

十一日より十五日迄一括して十五日に記す。

五月十二日（水）

淑子結婚の当日なり。午後一時半、珍田伯夫人〔岩〕、淑子の迎ひの為め来訪。直に木内邸にゆく。余等両各相燻きて木内邸に至る。

小笠原流にて挙式。第一の式は良胤、淑子と媒妁者、第二式は淑子と木内家の親族、第三式は良胤及木内家の親族と余等両名。良胤の外、山内夫妻及信胤、渋沢夫人、第三式に列す。極めて簡素なる古式なり。二時過より初まり三時半迄に終了、約一時間位。

岩崎男夫人も来邸。

四時過帰宅す。之れにて人生の一大義務を了へたる心地す。衣、最疲労の色、喜悦と安心と真の疲労と同時に来りしならん。

【上欄】

良胤、淑子結婚の当日。

夜六時半より帝国ホテルにて親族を招待し珍田伯より挨拶あり。渋沢〔栄一・渋沢財閥総帥〕子爵より答辞あり。主客打寛ろきて愉快なる一夜を費やせり。由香子〔関屋由香子・関屋貞三郎の三女〕以下は別室にて食事す。

五月十三日（木）

御歴代考査委員会。

内閣、枢府翰長、書記官等の賜餐（霞関）。山内君夫妻及信胤君を招き晩餐を共にす。

【上欄】

御歴代考査委員会。安徳帝及後鳥羽の干係、後鳥羽の御践祚の時日につき意見あり。三上〔参次・宮内省御用掛〕説に決す。即安徳帝崩去の時とする説なり。

五月十四日（金）

石井〔保〕警視庁警務部長来訪。警察官の慰安互助のことにつき意見を交換す。

幣原外相の園遊会。今年より日本海の汁料、おでん、てんぷらを加へたる由。

此頃気候激変、三月頃の寒さなり。

淑子、お里帰へり。母及長田母及児等会食。良胤より土産を持参す。

五月十五日（土）

三上博士臨時帝室掛拝謁。編輯官長を内諾す。

良胤、淑子結婚披露を工業クラブに行ふ。午後三時より四時半迄。来会の賓客七百二、三十。珍田伯御夫婦、新郎新婦と山内君御夫婦及余等、入口に先ちて賓客を迎ふ。若槻首相、牧野内府、倉富枢府議長等の諸先輩、三井男、大倉男、渋沢子、阪谷〔芳郎・貴族院議員〕男等名士外、両家の特別縁故者、良胤、淑子の学友等。極めて寛ろきたる賑かなる集なり。結婚当日の晩餐と言ひ今日と言ひ真に愉快に堪へす。木内より招待せしは木内の帳面より撰択し俵君の意見を徴せり。関屋よりの分は可成平素交通せる友人、役所は部局長、課長（学習院等は除く）以上位に止めたり。

此夜木内家にて親族の小集ある由。正彦加はる。

【上欄】

良胤、淑子結婚披露。

睡眠は此十日間許りや丶良好にて薬を用い《ママ》こと二回位に過きす。橋本利邦氏の施術後、や丶睡眠の回復を生たるにや又は奥田氏の治療か効果を生したるにや、ともかく夜は眠気を催すこと度々あり。

五月十六日（日）

東洋文庫に楽浪発掘品の陳列あり。山岡〔国利〕三重県知事と共に参観。殆二千年のものにて漆器及絵等最珍とす。

安岡君を訪ふ、不在。

小林姉の眼疾を見舞ふ。

上野精養軒にて児女等と午餐。それより良胤、淑子の日光行を停車場に見送る。

太子展を見る。

赤池和子嬢と詫摩武人〔小児科医〕君の結婚披露に列席。寛博士の答辞あり。媒妁は栗山博士なり。

五月十七日（月）

安楽君訪問。

宮中千種ノ間にて学士院会員の賜餐あり。日本新聞聯合社の披露あり。国際通信の事業を引受けたるなり。

五月十八日（火）

「コールマン」氏来訪。Win on Church の外地の件につき懇談。

田辺武雄君来訪。

竹田宮〔恒徳王〕殿下に伺候。

五月十九日（水）

東宮殿下、岡山、広島、山口三県に行啓。〇時半東京駅御発、横須賀より長門に御乗艦。此度は陛下御不例の為め大臣は供奉せす。

栖鳳、春挙〔山元春挙・帝国美術院会員〕両画伯東上中につき礼に訪問。

久邇宮山田事務官を訪ふ。

西田税〔予備役陸軍少尉、国家主義者〕外二名より厳秘として書面を寄す。中に北海道神楽岡土地払下事件と峯村東の芝木払下事件を記し、牧野伯、市来〔乙彦・日本銀行総裁〕氏、東久世君及余等に対し非礼甚しき言辞を弄す。殆沙汰の限也。

此頃は睡眠や、可、薬を用いること殆稀也。

五月二十日（木）
百武〔源吾・国際聯盟海軍代表〕海軍少将、三月末巴里より帰朝。仙石君と共に面会。
建部〔遯吾・社会学者〕博士来訪。九条公嗣子〔空白・道秀〕君の件につき懇談。
久邇宮殿下、竹内、山元両画伯を御招きにつき陪席。
二宮氏と堀内君令嬢の結婚式に招かる。衣のみ出席。

五月二十一日（金）
正田六左《ママ》〔文右〕衛門次男倬《ママ》〔卓〕治君と伊藤常夫氏三女芳子嬢との結婚につき媒妁をなす。ホテルにて長島式結婚。引続き披露。答辞は秋元春朝〔貴族院議員〕子、倬《ママ》〔卓〕治君の長姉は正田貞一郎君夫人〔きぬ〕なり。

五月二十二日（土）
一高同窓会懇親会に臨む。
岩崎久弥男を訪ふ。
昨日来雨、今日強雨。今春連日晴天にて雨なく、村山貯水池の水量激減、農家も亦旱天をかこちしが幸にして此の雨あり。

五月二十三日（日）

渋沢子爵を訪ふ。淑子結婚につき礼と挨拶をなす。楽翁公〔松平定信・江戸時代中期の老中〕遺文（むら千鳥）を贈らる。

古河男、正田貞一郎、幣原男を歴訪。

高松宮殿下に拝謁。前田〔利為・近衛歩兵第四聯隊大隊長〕侯、杉浦君を訪ふ。

午後雨やむ。

日本書画骨董大辞典を繙く。池田常次郎《ママ》〔太郎カ〕氏著にて聚芳閣出版。

五月二十四日（月）

九条公爵嗣子〔空白〕君来訪。

山田益彦君に招かる。衣同伴。

北海道十勝岳爆発、富良野平野に泥水汎濫。死傷あり。

五月二十五日（火）

大久保教尚子爵と大久保〔忠言〕（小田原）子爵令妹〔空白〕子嬢との結婚披露。

五月二十六日（水）

木戸〔孝允・明治維新の元勲〕侯四十年祭にて参拝後、侯の遺品を拝見す。

山本条太郎〔南満洲鉄道総裁〕氏を訪ふ。

山階宮御邸に集会。御診察の件につき協議す。

霞関離宮にて若槻総理の外国使臣の招待に列す。来賓極めて満足、大成効《ママ》〔功〕なりき。

秋田県北浦町に大水害あり。

五月二十七日（木）

昼夜会。小幡、高橋二氏来訪。露通信のこと、武道極意のこと、関西に於ける帝室に干する二、三の談話をなす。

高松宮殿下より晩餐の御招あり。御財産干係の整理一段落に依る。

藤波〔言忠・宮中顧問官、貴族院議員〕子を弔問す。一時余、御通夜をなす。

五月二十八日（金）

聖堂復興期成会□あり。阪谷男等発起の趣旨を述ぶ。会長に徳川公、副会長に渋沢子就任。予算百二十万円、内建築七五万七千、塀其他七万五千、事務費等十六万八千、維持費二十万、此内半額は小学校三万の地方にて一地方二十円宛醵出のことに計画の筈。

渋沢敬三君を事務所に訪ふ。

佐藤〔昌介〕東北《ママ》〔北海道〕帝大総長、頭本元貞〔ジャーナリスト〕君、志賀重昂〔地理学者〕氏を招く。

今夜初める「セル」の単衣を着る。

此頃睡眠可。夜中、二、三回醒むるも通して六、七時間は安眠。

【上欄】

後柏原天皇、四百年式年祭。

宇佐美〔勝夫カ・賞勲局総裁〕氏と連名にて神田鐳蔵〔実業家〕氏に一書し柳一宣君を紹介す。

五月二十九日（土）
藤波子の葬儀、青山斎場。
成瀬正[redacted]君を訪ふ。

五月三十日（日）
東伏見宮御邸、午餐に召さる。御新邸竣成の御祝なり。
野田大塊〔野田卯太郎・立憲政友会所属衆議院議員〕翁を世田谷池尻に訪ふ。
岩倉具栄君邸を訪ふ。
夜、古在〔由直・東京帝国大学〕総長、佐藤三吉〔外科医、貴族院議員〕博士を訪ふ。

五月三十一日（月）
相愛会、李起東〔相愛会会長〕、朴春琴君等来訪。李王殿下国葬当日の奉悼会の件なり。
東伏見宮妃殿下の園遊会。
九条道秀君邸に招かる。建部博士同席。

大正一五年六月

六月一日（火）

副島〔道正・京城日報社長〕伯来訪。秩父宮殿下アルプス登山に干する憂慮、京城日報に干し三矢〔宮松・朝鮮総督府警務局長〕君と意見の相違等につき懇談。

長沢林太郎君に面会。井上通泰〔宮中顧問官〕博士の紹介による。氏は余か旧教徒たること、伊勢離宮地献納に干し熊沢氏と特別関係ありとて批難かましき言辞を為せりとのことなりしか、面会後やゝ諒解せられたるならん。

五十鈴川会の発起人なり。

藤田[redacted]原君を訪ふ。東久邇宮殿下御帰欧《ママ》〔朝カ〕に干し氏の手紙を受したるによる。

六月二日（水）
ガーデンホームの茶話会あり。欠席。
久邇宮両殿下〔邦彦王、俔子妃〕、当官舎に台臨遊はさる。光栄の至なり。極めて御微行にて山田事務官、分部属のみ御伴せり。御食事後、貞山〔六代目一龍斎貞山・講談師〕

の講談を御聞に達す〔細川の茶碗屋敷と大高子葉〕。

木内夫婦、信胤、山内夫人、渋沢夫妻も食事に招き御対面を願ふ。

【上欄】

王公家軌範の特別委員会の意見を決定。

六月三日（木）

市来乙彦君来訪。原田政二君、西田等の事件につき意見を述へられたる由を語る。

林野局食堂開始の記念日〔実は明日〕につき臨席。

久邇宮両殿下、松平慶民子邸のバラ御見物につき松平邸に参上。中華民国実業団の歓迎茶会あり。欠席。東宮職の「クリーニング」を引受け居る陣野氏、吉野博士の紹介にて来訪。

伏見宮邸に御礼の為め〔淑子の〕参上。

大石正巳氏を訪ふ。土地の件に佐藤林蔵君の件を問合せられたしと〔の〕こと。正巳氏近来大に快きか如し。

六月四日（金）

市会議員選挙。

谷中美術院を見る。

林〔雅之助〕伯より木内夫妻及余等を招かる。

六月五日明治銀行の手形支払日につき本日送金。

六月五日（土）

木村雄次君を訪ふ。

三越の画を見る。

横山画伯の催にて新喜楽に会食、大木〔親雄・元日出銀行取締役ヵ〕、工藤等の諸氏。

六月六日（日）

市川、木内別墅に遊ふ。衣及児等一同。余のみ一泊。

六月八日（火）

薫子内親王〔梅宮薫子内親王・明治天皇の第二皇女〕四十年祭に参列。

市内の社会事業を見る。×　川西書記官の案内。博物館の陶器主任北原〔大輔・東京帝室博物館鑑査官補〕君来宅を乞ひ談をきく。

×東本願寺

　賛育院

　基督教産業青年会

府授産場　等

六月九日（水）

西園寺公を訪ふ。

柳原二位局〔柳原愛子・大正天皇の生母〕参上。

竹田宮殿下に拝謁。

岩崎小弥太男の高輪邸に招かる。木内、山内、渋沢等の諸氏及加藤武男君夫妻。

六月十日（木）

李王殿下の国葬日にて、宮内省は休暇を賜はる。芝増上寺にて奉悼会。李起東氏発起也。頭山〔満・玄洋社総帥〕、赤池〔濃・貴族院議員〕、丸山、肥田〔理吉カ〕及余等顧問となる。

本田幸介〔帝室林野局長官〕君、名古屋より帰東、停車場に出迎ふ。

六月十一日（金）

杉浦君来訪。令弟高橋温君と大木親雄氏令嬢との結婚につき媒妁人となるへき旨を依頼せられたるにつき承諾。

モウル氏来宅。木内の為め談話す。後れて井上猛夫君来訪。

六月十二日（土）

大山〔柏・貴族院議員〕、町尻〔量弘・式部職掌典、御歌所参候〕二氏、大臣官邸に来訪。大臣、牧野内府、倉富氏等会合して復命をきく。左の二点を確め得たり。

一、当局誠意を示せは御考を変へることあるへし。

一、皇族降下は絶対条件にあらす。

故井上友一〔元内務官僚〕君追悼会あり。欠席。

六月十三日（日）

諸井恒平〔秩父セメント創業者〕君の招待にて秩父セメント会社修養団支部発会式に臨む。七時二十分上野発、十時半秩父着。平沼、団氏、二木、〔空白〕両理事、矢野恒太〔第一生命保険社長〕君、渋沢敬三君同行。会社にては野地栄君修養団の主任なり。

六月十四日（月）

大木伯追悼会。欠席。

日米協会の朝香宮殿下招待会に参列。

六月十五日（火）

東久邇宮殿下の御手書を拝見す。一部を本田《ママ》〔多〕秘書官に托す。他の一部は仙石総才宛とす。

江口君来訪。牧野克次〔洋画家〕君来訪。

本田幸介君を真鍋内科に見舞ふ。石原、赤星両氏に面会。全快の程甚少きか如し。

高橋温君、杉浦夫人〔とし〕と共に来訪。

【上欄】

枢密院。後見令、遺言令の委員会。

六月十六日（水）

英国大使夫妻（及娘〔エリザベス・ティリー Elizabeth Tilley〕）の御陪食。

箕輪君来訪、同君楽器会社専務を退き平取締となりたる由を告く。

中央朝鮮協会理事会第四回。

1．寄付は無理をせすしてとり得る丈とること。

2．来月旬《ママ》に評議員招待のこと。

3．朝鮮に理事をおくこと。

六月十七日（木）

神勅奉行会長久我〔常通〕侯の紹介状にて理事長三井君来訪。副会長黒田男（善治少将）の幅を持ち来る。

高橋温君の夫人となるへき大木家（親雄氏）の令嬢、御両親と共に来る。新婦となる人は美人画を能くすと。

横山大観画伯を中心として会合せる佐藤博士等より招かれ出席（花月）。会は〔空白〕と云ひ已に百回以上に及ふと。佐藤達次郎〔順天堂医院長、貴族院議員〕博士、花井〔卓蔵カ・貴族院議員〕博士、美濃部〔達吉カ・東京帝国大学法学部長〕博士、松本〔烝治・貴族院議員〕博士、岡村龍彦博士、木村徳衛〔内科医〕博士、仁井田〔益太郎・東京第二弁護士会会長〕博士等也。

六月十八日（金）

横山画伯の牡鶏一幅をよせ来る。真に入神の技なり。

大野、小島〔源三郎・内務官僚〕、池田三君来訪。小島君の静岡市長として交渉ありたる場合の諾否につき協議。結局、官公吏は絶対辞退の希望にて辞退に決す。熊本君にも其旨一書す。

小幡、高橋二氏来訪。

ガーデンホームの件、殊に松本に於ける事業につき元田〔作之進・日本聖公会東京教区〕、今泉、ボウルス、ブライス、ボルトン、ワラー諸氏会合。ともかくも松本の方は維持金本年分約千円位を作ることにほゞ決定。詳細は今泉、ワラ両氏にて案を作る筈。

正田倬《ママ》〔卓〕治及芳子夫妻と共に文右衛門氏、貞一郎君夫妻、伊藤常夫君を招く。

九時、東久世、市村〔慶三・皇宮警察部警察長〕両君来訪。笠木〔良明カ〕、高村〔光治カ〕二氏は満鉄調査課社員たることを知り直に栗原君に電話し、同氏の紹介あらむ、面会すへきことを告く。

【上欄】

十七日付の再書。笠木、高村二氏より牧野伯と連名のもの送り来る。

六月十九日（土）

加藤泰通〔宮内省式部官〕君厳父泰秋子爵の薨去に付弔問。

市来君を訪ふ。

鈴木富士弥〔内務参与官〕君を内務省へ訪ひ古宇田〔晶〕君の件につき懇談。

岩崎小弥太男を訪ひ家屋事務所に柏島君を訪ふ。

上野美術館に支那画陳列（日華絵画聯合展覧会）を見る。河鰭〔実英・内大臣秘書官〕子爵館内同行。館内にて常夏荘松岡映丘君門下岡本万次郎君に会ふ。

小林姉の眼疾を見舞ふ。大に快。天野弘一君を訪ひ足利方面の尽力を謝す。

入沢博士の診を乞ふ（二、三日前特に冷感を覚えんか為め）。神経衰弱の症状ある外他に異状を見すと。

【上欄】

六月四日より十九日まては十九日夜誌す。

一、近来睡眠は稍良好にて薬を用いること稀なり。但この二日許り連服。

一、二、三日前、肺部及下腹部、腰部の冷感を覚えること甚しかりき。昨日今日は少し。

一、昨月亦便検査をなせるに円柱（害なきもの）の少きは過日何の痕跡を認めたり。■■

六月二十日（日）

日華聯合絵画展覧会を見る。金紹城〔中国人画家〕、周肇祥〔中国人画家〕両君初め十氏来遊。陳列品は徐世昌、趙爾巽其他三百余点。

六月二十一日（月）

霊岸小手拝を見る。

梶原君に招かる（瓢や）。金田中にて横山君主催中華画家の招待あり。

六月二十二日（火）

大森〔鍾一・皇后宮大夫〕男の満十年勤続につき招かる。

故岡野〔敬次郎〕博士の六枡会に出席。

六月二十三日（水）

麝香間〔祗候〕の御陪食。

田辺理学士の喜楽講演。

【上欄】

陵墓令、遺言令、後見令、枢密院通過。

六月二十四日（木）

田辺理学士の講演。昨日とも両会。

中華民国の画家の為め歓迎会あり。出席。

ブラジル大使館晩餐を断はる。

六月二十五日（金）

江口氏来訪。

岩崎久弥男邸に招かる。木内夫妻、山内夫人、渋沢夫妻等。幣原、志村の両氏其他岩崎家の親族列席。頗る優遇を受く。

六月二十六日（土）

横浜在富岡別荘に玉堂君より招かる。金紹城君、周肇祥両画伯（横山、小室、荒木等の諸君と共に）を招待せられたる陪賓なり。横浜駅より自動車にて四十分。杉田より約十分程金沢の途中也。

六月二十七日（日）

渋沢敬三君邸に招かる。

古宇田氏を上荻窪に訪ふ。

六月二十八日（月）

英人 Lady Radons dali 嬢来遊（Lord Curzon の女）につきデビドソン氏宅に招かる。

嬢は秩父宮殿下の庭球の御相手をなせし由。

六月二十九日（火）

故有栖川大妃慰子殿下の三年祭。

佐々木静吾君（オデッサ総領事）の談をきく（藤田邸）。

一高の理事監事会。

大倉喜七郎氏、支那画家を招待につき出席。

今晩、鼠賊侵入。応接間の窓硝子を破りて闖入。食堂及他二室をあらし御紋章入の花台器と五円切手を盗みて去る。朝四時半発見、花台器は数時間後発見。

熊沢君、田中君、古宇田君来訪。

六月三十日（水）

博義王殿下、萩麿王殿下、練習艦隊にて御出発につき横須賀まで御見送す。此朝、北一輝〔国家主義者〕氏より電話あり、面会を求む。今朝横須賀出張につき断はる。

金杉〔英五郎〕博士、かねて御陵の研究に年あり。資料及著述発表につき御招をうく。石黒子爵、一木大臣、徳富氏、井上哲〔次郎・大東文化学院総長〕博士等（上野精養軒）。

本田博士を病院に訪ひ夫人に面会。此頃やゝ快、僅に椅子に凭ることありと。

古宇田君来訪。

朝七時より塩沢〔健・帝室林野局〕札幌支局長等を招き話をきく。

大正一五年七月

七月一日（木）

中央朝鮮協会午餐会〔第一回〕。

上田天昭君来訪。本山俊介君、初谷君等来訪。

佐々木〔信綱カ〕先生のお話、今夕より初まる。

渋沢、デビドソン、松平三氏を訪問。大倉喜七郎君を訪ふ。

七月三日（土）

野州美術会（深井、伊藤■■園）。

加藤武男君邸に招かる。木内、渋沢等。

七月四日（日）

袖ケ崎島津邸にて薩摩焼の展覧あり。帖佐焼、苗代川焼等の二大外各小外珍品も少らさるか如し。今日見たる所にて薩摩焼に対する感想は一般に支那陶器（清代前）に比して総て劣る観あり。浅薄といふ感しなり。吾国の他の陶器に比して優れる所多きや否や。

午後、横山大観君と共に浅野侯の支那画展覧を見る。之は先日、支那画家の為め殊に広島より取よせたるもの、由。

○羅漢　棹月、■福楽敬　張伯洪、楊貴妃　舜挙、文殊　雪澗、○達磨　園演■、○松鳩　牧谿、竹燕　馬遠、林檎雀　舜挙〔銭選〕、○葡萄　日観、松栗鼠　用田　余の好めるは○印四点なり。

八木岡春山君の個人展を見る。席画もの却て優品を見る。

七月五日（月）

牧野伯に面会。

皇室才判令の特別委員会開会。多忙にて欠席。

三重県知事山岡君、安岡君、東久世君、白根君を招き晩餐。

七月六日（火）

閔〔泳綺・李王職〕長官に仙石総才と共に東京クラブに面会。

大臣官邸、博物館関係者招待。

皇族職員の懇親会（新宿御苑）。

【上欄】

以下、十四日まで十四日夜記す。

七月七日（水）

特命検閲使の御陪食。

七月八日（木）

岩倉公来訪。卒業後の方針につき説を求めらる。

【上欄】

皇族会議。陵墓令、後見令、遺言令。

七月九日（金）

山階宮邸に於て大妃殿下〔山階宮菊麿王妃常子〕初め御臨席にて御相談会あり。梨本宮に対する御挨拶を決定。■■博士も省察を語る。

持地夫人来訪。

石橋和訓画伯の画室を見る。狩野武次郎氏案内。

吉益〔俊次・検事正〕君来訪。西田事件につき経過を非公式に語る。

長瀬鳳輔〔国士舘学長〕氏の葬儀、国士舘に於て挙行せらる。午後用事につき朝早く長瀬氏遺族を訪ふ。

七月十日（土）
皇室才判令特別委員会。
午後三時半、皇后陛下に拝謁仰付けらる。山階宮以下の御近状及梨本宮殿下に対する御挨拶に干し言上。
中央朝鮮協会の評議員招待会。

七月十一日（日）
近衛〔文麿・貴族院議員〕公を訪ひ緩談二、三時間。午餐の饗をうく。
相馬子、工藤君、伊東《ママ》〔藤〕常夫君、山県君等を訪ふ。

七月十二日（月）

御歴代史実考査委員会、全く終了。

宗秩寮の会合（皇族降下の際の賜金問題）。

咲花君来訪。久慈鏡山に干し縷述せらる。十月頃まてにはメ切、製品を出す筈。頗る有望なりと。

大臣官邸、帝室編輯局の人々に招かる。

此夜朝鮮歓迎に干する招待あり。欠席。

須藤、高橋両君来訪。

七月十三日（火）

火曜会（松山忠次郎〔元読売新聞社社長〕氏発起、有力なる新聞記者と官公吏、両院議員の会合）に出席。小田切氏の関税会議談あり。

皇室才判令の特別委員会は終了（本日は欠席）。

木内の初盆につき市川にゆき午後十時帰宅。

先日の窃盗の捕縛せられたりとの記事新聞にあり。

【上欄】

足利方面に発信。古川、巷野、山口、初谷、中森、関谷。

七月十四日（水）

加藤高明伯の新盆に付同邸に伺ふ。衣同伴。

鈴木氏を訪ひ初富君の件につき依頼。

李王〔李垠・李坧死去後の李王〕殿下の為め御陪食。

京城日報主筆丸山幹治氏に面会。

閑院宮春仁王殿下、一条直子姫と御結婚式。御邸に参上。

三菱青木氏に工業クラブに於て面会。警察官及小学校教員の互助共済方法につき懇談。至極同感の意を表せられたるは欣懐なり。

島津女官長来訪。従来の態度につき卑見を忌憚なく述へおけり。

七月十五日（木）

中央朝鮮協会理事会例会。天野弘一君の会。綱川女史との結婚問題につきても述らる。帰途、倉田松濤〔日本画家〕君と同車。同氏に誘はれ御宅に立寄る。俳画等の額面多し。真に俳画的の御住居なるか如し。令夫人にも面会。

今泉定介〔神宮奉斎会会長〕君来訪。井上通泰氏拝領の銀盃震火災の際焼土中に発見。銅なりし由。殊に注意しくれたり。取調へる筈。

七月十六日（金）

大塚常三郎君遺族を訪ふ（盂良盆）。

太田〔政弘〕警視総監来訪。

宮内大臣、林野局に臨まれ午餐後、事務につき聴取せられ各室を巡視す。

河井〔弥八〕貴院翰長を訪ふ。河井君其の後宮内大臣に面会。勧説をうけ伊沢〔多喜男・台湾総督〕君亦病を力めて河井氏を訪ふあり。氏愈決意。平山〔成信・枢密顧問官〕男、山内男に意見を聴かれたる由。平山男も苦しき位地なるも止むを得さるへしと語られ、山内男は斯問題につき徳川公異議あらは之れ公を傷くるものなりとの意見なる由。余は特に山内男の武士的尤に感せり。河井氏は決意を徳川公に申出つる由なり。早速、鎌倉牧野伯に電話す。

夜、三矢君来訪。林野局の件につき懇談。

【上欄】

○桑港ブキヤナン街一七三二。

○桑港在住の聖公会牧師田島準一郎君来訪。左の二点につき帰朝後特に感せり。

一、有識者の国際的気分。

一、青年軍人より米国と戦争につき特に考慮し居らさること。

国士舘長柴田〔徳次郎〕君来訪。青年教育につき意見を述へらる。近来最傾聴するに足る。

七月十七日（土）

社会局にて山室軍平（救世軍少将となる）氏の帰朝と労働事務局の川西実三〔内務省社会局労政課長〕氏の帰朝を歓迎して講話をきく。川西君の講話中々面白かりき、斯人必すや将来あり、純情有為の士なるへし。

上山〔満之進〕新台湾総督を訪問（昨日、伊沢総督辞任、上山君親任せらる）。

木内宅にて晩餐。

七月十八日（日）

大山公を訪ひ、序に正田卓治君の新居を訪ふ。同時に下田歌子〔元女官、実践女学校校長〕氏を訪ふ。

午後、町尻〔量基・陸軍砲兵〕少佐を訪ふ。大石を訪ふ。房州にゆきて居らす。

七月十九日（月）

吉益君を訪ひ書類を渡しおけり。

七月二十日（火）

夜、原田光次郎君来訪。

河井君来省。今日徳川議長に面会、議長御承諾の由を語る。

日華青年会渡川君来訪。成瀬、愛甲二氏及伊藤〔博邦・貴族院議員〕公に紹介の名刺を渡す。

【上欄】

博物館建築に干し大谷、杉、東久世、北村〔耕造・内匠寮技師〕、大島〔義脩・東京帝室博物館総長〕等の諸氏と意見を交ゆ。後に一つ書として大島氏より提出の筈。

案は四百九十万円にて来年は設計、明後年より四年間の筈。

暑熱の為めか昨夜、今夜睡眠不良。寧近来稀なり。

七月二十一日（水）

今日より半休。

昨日、近衛文麿公、柳原義光〔元貴族院議員〕伯、麝香間祗候仰付らる。

枢密院に於て皇統譜の委員会。委員長伊東〔巳代治・帝室制度審議会総裁、枢密顧問官〕伯、委員平山、石黒〔忠篤〕、大森、目賀田〔種太郎〕、松室〔致〕、江木の各顧問官、田〔健治郎〕男は欠席。

三井に団〔琢磨・三井合名会社理事長〕君を問ふ。

柳原伯及岡部〔長景・外務省文化事業部長〕子を訪ふ。

牧野伯を訪ひ、河井君の件に徳川議長快諾の旨を告く。

松平慶民子帰朝、夜同子を訪ふ。

七月二十二日（木）

木内にて大倉喜七郎君御夫婦を市川別邸に招く。長田戒三及余等両名同席。十一時半帰宅。大倉氏、極めて満足なりしか如し。

【上欄】
筧君に一書。釜山駅長気付。

七月二十三日（金）

朝、団琢磨氏を訪ひ警察官及小学校教員の後援に干する件につき懇談。大体は異議なきか如きも俄に賛意を表せす。

河井貴族院書記官長、内大臣秘書官長、東宮職御用掛の辞令出つ。

渋沢敬三君に招かる。後藤台湾総務長官、石黒農務局長、志村氏等同席。子爵〔渋沢栄一〕も出席。

七月二十四日（土）

宇佐美君を訪ひ柳一宣氏の件につき懇談。

博物館につき北原氏よりやきものに干する談話を聴く。第一回なり。矢島君同席。

松本雅太郎君来訪。

七月二十五日（日）

河井君、副島伯等来訪。八木岡春山君画帖献上の為め来訪。

軍令部次長斉《ママ》〔斎〕藤〔七五郎〕中将の葬儀に会す。

午後、鈴木鎮雄〔宮内省内匠寮〕技師の父君の葬儀あり。代理を出す。

本田〔林野局〕長官の病を問ふ。岩崎正弥君を田端の邸に訪ふ。

七月二十六日（月）

松平慶民子来訪。秩父宮殿下の御近状を聴取す。

津田正夫君夫人チセ子氏の葬儀、高輪教会に執行。

武宮〔雄彦・宮内省秘書課書記官〕君母堂〔喜佐〕逝去につき弔問。

平塚[redacted]来訪。長男〔空白〕夫同伴。将来の方針につき懇談す。従来意思薄弱にて勤務に熱心ならさりしか如し。

衣、軽井沢修繕の為め見分にゆく。

正彦、友、光、木内高胤同行。日光龍頭滝附近にテント生活にゆく。

中外新報にて産業文化展覧会を開設につき評議員を嘱託する由にて依頼し来る。

七月二十七日（火）

火曜会欠席。

王公家軌範委員会。
博物館にゆく。第二回目也。

七月二十八日（水）
枢密院本会議。皇統譜令案決定。
阪谷、松岡〔均平・貴族院議員〕両男来訪。

七月二十九日（木）
中屋尭駿君来訪。
藤沼〔庄平カ〕君来訪。
中央官衙委員会。四時より大蔵大臣官邸。
大塚夫人来訪。財政状態をきくに（三角君後れて来る）、
六千円　王子電車の株
五千円　渡辺定一郎君等の寄贈
二千円？　手許
駒込の土地百七十三坪　一坪百七十円位にて売りたき見込。
外に松山氏の方を合はすときは計四万円にはなる見込。
【上欄】
此日、松山氏に問合せたるに（三十一日）四千三百円集まる由返あり。

藤井　千、古賀　三百、南海拓殖　千、松山　千、鮮満開拓　千。

七月三十日（金）
明治天皇祭。
三好重彦君逝去につき令弟重道〔三好重道・三菱製鉄取締役〕君方に弔問。
入江君三男毅〔洋画家〕君近々渡欧（洋画研究）の由に付訪問。
原田光次郎君、町井畔山君を招き晩餐を共にす。原田君竹梅等の揮毫を試む。藤沼君、亦後れて来る。

七月三十一日（土）
九時半より皇室才判令委員会。
松下専吉〔本郷小学校校長〕氏来訪。晩餐を共にす。

大正一五年八月

八月一日（日）
下田歌子氏来訪。

富谷博士、落合〔為誠〕侍従、海江田〔幸吉〕侍従等来訪。

稀有の暑気なり。午餐後、二階は書斎は勿論、ホールにても居られす。下の食堂にて読書これもたまらす、応接間の窓をあけ「ソフー」にて午睡。午後暑益烈し。四時過、吉益君を訪ふ。六時頃書斎にて九十一度、二階のバルコ〔ニ〕ーに水をまく。夜に入りて大川氏を訪ふ。

十年東京住居以来第一の暑気と感せり。

三十一日―三好重彦氏、福岡にて逝去。雲南坂教会にて葬儀。

八月二日（月）

今朝の新聞（日々）を見るに、きのふの暑さは四十二年ぶりとあり。八月としては気象台の新記録とあり。

午後二時、甲府　一〇〇．四、東京　九七．〇、鹿児島　九六、横浜　九六．八、名古屋　九五．五、等にて、東京より低し。

東京、酷暑の最高記録は明治十九年七月十四日、九七．九、八月中の温度として明治七年中央気〔象〕台開設以来、最高のレコードなる由（日々検抄）。

夜、大臣官舎、松平慶民子招待。

博物館にて北原氏の談をきく。之れにて三回なり。一と通り日本陶器の輪郭を簡単に了せり。

八月三日（火）

朝、芳沢〔謙吉〕支那公使を訪ふ。

落合竹彦君、元田男爵家を継きたるに付、落合君、元田〔亨吉・予備役陸軍少将〕君より招待をうく（精養軒）。

六時過き強震。前年の一月十五日の地震に次くといふ。

三日より十一日まて、十一日記。

八月四日（水）

才判令案の会議。

夜、三矢君、木内夫婦、信胤君等を招き晩餐。

八月五日（木）

朝鮮協会の午餐会。

八月六日（金）

茅原華山〔評論家〕君来訪。長野県の伊豆比神社の額揮毫に干し宮様に御願の件なり。初めて面会。氏の皇室論は皇室中心主義といはす至上主義と言ふ由。

八月七日（土）

三矢君の招にて宇佐美氏と常盤に会食。

三矢君と会談にて柳一宣君の応急救済及将来の事業につき相談。

一．約三万円の債務あるも之れは一部は猶予を乞ひ一部は棒引きとし約二、三千円を総督にて配慮を乞ふこと。柳君の計画にては月五百円を要すと。

一．朝鮮の将来につき三矢氏の意見は与ふるものは与へ抑へるものは抑ふ可しとなり。朝鮮限りの地方議会を作り現在予算の半額は之を地方議会に帰すへしと。

栄谷〔藤一郎〕君来訪。初めて面会。

副島伯邸に招かる。

八月八日（日）

天野弘一君邸を訪ひ、諒然の整理につき御礼の為めなり。柳鳩と画伯の山水一幅と金二百円を呈す。極めて寸志なり。

池田、古在両氏を訪ふ。水上七郎君遺族を弔問。

八月九日（月）

新渡戸孝夫〔ジャーナリスト、新渡戸稲造の養子〕君来訪。身上につき相談せらる。ジャパンタイムスに入社をすゝむ（実業は適せす、英文にて立ち度由申出てられ大阪英文毎日を希望せしが知人なく大阪は場処柄賛成しかたきに付、東京の方可ならすやと意見を述ふ）。

市村〔慶三〕君、福井県知事に栄転につき省内の知人送別会を開く（錦水）。

八月十日（火）

荒木総長来訪。

横山大観画伯、皇后陛下（鴿叭々鳥叭哥鳥）及東宮殿下（御苑春雨）を揮毫を献上す。

伊藤武雄君来訪。晩餐を共にす。

八月十一日（水）

午後、牧野伯訪問。河井君の待遇其他につき意見を述ふ。

八月十二日（木）　午後二時八二

東宮、妃殿下及照宮殿下、那須御用邸に行啓につき供奉す。黒磯迄四時間余。

午後、乗馬二時間余。殆三、四年振。

出発前、須藤君来訪。

八月十三日（金）

午後、塩原御用邸の澄宮〔崇仁親王・後の三笠宮〕殿下に伺候（自動車）。一時間半を要せり。塩原の暑気は中々烈し。試に那須と比すれは、

		午前六時	午后二時	午後十時
	八月十日	六六	八九	六八
塩	十一日	六五	九二	七一
	十二日	六八	九一	七二
原	十三日	六八	九三	
	十日	六九	八三	六六
那	十一日	七三	八六	七二
	十二日	七三	八二	七三
須	十三日	七三		

木葉石、林間学校等を見、松方農場を訪ひ帰須。

【上欄】

十二、三日頃東京の温度は九十五、六度に上れり。

八月十四日（土）

大塚知事と共に白河行。南湖まで自動車にて一時半（リンカーン快速車にて）、楽翁公の苦楽前に立ちて湖面を望む。風景甚佳。湖水は河水を引入れ灌漑にも用ひる由。南湖神社（県社）に詣つ。渋沢子の尽力により造営せられたる由。

古関蹟（古関村白河より三里程）を訪。古関村旗宿により下野界まて伊王野村に通す。楽翁公揮毫の碑石あり。村社白河神社の境内に立つ。帰途、白河町外感忠銘を見て警察署て休憩。白河城趾を見て帰須、午後一時半。午後は殿下のゴルフを陪観。

来須以来、睡眠甚不可。薬を用いるも安眠せす。運動多き為めか。

八月十五日（日）

終日、御用邸及同宿所に在り。運動せす。処に手紙を出す。

大膳寮の葡萄酒購入に干する訛伝につき、新聞に訂正方在京鹿児島〔虎雄・大臣官房用度課書記官〕事務官に注意す。清水〔喜重・近衛歩兵〕第三聯隊長、及川〔古志郎・多摩艦長〕大佐等東京より御機嫌奉伺に参邸。

【上欄】

稍曇天。暑気烈しからす。最高八十二、三度。

八月十六日（月）

十時二十分上野着（黒磯六時五分発）にて帰京。此日暑稍低。

八月十七日（火）

喪儀令審議会、九時より四時半。

上杉〔慎吉カ・東京帝国大学法学部教授〕博士を訪ふ。怪文書事件に政党の関係なきや等の談あり。

林荘治君来談。

八月十八日（水）

吉本博士来訪。

皇室喪儀令案附式につき審議会（北溜）。

夕方、報知記者松本〔空白〕氏来訪。中山忠徳外一名を伴ひ来れる〔に〕つき此方は面談を謝絶し中山氏は直に帰宅せらる。其後松本君と談話す。

河井君来談。

正彦、軽井沢より帰宅。深更まで談る。

衣、市川木内宅にゆく。一泊。

八月十九日（木）

昨日の雨以来、温度急に低下。今日は暑を覚えず。夜九時頃、七十四度。単衣にて寧涼に過く。

金〔応善・李王職典医、前李王世子附〕武官来訪。

怪文書に干する宮内省の発表案を作る。

シアトル Washington University の講師 Washington Hall 氏、外務省の紹介にて来訪。吾国産業及経済に干し皇室の干係につき質問す。

八月二十日（金）

皇室才判令総会。

八月二十一日（土）

二時過、葉山御用邸に伺候。皇后陛下に拝謁。

八月二十二日（日）

朝来、腹痛の気味なりし。寝冷ならん。終日蓐上にあり。

八月二十三日（月）

葉山より帰京。

静岡市会議員諸氏来訪。小島君を市長に推薦の件。

八月二十五日（水）

小杉彦治〔進明女学校理事兼副校長〕及未醒〔小杉放庵・洋画家〕の二君来訪。午餐を共にす。

天野、池田、小島三氏の来訪を乞ひ、小島氏に勧告最力む。小島氏、一応再考のことにて別かる。

王公家軌範総会。五時半より十一時に至る。本文議了。

八月二十六日（木）

午後、中央官衙特別委員会あり。

夜、篠田、陸川の二氏を招き晩餐を饗す。蜷川〔新カ・法学者〕氏は外出中にて来らす。

八月二十七日（金）

故鳥山〔南寿次郎〕侍医邸に弔問。

特別都市計画委員会、内務省に開かる。

原〔空白〕一君来訪。

帝室制度審議会、喪儀令及国葬令の総会あり（四時より十時まて）。凡て議了す。

此朝、北一輝、才判所に召喚の由、午後にきけり。

八月二十八日（土）

七時五分発にて軽井沢に来る。児女停車場に迎ふ。悦ひ限りなし。全く公私の用務に離れ身心軽安易なるを覚ゆ。清涼、肌に快し。

八月二十九日（日）

竹田宮様に伺候す（故藤波子爵邸）。

友彦、帰京す。

林伯を新邸に訪ふ。

原田〔武一〕、俵〔積雄〕両選手、ダブルにて仏選手に敗らる由。昨夜、電報ありし由。

八月三十日（月）

北白川宮様に伺候す。若宮〔永久王・東京陸軍幼年学校生徒〕殿下、姫宮様方にも拝謁。

戸田〔康保カ・東宮侍従〕子爵を訪ふ。

前年、御当地に来るや薬等を用いすして安眠せしか今年は然らす。余程疲労せるものと見え、若干時間引続きて休養を要すへし。

正彦、基督教の信仰研究は余程進みたるか如し。狭隘固陋に堕せす、飽まで浩量博愛正しくして抱擁的なるを望む。

八月三十一日（火）

天長節にて葉山に伺候の筈なりしが、白根秘書課長より断はり申上けたる由にて当地に滞留せり。聖上には出御なき由。一日の被服廠の追悼会には白根君、大臣代理として出席の筈。[redacted]帰京せす休養することとせり。

健彦、食傷の気味て少熱あり、臥床。午後、快よし。

雷雨数時間。

正彦と愛宕に上る。後藤方の植木屋を招きて明年四月頃周囲（入口の）に雑多灌木を植えることを依頼す。植木屋は村上といふ。

松井少佐の露国談（京城日報所才）及副島伯の軽井沢講演、藤沢〔親雄カ・九州帝国大学法文学部教授〕博士の世界の三大偉大（太陽）を読む。

【上欄】

赤倉の久邇宮邸山田君に一書、木内良胤に葉書。

大正一五年九月

九月一日（水）

王公家軌範委員会。

九月二日（木）

静寛院宮〔和宮親子内親王・徳川幕府第一四代将軍徳川家茂の正室〕五十年忌、増上寺御廟所にて催さる。徳川家の主催にて総理以下参拝。

九月三日（金）

草生少将を訪ふ。

四時半、木内来訪。処世上につき卑見を述へおけり。

蜷川君を招き晩餐を共にす。

夜、安岡君来訪。

九月四日（土）

鈴木愨太郎君来訪（大蔵省嘱託）。中央官衙建築委員会の用務にて来訪。氏は故鈴木馬左也〔第三代住友総理事〕

氏の長子なり。

院展、南展の招待日にて行を観る。院展にて大観、古径〔小林古径〕、芋銭〔小川芋銭〕等先輩の出品何れも優品なり。観山〔下村観山・帝室技芸員〕氏の出品なきを惜む。錦羊（浅田〔空白〕氏）佳作なりと思ふ。

颱風、東海道を襲ふ。東京も午後二時頃強風雨の度上。

九月六日（月）

栄谷君、叔父亀山氏と同伴来訪。

九月七日（火）

中央官衙委員会。

王公家軌範特別委員会。

九月八日（水）

静岡市助役〔永見房吉〕来訪。昨日、市会にて満場一致、小島君を選挙せし（議長の指名）由を報す。之れより小島氏を訪ひ正式に就任の承諾を得る由。市町村条例改正後、最初の市長なる由。

昨日、怪文書、東京駅及青山明治神宮前の自動電話におきありし由。一枚ものにて中々劇《ママ》〔激〕烈なり。


王公家軌範儀注の総会。

九月九日（木）

王公家軌範総会を宮中東三ノ間に開会。終て総裁の演説あり。平沼委員の謝辞あり。宮内大臣の挨拶あり。之にて帝室制度審議会に附議せられたる議案全部を終了す。

伊東総裁、平沼、富井〔政章・枢密顧問官〕、馬場〔鍈一・貴族院議員〕、山川〔端夫・法制局長官〕、関屋、二上〔兵治・枢密院書記官長〕、入江、仙石、林〔頼三郎〕司法〔次官〕、杉、大谷、栗原嘱託、渡部〔信・宮内省参事官〕幹事。

大倉喜七郎君邸に招かる。木内夫婦、山内長人、信胤君、及余等。

九月十日（金）

中央官衙委員会。

皇后陛下御帰京。

目賀田男弔問。

九月十一日（土）

聖上陛下、十一時頃、脳貧血の御発作あり。十二月の時より軽く五月より重きか如し。十二月と五月の間は四ケ月と二十日。五月より今日の御発作まて満四ケ月なり。三十分位にて全く平生の通り御醒覚せられらる。

午後、故寺尾〔亨・元東京帝国大学法学部教授〕博士令夫人〔秀子〕の告別式。

木内を訪ひ一同晩餐を共にす。

九月十二日（日）

午後、葉山御用邸に伺候す。昨日は御発作につき天機奉伺の為なり。

夕、牧野伯を鎌倉に訪ひ晩餐の饗をうけ再ひ葉山に帰へる。帰途、小泉〔策太郎・立憲政友会所属衆議院議員〕氏を訪ふ。中川〔小十郎・貴族院議員〕氏の談なりとて、牧野伯の床次〔竹二郎・政友本党〕総才に対する関係等を語る。余は牧野伯の極めて公平なること、常に国家の大局より達観せらるゝことを語りおけり。

六時頃、九―六の御発熱あり。九時半八度に下降。

浜田青陵〔耕作・京都帝国大学文学部教授〕君、東宮職に於て御進講〔瑞典皇太子〔グスターヴ・アドルフ Gustaf Adolf〕御巡遊の場所につき〕。終て河井君と共に午餐を共にす〔常盤〕。

九月十三日（月）

六時過発にて帰京。

阿部氏に面会。

九月十四日（火）

瑞典皇太子及妃両殿下を宮中に御招待、午餐。

夜、霞関にて瑞典皇太子殿下より各国大公使、総理、外相、宮相及宮中関係者を御招きありたり。

九月十五日（水）

外相主催、瑞典皇太子及妃両殿下の為め晩餐会に参列。終て帝劇の観劇に陪す。

友、光、七時二十分の汽車にて神戸に出発。

山河秘書官の為め午餐〔常盤〕。白根、本多両君をも招く。

九月十六日（木）

世襲財産委員会。

瑞典皇太子及妃両殿下、赤坂離宮御訪問。皇族各殿下に御対面。茶の御招ありて陪す。広芝の御茶屋。

木内両人、正午神戸解纜。白山丸にて渡欧。衣、正、友、光、由香、美恵〔関屋美恵子・関屋貞三郎の四女〕、健、神戸まで見送る。

夜、斉藤金蔵氏（清州）来訪。娘二人を伴ひ来る。清子？　春子？

今夜、久振にて睡眠薬を用いす。

九月十七日（金）　強雨　七十二度

清野〔長太郎〕復興局長（一昨日逝去）、官邸を弔問す。

発明協会奨励金授与式（帝室の御奨励金ありてより第一回）欠席。宮内大臣の祝辞あり。

聖上、葉山御転地以後、第一回の御容体書を発表（入沢侍医頭談）。

　聖上は八月十日、葉山御用邸に行幸以来、御容体良好に渡らせられしか、其後一回軽微なる脳貧血様の御発作あり。一昨日、体温の昇騰を拝し発奉はしか程なり。御平温に渡らせらる所、一昨夜、再御発熱あらせられしも、昨日来、殆御平温にて異常を拝せす。

十一時二十分にて葉山に伺候。内親王三妃殿下及東宮殿下、御使入江〔為守・東宮〕侍従長参邸。

午後は三十六度台にて平熱と拝承す。

九月一日以来、日記甚怠る。毎夜睡眠薬を用い（之を用いさること僅に二夜のみ）、一層の疎懶を加へたるによる。記憶の明確ならさるもの多し。

【上欄】

低気圧にて風雨烈。

九月十八日（土）

閑院宮殿下、満州に御出発。

鈴木喜三郎〔立憲政友会所属貴族院議員〕氏を訪ふ。

今日正午、木内夫妻、門司出帆の筈。

九月十九日（日）

珍田伯を訪ふ。

酒井忠正〔貴族院議員〕伯邸に午餐の饗をうく。安岡君同席。金鶏学院設立につき抱負を語らる。

栗原君、富井先生、平沼〔淑郎・元早稲田大学学長〕博士、橋本直三郎君、弓削〔幸太郎・前朝鮮総督府鉄道部長〕君、杉浦君等を訪ふ。

九月二十日（月）

二六新聞《ママ》〔報〕社長矢野〔晋也〕君、肥田栄三等来省。

東宮殿下、葉山行啓。鈴木信太郎〔奈良県知事〕君とステーションホテルに面会。京大学生事件につき東上せる由。

九月二十一日（火）

北白川宮大妃殿下に拝謁。台湾御旅行の件につき台湾総督の意向を申上く。

本田幸介君を病床に訪ふ。五月発病以来、初めての面会なり。栄養はやゝ恢復せるも半身は不随。病症は更に快らさるか如し。

十五夜なり。

瑞典皇太子殿下、数日来御不例。今日は殆と全快なり。

渡辺千冬〔貴族院議員〕君に面会。氏は宮内省怪文書の如きは元より一顧の値なければ未瞥見もせさる由。極めて単簡明燎《ママ》〔瞭〕なり。氏の信と其の大を想はしむ。

宮内大臣、葉山へ伺候。

九月二十二日（水）

蜂須賀侯を訪ふ。正氏君の件、安岡君の件につき懇談。

昼餐の饗をうく。

牧野伯を訪ふ。

此頃、広島駅、午前、〔安芸〕中野駅附近にて汽車の顚覆あり、死傷数十名。鉄道開始以来の大惨事なりと。

九月二十三日（木）

伏見宮殿下に拝謁。ガレ研究所発地につき言上。

高橋林野次長の歓迎会（偕楽園）に出席。

瑞典皇太子御出発につき御見送をなす（八時四十分）。

九月二十四日（金）

三浦博士の診をうく。湯分服薬になす筈。

青山会館に於ける南州〔西郷隆盛・明治維新の元勲〕遺墨展覧会を見る。河井君同道。

大木親雄君、亀山俊蔵〔三菱海上火災常務〕君、保科正昭〔貴族院議員〕君を訪ふ。

九月二十五日（土）

鍋島陸郎〔陸軍軍人カ〕君夫人逝去につき弔問。

下谷同朋町、孚水画房に於ける浅川伯教〔彫刻家〕君の陶画の陳列を見る。

浜尾〔新・元枢密院議長〕先生の一年祭に参拝。

九月二十六日（日）

午後、友彦を伴ひ院展、二科、南展を見る。

九月二十七日（月）

長慶天皇御在位に干する御諮詢案につき枢密院の委員会。

茂木宇一君来訪。正田貞一郎君に紹介状を与ふ。

九月二十八日（火）

鈴木熟《ママ》〔鷲カ〕山君来訪。「マルクス弁駁」の新著〔『マルキシズム駁論』カ〕を東宮殿下に奉献方につき依頼せらる。

火曜会。林司法次官の朴烈〔朝鮮人の無政府主義者〕談、木村〔鋭市〕亜細亜局長の支那の最近形勢。

浅岡一〔元長野県師範学校長〕君の葬儀に列す（梅巌院）。

徳川公後室〔実枝子〕来訪。

古河男を牛込邸に訪ふ。岩倉公内務省希望の件、警察官及小学校教員後援の件につき意見を述ふ。

亀岡豊二〔奄美大島出身の実業家〕君来訪。

九月二十九日（水）

堀越善重郎〔堀越商会創立者〕四女雪子嬢と小隈和助君と結婚披露（午餐）に列す。

吉田（編修官）君、洋画の画像研究に干し聴取する為め同君邸を訪ふ。

白根君と共に露国歌劇にゆく。

九月三十日（木）

北白川大妃殿下に拝謁。台湾御成のことにつき昨日総督より言上の由。

芳沢公使を訪ふ。今関〔天彭・中国研究家〕君のこと、及対支干係につき東京における施設につき意見をきく。

林野局に至りて一同と午餐を共にし、代理勤務中の労を謝す。

長慶天皇御在位に干する詔書公布後の奉告祭につき協議す。賢所三殿は御親祭、伊勢桃山礼宮、神宮は掌典次長御代拝のこと。

丹羽〔長徳〕子爵夫人〔組子〕来訪。

今晩、千葉の殺人鬼「熊」、祖先の墓前に自殺の号外出つ〔鬼熊事件〕。逮捕につき已に四十余円、経費十万円余を要せしといふ。

大正一五年一〇月

十月一日（金） 微雨　夜九時六十七度

杉山常次郎〔大日本図書専務取締役〕君来訪。橋本徹馬〔紫雲荘主幹〕君来訪。

大臣、葉山へ出張。

福富正男君を訪ふ。

博物館にて北原氏より陳列替陶器につき説明をきく。

夜、新居善太郎〔復興局建築部事務官〕君来訪。

李恒九〔李王職賛侍〕君と午餐（東京クラブ）。

九月二十二日以来のもの、十月一日誌るす。此間睡眠薬を用いさること、三、四夜なり。

十月二日（土）

静寛宮五十年御法事、増上寺に催さる。

伊藤公の主催にて鹿児島君の為め送別会（紅葉館）。

足利、原田〔政七・元足利町会議員〕氏及新任岐阜県警察部長松枝〔角二〕氏（原田氏の縁戚）に日本クラブに会す。

岩崎久弥男を訪ふ。

李王邸に御招を受く。

十月三日（日）

大石を中野の新居に訪ふ。

富田嘉則君、危篤につき見舞ふ。

横山画伯初め、美術院の諸君を招く。此日秋晴。座上の茶菓、来賓の意に適ひたるか如し。来賓は左の諸氏なり。

横山大観、木村武山、斉藤隆三〔史学者〕、小林古径、前田青邨、大智勝観〔日本画家〕、荒井寛方、中村岳陵〔日本美術学校教授〕、山村耕花、橋本静水、速水御舟〔日本美術院同人〕、橋本永邦、堅山南風、富取風堂、小山大月。

安田□《ママ》〔靫〕彦、川端龍子の二氏は事故ありて参会せられす。

十月四日（月）

安岡正篤君来訪。金鶏学院便覧を携へ来る。

皇室葬儀令、及国葬令につき枢密院委員会あり。委員長伊東伯、石黒、山県〔伊三郎〕、黒田〔長成〕、内田〔康哉〕、八代〔六郎〕、田の各委員。一時間にてすむ。

曩に李王職事務官及宮内省御用掛を退きたる中枢院顧問高義敬伯の為め宴を設く。同君、三十余名（丸ノ内常盤）。

秋元君の新邸を訪ふ。小室翠雲兄を訪ひ、病後、殊に南画将来の為め大に自重を希望しおけり。

十月五日（火）

阪井徳太郎〔三井合名会社理事〕氏に工業クラブにて面会。小学校及警察官後援につき卑見を述ふ。

栄谷藤一郎君と大倉弘子の結婚（帝国ホテル）。鈴木喜三郎氏の媒妁。

飯山氏、高崎在子の令嬢〔空白〕子を同伴、今泉君と共に来訪。

十月六日（水）

本田常吉〔釜山府協議会協議員〕君を小石川、中野氏邸に訪問。

三矢氏着任。

柳原伯の招宴（星岡）。

十月七日（木）

拝島に山階宮殿下を御訪問す。大石監督同伴。拝謁一時間半。

一．御支出に限度あること（仮え社会国家に有益なる事業なるも）。

一．属官の側近御使用を願ふこと。

一．御親書を軽々しく御出しにならぬこと。

等を申上けたり。

宮相邸に社会事業関係者招待。

山室〔軍平〕、渡辺〔海旭・浄土宗僧侶、大正大学文学部教授〕、原〔胤昭〕、留岡〔幸助〕、相田〔良雄〕、岡〔弘毅・東京府社会事業協会常務幹事〕、矢吹〔慶輝・大正大学文学部教授〕、生江〔孝之・日本女子大学教授〕、窪田〔静太郎・行政裁判所長官〕、長岡〔隆一郎・内務省社会局長官〕、守屋〔栄夫・内務省社会局社会部長〕等の諸氏。

十月八日（金）

松岡君来訪。

慶福会総才閑院宮殿下邸に於て社会事業功労者表彰式あり。三十年以上勤従事者にて六十才以上のもの計三十二名なり。内、京城一〔名〕。原胤昭、留岡幸助氏等。

外国人　セル・カミル（京城）、バケエラー〔ジョン・バチェラー〕（北海道）、マリ・ドウマス（東京）、クリマンス・ヴェルネ（東京）、アリス・ペテトアダムス（岡山）、ボルジャ〔マテボルシャ〕（熊本）、リデル（熊本）。日本人中、婦人九名。

年金をうけたるもの記念品をうけたる。

牧野伯を訪ふ。

浜口内相（慶福会副会長）の招宴。

十月九日（土）

宮内大臣官邸にて社会事業表彰者を招かる。被表彰者一同、東宮職にて拝謁仰付らる。後、渋沢子邸にて園遊会ありし由。

明治神宮奉賛会の評議員会。

シャム皇族ダンニー殿〔下〕及皇妹〔シップパン〕殿下、東宮、妃両殿下に御対面。茶菓を呈せられ、御苑内御案内遊さる。

朝融王殿下〔久邇宮朝融王・久邇宮邦彦王の第一王子〕、一昨日盲腸炎の手術を受けさせられたるに付、大学病院に御見舞申上く。

閑院宮殿下若宮春仁王殿下御結婚の御披露宴に参列。

十月十日（日）
高倉君来訪。
鎌倉教会新築（ハリス監督記念）献堂式に臨席。
葉山御用邸に伺ふ。夜、北白川宮邸に伺候。

十月十一日（月）
金子〔堅太郎・枢密顧問官〕子爵を訪ふ。
上野画伯（広一）を訪ふ。肖像画に長す。
河井、三矢両君、葉山御用邸に伺候。
皇后陛下に拝謁。了て帰京。
深井〔英五カ・日本銀行理事〕氏令嬢婚儀披露に出席す。

十月十二日（火）
林野局にて三矢君に懸案につき語る。
鮮人画家、黄庸河（開城の人）来訪。

十月十三日（水）
五百木良三〔国家主義者〕君来訪。氏は時勢を慨し殊に日本に於ける天皇の位地につき世人の謬見あることを論せられたり。高倉君同行。
服部金太郎〔服部時計店創業者〕君の招待。
天野弘一君の招待。

十月十四日（木）

久邇宮殿下の御病気御見舞に参上。

李王殿下晩餐御礼。

中島久万吉〔古河コンツェルン創立者〕男、小尾君来訪。

朝日の社会部長、鈴木文四郎君来訪。好紳士なり。時勢を憂へて語ること二時〔間〕。

森村〔開作・森村財閥総帥〕男主催の御木本〔幸吉・御木本真珠店創業者〕君真珠翁の送別会あり。

和田〔英作〕画伯の一週一画会を見る。

十月十五日（金）

東宮及妃両殿下、帝展に行啓、供奉。日本画大作多し。出品中数十点陳列替をなすの止むを得さるに至りしといふ。佳作と思ひしは、

南清風物　竹内栖鳳、御裳着　荻生天泉、木蔭　三木翠山、小春　川合玉堂、灼春　小室翠雲、三熊野の那須《ママ》〔智〕の御山　山口蓬春、雪景　渡辺香堂

渋沢子邸にブース〔ブラムウェル・ブース Bramwell Booth・救世軍〕大将歓迎の茶会あり。

鹿児島学務部長、福島〔繁三〕君来訪。

報知の田口君来訪。

十月十六日（土）

ブース大将を訪問。

御歌所の諸君を招く。入江子爵、阪正臣氏（寄〔寄人〕）、千葉胤明氏（寄）、武島羽衣〔武島又次郎〕氏（寄）、金子元臣（寄）、松下《ママ》〔平〕乗統氏（主事）、大原重明（参〔参候〕）、根本敦行（参）、外山且正氏（参）、細川利文氏（参）、佐藤貢氏（録事）、外に工藤〔壮平・宮内省御用掛〕、白根二氏。

欠席　鳥野幸次（寄）、遠山英一（寄）、加藤義清（寄）、金子有道（参）、香川景之（参）、慈光寺仲敏（参）。

帝展にゆく。折柄、大倉夫人及衣来館につき案内し西洋画を見るの暇なかりき。

ブース大将を訪ふ。

十月十七日（日）

ブース大将、青山会館に講演。若槻首相、阪谷男、徳富氏の講演あり。大将の講演は山室氏の通訳により感動を受くる■大。

十月十八日（月）

中央官衙特別委員会あり。高松宮邸を外相官邸とする案決定。

伏見宮敦子女王〔伏見宮貞愛親王の第三王女〕、清棲〔幸保・鳥類学者〕家降嫁につき御祝に参上。

中外商業主催の産業博覧会、総裁伏見宮殿下より御招待を蒙る（精養軒）。

ブース大将、東宮殿下に拝謁。

午後、山室少将の来省。東宮殿下よりブース大将への賜金三千円を下付せらる。

十月十九日（火）

探元〔木村探元カ、江戸時代中期の画家〕の展覧会あり。久振にて少閑あり。揮毫を試む。出来悪しからす。

帝室制度審議会総才伊東伯を東宮仮御所に召され憲法及皇範制定の来歴及皇室諸令制令に干する沿革をきこし召さる。大臣と共に陪聴。

此頃は三浦博士投薬のきゝ目にや睡薬を用いす、安眠已に数日を超ゆ。夜中二、三回醒むるも大体に於て好し。

十月二十日（水）

長慶天皇を御歴代に列せらるへき件につき、枢密院本会議あり。各大臣列席。宮内省よりは大臣、次官、三上、杉、大谷、渡辺《ママ》〔部〕。

帝室審議会委員に御陪食。

伊東総裁、平沼、富井、馬場、山川〔健次郎〕、関屋、二上、福原（欠）、松浦寅三郎、杉、大谷、西園寺、入江、渡辺《ママ》〔部〕、林（司法次官）、栗原等。

戒三と共に万鉄五郎氏の油画を見る。氏は春陽会の重鎮なりと。

山本条〔太郎〕氏を訪ふ。

十月二十一日（木）

長慶天皇御在位に関する詔書及皇室令八令公布（午前八時半）に付、葉山に伺候。小早川〔四郎〕侍従次長をへて聖上陛下に奏上。皇后陛下に拝謁の上、殊に詔書につき言上。おまなを賜はりて退出。

諸令は皇統譜令、皇室儀制令、皇族就学令、皇族後見令、皇族遺言令、皇室喪儀令、皇室陵墓令、朝鮮貴族の叙位に干する件廃止の件。

省令、皇統譜令施行規則、皇室陵墓令施行規則、右の中、儀制令は十一月一日より、他は十一月十日より施行。

酒井忠正伯と共に安田銀行の結城君を訪ふ。社会課長佐原君同席。金鶏学院創立費一万五千、年経費一万二、三千、会費四、五十円の筈。杉図書頭と共に矢代博士を牛込富久町八三に訪ひ、霊前に小花献を供す。

【上欄】

詔書

朕惟フニ長慶天皇在位ノ事蹟ハ史乗ノ記述審ラナサルモノアリ今ヤ在廷ノ臣僚ニ命シ深究精覈セシメ其ノ事蹟明瞭ナルニ至レリ乃チ大統中同天皇ヲ後村上天皇ノ次ニ列ス茲ニ之ヲ宣示ス

御名御璽

摂政名

大正十五年十月二十一日

宮内大臣　一木喜徳郎

内閣総理大臣　若槻礼次郎

十月二十二日（金）

長慶天皇を皇代に列せらるゝにつき賢所三殿の奉告祭に参列。参列者三百数十名。

伊藤公邸にて書簡の整理をなすにつき拝見に出かく。大津事件に干する故公〔伊藤博文・明治維新の元勲、初代内閣総理大臣〕の手記等面白きもの元より少らす。

二時、明治神宮外苑の竣工式及奉献式に参列。摂政殿下台臨。御沙汰書を閑院宮総裁殿下に賜ふ。

小林方に静枝（原氏に嫁す）の病を訪ふ。今日、急に呼吸の困難を感せりと。

天野弘一君新夫人入家せしとて小宴を催さる。池田、松田、高田、蓮見、須賀、加藤の諸氏及余なり。末戸主の承認なき由。新夫婦とも可なり苦境にあるか如し。

十月二十三日（土）

明治神宮外苑奉献の奉告祭に列す。

東宮殿下、外苑の新野球場及相撲場に台臨につき供奉せり。常ノ花〔寛市・横綱〕、西ノ海〔嘉治郎・横綱〕等幕内二十余名。野球は六大学の聯合なり。角力場は一万二千を収容し得る由。経費二万余。野球はスタンド九千、芝生二万二千、経費は五十余万。野球場にては殿下御退場の際、観衆万歳を三唱。御歓迎申上くるの意を尽せり。

安岡君来訪。

朝融王殿下、御退院につき御悦に伺ふ。

美恵子、昨日菊池耳鼻病院にて手術、一夜入院。今朝見舞。午後退院。

十月二十四日（日）

姜錫天、孫奉祚、両学生来訪。真下貞子来訪。

美術協会を見る。佳作なし。帝展洋画を見る。青山熊治〔洋画家〕氏の高原、田辺〔至〕氏の裸婦及婦人画等の外、佳作少きを憾む。会員等の画は先つ無難なり。陳列画中瞥見にて、
○古陶　七〇〇　京都服部喜三、灯下静物　菱田きく、遅田　一五〇〇　小糸源太郎、裸女　一〇〇〇　桑重儀一、風景　二〇〇　安宅虎雄、■靄　二五〇　高間惣七、花下月影　四〇〇〇　中沢弘光、○沼尻　七〇〇　小野田元興、松林　和田英作、紀州潮の岬　鹿子木孟郎、○画房の女　塩見暉夫、御来光　二〇〇〇　吉田博、古き昔を偲ひて　岡田三郎助、風景　関口隆嗣、木の間より　三〇〇　松下春雄、お寺の下道　三〇〇　三宅克己
故浅田知定〔新高製糖取締役〕氏邸弔問。原田熊雄君を訪ふ。


【上欄】

故角田竹冷君句碑再建成り、除幕式を神田明神社内にあく。小波〔巌谷小波〕君、麦人〔星野麦人〕君、早野錫君、黒須君等、委員なり。竹冷■■の句は、

　白魚やははかりなから江戸の水

余も亦駄句あり、夜、書中不二夫君に送る。

　復興に先つ句碑の秋晴るる
　句碑の前秋冷かに気はすめり
　嵯峨沼津江戸も■へし句碑の秋
　江戸■子句碑新らしき秋はるる

竹冷会より毫墨を頒つ。珍とすへし。

十月二十六日（火）

大臣官邸にて山県〔辰吉・式部職式部官、侍従〕、相馬二氏の瑞典皇太子殿下御接伴に干する報告を聴取す。

火曜会（保険協会）内田康哉伯の支那談。

富井博士を訪ふ。

陸軍次官〔畑英太郎〕よりの招待（紅葉館）。

十月二十七日（水）

海軍将官に御陪食。

枢密院委員会、皇室才判令、徳川公家令。

三輪修蔵《ママ》〔三〕氏来訪。

シャム公使の晩餐（工業クラブ）。ダーニー親王及令

妹殿下御臨場。

十月二十八日（木）

此夜、葉山に伺候。皇后陛下に拝謁。稲田博士御用掛に任命につき御内意を伺ふ。

御歴代史実考査委員に賜餐。

「シャム」親王（ダーニー）御出発につき御見送。

帝室制度審議会及史実考査委員会委員に対し行賞。

勅語及賜金五万円　伊東伯

男爵　倉富、平沼、富井三氏

右、赤坂離宮。

勲一等瑞宝章及賜金　二上、関屋

勲三等旭日章　大谷、杉、渡部

金杯　鈴木、馬場

他は銀瓶等以下の賜物なり。

末永一三（玄洋社社員）君来訪。

天皇及皇室の御行動につき意見をのべらる。

一．民主的の弊。

一．天皇の御位地を益高らしめ御英断あらむ方。今険悪なる世相御一新すへしと。民衆に接近することを好まさるか如し。

【上欄】

史実考査

旭二　三上

旭三　黒板（勝美・東京帝国大学文学部教授）、三浦（周行・京都帝国大学文学部教授）、辻（善之助・東京帝国大学文学部教授）

旭四　和田

内大臣　飾棚

宮内大臣　文台硯箱

十月二十九日（金）

葉山より帰京。

帝室制度審議会委員（前委員共）及史実考査委員を大臣の招待あり（ホテル）。終て総才の希望にて写真をとる。

岡本武二氏（前ロンドン大使館書記官）の英国労働総議の講演あり。

東宮殿下に拝謁。稲田博士を宮内省御用掛となす件につき御内意を伺ふ。

夜、東宮職にてサハラ砂漠横断の活動あり、陪覧。

十月三十日（土）

汎太平《Pan Pacific》〔洋〕学術会議《Congress》の開会式、大学講堂に開かる。桜井錠二〔枢密顧問官〕博士会長。米、英、仏、支那、和、智、露、葡（マカオ）代表者祝辞演説をなす。

山本直良〔三笠ホテル創業者〕氏長男直正君と与謝野寛〔与謝野鉄幹・歌人、慶応義塾大学文学部教授〕君二女七瀬嬢との結婚（ホテル三時―四時半）御茶。山本信次郎〔東宮御学問所御用掛〕氏媒介。

高松宮殿下に拝謁。

十月三十一日（日）

葉山に伺候。

聖上陛下二十四、五日よりや丶御発熱にて、二十七日より三八以上。御食気もや丶御減退にて御案し申上け居たり。偶天長節祝日に付、参邸。皇后陛下に拝謁あり。東宮殿下御使以下に次き供奉員を代表して御祝詞を申上く。先之、小早川次長をへて　聖上に御祝詞を申上く。午後、池田〔宏〕神奈川県知事と同車。自動車にて横浜に出つ。帰途、山岡君を大井町に訪ふ。

此夜、外務大臣晩餐会に列す。

大正一五年一一月

十一月一日（月）

本日より九時初。

王公家軌範の特別委員会、枢密院事務所にて開会。委員長伊東伯、委員山県、石黒、山川〔健次郎〕、黒田、江木、内田、田、荒井〔賢太郎〕の各顧問官。

一時半より開会。半は了す。

大臣邸にて協議。

聖上、御熱下降。五時半、三七・六、九時、三七・八。二十七日来、三八・以上にて、昨日午後三八・六なりしか、右の報に接しや丶安する所あり。

十一月二日（火）

工学平田穣君と巻野寿亀君次女綱子嬢との結婚、大神宮にて行はれ松閣にて披露。媒妁人として立会ふ。十一時より二時過まて。

皇后陛下、葉山より還啓。明日、赤十字大会に御臨席の為め。

金泳煥（京大法学士）君と北村梅子嬢との結婚披露に臨席（青山会館）。

十一月三日（水）

枢密院にて博信王〔伏見宮博信王・大正一五年一二月七日臣籍降下し華頂博信・侯爵となる〕降下御諮詢案を議決。王公家軌範につき委員会を続行。

枢密顧問の御陪食（皇室諸法令及長慶天皇御在位詔書につき御慰労）。

寺内〔正毅・第一八代内閣総理大臣、元帥陸軍大将〕伯の七年忌（増上寺）に出席。

皇后陛下、葉山へ行啓。

十一月四日（木）

国士舘十年記念式に臨席。

国務大臣の御陪食（皇族諸法令御発布と長慶天皇御在位の詔書喚《ママ》〔渙〕発に干する御慰労）。

赤十字社満五十年につき閑院宮殿下台臨、茶菓。

池田〔仲博・貴族院議員〕侯を訪ふ。徳川公令嬢教育に干し、個人として懇談。

李王職長官閔男爵、高伯、韓大龍氏、金武官、富《ママ》〔宮〕島〔敏雄・李王職庶務課〕通訳官、林〔健太郎〕事務官を招き晩餐。開城画家、黄庸河（美山）君を招き、席画を試む。

十一月五日（金）

星一〔星製薬取締役〕君より星ケ岡に招待。用事ありて欠席。

汎太平〔洋〕学術会議出席者を霞関離宮に召され賜茶。久邇宮殿下、御名代として台臨。

珍田伯を訪ふ。

鶴見君来訪。金鶏書院につき意見を交換す。

一．海外の事情に通暁せしむることを希望すること。

一．出資者の内に、神戸、川西清兵衛〔川西財閥創業者〕氏、森村男、前田侯を加へ鶴見氏引受くること。

十一月六日（土）

十六年予算会議、十時より東三ノ間に開会（大森、入江、河井、大谷、白根の各委員、仙石君は欠）。午後三時過閉会。

加賀谷〔朝蔵・宮内省皇宮警察長〕君、篠田氏令嬢と結婚。川村竹治〔貴族院議員〕君夫妻の媒妁。ホテルにて披露、出席。来賓を代表して挨拶をのぶ。

岡田忠彦〔立憲政友会所属衆議院議員〕君令弟包義〔内務官僚〕君と小平浪平〔日立製作所創業者〕君長女百合子嬢との結婚式、五時（ホテル）。田口邦重君の媒妁なり。加賀谷君の宴を了て出席。

内藤〔頼輔〕子爵夫人桂子氏、令嬢要子さんを伴ひ、高橋其三君と共に来訪。

岩崎男及令夫人、甘露寺〔方房カ・甘露寺受長の弟〕夫人〔澄子〕来訪。

杉山茂丸〔政治運動家〕君来訪。

一．内府、宮相等と会食のこと。二．角力道振興につき福田〔雅太郎・予備役陸軍〕大将に宮殿下より御辞のこと。三．普通選挙、内閣に干する意見。

十一月七日（日）

好晴日なり。漸く秋冷。

末永一三君を往訪。談話中、井上博士著書問題の漸く急なるを告く。

華族会館に開城黄庸河（美山）画伯の展覧会を見る。長兄三氏の書画をも展覧す。来観者甚少きは気の毒なりき。

三越の淡交会を見る。大観君の曙色、栖鳳君の宿鳥宿鴨、観山君の霜の日、春挙君の秋の山等を好む。栖鳳君の画、全く黒色なりし部分の多きは如何。又宿鳥の僅に一羽なりしは如何、疑を存す。大観画伯の曙色、少しく離れて見て其名手たるを知るへし。観山君の健康恢復せられしは悦ふへし。

二本松同郷会（根津権現）に出席。

速水御舟画伯の小展覧（目黒吉田氏邸）に招かる。

十一月八日（月）

予算会議第二日なり。

聖上、御容体御佳良。ともかくも、大演習に摂政殿下御出発のことは変らせられす。

斎藤実〔朝鮮総督〕子爵の養嗣子斉氏と有馬頼寧〔立憲政友会所属衆議院議員〕君長女〔有馬静子〕と結婚披露（ホテル）。

十一月九日（火）

予算会議第三日。午後四時半終了。

皇室才判令につき附則の問題起り、二上、山川、林、■■、平沼等の諸氏に電話し承諾を得、更に伊東伯を訪ひ大体御沙汰を拝することに決定。翌朝、倉富、金子の二氏を訪ふこととせり。

十一月十日（水）

北白川宮妃殿下に拝謁。皇族後見令実施に伴ふ保育の件に干し言上。山辺〔知春〕御用掛を任命せらる、こと。

観菊会。好晴日にて乗馬者多数。

大谷瑩亮〔浄土真宗大谷派僧侶〕氏及渓内氏来訪。大谷光演〔浄土真宗東本願寺第二三代法主〕氏に対し債権者より破産の申請ある由を語る。結局、破産の宣告は免れ難しと。

大臣官舎にて大演習行啓御中止の件につき内協議す。

第三回汎太平洋学術会議の晩餐あり。同卓にありし内、外人「メニウ」に記入せし人々は、

Dr Grace F Baelke 627 Avenue Jaffie shanghai.

Caealine M Crosly Wincaparis Minesota.

C M Furaser（[redacted]）Clara A Hcacer gciasephice [redacted].

飯塚啓氏、矢沢氏（横浜）、矢吹〔省三〕外務政務次官、中島氏。

【上欄】

枢密院。

皇室才判令、王公家軌範。

本会議議了。摂政殿下台臨。

Third Pan Pacific Science Congress, Dinner in honor of the Overseas Delegate.

十一月十一日（木）

摂政殿下、大演習行啓御取止を発表。

聖上陛下御容体を発表、同時に宮相講話を出す。号外を出せしもの、日々、国民の二紙ありしも、夕刊は凡て余り誇大にせす。

大臣官舎にて林野支局長会同につき長官以下、支局長、課長を招待。

Pan Pacific Club の午餐に出席。ペル公使〔マヌエル・エリアス・ボンヌメゾン〕及原田助〔ハワイ大学東洋学部教授〕君を客とす。初めて出席。得る所あり。

十一月十二日（金）

東宮殿下、三笠保存会に行啓。葉山にも御立寄、御見舞申上けらる。

林野局の新旧長官送迎会あり（台所司会にて）。

島津久賢〔貴族院議員〕男の逝去を弔問。

十一月十三日（土）

西園寺公を訪ふ。

東宮職にて第二艦〔隊〕司令長官谷口〔尚真〕中将、米

内〔光政〕参謀長、陸奥の池田〔他人〕、霧島の加藤〔隆義〕両艦長の為め茶菓を賜はる。陪席。

京都六兵衛〔清水焼陶工五代目清水六兵衛〕の陳列を見る。別に感服せるものなし。価は大体高し。

二十年前頃満州在勤官民の懇親会あり（ホテル）。沼田氏、幹事なり。

大臣官舎にて入沢侍医頭、仙石総才等と共に大臣と共に秩父宮殿下及東久邇宮殿下御帰朝のことに干し協議。

島津久賢男の告別式にゆく。

十一月十四日（日）

平沢直巳来訪。従来の心得につき訓戒を試む。やゝ悔悟の色あり。

宇佐美氏、井上氏より勧告による朝鮮土地改良会社に就職につき話しに来る。氏は朝鮮に干する事業にして、而かも（多くの貢献をもなさす）在京して報酬を受け、朝鮮一般の為めにすることは■とせすとして辞するの決意なる由。余か井上氏に談せし所も亦、井上氏の宇佐美氏に語れる所と異るにつき宇佐美氏の意見に同意を表せり。

珍田伯、松岡、賀来の三氏を訪ふ。午後、浅田知定氏の告別式に行く。それより上野独美術展を見る。感服するもの少し。仏よりは余程劣れるものゝ如し。帝展を見る。博物館にて墩墝発掘壁画の模写を見る。夕頃、津田敬武君、足利郡富田村雲龍寺亀田氏来訪。

【上欄】

此夜、極めて静閑。久振にて臨記。東京会の題字を認む。甚意の如くならす。神遇の草書を以て僅に責を塞かんとす。

十一月十五日（月）

秩父宮殿下御帰朝に干する電報を林大使に発す。

聖上、御容体やゝ良好、三十七度台、御気色よし。

第二回万国赤十字社の晩餐（ホテル）。La Deuxieme Conference des Croix-Rouges Orientales.

（本日、午後三時開会式）。

John Barton Payne (Chairman of the Commision RC).

M L. E de Gielgnd.

Viscount Boralos de Rouge.

Dr Humbert.

Miss Alice Fitzgerald.

代表者は、比利賓、印度、爪哇、東印度、ニウジランド、シャム等。使用語、英仏日。

十一月十六日（火）

大臣官舎に倉富、牧野、仙石三氏と大臣、次官会談。

東久邇宮殿下御帰朝の件につき協議。

此日、清浦子爵、喜寿筵帝劇に開かる。会者九百余名。

午後、葉山に伺候、一泊。五時の御体温三六・九に降下。一同愁眉を開く。長者園に至れは次長室にて侍従、武官、侍医等会食中にて喜色面に溢る（小早川次長、松浦〔靖〕、安藤〔信昭〕、黒田〔長敬〕の三侍従、西〔義一・侍従〕武官、荒井〔恵〕侍医）。

十一月十七日（水）

三矢〔宮松・帝室林野局〕長官新任と三支局長会同に付、林野局の人々を招く（常盤）。

脇水〔鉄五郎・東京帝国大学農学部教授〕君を訪ひ、美濃部君令息につき御話をきく。

葉山にて東伏見宮妃殿下に拝謁。

帰京。

十一月十八日（木）

斎藤総督を訪問。

中央朝鮮協会にて斎藤総督、湯浅〔倉平・朝鮮総督府政務〕総監を招く。清浦、水野〔錬太郎〕二顧問も出席。

長沢伝六君、市広尾病院長に就任につき披露（中央亭）。

衣、帰京。奈良、京都、約十日間なり。珍らしき事なり。得る所極めて多からん。

【上欄】

年末、侍医寮診療事業につき市府、警視庁当局者と協議す。未た決せす。

十一月十九日（金）

興津に井上〔勝之助・式部長官〕侯を訪ふ。元気大に恢復。平生と異るなし。令夫人〔末子〕は殊に強壮には見受けせり。セルの単衣を着されたるは一驚せり。帰途、田中伯を訪ふ。

往復、沼津より斉藤〔秀資・帝室林野局沼津〕出張所〔長〕同行。

十一月二十日（土）

実践女学校専門部校舎新築落成式に臨む。清浦、後藤両子、床次、小野の緒先輩、各士、淑女等多数。

第二回万国赤十字会議出席〔者〕を霞関離宮に召され賜茶。

John Payne（Direction general of the League of Red Cross Societies）氏より招待（工業クラブ）。

余か左右に就ける人は中華弁士会、伍哲英〔看護教育家〕、A Hoke Bell Secretary of nurse association.

開城画家、美山（黄庸河）君を招き晩餐を饗す。正彦出席。

【上欄】

霞関にて面会せしは、

G. D. Pafre.

L Ade Gielgnd.

十一月二十一日（日）

来客多し。小島文六君、杉浦君、田中清純〔真言宗僧侶〕君、高橋静男君、須藤君、山口君等。

伊藤公を訪ひ、式部長官に就任せらるゝにつき大に自重を望みおけり。

十一月二十二日（月）

故下岡君一年忌（西本願寺）。

中川正左〔元鉄道次官、東京地下鉄副社長〕君の招待（錦水）。

十津川出身者来会。

中川貞夫君（十津川村長）、前木直立（文武館理事長）、野尻、上恒等の諸氏。

大園、米田、乾君、松浦〔鎮次郎〕文部次官、八田〔嘉明〕鉄道次官、白根君及余。

【上欄】

互助会評議員会。

南満会（重大事故に付内協議）。

十一月二十三日（火）

横浜にオードワイヤ氏を訪〔ふ〕。友、光同行。切手収集を見んか為めなり。テントホテルにて午餐。オ氏邸にては歓待をうけ、四時辞去。

新嘗祭に参列二回、各約二時間を要せり。

十一月二十四日（水）

午後、葉山に伺候。皇后宮に拝謁。秩父宮殿下御帰朝に干し言上する所あり。

十一月二十五日（木）

拝島に山階宮方に伺候。御面会なし。

新聞社の社会部長に面会。

対支文化事業代表者を新宿御苑に御招待につき出席。

役所にて夕頃より七時過まで大喪録を耽読す。


【上欄】

各新聞社会部長に面会。決定せしこと。

一．御容体は東京にて発表。

一．従来の如く零時半、庶務課長面会。

一．三、四日目毎に入沢侍医頭謹話を出す。

一．葉山の側近者は談話せすこと。

十一月二十六日（金）

熊沢君、久振にて来訪。

稲村弥作君、令息欣治郎君同道来訪。服部時計店に依頼することにす。

東京府知事、部長其他の主催にて、ペイン氏初〔め〕赤十字出席の諸氏を招き、大震災救助の感謝会を催す（帝劇）。

梨本宮殿下規子女王〔梨本宮守正王の第二王女〕、広橋〔真光・内務官僚〕伯と結婚につき御祝に参上。

一戸〔兵衛・明治神宮宮司、陸軍〕大将を訪ふ。中西、大倉に立寄る。

酒井、安岡両氏の金鶏学院は古河男より創立ヒ二千円、経常費一千円を受諾のことを酒井伯に通す。熊沢氏にも大体を話す。承諾の由。


【上欄】

諸処に手紙、紹介状を出す。孫奉祚〔朝鮮人学生〕（二度）、姜仁遠〔朝鮮人学生〕、稲村欣治郎。

十一月二十七日（土）

表具屋、佐藤来訪。翠雲兄の屏風を依頼す。

小原兄来訪。

十一月二十八日（日）

今関天彭君来訪。三、四時緩談。

支那を理解するには、
一．家族制度、二．同郷関係、三．同業関係を考察せされは、人々の離合につき解し難しと。

学者を問ひたるに、左の諸氏を挙けたり。

章炳麟（上海）、呉士鑑（杭州）、王樹楠（直隷）、柯劭忞（山東）、曹元弼（蘇州）、簡朝亮（広東）。

大臣官邸、李堈〔公族、元韓国皇帝高宗の五男〕公殿下を御招きす。

【上欄】

東宮殿下、葉山に行啓。

十一月二十九日（月）

青山女官来訪につき意見を述ふ。

曽根玄昌君来訪。百渡す。

【上欄】

皇族会議。一．皇室才判令、一．博信王降下の件。

午後、陸海軍次官〔畑英太郎、大角岑生〕、内閣書記官長〔塚本清治〕の来省を乞ひ、諸事の打合をなす。

十一月三十日（火）

午前中、珍田大夫を訪ひ青山女官の件につき懇談。大夫の意見に任かす。

Bishop of London〔アーサー・フォーリー・ウィニントン Arthur Foley Winnington-Ingram Bishop of London〕の為め英大使館にて晩餐。

【上欄】

内務次官〔川崎卓吉〕来訪。万一の場合につき打合をなす。

大正一五年一二月

十二月一日（水）

博信王降下に付、賢所三殿に参拝。

規子女王も同しく参拝。

二上君、村上、堀口二君、大木、渡部両君を招く。鮮人画家金殷鎬君、席画を試む。

十二月二日（木）

澄宮殿下御誕辰、御宴会はなし。御祝に参上。

梨本宮規子女王、本日降嫁に付、伺候。

佐竹義文君、曩に熊本県知事を辞し、実業界に入りたるに付、招宴。

曽我〔祐邦・貴族院議員〕子、酒井伯に華族会館に面会。

十二月三日（金）

久邇宮殿下拝謁。朝融王殿下御昇進（大尉）に付、御祝に参上。

太田警視総監、二上書記官長の来省を乞ひ各協議をなす。

Bishop of London Ingram氏の講演を正彦同伴、聴講。宗教の国際平和に及せる影響といふ意味の題なり。余り簡単に失し失望せり。

十二月四日（土）

内田良平〔黒龍会主幹〕氏来訪。福岡に於ける来年の博覧会附属先哲遺物展覧会につき、　先帝〔明治天皇〕の御遺品拝借につき懇談せらる。

李堈公殿下御帰鮮。

十二月五日（日）

寒川陽光〔鼠骨〕〔俳人〕君、安岡君の紹介にて来訪。一見、人格者たるを思はしむ（子規庵保存のこと）。大日本文学全集に明治天皇御製奉掲につき、意見を述へらる。

葉山に伺候、一泊。

十二月六日（月）

照宮様御誕生につき赤坂離宮にて拝謁ありたるも、葉山滞在の為め御断申上く。

博信王降下の為め赤坂離宮に於て御陪食あり。是又拝辞。

午後、葉山より帰京。

東伏見宮殿下晩餐の御招待に参列。珍田夫妻、松平夫人等。

十二月七日（火）

金井事務官来訪。

葉山に伺候。

湯浅政務総監の招待を辞す。

聖徳太子奉賛会の宮殿下御招待を拝辞す。

十二月八日（水）

葉山滞在。

十二月九日（木）

午後十一時過、葉山より帰京。

十二月十一日（土）

井上準之助〔貴族院議員〕君を訪ふ。内蔵寮の用務に干し木村氏に依頼につき意見を承はりたり。

賀陽宮殿下に拝謁。

十二月十二日（日）
賢所に参列、其後登庁。

十二月十三日（月）
【上欄】
南溜に於て諸種の打合を為す。

十二月十四日（火）
賀陽宮殿下、名古屋へ御赴任につき御送申上く。
今正午頃より御容体は御良好に向せられたる如く御熱等は降下、やゝ愁眉を開けり。
大臣帰京二、三時間、葉山に帰へらる。
今午後、次官、庶務課長及官房書記官、葉山へ移転の筈なりしか止めたり。
已に五、六日間、睡眠薬を用う。新聞記者数名、深夜来訪。十二時近くに至り就蓐。

十二月十五日（水）

今日、御容体、大に御良好。三七台にて御脈搏、御呼吸も之に伴ひ肺炎の所謂分離なるへしとのことなり。新聞社の社会部長に面会。御重態の場合には発表を葉山と東京とにて同時に行ふことを声明せり。但、同時といふも多少の差あることは諒解を得おきたり。

今回、葉山に伺候の筈なりしか右の如く《ママ》〔き〕御容体につき中止せり。

一般の年末賞与及昇爵、昇級の決才をなす。年末賞与は本日施行。

部局長、事務官を集め訓示す。

十二月四日より今日迄の日記は多忙の為め一括して記るす。遺漏多し。十五日記。

【上欄】

小野八千夫《ママ》〔雄〕君と面会。談話中、大に参考となること少らす。

昭和二年（一九二七）

昭和二年一月

一月一日（土）

諒闇の正月。客の来るもの、僅に三、四。長田■二、戒三〔長田戒三〕、秋元、安藤の諸氏。

久振にて午睡。

天気晴朗、風も静なり。

大正年間は吾国にとりて良き年に非す。昨年、最甚しとす。政治上、怪文書、怪写真、松島事件、機密費事件等、井上〔哲次郎〕博士の著書問題、宮内省干係の怪文書等、枚挙に遑あらす。今年以後、冀くは昭和の意義に協ひ、各人、各家、各政党、各階級、延ては海外まても、徒に相争ふことを竭め、人類相和の実を挙けんことを之れ新春第一の祈願となす。一家皆健全、諒闇の哀愁の裡にも、和気靄然たり。正彦〔関屋正彦〕は一両日前より伊豆方面に旅行。淑子〔木内淑子〕は巴里に在り。

【上欄】

大喪使は昨三十一日は出勤。本日のみは凡て休日とす。諸陵の工事は、恐くは休止することなかるへし。

一月二日（日）

出勤。午後、東伏見宮〔周子〕妃殿下御召につき参邸。柳原〔愛子〕二位局御訪問申上く。秋元君来訪。大倉〔喜八郎〕男隠居の件也。西村〔清〕皇太后事務官来談。山田〔益彦〕久邇宮事務官来談。

一月三日（月）

大喪は二月七日、八日として御裁可を経ることとして新聞係より発表す。大倉喜七郎君を訪ふ。戒三面会のこと、俊一〔大倉俊二〕を三菱信託に依頼のこと等につきても情話しおけり。井上〔勝之助〕侯を訪ふ。明日、湯河原へ転養の由。

【上欄】

大喪使評議会第二回。一．大喪期日のこと。一．御道御■。一．殯宮及幄舎拝礼。参列御羽車の範囲等。

一月四日（火）

聖上〔昭和天皇、裕仁〕、御風気の為め政始の御式なし。

昨日来、御発熱にて三九．七に上る。今朝、三七．台に下がり、大に御安心申上く。

小田部、三角両氏来訪。大塚〔常三郎〕君長女玉子嬢、嫁談のことにつき協議す。

秩父宮〔雍仁親王〕殿下、今日正午、桑港御発（日本の時間に換算すれば五日午前五時）。サイベリア丸にて（布哇経由なく）御帰朝の途につかせ玉ふ筈。

【上欄】

御陵名、御追号等につき大臣〔一木喜徳郎〕、諸陵頭〔杉栄三郎〕、大谷〔正男〕参事官等と協議。

一月五日（水）

新年宴会御取止めにて、殯宮移御の儀を行はせらる。勲一等以上、六時三十分参集。衣〔関屋衣子〕は勲一等席に参列。大喪使干係者は塚本〔清治〕、関屋〔貞三郎〕両次官、山川〔端夫〕、二上〔兵治〕、太田〔政弘〕の三事務官、御親族総代は九条良致男及公爵嗣子良秀《ママ》〔道秀カ〕君、側近者は奈良〔武次〕武官長以下。

両陛下〔昭和天皇、良子皇后〕は御風気にて、高松宮〔宣仁親王〕及竹田宮妃〔竹田宮恒久王妃昌子内親王〕両殿下御名代。皇太后陛下〔貞明皇后〕は出御。

七時頃より諸員参列。親任官以上は霊柩御奉送、其他は正殿の附近にて御出迎。槻殿よりの移御二時間を要し、八時過に至りて正殿に御着。御祭典は八時半乃至九時頃開始、十時半頃終了。十一時より霊柩前に祗候の所謂御通夜申上けたるなり。大臣、次官、侍〔従〕武官長、侍従長〔徳川達孝〕等。

【上欄】

殯宮移御の儀。

午前中在宅、午後出勤。

一月六日（木）

殯宮移御翌日祭。

八時半参集。十一時退下。

大喪使次官として参列。衣は勲一等席に参列。

天皇、皇后両陛下、御風気にて宣仁親王御名代にて誄を奏す。皇后陛下御名代は昌子内親王。皇太后出御。

今日より一般に祗候を許さる。

陸、海、外務三省を訪ひ、葉山以来の労と東久邇宮〔稔彦王〕殿下御帰朝に干する配慮を謝しおけり。

（夜、按摩。先つ安眠、久振なり）。

【上欄】

斂葬当日、参列者に外套を許さるゝこと発表。

一月七日（金）
聖上陛下、皇后陛下とも殆御平熱なり。
午後、珍敷降雨。
大倉喜八郎男隠居し喜七郎君襲爵仰付。

一月八日（土）
夜六時より十二時まで殯宮祗候。幣原〔喜重郎〕外相、安達〔謙蔵〕逓相、水町〔袈裟六〕会計検査院長、福原〔鐐二郎〕院長、山川法制局長官、塚本内閣書記官長、及余等。

一月九日（日）
午前、審美書院窪田〔勘六〕氏来談。平山〔成信〕男の紹介なり。
木内家の法事、市川に営まる。故重男氏の三回、故〔磯路〕夫人の二回忌なり。一時前出かけ、午後六時頃帰宅す。

一月十日（月）
今朝、寒気烈し。今冬に入りて最寒（午前四時、氷点下三．九）。
天皇陛下、御熱未た三七．台を下らす。
昨夜、久振にて安眠。薬を用いす。
【上欄】
大喪使評議会第三回。

一月十一日（火）
五時より六時まで殯宮祗候。
夜、東朝〔東京朝日新聞〕の鈴木、古見両君来遊。
昨夜は不良。

一月十二日（水）
新宿御苑葬場殿を見分。

一月十三日（木）
殯宮二十日祭に参列。
今朝零時より六時まで殯宮祗候。
松平頼寿〔貴族院議員〕伯弔問。小林〔丑三郎〕方に立寄る。
高松宮殿下に拝謁。将来、秩父宮殿下と共に陛下御輔弼の大任に当らせら〔れ〕玉ふにつき愚見を申上置けり。

一月十四日（金）
大喪使評議会。
一月十五日（土）
十二時より殯宮祗候。此間、竹田宮妃殿下に拝謁。東久邇宮妃〔聡子〕殿下の将来の御決心等につき御話ありたり。
下田歌子氏来談。
一月十六日（日）
八時過、新御陵墓地見分〔の〕為め出張。一木〔喜徳郎・大喪使〕長官、塚本次官、杉、東久世〔秀雄〕、白根〔松介〕等の諸氏。三時過、帰京。
秋元君来訪。
岩倉公兄弟〔具栄、具実〕、山口〔政二・立憲政友会所属衆議院議員〕君来訪。晩餐を共にして具張〔岩倉具張・隠居中〕氏の件につき山口君に依頼す。
一月十七日（月）
秩父宮殿下御帰朝。二時頃、横浜御着。四時四十五分、東京駅御着。一木宮相、仙石〔政敬〕総裁、内閣より財部〔彪〕海相、サイベリア丸まで御迎へす。東京駅より直に宮城に参内。殯宮に拝礼。皇太后陛下に拝謁の後、赤坂離宮参内の後、御帰邸遊はさる。
伏見宮博義王、山階宮義《ママ》〔萩〕麿王両殿下も遠洋航海より御帰朝。
今夜不十分ながら薬を用いす。
一月十八日（火）
木内の故母堂の一年忌につき往訪。
一月十九日（水）
塩谷温〔漢学者〕博士来宅。大統歌及書経無逸の篇を講せらる。
一月二十日（木）
九時三十分参集。
夜、竹田宮〔恒徳王〕及北白川宮〔永久王〕両殿下に拝謁。
【上欄】
御追号奉告。
一月二十一日（金）

前田〔利男・秩父宮附〕事務官来訪。一人言を用いさせ玉はぬことにつき憂慮し居れり。

一月二十二日（土）

東伏見宮〔東久邇宮カ〕妃殿下の御召により参上。

東久邇宮妃殿下に拝謁。竹田、北白川〔房子〕両妃殿下の御希望によるなり。

一．王殿下御帰朝の節は可成御家庭的にも御歓迎に非こと。但、外国御再遊は希望せさる所、皇室国家に忠誠を御尽し遊はさる上に於て是非内地に御住居こそ望ましき次第にて、妃殿下に於ても此点上は御考慮なしおかれんことを希ひ上けたり。妃殿下にも御首肯の様に拝せり。

一．[redacted]宮内官僚も可成将来は接近申上け、赤心を披瀝して御話し申上くへし。

等のことを申上けおきたり。

賀陽宮〔恒憲王〕殿下に拝謁。山階宮〔武彦王〕殿下に干する御注意にて、至極御尤のことなり。

・殯宮礼拝御すすめこと。・事務官のこと。・銃砲のこと。・御召使のこと等。

此夜、左肩の張甚しく、歯痛をも生し[redacted]を頭上におき臥床。

一月二十三日（日）

歯の治療にゆく。近処の木谷ドクトルなり。二時間、殆痛を感せす。

二十日以来、参列も拝辞し牧野〔伸顕〕伯訪問もやめ、終日家に在り。

正彦帰宅。Eckuk氏の記事を説明す。

新居善太郎君来訪。

一月二十四日（月）

歯の先生にゆく。手術中、昨日より痛少し。早く治療を受くへかりしにと、今更後悔す。

霊柩車を本牛副牛にて引く練習を見る。一分に八十歩（一分五十米突）。

三時十五分、官邸より徒歩、此歩調にて新宿御門に達す。約一時間。御門より葬場殿まて約十分。此間、マスクを用いたり。別に寒さを覚えす。又、温さをも感せす。午後五時過きよりは甚し寒冷を覚えたり。葬場殿及幄舎等もほゞ完成。二時間余の散歩。帰宅後、気分大に宜し。

自動車生活の健康に不可なるを思ふ。

惣田氏、日匹〔信亮カ・予備役陸軍少将〕氏来訪。山内夫人来宅。岩崎男家の嫁さん、殆内定せる由（故佐竹〔義〕準君の二女〔三女の誤りカ・操子・岩崎彦弥太の夫人となる〕）。


【上欄】

歯治療の為め殯宮祗候を拝辞す。

今朝六時四十分、東京氷点下八度八。気象台初て以来の現象。四十年来の寒さ。

二十四日　氷点下
　午前一時　四度九
　　四時　六度六
　　六時　七度八
夜　七時　七．一
　七時上　四度
　十一時　四．八

一月二十五日（火）

足利、原田新一郎君等来訪。原田光二《ママ》〔次〕郎君の収監事件につき心配しおれり。

北昤吉〔大東文化学院教授〕君来訪（市外井荻町井原一三八〇西荻窪下車）。

一．令兄一輝〔北一輝〕氏の事件につき余等に迷惑をかけたることを謝し
一．昤吉君は一昨年五月頃より或事情にて交通せさりしか、一輝氏の拘引以来、差入等をなし居れる由。母堂〔リク〕（七十余才）の憂慮に依り保釈を願出つる運動をなすへしと（出獄後運動等をなさゝる保証の下に）。

一．牧野伯に対して敬意を表すること明言し居れり。余に対しても亦何等疑を挿まさるか如く兄の行為か迷惑をかけたることを繰返へし陳謝し居れり（補遺に〔一七〇頁参照〕）。


【上欄】

午後二時、秩父宮殿下に拝謁。御話約二時間（補遺〔一七〇頁参照〕）。

一月二十六日（水）

午後鎌倉に牧野伯を訪ふ。伯は熱なけれとも床上にあり。談話三、四時間。晩餐の饗をうけて帰宅。

一．秩父宮様御再遊に干すること。

一．侍従職、皇后職の組織に干すること等。

一月二十七日（木）

朝日の写真班来宅。大礼服及モウニングー写真をとらしむ。

一時より六時まで殯宮祇候。

夜、入江〔為守〕侍従次長来訪。

一月二十八日（金）

九時三十分、新宿御苑の新停車場にて霊柩奉遷の演習を見る。

加藤高明伯の一周年に参拝。

石田新太郎〔慶応義塾理事〕君、脳溢血にて死去につき弔問。帰途、松平子爵を訪問。

二六の矢野〔晋也〕君来省。高田義氏へ紹介を依頼さる。勿論、断はりたり。此前清水組、大倉組に依頼ありしも断はりたり。

小野〔八千雄〕（皇太后職）君来訪。鷹司〔熙通・元〕侍従長等の具申書其他、大に参考となるへきものあり。

竹屋〔志計子〕御用掛来訪。

一月二十九日（土）

東久邇宮殿下御帰朝。四時三十五分東京駅着。横浜には宮相、枢相〔倉富勇三郎〕、仙石総裁等御出迎申す。宮様には秩父宮、梨本宮〔守正王〕、李王〔李垠〕各殿下、東京着後直に赤坂離宮、殯宮及皇太后陛下に拝謁。

東久邇宮殿下を東京駅に御迎へ申上、それより赤坂離宮に伺候。御床上を御祝申上く。東久邇宮邸に伺候。

一月三十日（日）

夜、殯宮に祇候。

長田より圧迫療法〔空白〕氏をよこしくれたれは試む。約一時間二、三十分。淋巴液を快適せしめ、組織を一変するなりと。術後、甚しく快を覚えす。

一月三十一日（月）

岩崎小弥太男を訪ふ。晩餐の饗をうけ歓談二、三時間。

殯宮祇候。午前六時より十二時まで。之れにて祇候一班より四班まで一巡了せり。其他臨時祇候数回。

昭和二年二月

二月一日（火）

島津長丸男危篤の由につき、夜十時頃見舞。実は已に死去せる由。

木谷歯科ドクトル、左歯に充塡を行ふ。今日まで三、四回。

薬を用いす。一時間散歩。

二月二日（水）

明治節の問題（両院の建議通過して政府に送付せらる）につき、省議決定の下相談をなす。

一．宮内省にて小祭として取扱。

一．明治天皇祭なるものは設けす。

一．饗宴は行はされす。

東伏見宮〔妃〕殿下、御召にて参上。

皇后陛下の御輔翼につき御依頼ある《ママ》〔り〕たる趣、御話あり。岩倉具張君の件につき篤く御辞を賜りたり。

岩倉兄弟の希望により更に山口政二君に依頼す。明日、何道倶〔岩倉道倶・貴族院議員〕男よりも依頼する由。

【上欄】

殯宮四十日祭。

二月三日（木）

大喪使の会議（西溜）。

此頃多忙にて十日までの日記は後に記すと《ママ》ものなり。従て記憶を逸し、記せさるものあり。

二月四日（金）

午後、衣冠単の着用練習の為め大喪鹵簿参列員、大臣応接室に集る。二上氏は「フロッ〔ク〕コート」の上より着用の由。奇抜なるも極めて便利なるか如し。余も之に倣はんとせしも、窮屈なれはやめたり。衣、紋方は京都御所の仁人なり。

二月五日（土）

閑院宮〔載仁親王〕大喪使殿下に御供して横山御陵所の工事を見分。自動車にて一時二十分余（行違ひの車少かりき）。

玄宮内の石槨の墓石、一尺三寸四方にて作業容易ならす。将来は一考を要すへし。

殯宮祗候は一班より四班まで（六時間つゝ）と其前殯宮移御の夜、其他昼夜数回一、二時、及今夕祗候せり（或は前夕か）。六日夜祗候せさりしは遺憾なりき。

二月九日（水）

斂葬翌日祭幷に山稜祭。

午前、宮中権舎祭、午後は天皇陛下浅川に行幸。大喪使次官として参列。御陵工事主任森〔泰治・宮内省内匠寮〕技師に拝謁を賜はる。

此夜は薬を用いす、四時間位安眠。其後は熟睡せす。

二月十日（木）

渡辺八郎〔学習院教授、宮内省御用掛〕氏、帰朝につき来訪。沢山〔精八郎〕氏来訪。令息喜多路君の近状を語らる。近頃[redacted]海運業に励み居る由て、やゝ安心の様子なり。

神尾〔光臣・退役陸軍〕大将の告別式にゆく。酒巻〔芳男〕書記官の厳〔父〕廉〔一〕の告別式にゆく。帰途、木下〔道雄〕君と同車し同君邸を訪ふ。偶、鈴木三郎〔元関東都督府民政部外事課長〕君、京都より上京中にて面会。

帰途、大喪儀に参列の為め上京せる韓〔昌洙〕男爵等を答訪。

岡田周造〔帝都復興局都市計画課長〕君の一詩人の東京都市計画論を読む。野口米次郎氏（真日本主義）の意見を紹介するなり。大要、余の意見と暗合せるに驚く。大震火災後、復興院の後れらるゝや後藤〔新平〕子内務大臣、副総裁となり、計画案を立て、余等参与として大体の議につき諮問を受けるや、二、三の卑見を陳へたり。其一部分は当時の速記録にある由。先日、飯沼君より聞知あり。野口氏の意見、之に酷似せり（補遺〔一七〇頁参照〕）。

二月十一日（金）

丸山君其他、来客多し。

二月十二日（土）

権殿及浅川御陵所の儀に参列。

御陵所まて一時間半を要せり。

第一期の喪を終る。

【上欄】

五十日祭。

二月十三日（日）

故杉浦〔重剛・東宮御学問所御用掛〕先生三週《ママ》〔周〕年忌。

李堈公殿下を帝国ホテルに御訪問す。李王職長官に篠田〔治策〕次官推薦に干するご意見を承はる。兪星濬〔五月一八日、朝鮮江原道知事に就任〕君に面会。久振なり。

湯浅〔倉平〕、児玉〔秀雄〕両君を訪ふ。

今日より御陵所の一般参拝を許可せらる。

二月十四日（月）

山内豊中君、外遊の為め出発につき見送る。
大木〔遠吉〕伯の第〔空白〕週年忌。
李堈公殿下御出発を送る。
大臣官舎に白根課長と共に参上。側近者の件につき協議す。
高松宮殿下に拝謁。
○、八を用、而かも尚十分ならす。大臣官邸ガスの為め。

二月十五日（火）

酒井伯邸にて金鶏書院の件につき協議。建築の半ば以上工事進む。
倚盧殿の儀あり。大臣、式部長官〔伊藤博邦〕、侍従長、侍従参列。
【上欄】
入沢〔達吉〕侍医頭、白根秘書課長と侍医の配置等につき協議す。

二月十六日（水）

御大喪儀参列。各国特派大使及特派使節の為め宮中に於て御陪食あり。独ゾルフ大使〔ウィルヘルム・ゾルフ Wilhelm Solf・駐日ドイツ大使〕夫妻初め、各国使臣参列。若槻〔礼次郎〕総理、幣原外相夫妻等。余及衣も亦光栄に浴す。
大喪使評議員会開会。建物及其他の処分を決す。
一、玄宮は当然宮内省のものとし別に国有財産の取扱をなさゝることにしたとの希望[redacted]。
一、其他建築物は勅令により宮内省に譲与。
一、物品はすへて宮内省に譲与。
御大喪儀の活動写真を試写。
小林〔丑三郎〕母一両日前より衰弱に付見舞にゆく。
昨夜来、珍敷き暖さなり。今朝微雨。

昭和二年三月

三月十五日（火）

友彦〔関屋友彦〕、静岡高等受験の為め出発。正彦は昨日出発。
牧野伯を訪ふ。
午後、竹田宮様に参上。
秩父宮様に参上。

島津治子氏（夫君、先般病死）家事整理の為め辞表提出御裁可を得。役所より非公式発表。皇后宮女官長（高等官二等）に任せられ、依願免官。

藤井幸義氏に面会。紳士らしき人柄なり。藤井〔茂太・退役陸軍〕中将の長男。

高橋貞三郎〔富士製紙専務〕君及令夫人を招待。

【上欄】

日記を廃すること已に一ケ月に垂んとす。疎懶と多忙とによる。

三月十六日（水）

竹屋御用掛来訪。昨夜、河井〔弥八〕、木下両氏より懇談、勧説ありたる女官就任につき相談を受く。極力勧誘、意は已に動けるもの丶如くなりしか、今朝幸に決意を固くせり。

夜、博物館大島〔義脩〕氏、矢島〔正昭・東京帝室博物館事務官〕氏来訪。博物館の将来につき意見を交換す。

午後三時、東久邇宮殿下に拝謁。伊知地《ママ》〔地知〕〔ミキ〕御用取扱を皇后女官に御割愛の義につき懇願す。殿下は直に御快諾遊はされ、妃殿下の御来客中なりしを御招き相成、御同席にて妃殿下の御快諾を促かされ、幸に両殿下の御即答を得たり。

【上欄】

今日より二十一日までの日記は二十一日夜認む。

三月十七日（木）

大久保利武〔貴族院議員〕君を訪ふ。

中央朝鮮協会に出席。本年度予算を議す。午餐後、出席単に其結果をきく。会員の会費制をとる由。

西野〔元・貴族院議員〕十五頭取来省。

再ひ大久保氏を訪ふ（今朝談半はにして御暇せし為め）。

久邇宮〔附〕山田君夫妻を招き晩餐を共にす。山田君も島津女官長に対する一挿話を語る。

三月十八日（金）

阿部無仏君来訪。今朝、朝鮮に出発の由。

青山〔元子〕女官来訪。辞任許可の速ならんことを希望せらる。

上田天昭君来訪。海外に日本美術の展覧会を開くの急務なることを述へ、発起人たることを求めらる。余は其趣旨を賛し、発起人たることは断はる。尚、海外出陳の困難なる所以を力説す。池田正彬《ママ》〔成彬カ〕君邸に招かる。

金鶏書院関係者なり。

伊知地《ママ》〔地知〕氏来訪。

三月十九日（土）

山階宮大石〔正吉〕、香川〔景之〕両君来訪。殿下の御近状を伺ふ。一両日前、変装御外出の由。

山辺〔知春〕別当来訪。秩父宮殿下御輔導役につき意見を伺ふ。

高倉寛君来訪。

宮殿にて御遺物陳列を見る。

博物館に本月の特別陳列、尚信〔狩野尚信・江戸時代前期の画家〕の絵を見る。楷（村井氏）、行（西脇氏）、草（本館）の屏風、及尚信の別名、一信家信ありことを知る。真に一代の巨手たり。

夜、竹屋、伊知地《ママ》〔地知〕の二氏、河井君来訪。同席にて懇談。

昨朝、伊知地《ママ》〔地知〕氏の縁戚荘田達弥君を訪ふ。

薬を用ゆ。快眠。

三月二十日（日）

雨雪甚し。

津田敬武君来訪を乞ひ、Metropolitan Museum（New York）の談をきく。

武井晃陵君の画会、三宜亭に開会。一寸顔を出。京都探勝帝展準備の旅行費の内、画帖代二十五円と画会費五〇円の内、十円支出。

九時頃より就床、安眠。

三月二十一日（月）

大石正巳氏来訪。興禅護国会に於て師の提唱を初むるにつき諸名士の参加を求め来る。

千田氏来訪（古宇田君同伴）。

大塚常三郎氏一年忌につき真法寺に参会。

高松宮殿下に拝謁の為め参上、午餐に浴す。

岩崎久弥男来訪。令息〔彦弥太・岩崎久弥の長男〕婚儀を来四月四日午後三時に挙行につき打合はす。曩に媒妁人たるの依頼あり。新婦は故佐竹義準〔元貴族院議員〕男の次女〔三女の誤り〕。

東義胤〔鉄道省東鉄運転課勤務〕君来訪。

朝鮮忠南泰安の李秉鎮氏、令弟李環鎮を伴ひ来る（成城高等学校入学）。

光、美恵〔関屋美恵子〕、健〔関屋健彦〕、発熱にて臥床。

光、健は軽快。美恵は此日より発熱。

三月二十二日（火）
林〔博太郎・貴族院議員〕伯来訪。
慶福会評議員会。
六枡会（欠席）。
【上欄】
二十二日より二十九日迄、二十九日夜誌。

三月二十三日（水）
大臣官舎に集合。御大礼準備打合の第一回なり。興禅護国会にて飯田欓隠の碧巌の提唱〔あ〕り。大石正巳氏の奔走にて若槻、後藤、田中〔義一〕、床次〔竹二郎〕、其他諸名士来会。
岡野昇〔鉄道官僚〕君令夫人〔広〕の告別式に参列。

三月二十四日（木）
前田多門〔東京市制調査会専務理事〕君を招き晩餐を共にす。赤坂離宮御進講に干する用談等。
加藤武男君を訪ひ、大倉俊一の件を依頼す。
竹田宮殿下に拝謁。

三月二十五日（金）
有馬頼万〔元式部職御用掛〕氏の葬儀あり。
慧照会（華族会館に第三回）の出席。臨済録提唱をきく。

三月二十六日（土）
午後、世襲財産審議会。修養団評議会。
岩崎小弥太男を訪ふ。

三月二十七日（日）
午後、北原大輔君（博物館陶器担当）を田端（三三五）に訪ひ、支那陶器の蒐集を見る。
元田〔作之進カ・日本聖公会東京教区主教〕先生の談をきく。
東君夫妻養嗣子（医技師手）飯沼、新居、上原令嬢等。

三月二十八日（月）
木谷ドリトルにゆく。
赤坂離宮にて三上〔参次〕博士の進講あり。「東京遷都と皇居御造営」に干する談なり。
東伏見宮殿下邸に参上。
夜、伊藤公邸にゆき御通夜をなす。

以上、数日間の内、薬を用いしこと二回位。漸次不眠の度を減せるか如し。

安眠（三十分散歩）。

三月二十九日（火）

藤懸静也〔帝室博物館学芸委員〕君の外遊につき博物館の調査を嘱託す。今朝来訪。

伊藤公夫人〔たま子〕の神葬儀に列す。

木谷ドリトルにて入歯をなす。余り二合可らす。

鈴木〔鎮雄〕技師を招き欧米の博物館、図書館視察の概要をきく。大島君同席。

伊藤金弥君来訪。令嬢と水町氏令息と婚約成れりと告く。

昭和二年四月

四月十一日（月）

朝、宮島君と共に〔空白〕医学士来訪。共に同県の誼あり。

お土産物の補充に出かく。伊藤陶山〔帝室技芸員〕氏、気に入りたるものなし。商品陳列品（今工芸品陳列館と改む）には、二、三ありしも容器なし。不注意ならすや。大丸、髙島屋のデパー〔ト〕メント更に見るへきものなし。人形屋大木—並河にゆく。後者は西条河原町にて豊富なの《ママ》こと。

鈴木三郎君（太秦村安井具畑十一）に訪ふ。妙心寺の正門を誤り時間を要せり。帰途は二条離宮まて僅に十五分以内なり。一時頃牧野、大久保二氏と二条離宮を見分。東山文庫の敷地を研究す。本丸の一隅か又は大饗宴の場所を可とせし。

竹内栖鳳氏の別荘に招かる。上嵯峨霞中庵。令夫人と共に歓待せらる座に小町会（松の井女将を長とす）〔上欄へ続く〕

【上欄】

なるもの人々来りて座に侍す。後に席画の催ありしも、伯に背くを恐れ辞去す。最遺憾とす。別荘は嵐山を背景とし園内已に古色あり。植込乱雑の如くにて、而かも風致凡ならす。椿の間は主人の最意を用いし所、□□■造ると■斯る場処の招待は時間を■■するは愚なり。将来大に心得へきことなり（つゝく〔一七一頁参照〕）。

四月十四日（木）

朝鮮神宮に参。

四月十五日（金）

裕陵、光陵参拝（八時半発、一時間余、約五、六里）。裕陵は経費六、七万にて、短時間にて殆竣工。

大学予科、戒能〔義重・京城帝国大学予科教授〕、森〔為三・京城帝国大学予科教授〕君等の旧知あり。実力にて受験者を採用する為め、鮮人の入学率甚少し。入学を許可すへきもの、内、一定の率は必す鮮人を入るへきものならん。

第一高等女子高（緒方）にて教育者関係の午餐会あり。会するもの百余人。旧知の甚多きは朝鮮教育の為め喜に堪へす。女子普通（妹尾）に立寄り、官立師範を見る。訓練院に新築せられ、赤木〔万二郎〕氏校長たり。普通科、演習科の制をとる。京城府管理の運動場、野球、庭球、馬場、トラック等を併設す。大学は法文科、医科共に新築中。服部〔宇之吉・京城帝国大学総長〕氏不在にて、志賀〔潔・京城帝国大学医学部長〕、高橋〔享・京城帝国大学学生監事務取扱〕、速水〔滉・京城帝国大学法文学部長〕（西沢〔新蔵・京城帝国大学〕事務官）等の諸氏に面会。

【上欄】

歓迎晩餐会、会者百余名。馬野〔精一・京城〕府尹、渡辺定一郎君の発起なり。官民、内鮮外国人等の旧知に会す。

四月十六日（土）

視察したる学校は、寿樹洞普通学校（横山）生徒千百人余。淑明、進明、第二高等普通（平山）清雲洞、よき場処なり。寧大学をおくへき地なり。

梨花学堂専門部（文学と音楽）をも設く「シスアッペンツエラー」校、文学部長に金〔空白〕■女史あり。中々整備せるか如し。

徽文武塾、土地収入其他、閔子の経営に成る。大正八年後の新築に成る。

金谷〔範三〕軍司令官の午餐会に臨む。引田〔乾作・第二〇師団〕師団長、安田〔郷輔・歩兵第四〇旅団長〕少将、鳥居〔百三・朝鮮軍〕軍医部長等列席。

恩賜科学館は十五万円？を基礎とし、銀婚式記念として社会教育の為め下賜せられたる。大塚局長時代に計画せられ、総督府旧庁舎の一部を用い、経ヒ毎年五万円を支出する由。重村〔義一〕少将館長たり。五月十日開館の筈。

【上欄】

商品陳列館は余り感服せす。

李王殿下御催の茶会に参列。七時より成堂にて朝鮮科■の賜餐に御招をうく。

朝来面会者多く、殆忙殺せらるゝ有様にて渡鮮後、疲労を覚えたり。

昭和二年五月

五月一日（日）

来客。樺山愛輔〔貴族院議員〕伯、山岡国利〔元三重県知事〕君、金学元〔帰国等暇乞の為め従来の学資貸与は餞別として贈り、将来を戒む。松寺〔竹雄・朝鮮総督府法務局長〕、矢島両氏に紹介す〕。

訪問。チェック公使館。津田、武藤金吉〔立憲政友会所属衆議院議員〕君。

鮮人女学生十数名を招く。徳恵〔李徳恵〕様も来臨あらせらる。

夜、阿部君を訪す。

従来、日々日記を記せすして一括して記憶を喚起し、僅に記述を了す。此後はせめて日記を誌るす丈けの余裕をもちたし。近来、記憶力一層衰へたる感多し。

【上欄】

東亜印刷の石丸君来訪。西田〔税〕、島野〔三郎〕両氏のことを語り、両氏かやゝ諒解せる状を語る。西田氏は被告の身なれは面会するを得さるも、島野氏ならは希望により面会差支なき旨を答ふ。石丸君は今日に至り面会を斡旋せんとするか如き意ありと信す。

朝鮮へ礼状。湯浅、小河〔正儀・朝鮮総督府総督官房秘書官〕、篠田、有賀、白、渡辺、中原、小林。

五月二日（月）
多摩陵御建営起工奉告祭、十時半。
次官、仙石、白根両大喪使事務官、杉諸寮《ママ》〔陵〕頭等参列。
韓昌洙君を訪ふ。
李王邸に伺候。在鮮中の御礼を言上。
斉藤音作〔元朝鮮総督府殖産局山林課長〕君長男隆君、三輪信次郎〔元衆議院議員〕氏令嬢と結婚、披露会に参列。山県五十雄〔『ヘラルド・オブ・エイジア』主筆〕君の祝辞中、新郎新婦に対する希望中、
一．夫婦間に秘密なきこと。

一、余り富裕にならぬこと。
一、互に弱点を持ち、且之をかくさす、ゆとりあることか親密を助くること。

【上欄】

下阪君に一書す。三角君面会のこと。

五月三日（火）

宇垣〔一成〕朝鮮総督代理を事務所に訪ふ。左の数点を述ふ。
一、先般渡鮮の際、鮮人の訴へたる不平二、三（官公立学校に内地人入学者の過多なること。農村の疲弊等）
一、鮮人か自由競争の結果、不利に陥れる一般の状況。
一、鮮人官吏に行政整理を及ほすの困難なること等。
世襲財産審議会―世襲財産は解除につき、此際寛大なる方針をとることにつき打合はす。
内藤子爵邸に招かる。堤〔雄長・貴族院議員〕子夫妻〔浜〕令息〔経長〕、甘露寺〔受長・侍従〕伯夫妻〔満子〕、高橋君等。

【上欄】

三日より九日まては九日夜誌。

五月四日（水）

華族令改正に干する意見の交換を行ふ。仙石、岩波〔武信〕、酒巻〔芳男〕、大谷、河井、余六名。赤坂離宮内に会合。

藤沼君の為め天野君主催の小宴。

一水会に出席。阪西《ママ》〔坂西利八郎・貴族院議員、予備役陸軍〕中将、佐原保助氏の談話あり。

五月五日（木）

福原学習院長を訪ふ。糖尿病にて引籠中なり。院長後任として先きに松浦前次官推薦せられたるにつき、更に懇談する所あり。

宗秩寮審議会。外松良一の件。竹内良一の芸名にて、同しく日活の女優岡田嘉子と逃走せる件につき、礼遇停止、位記返上を決定。

中央朝鮮協会理事会。

有職故実の調査に干する打合をなす。先つ可成経費をかけさる方針にて進行に決す。

藤沼君を洗足に訪ふ。往路一時間許、帰路四十分を要せり。佐竹君を訪ふ。

三輪修三君来訪。喜久子〔徳川喜久子、高松宮宣仁親王妃〕となる〕嬢教育に干し懇談。

宇垣大将を送る。

五月六日（金）

三越倉知君を招き大礼服の図案につき意見を徴す。

伊藤公邸に招かる。

檀野〔礼助・日魯漁業専務〕君の催にて、沢田〔牛麿〕北海道長官の為め小集（田中家）。

五月七日（土）

岩倉道倶男来訪。十五銀行救済につき有力者の後援につき御尽力を希望せらる。

京日〔京城日報〕丸山幹治君、小原〔新三・元新潟県知事〕君等来省。

小林を訪ふ。姉上の眼疾軽快の由。

一高同窓会の理事会に臨む。

下田先生来宅。晩餐を差上く。

五月八日（日）

吉田君来訪。書房選述の件につき懇談。

堀江武子氏来訪。

上原夫人令息令嬢〔寿恵子〕同伴来訪（結婚に干し挨拶）。

上野に春陽会図画展、書道展を見る。国分、三矢君と相会し博物館の陳列を見、帰途、森安君、小原君を訪ふ。

日銀特別融通及損失補償法、台湾金融機関に対する資金融通法、両院通過。

此頃は睡眠やゝ佳、朝鮮より帰京後、薬を用いたる二回に過きす。


【上欄】

橋本関雪、春挙、両画伯に礼状を出す。

五月九日（月）

小原新三君、西野元君、古宇田〔晶カ・内務官僚〕君等来訪。

佐橋君（黒龍会）外両氏来訪。徳川〔義親・貴族院議員〕侯の件につき黒龍会の立場の困難なるを訴ふ。更に軽挙の不可なることを説きおけり。

西野君と共に高橋〔是清〕蔵相を官邸に訪ひ、十五銀行救済に干し有力者の指定を懇望す。西野君の談にては、欠損七千万円と算定し、資本を四分の一とするを安全なるへしと。一応考へ居る由。尤も川崎造船所の債権四千万円（手形）は、確実なるものと看做しての計算なる由。

然るに、川崎の方融通資金の調達に苦しみ居る様子にて、此方の安定も亦同時に必要なる由。従て、十二日に開催のことは見込なし。蔵相は初め、渋沢子爵と考へたるも、寧郷〔誠之助・東京電灯会長〕男を適任とすへしとも考へ居る由。ともかくも川崎の方調査したる上にて、蔵相より同男に依頼のことに異存なきか如し。

【上欄】

小原君は竹葉君のことにつき懇談せらる。同氏の林野局に対する希望は之を許すこと困難にて、寧ろ同氏の速断は遺憾とする所なり。

五月十日（火）

火曜会にて、田中〔義一〕首相、三土〔忠造〕文相を招き午餐会を催うす。

岩崎小弥太男より招待。彦弥太君夫妻、岩崎男御一家、佐竹〔義利〕男一家と余等なり。余興、梅若万三郎〔能楽シテ方観世流梅若家分家当主・初世〕、六郎〔五四世〕、満佐雄《ママ》〔万佐世〕、亀之（タカシ）〔五五世〕の謡及能あり。

五月十一日（水）

竹田宮殿下の御召により参上。皇后陛下宮城に御参内のこと、秩父宮妃殿下御選定に干する事等、御話あり。

国際聯盟第七回総会（保険協会）に出席。

夜、竹屋女官来訪。

五月十二日（木）

帝室編輯局の事務を見る、大臣と共に。

一．編年体の資料は各編輯官より予定の如く提出。

一．二、三年後に記事本末体に記述の筈にて如何なる程度に此資料を用いるかは未定。

一．三上編輯官長就任以来、着々進行。

北原君来宅を乞ひ陶器を一見せしむ。

韓長官、篠田次官、宮島〔敏雄〕通訳官、仙石、岩波二氏を招く。晩餐後、李堈公、徳恵様の後見人につき協議す。結局、李王職長官たるものを任命せらるへきことに内決す。

【上欄】

郷男、十五銀行の整理を引受け、今日より銀行に自ら出かれ内容を研究す。

福原院長の病を見舞ひ、少らく静養をすゝめる。両日前提出せる辞表は当分預りおく旨を語る。

五月十三日（金）

李王殿下去九日より御発熱、盲腸炎の由に拝承。今朝、御見舞申上け篠田次官に面会。ともかくも■法会社の方にも或は御延期のこと内報しおけり。

東久邇宮邸に伺候。衣に賜物につき御礼。金井〔四郎〕事務官に面会。

一．降下の願書には理由を（殿下年来の御意見）記さゝること。

一．出願の時期は未定。

軍機問題につき近日、白川〔義則〕陸相面謁を乞ひ言上の筈。

仏国大使新任（ビリー〔ロベール・ド・ビリー Robert de Billy・駐日仏大使〕）につき、赤坂離宮にて御陪食。

ゾルフ大使蒐集の絵馬及浮世絵の陳列（鳩居堂）を見る。二百余程。吉田博〔版画家〕氏の版画を見る。

九条公邸に令孫逝去の御見舞をなす。

久振にて庭球を試む。

【上欄】

モラトリアム明けの第一日なるにも拘らす、銀行は極めて平穏なり。

正彦、YMCA寄宿舎より宅に帰へる。寄宿舎も予想の如くならさりし如し。

五月十四日（土）

大久保甲東〔大久保利通・牧野内大臣の実父〕の遺墨展覧会。

池田〔仲博〕侯〔養母の幸子〕の告別式。

県人会（松本楼）。

朝鮮学生（服部暢君の催）の茶話会第一回に臨む。商科大学生等、荐に資本主義の弊を述へ、吾国の資本の朝鮮に投入せらるゝことの不可を述ふ。

（此日より二十七日までの日記は、二十七日夜認む。近来、睡眠よろしからす。薬を用いさること稀也）。

五月十五日（日）

南次郎〔参謀次長〕君、村上雷吉君を招き午餐。

三二会、大隈邸に催さる。

山本条太郎氏を訪ふ。

五月十六日（月）

三上博士の御進講。

東義胤氏と上原寿恵子嬢の結婚につき媒妁人とし参列。大神宮にて挙式。夜、帝国ホテル。

五月十七日（火）
大臣官邸にて松平慶民子の為め小宴。スペイン公使館の茶。
河西健次〔元陸軍軍医〕君、両三日前脳溢血にて逝去につき、新宅に弔問。

五月十八日（水）
宮中にて御陪食。海軍検閲使。
床次氏の令嬢（秋子）の告別式。
上原氏の招宴（東氏夫妻と共に列席）。

五月十九日（木）

博物館の経営につき意見を聴く為め大島総長の催にて、左の諸氏と博物館に会す。

黒板〔勝美〕、滝〔精一・御物管理委員会臨時委員、東京帝国大学文学部教授〕、伊東〔忠太・東京帝室博物館学芸委員、東京帝国大学工学部教授〕の三博士、正木〔直彦・東京美術学校校長〕、三宅〔米吉・東京帝室博物館評議員〕等の諸氏。

精養軒にて会食。

鈴木三郎君と午餐を共にす。


【上欄】

大臣官邸にて会合。入沢、呉〔建カ・東京帝国大学医学部教授〕、本多〔忠夫カ・退役海軍軍医中将〕の三博士、仙石君等。山階宮殿下の御近状につき協議。

五月二十日（金）

秩父宮様の御召にて参上。東久邇宮殿下御降下に干する件につき御尋ねあり。

Parllett 氏帰国。

学士院の授賞式あり。

美術院にて横山大観氏の宮中御屏風の揮毫を見る。蓋し近来の傑作なり。此夜、小宴に臨む。

五月二十一日（土）
入江〔為守〕皇太后大夫来訪。
宮中にて学士院の賜餐あり。
溝口三郎〔漆芸家〕君、大倉氏夫人、前田伯を招く。
李王職長官韓氏、篠田次官来訪。

五月二十二日（日）
上野美術館に東台邦画会の展覧、美術院に院展同人の義務作展覧を見る。

渡部、入沢、佐藤〔恒丸〕の諸氏訪問。入沢君の健康につき訊す所、閑地を望むの止むを得さるものあるか如し。

五月二十三日（月）

徳富蘇峯《ママ》〔峰〕氏の御進講（維新史に干して）あり。

向井喜一（板橋金井窪二八一）君に面会。福原学習院長の紹介。公民教育の計画ありといふも実行する力なきか如し。

【上欄】

李王殿下、箱根丸にて御渡欧に就かる。九時二十分、東京発。

五月二十四日（火）

火曜会。鈴木〔喜三郎〕内相、中橋〔徳五郎〕文相、小川〔平吉〕鉄相等を招く。

早稲田大学図書館に至り、大観、観山両画伯の壁画明暗を見、同時に図書館を見学。五百の座席、三十万冊の書著、建築費は四十余万。

【上欄】

加藤武男君及令夫人を招き晩餐。


予算会議。追加予算。

一．陵墓御造営。

一．皇太后御殿の新築。

一．大礼準備費等。

五月二十五日（水）

李堈公殿下を御訪問す。故李王〔李坧〕殿下の諸財産を李堈公に御贈与に干する書面の写を示さる。依て其無効なること、篠田次官帰朝の上御渡し相成可然旨を言上しおけり。

【上欄】

ドラサル夫人、大久保君を招き晩餐を饗す。

社会事業協会評議員会。

五月二十六日（木）
徳川公来省。御大礼の際、聴衆の件也。
内閣、枢密院等翰長以下に賜餐。
李堈公殿下、御出発。
高橋亨君来宅。洋次郎君を伴ふ。晩餐を共にす。
五十二東日事業部入社につき竹城氏に紹介す。
ド・ラ・サル夫人を訪ふ。

【上欄】

世襲財産審議会。十五銀行株解除（売却相当価格を代財産として）十数件あり。

五月二十七日（金）

米山氏来訪。先日、第二工事出張所に転任。

皇太后陛下に拝謁。山階宮殿下の御近状、徳川喜久子嬢のこと、先般出張せし朝鮮、殊に朝鮮神社にて小学生、普通学校初年生に修身書頒布のこと等言上。

井上〔勝之助〕侯を訪ふ。近来快方、目下、湯河原に別荘建築準備中の由。

小室翠雲兄を訪ふ。

（十四より二十七日までの日記は、二十七日夜認む）。

【上欄】

大礼準備につき宮内省の打合。

五月二十八日（土）
矢橋〔賢吉・大蔵省営繕管財局工務部長〕大蔵技師の告別式。
一高同窓会の園遊会。
丹羽子爵夫人、槙〔不二夫〕氏来訪。同家々政整理に干し伊達家の西村〔保吉・元朝鮮総督府殖産局長、宇和島伊達家顧問〕君に懇談方につき依頼せり。

五月二十九日（日）
石丸氏来訪。北氏の件につき語る。誤解をさくる為め、更に自分として何等干係し難きこと、北、西田の諸氏は有罪なると無罪となるに拘らす、道徳上の責任は免れ難きことを明言しおけり。
川村清雄氏の展覧会を見る。東洋と西洋との手法を混用し一家を成せるは感すへきなり。殊に画題の豊富なる其手腕の凡ならさるを見る。
観古会を見る。堂島に干するものなり。元田先生の内話あり。

五月三十日（月）
宗秩寮審議会、学習院評議員等の賜餐（霞関）。
永井子爵来訪。
陶山君来訪。葦津〔耕次郎カ〕氏の意見をきく。
竹屋、伊知地《ママ》〔地知〕二氏来訪。緩談数時。
読売新聞楼上の画展覧会を見る。
南槙町壺中居に行く。支那、朝鮮の古陶を見る。〔見る〕へきもの少し。

五月三十一日（火）

高松宮殿下の御召により参上。

秩父宮殿下の妃殿下に干する件と山階宮御近状につき御下問あり。

戒三来訪。債務整理につき相談す。

【上欄】

御大礼準備に干する会議（南溜）。宮内省の会議は之にて一段落なり。

昭和二年六月

六月一日（水）

華族会館の記念日にて、大臣、次官、宗秩寮総才、館長より招かる。次官の招れたるは、今年より始まる由。秩父宮殿下台臨。御演説を遊さる。真に敬服すへき御出来なり。一同感服す。

井上馨〔明治維新の元勲〕侯の年忌、同邸に営まる。

一水会にて梅浦〔健吉・大倉組参事〕君の露国談をきく。質問に答ふる、極めて明晰。

【上欄】

一日より九日までは九日夜誌す。

六月二日（木）

宮中賜餐（宮中顧問官等）。

朝鮮協会理事会、白上、弓削両君を理事となす筈。

外務大臣〔田中義一〕の晩餐（定例の各国使臣招待）。

美濃部洋二《ママ》〔洋次カ・商工官僚〕君来談。

【上欄】

山階宮邸に参上。宮様の将来を[redacted]につき協議す。呉、本多の両博士同席。

六月三日（金）

東京朝日新聞社主催、明治大正名作展覧会の開場式。久邇宮〔邦彦王〕総裁殿下台臨。美術館にて挙行。精養軒にて午餐を賜ふ。殿下に従ひ展覧会を一巡す。狩野芳崖の慈母観音、雅邦〔橋本雅邦〕の白雪紅樹、龍虎等巨匠の手腕非凡なるに驚く。列品何れも明治以来の名作のみにて、近来稀なる催なり。

小室翠雲君と同車。

此夜、小室、正木、大島の三君、外に工藤〔壮平〕、中川〔吉郎〕の両氏を招き晩餐。

六月四日（土）

三好〔善〕《ママ》惇彦氏の葬儀。

建部〔遯吾〕博士、東義胤君、甘露寺君、木村君を訪ふ。

六月五日（日）

殆終日雨。

六月六日（月）

加藤泰通君来談。新位地の甚困難なることを訴ふ。

【上欄】

三上博士の御進講。明治天皇の御倹徳に干する御事蹟。

六月七日（火）

十五銀行問題につき牧野内府の上京を乞ひ宮相、杉内蔵頭と共に赤坂離宮に於て熟議。

総理邸にて田中首相と会談。宣統帝〔愛新覚羅溥儀・清朝第一二代皇帝〕来朝に干する件也。外務当局に於て異議なければは宮内省として別に意見なかるへく、何れ大臣と協議の上確定する旨、答ひおけり。

大倉喜八郎翁及令夫人を招き晩餐を饗す。高島氏未亡人、久米君令夫人、喜七郎男令夫人を招き〔洋食〕緩談。荒木月玖女史の席画を設く。

六月八日（水）

京城李王職雅楽部の久保氏来省。朝鮮雅楽保存に干する意見を述ふ。

朝香宮〔鳩彦王〕殿下、今朝盲腸炎の手術を受けされたるにつき、大学病院に御見舞申上く。

第十五銀行整理につき郷男を訪ひ、樺山伯も同席にて会談（杉内蔵頭と共に）。

郷案、

一．宮内省にて新規持株千六百万円（払込四百万円）。預金を以て充て、不足は追加す。

二．無利息預金五百万円、担保付。

宮内省の意見として、

一．新株五百万円とし、払込百二十五万円と預金を以て充つ。

二．新規預金五百万円とす。預金の残と新規預金（担保付）を以てす。銀行か相当の成績を挙けたるときは、相当の利息を付、十年後より返却。

【上欄】

宮中にて司法官御陪食。原嘉道君司法大臣たり。今年より所長及検事正凡て勅任となりしを以て其数甚多し。

朝日新聞の下村〔宏〕君、鈴木君を招く。河井君、白根君の同席を乞ふ。

六月九日（木）

児島虎次郎〔洋画家〕君来省。壁画につき内匠の人々と打合はす。

土肥慶蔵〔元東京帝国大学医学部教授〕博士寿像の除幕式をかね園遊会を催さる。

明治大正名作展を見る（再び）。

近藤達児君に面会。丹羽子整理につき意見を徴す。伊達家の西村家令には宮内省の世襲財産の代財産丈け融通を乞ふへしとのことなり。

此数日間、睡眠を《ママ》やゝ可。一週間内、薬を用いしこと三回。

【上欄】

大礼服改正に干する協議をなし略終了。

六月十日（金）

麝香間祗候の御陪食。

宇佐美君、小原君、森安君、弓削君を招き晩餐。

六月十一日（土）

高松宮邸に参上。

二本松、安積中学校五年生来京につき茶話会に出席（韻松亭）。

児島氏、武宮氏と明治神宮像画館を見る。明治天皇御肖像の描写の甚不完全なるものあるを憂ふるなり。

六月十二日（日）

京城控訴院長石井氏、高知高等学校長西川氏、新潟県知事藤沼氏の来京を機とし、栃木県人評議員会を開く（鳥鍋）。

六月十三日（月）

十日より十三日までは、三十日夜誌む。疎懶も亦甚し。

【上欄】

皇室の経済事務刷新等に干し、大臣官邸に部局長を召集、訓示せらる。調査員を任命す。終了、晩餐。

六月十四日（火）

奎堂会第一回に列席。

明治大正名作展を見る。之にて第三回なり。十六日、一部の陳列換をなす由。

平田〔東助・前内大臣〕伯の三年忌及伝記完成の披露あり。欠席。

九時四十分にて京都に向ふ。

【上欄】

皇子御誕生に干する打合をなす。

六月十五日（水）

都ホテルに投宿。

十時、京都御所に至り、紫宸殿の儀、賢所御前の儀、大嘗祭の儀等に干する設備を一見す。

午後、二条離宮を見る。

東山文庫を見る。

四時半より喜寿庵にて東山文庫の人々を招き茶話会を催す。

此後、同行河井、西園寺〔八郎〕、大谷、白根等を喜寿庵に招き晩餐を共にす。

三木翠山画伯を招き席画を試む。翠山君は栖鳳氏の門下にて、殊に美人画に長せり。瓢亭の支払は十五名分にて、女中心附まで二百十余円なりき。翠山君の礼は三十円。

六月十六日（木）

東本願寺大谷〔光暢〕伯、及瑩亮師来訪。

桃山御陵に参拝。

博物館を見る。市役所、府庁を訪ふ。

夜、鈴木三郎君来訪。河井、■木二氏及ホテルの西君と会食。

岩崎男、市田〔弥一郎・呉服商人〕、下郷諸氏の庭園を見る。市田の庭は対龍山荘といふ。

九時四十分の汽車にて帰京。

鈴木信太郎君夫妻〔はる子〕の他送らる。

六月十七日（金）

朝九時十分、東京駅着。

六月十八日（土）

松寺君来訪。朝鮮雅楽保存に干する意見を交換す。

日独文化協会の発会式（工業クラブ）に参列。グンデルト〔ヴィルヘルム・グンデルト Wilhelm Gundert〕氏の講話あり。

学士会館の建築と経過につき報告会あり。

守屋、高橋両君及児島虎次郎君を招き午餐。

新美氏の灸第四回なり。余り効果なし。

京都出張以来、薬を用いう。

六月十九日（日）
白根君来訪。今期の昇等昇級の詮議をなす。
賀陽宮大妃〔好子〕殿下に拝謁。山階宮殿下御看護につき御意見を伺ふ。

六月二十日（月）
葡萄牙公使館の晩餐会。
二十日より三十日までの日誌は三十日夜認む。

六月二十一日（火）
下住氏の「ムッソリニー〔ベニート・ムッソリーニ Benito Mussolini・イタリアの首相〕」に干する講演。
「ノルウェー」代理公使〔L・グロエンボルト〕主催のアムンゼン〔ロアール・アムンゼン Roald Amundsen・探検家〕招待会に列す（ホテル）。

六月二十二日（水）

柳宗悦〔思想家〕君等主催の民芸展覧会を見る。「雑器の美」なる小冊子、「下手もの、美」は最快心の文章なり。「シャール・ログネ」の簡易生活にもまさるへし。

華族会館にて古籀篇の始末につき協議をなす。

アムンゼン氏の講演（赤坂離宮）に陪席。

【上欄】

事務調査会の第一回。

六月二十三日（木）
田本■太郎氏の葬儀。小林に托し代理を出す。朝鮮に於ける旧知なり。
西村保吉君来訪。
【上欄】
世襲財産審議会。
大礼準備委員会第一回。委員長の訓示あり。

六月二十四日（金）
尾立維孝〔錦鶏間祗候〕氏の告別式に参列。
本田仙太郎氏来省。例により大声を発し暴状甚し。相川〔勝六〕秘書官に任かせ外出。謹て告別するを得たり。

美濃部君令息〔空白・亮吉・東京帝国大学経済学部助手〕君の婚儀披露に参列。

済生会評議員会（華族会館）。

【上欄】

堂上華族資金の会議。

六月二十五日（土）

国際聯盟評議会。理事改選にて余も亦其選に入る。

一高評議員会。

慧照会（飯田欓隠老師の臨済録）貴院議長官舎。

相川秘書官来訪。

劉驤業君、渡辺晨畝〔日本画家〕君、杉栄三郎君を招き晩餐。

六月二十六日（日）

中隈敬夫君来訪。来年卒業の上は、宮内省に出仕の希望ある由。

午後、東美クラブに京都画家の陳列を見る。

横山大観氏を訪ふ。

佐藤恒丸博士を訪ひ、侍医頭就任に干する本省の希望を語る。平山〔成信〕社長の勧めあらは務を辞せすと答ふ。

六月二十七日（月）

朝日新聞の明治大正展の午餐会に出席。将来、常設館の設置せらるゝに至らは、更に[redacted]家の協力を要することを述ふ。

赤十字社の地方長官招待に参会。

黒沢礼吉氏来訪。故栗田氏名義の土地に干し語らる。丹羽家の土地〔に〕干しても紹介す。

【上欄】

東伏見宮邸先宮〔東伏見宮依仁親王〕殿下の五年祭に参拝。

六月二十八日（火）

横山大観君及令夫人〔静子〕、大倉男及令夫人を招く。昨日、螺鈿机を呈す。

【上欄】

考査委員会（秩父宮御殿の工事に干し）。

事務調査会。

・大礼服

・新冠牧場

・帝室財政の概況

次回は、庶務課、秘書課。

六月二十九日（水）

二時、大礼準備委員会に提出すへき案につき協議す。

大河原日東氏来訪。新聞紙に御尊影掲才及雑誌書籍の広告等に皇族か御名あることにつき意見を述へらる。

中隈敬夫氏の母堂来訪。

博物館の特別陳列、ブラグイン〔フランク・ブラングイン Frank Brangwyn・イギリスの芸術家〕のエッチングを見る。

明治大正名作展を見る。之にて五回目。

【上欄】

地方長官の御陪食。

六月三十日（木）

大川周明君来訪。行地社につき語らる。近状を審にせす、意見を述へす。

鉄道省大井町工場にて、御召車の検分をなす。御大礼当時の賢所の御召車、両陛下の御召車等、其他極めて大切に保存せられ、来年の御大礼にも御使用支障なきものと認む。九条〔道実〕掌典長、及本多〔猶一郎〕次長、白根、武井〔守成・宮内省式部職式部官〕、武宮〔雄彦〕、星野〔輝興・宮内省式部職掌典部掌典〕の諸氏。

柳原吉兵衛〔大和川染工所創設者〕氏来訪。晩餐を共にす。

東京朝日の明治大正名作展終了。今日は行かす。

日中暑し。夜涼。

二十日より今日までの日誌は三十日夜、認む。例の疎懶なり。今年入梅は前月より引続き不眠多く、気分良らす。灸治も効なし。昨年の入梅は不思議に睡眠佳良なりき。

昭和二年七月

七月一日（金）

【上欄】

地方長官を宮内大臣招待。

七月二日（土）

地方長官に赤坂離宮内、御親裁田の拝観を許さる。

講道館にて、柔道に干する講演実技を聴聞見学す。

温故学会の式あり。行かす。

高橋建《ママ》〔健〕自〔東京帝室博物館歴史課長〕博士来訪。晩餐を共にす。

七月三日（日）

西野君を訪ふ。

井上侯を訪ひ三郎〔井上三郎・参謀本部員〕君に面会。

午後在宅。沢田君来訪。

西洋画集を見る。「ルクサンブル」絵画館のもの最も愛賞すへし。

七月四日（月）

朝日新聞社楼上の支那画家の絵を見る。言ふに足るもの稀也。

久邇宮御邸にて名作展関係者を御招待遊さる。

大倉男爵邸を訪ふ。明日暹羅へ出発の由なり。

【上欄】

御大礼準備委員会第二回。

七月五日（火）

大倉男、暹羅行にて東京発。
駄句を送る。
　南国の風静かなる夏の海
政府、川崎救済を一応断念する旨新聞紙報す。

【上欄】

調査会第三回。

健彦の誕生日なり。一同賜餐を共にし悦ふ。

尼崎君来訪。

歯の治療にゆく。久振なり。

長渡南君の紹介にて来訪。

故半田賢作君の遺児寛君（日本大学の専門部卒業）、「スケッチ」をなす。

　震災内閣の親任式の図を和田〔英作・東京美術学校教授〕画伯に命し玉ひ、本日、離宮内広芝にて当時の大臣の

七月九日（土）

滝精一君来省。大臣と共に面談。博物館問題につき意見を述へらる。

草生〔政恒〕少将来省。伏見宮家に対する金千両の預書問題なり（宝暦年間）。金千円ならは買取るへしと申入れしか、其れにては到底承諾の模様なき由に付、止むを得すと申しおけり。

三越に人見〔弥カ・洋画家〕氏の洋画展を見る。余り感心せす。値は高し。

夕方、猪熊信男〔宮内省図書寮御用掛〕氏来訪。晩餐を共

にす。

小林姉を訪、眼疾未癒えさるにつき、大学に治療を乞ふ様すゝめおけり。

鈴木雪哉君を訪ひ有哉君の普空ケンサク菩薩の絵を見る。

七月十日（日）

七月十日より三十一日まては小笠原島供奉の軍艦山城にて認む。八月一日也。疎懶も亦甚し。

七月十一日（月）

大臣官邸にて各新聞社会部長を招き、最近の御誕生の件につき協議を遂く。各社共無用の競争をさくることは最■むるなるか如し。

野口君令弟〔空白〕君来訪。

七月十二日（火）

照宮〔成子〕殿下、那須に御避暑につき上野駅に御送り申上く。

帰宅後、気分悪るし。数ヶ月間、連夜薬用、殊に入梅中佳ろしからす。強て出勤し居れるか、若干の休養を必要するの時期来るによらん。

警察部長の大臣招待にも出席せす。三輪善兵衛〔二代目丸美屋店主〕氏の招待も断はる。

七月十三日（水）

引籠。

西川君を招き晩餐。

七月十四日（木）

引籠。

消防会発会式も欠席。

七月十五日（金）

函《ママ》根、大倉氏別荘にゆく。小田原急行による。健彦を伴ふ。友彦、先きに在り。

七月十六日（土）

函《ママ》根滞在。

七月十七日（日）

函《ママ》根滞在。

七月十八日（月）
小田原、大倉翁を訪ふ。

七月十九日（火）
箱根より帰京。
鎌倉、久邇宮朝融王殿下の御招待を蒙る。衣、同道参上。
【上欄】（調査委員会）。

七月二十日（水）
秋元雄治君、樺山伯、細川〔護立〕侯（最近帰朝）に面会。
逗子、大倉別荘にゆく。児等、已に在り。

七月二十一日（木）
逗子より上京。
大臣官邸にて、三上、服部両氏と面会。御命名に干する件なり。
御料地会議。
警視総監〔宮田光雄〕、憲兵等の御慰労茶あり。
四時半、逗子へ。
東伏見宮邸に拝謁。

七月二十二日（金）

逗子より帰京。

大臣官邸にて十五問題の評議をなす。井上〔準之助〕日銀総裁の談に本き意見を■する為め。

午後一時、郷男も来訪。

三時、日銀総裁を訪ふ。

河井氏とも懇談（女官の件）。

六時十分発、逗子に帰へる。

七月二十三日（土）
皇太后陛下に拝謁。
一時過の汽車にて函《ママ》根長興山荘を訪ふ。翠雲兄、東京駅に迎へられ同車して行く。衣、大磯より同車。
王簾滝にて楽焼を試む。翠雲兄の絵皿及花瓶、好記念なり。一泊。

七月二十四日（日）

午後、函根《ママ》を立ち四時頃逗子に帰へる。長興山荘訪問は、年来の約に依る。今秋、更に茶座変をなす際、特に招待を受くる筈。翠雲兄、近来顧みる所あり。大に自重せらる由。製作品の品位を増すこと切に望む所なり。

函根《ママ》にては昼眠二回。薬を用いす安眠せしことあり。大体にて良好なりき。逗子にては引続休養せしこと僅に日曜及他の一日のみにて、東京に往復せし為め大に良好なるを得さりき。水泳は倦怠疲労を覚えたり。

七月二十五日（月）

午前、逗子より帰京。

大観画伯の屛風（朝陽霊峰）成り、宮中に上納。

七月二十六日（火）

終日、逗子に在り。午後、魚釣をなす。成績不良。昨午後以来、悠遊気分佳ろし。

七月二十七日（水）

御出発供奉前にて多忙。

木谷（歯科）氏の治療は尚一本を残して完了。

西川〔義方〕侍医の診療をうく。

一．供奉には先つ支障なかるへし。

一．luminaletten ○一五を一回二個宛、一日六回、一週間使用、後一週間は半分とす。之にて手の振ひ等も全快すへしとのこと也。前に佐藤博士の与へたるものと同一に非すや。

大倉氏の為め、在「シャム」公使林〔久治郎〕君に一書す。

七月二十八日（木）

本日八時三十五分、赤坂離宮御出門にて小笠原群島に向はせ玉ふ。横須賀より軍艦山城に御乗艦（艦長寺島〔健〕大佐、副島佐和中佐）。豊後水道沖に於ける聯合艦隊の戦闘射撃及爆撃実験御覧の為め行幸せらる。七月十三日告示あり。小笠原は此際、特に御立寄遊はさる、なり。

供奉は、珍田〔捨巳〕、奈良、西園寺、土屋〔正直・侍従〕、甘露寺、木下、黒田〔長敬〕、山県〔辰吉〕、八田〔善之進〕、村山〔浩一・侍医〕の諸氏、今村〔信次郎〕、住山〔徳太郎〕、矢野〔機〕の三武官、海軍より山下〔源太郎・軍事参議官、海軍〕大将、及び安保〔清種〕横須賀長官、御供申上く。外に警備艦春日にて、平塚〔広義〕東京府知事、山岡〔万之助〕警保局長、和田〔亀治〕第一師団長等（外に今村〔恭太郎〕地方才判所長、検事代理某氏〔棚町丈四郎〕、逓信局書記官某〔加藤恵義〕氏）先発。

【上欄】

此日、海上極めて平穏。

七月二十九日（金）

御航海中、陛下、天機極めて麗はし。

安保大将の小笠原群島の国防上に干する談話等あり。

小笠原島

一．文禄二年、小笠〔原〕貞頼〔徳川家家臣〕、家康〔徳川家康〕の言により無人の坑を探検せんとし、八丈島の南に当り小笠原群島を発見。

一．文政六年、八年、米国及英の捕鯨船碇船。

一．嘉永六年、ペルリ〔マシュー・ペリー Matthew Perry・米国東インド艦隊司令長官〕本島に碇船。

一．文久元年、我国より各国公使に交渉し（英国より抗議）、二年我領土と決定なりたり。

七月三十日（土）

八時三十分、小笠原二見港御入港。

九時半、大村仮桟橋より御上陸。

大村尋高小学校、父島要塞司令部、小笠原支庁、農事試験場、亀養殖場等御覧あり。

大村は東町、西町に別かれ、小笠原父島の首府なり。たまな、いちひ等の防風林にてかくれ、寧瀟洒たる一村落なり。大なる家等御見えす。

一日、御帰艦。午後、御微行にて、奥村御視察〔扇浦村〕。二見岩附近、小笠原開拓碑、連樹谷等御視察。二見岩附〔近〕の海岸の海底生物の御採集及連樹谷等に御興味極めてありし。

【上欄】

ムルヨウ[redacted]。午後は一時より出て六時過き帰艦。海軍の無線電信所所在地の攀登には、随員一同玉の許をのぼれり。昨夜は、師団長、鎮守司令長官、知事等御陪食あり。

七月三十一日（日）

（御同艦は）午前八時、二見港御出港。

十時三十分、母島御入港にて午前は中村尋高小学校に御立寄、成績物産等御覧。万歳三唱を受けさせられ、

「ロース」石場御通過、御帰艦。

午後、南京浜方面にて御採集。側近者のみ供奉、御相手す。

母村を見る。診療所は（十九人患者）村役場に開かる。村山侍医、之に当る。支庁、小学校等を訪ふ。父島にては此機会なかりき。

沖村小学校長は萱谷修徳氏。世話掛（村長に当る）猪木《ママ》〔子〕徹雄氏。

本年予　一万五千百八十八円

内入　協議費　千五百十一円

国庫下渡金　四千四百円

其他

出　設場費　二千四百七十二円

教育費　七千九百五十三円

医務　千二百円

【上欄】

協議費の種類

土地割、船割、家屋割、輸出入割、戸別割、車割、営業割、屠蓄割。

村寄合　十名。支庁出張所は〔空白〕氏。

元気甚乏しく、とかく悲観的なる意見なり。

二十八日以来の睡眠。

二八日―〇・五、二九―なし、三〇―〇・五、三一―なし。

成蹟は寧佳良なり。唯暑気の為めか読書等には疎也。

昭和二年八月

八月一日（月）

八時、御出港。春日は後れて出港。父島に寄り、更に八丈島にも寄港の由。

便乗者

安保鎮守府司令長官、和田第一師団長、山岡警保局長、平塚東京府知事、今村地方才判所〔長〕等なり。

新聞記者（写真共）二十一名？便乗せり。

此夕、波や、高し。

八月二日（火）

航海。

八月三日（水）

前九時、佐伯港に入る。

午後六時、御陪食。

聯合艦隊司令長官加藤寛治大将、第二艦隊司令長官吉川〔安平〕中将等。艦長以上に立食を賜ふ。大分県知事は藤山〔竹一〕氏。大分県知事、宮崎県知事〔古宇田晶〕、望月〔圭介〕逓相等伺候。

八月四日（木）
佐伯港御出港。
豊後水道沖に於て聯合艦隊の昼夜間戦闘射撃御覧。
夜、佐伯港御入港、御碇舶。

八月五日（金）
佐伯港御出港。
豊後水道沖に於て聯合艦隊の爆撃実験御覧。
豊後水道沖御発。予定より一時間後れ、御航海に御出発は五時半頃なりき。

八月六日（土）

午後零時三十分、名瀬沖御着。

　一時十五分、艦載水雷艇に御乗艇。

名瀬町仮桟橋に御上陸。支庁。

拝謁者中、此内に大島出身の泉二〔新熊〕刑事局長、大島〔直治〕九大教授、亀岡豊二の三氏あり。

物産等御覧の後、名瀬小学校にて万歳三唱を受けさせ玉へり。支庁前公園に御登臨後、御帰艦。

四時、古仁屋に向て出発。七時、古仁屋に御入港。

八月七日（日）

九時、要塞桟橋より御上陸。要塞司令部、小学校、御展望所、御立寄り後、十時五十分、御帰艦。

午後、御微行にて御採集。風浪やゝ高く、山下大将も難色ありしも、幸いに絶対御安全なるへしとの多数の意見にて、余も御出遊に御同意申上けたり。

昨夜及今夜にわたり御陪食あり。殊に前夜は、泉二、大島、亀岡の三氏も此光栄を荷へり。

今夜、鹿児島知事〔松本学〕献上の十島及徳島、沖永良部、喜界、与論諸島の活動写真を御覧遊はさる。

【上欄】

鹿児島農林、岡島〔銀次・昆虫学者〕、河越〔重紀・植物学者〕両教授外九名の動植物学者等に賜茶。

八月八日（月）

午前、御微行にて御採集。

動植物学者の一行の御進講を御聴取遊はさる。此計画は鹿児島知事松本氏の計画にて、真に陛下の御思召に適ひ有益にて且興味ある催なりき。鹿児島農林、岡島、川《ママ》〔河〕越の両教授、県下中等学校教諭、京大嘱託等の諸氏合せて十一名。無上の光栄と感激に覚えらるへし。

古仁屋にて豊島栄氏（列立拝謁者の中にあり）の令弟か父島の豊島正清氏なることを知り、一門凡て南国の為めに貢献する所少らさるを感せり。

八月九日（火）

御航海。昨夜、波やゝ高く、今日に至りて漸く静かならんとす。

先日古仁屋御帰船中も低気圧、台湾附近にあり。上海に向ふ方向にありしか、後に朝鮮の方向に転し、九州地方、暴風雨にて、軍艦長良は大しけに逢ひたる由。

八月十日（水）

聖上陛下、御予定通二時、横須賀御着。五時、赤坂離宮御着にて御帰幸遊はさる。赤坂離宮にて賜茶あり。病躯大難なく供奉の御役を了れるは至幸なりき。

八時過、衣、東北旅行より帰京（大倉男夫人と共にせり）。

此度の供奉にて衷心の歓喜を禁せさりしは、乍恐聖上陛下の海軍当局其他一般文武官、地方官民に対する御態度の御立派なること、側近者初め、供奉諸員を愛撫し玉ふことは感激の限りなりき。御趣味とは言へ余りに御熱心にて、政務を軽するか如き感ありてはと杞憂を抱きしも、殆杞憂なりしは殊に悦はしき事なりき。

【上欄】

聖上陛下、御帰幸。

八月十一日（木）

南国より帰へれは、東京の暑気は左程に感せす。

皇太后陛下に拝謁。

【上欄】

御大礼準備委員会、明日開会につき下打合をなす。

八月十二日（金）

午後、国技館に開会中の朝鮮博覧会を見る。清水繁君を真辺内科の大学病院に見舞ふ。最近また発熱あり。余り良好ならす。

鹿児島県知事松本君、上京に付招待。河井、白根、木下三兄の来会を乞ふ。

母上〔関屋卯多〕、軽井沢より帰京。

【上欄】

今明両日、中央官衙建築委員会あり。東久世君をして代理出席せしむ。

御大礼準備会開会。饗宴場を京都御所内に設ける件につき総務部の意見を徴す。凡て同意見なり。

八月十三日（土）
大臣官邸に集る。大臣及服部、三上両博士と余。御命名の案、未た決せす。
午後七時発にて軽井沢に来る。岡実〔大阪毎日新聞社社員〕君、幸に同車。一昨年来、身体下半部に冷感を覚え、先に供奉中も時々此感あり。賜暇転養の許可を得たれは、今月中滞在のつもりなり。

八月十四日（日）
朝、教会に行く。Bishop Molony（寧波）の説教あり。
夜は山室軍平氏の伝道説教をきく。「基督教の七大要義」と題す。神、罪、キリスト、信仰、愛、花、永遠の生命。
昼眠一、二時間。

八月十五日（月）
正、光、由、美、健及山口氏令嬢等と共に小諸在の布引観音に遊ふ。筑摩《ママ》〔千曲〕川に臨める丘上にあり。わさわさ出遊の値なし。帰途は布引鉄道により、小諸に帰へり懐古園（旧城趾）に遊ひ、藤村〔島崎藤村・詩人〕氏の旅情の碑を見る。「小諸なる古城のほとり……」文学者の永遠性を想ふ。

八月十六日（火）

正彦、今朝出発、帰京。

北白川宮殿下に参上。

小山善太郎〔血液循環療法始祖〕氏の血液循環治療をうく（鶴屋）。入会金二円、治療費一回二円（之れは普通会費にて特別会費は別にあり）。

麻布森元一ノ二十七、電話三六六七番。

山口氏令嬢の件に関し竹田宮〔附属〕石原〔健三・宮内省御用掛〕氏より来書あり。

竹田宮妃殿下に拝謁。令嬢等寄寓の事に干する事情を御話し申上く。

【上欄】

例の疎懶にて、八月二日以後の日記を誌るす。

山城艦長、横山大観氏、副島伯、林事務官。

八月十七日（水）

秋冷を覚え、日中、袷羽織を着し外出。

八月十八日（木）

秩父宮殿下、アルプス御登山の為め御出遊。十一時頃御着。

此頃、悠々自適、訪問もせす、来客もなく、極めて清閑なり。三、四日来頓に秋冷を覚え、袷羽織を用いしか、今日は再び暑を感せり。室内七十八度位。

藤岡〔作太郎・元東京帝国大学文学部助教授〕氏の近世絵画史、鶴見〔祐輔・元鉄道官僚〕君の北米遊説記等、読書と言はゝ以上に過きす。

八月十九日（金）

衣、九時過来着。

山口十八君より招かる。三笠ホテル。帰途、岩倉具栄、道倶氏を訪ふ。

渡辺君来訪。

温度上騰、夏の去らさるを知る。

徳川慶光公附山口中将を訪ふ。

今日より小山氏の治療を止む。余り効果を感せす。且つ上ほせ気味ありて治療の結果を危めるなり。

八月二十日（土）

林伯、岡君等来訪。

秩父宮殿下、六時半頃御来遊。光栄恐懼に堪へす。

【上欄】

石原氏に一書。先般の（十六日附）山口氏に干する手紙に答ふ。

八月二十一日（日）

秩父宮殿下、北アルプス縦走の為め、今朝六時当地御出発につき、沓掛まて御見送りをなす。光彦を伴ひ、帰途、渡辺千冬子を訪ふ。浅間登山の為め不在にて令夫人〔芳子〕に面会。山羊の乳をいたゝく。朝香宮様に伺候。已に御不在なりき。伏見宮様に拝謁。

野沢源次郎〔野沢組社長〕氏を訪ひ、同氏の軽井沢に干する抱負をきく。欧米観光客を招き、吾国に三十ヶ処の名勝を択ひ施設をなし、一年三■を得んとするに在りと。牧野伯より平素、氏につきて聞く所あり。初めて面会。其為人を知りて悦ふ。

佐野彪太君の新居を訪ふ。

前田伯、岡君を訪ひ、衣、光、健と共に野沢氏方熊切氏の案内にて軽井沢周囲を見る。

【上欄】
金良瓚君の件につき、白寅基〔朝鮮海上火災取締役〕氏に一書す。

八月二十二日（月）

山口君家族、二荒、保科、高橋君等の家族帰京、見送。

竹田宮様に拝謁。

林君を訪ふ。

光、由香、美恵の三子の宿題等は各相当努力するか如くにて別に検閲せす。光は特に然り。

健の宿題は数日前検せるに、甚遅れたるに心付き注意せし所、其後、忽ち恢復好にて日課を了ん。好く学〔び〕、好く遊ふの風を養ひ得たるか如し。

安眠。

八月二十三日（火）

五時発にて帰京。車中、入沢侍医頭の一行に会す。

此夜、東京の暑熱甚しからすと雖とも、元より清涼の気なし。

八月二十四日（水）

朝、赤坂離宮に伺候。天機及御機嫌奉伺。皇后陛下、極めて御順調の由。塚原〔伊勢松〕侍医にも面会。御分娩の時期は先つ二十七日より三十日の間ならんと。

大臣官邸にて御命名に干する評議をなせり。服部、三上両氏及吉田君、親王及内親王の場合、各三を撰定す。再び赤坂離宮に伺候。河井、珍田、津軽〔理喜子・女官〕、入沢の諸氏に面会。

三時五十分の汽車にて帰軽。車中、斎藤勲君あり。ハワイにて開かれたる Conference of Pacific Relation につき聴く。

他に東、折田の両氏あり。朝香宮に於て御別荘敷地、御確定の由。

八月二十五日（木）

無事。

八月二十六日（金）

午前中、伊沢君を訪ひ緩談二時間。率直なる談論、徹頭徹尾、政友会嫌なり。

夜、細川侯来遊。

新渡戸〔稲造・貴族院議員〕氏方にて午餐。

Japanese Traits and Foreign Influencesをもらひ来る。

舞鶴附近にて演習中、軍艦神通と駆逐艦蕨と衝突の珍事あり。

八月二十七日（土）

衣、上京。

御誕生の御催につきて入電をまちつゝ山荘に在り。

今午後二時半、八十二度。恐らくは来遊以来の暑気ならん。而かも尚悉く窓を開けは、清涼の風徐ろに来りて、都門にて奉るへからさる爽味あり。

美恵子等、浅間山登山の計画、今年は正、友等の逗子に移りたると、初め山口氏子女の居りし為め中止となりたり、不平甚し。来年を約して[redacted]。

野沢氏来遊。

四時半、八十度を降らす。軽井沢に於て本年第一の暑気なるへし。

八月二十八日（日）

御出産も近くにありと考へ二時過きの臨時にて軽井沢を発し帰京。車中、肥田、今泉の両氏、小林、〔空白〕の二氏あり。恩田木工〔恩田民親・松代藩家老〕の政談（日暮硯）を借用して読了。暑、尚烈し。

八月二十九日（月）

午前、赤坂離宮に伺候。

御研究拝見の御許を蒙り、幸に陛下御研究室にあらせ王《ママ》へ親しく顕微鏡を準備遊さるゝ所、恐懼の限り御話を承ること一時間余なり。

皇后陛下、御変りあらせられす。御分娩はやゝ後れさせ玉ふか如し。

光、健、軽井沢より帰京。

散歩。

八月三十日（火）

杉内蔵頭を招き十五銀行整理に干する近況をきく。

岩倉道倶男来訪。十五整理に干する意見を述へらる。一．単独整理、二．五千万円の無利息融資、内四千万は宮内省にて支出、三．高橋前蔵相に依頼然るへし、等の意見にて、宮内省の財政立直をなさは、四、五千万円の融通困難に非るへきを説かる。依て、四千万円の不可能なるを断言し、且つ根本的の立直は一箇の意見なるも、到底急に実現不可能なることを述へおけり。

加藤武男君来訪。

散歩。

八月三十一日（水）　凌きよし
出勤。三土蔵相、松平頼寿伯に面会せんとせしか、病気、旅行とにて果さす。

鹿児島〔虎雄〕君、数日前帰朝。午後来訪。二冊を贈らる。

土岐〔政夫・宮内省参事官〕君、酸素注射療法の有効なるを説き、荐りに治療をすゝめくれたり。三番町大島濤兎〔医師〕君なり。堀内〔文次郎・予備役陸軍〕中将、宮入〔慶之助・九州帝国大学名誉教授〕博士の証明あり。

赤坂離宮に伺候。御異常なし。御出産は予定より後れたるか如し。

昭和二年九月

九月一日（木）

田中光顕伯来訪。左の談話をなせり。

一．明治天皇御銅像の件。

二．照《ママ》〔昭〕憲皇太后〔美子・明治天皇皇后〕御銅像計画を其儘になしおくことの不可なること。

三．明治天皇御銅像の原型石膏像を水戸に建立につき同意されたき件。

四．勤王志士遺墨献納（宮内省に）の件。

門野氏来訪。

大石義郎来訪。先日、高等官に陛《ママ》〔陞〕任の由。

平塚みね、直美を連れ来る。彼の近状につき訓戒をなす。

【上欄】

林野不要存地会議。

一．北海道庁と交換地に干し再調の件。

九月二日（金）　暑烈
小林夫婦、奉天に出遊につき挨拶にゆく。
【上欄】
世襲財産審議会の終了後、序に十五銀行の宮内省預金引出に干する世評の誤伝につき、杉内蔵頭より説明しおけり。

九月三日（土）

終日、家に在り。御降誕、意外に御延びの模様なり。偏ら御安産を祈るのみ。

時永〔浦三・前佐賀県知事〕君来訪。過般、佐賀県知事にて休職となる。荐りに地方官の■力なきことを述へらる。真に同情に堪へす。

杉浦君来訪。午餐を共にす。長時間緩談。二、三の懇談ありしも確答をなし能はさるを遺憾とす。

大久保利武君来訪。

光、健、帰宅。正彦も一旦帰宅。

戒三、俊一来訪。

【上欄】

此夜、軽井沢へ一書。

九月四日（日）
終日在宅。来訪者四、五。

九月五日（月）
由香子、美恵子、軽井沢より帰宅。前田伯家族と同行。
山口十八君夫妻、礼に来る。

九月六日（火）
原法相を訪ふ。小原〔直・司法〕次官も列席。西本願寺襲爵問題につき。
成子内親王、塩原より御帰京。

九月七日（水）

高松高等商業校長に転任せし沢田源一君来訪。

灸点家沢田健氏を招きて、点灸を行ふ。城一格氏同伴（小石川雑司ヶ谷盲学校附近）一箇所七ヶつゝ。

正、友、帰宅。

喪に対する投書、仙石君より受取る。

【上欄】

午後、大谷、白根両君と事務調査の打合をなす。

九月八日（木）
衣、軽井沢より帰宅。

九月九日（金）
阪谷男に日本クラブにて面会。明治天皇御銅像を明治神宮絵画館に奉安に干し意見を交換す。

九月十日（土）

午前二時三、四十分頃、第一準備を願ふの電話（庶務課長より）あり。自動車の迎をまち参内。時に三時。侍従長、大臣、内大臣等相踵きて参内。

四時四十二分、内親王〔久宮祐子内親王〕御降誕。侍医寮より此報告を得れは四時五十五分過きなり。事務官より直に宮内省に通知す。新聞に発表せしは四時五十九分なりしと。新聞紙（坂下クラブ）への発表は極めて迅速にて一同満足せる由。

六時、一同聖上に拝謁、恭悦申上く。

七時退出。出省。皇太后職に御悦申上。

内親王、御体量八百八十匁（三千三百グラム）、御身長一尺六寸八分（五百八ミリメートル）。照宮殿下より、何れもや丶多し。

清野〔長太郎〕氏追悼会に出席。

久邇宮邸に御祝□参。

山口少将訪問。

成瀬〔正雄〕子爵来訪。

【上欄】

内親王御降誕。市内は成子内親王御降誕の時に比し静かなりしか如し。

九月十一日（日）

終日気分不良。

昨日来の暑気にて、上野の画展を見るの勇気なかりき。

木村雄次君、阿部無仏君来訪。

昨夜来、健彦、腸の疾患にて発熱、四十度に上る（船曳図手〔医師〕は腸炎なりと言へり）。

九月十二日（月）
院展二科を見る。高木〔古泉〕氏の鯉の外、大に感服せるものなし。大観氏の八条は勿論、氏の凡手に非るを見る。
午後、南展を見る。翠雲君以外感すへきものなく、寧南画の向ふ所につき大に惑なき能はす。

二条〔厚基〕公邸弔問。昨日、脳溢血にて逝去。惜むへきかな。

御陪食。河井、入江子、入江貫一君も同しく光栄を荷ふ。

九月十三日（火）

朝比奈知泉〔ジャーナリスト〕氏、岡沢慶三郎氏（〔予備役〕陸軍中将）、大山鷹之助《ママ》〔介〕氏（海軍少将）と同伴来訪。水戸に明治天皇御像建設に干し意見を求めらる。従来の経過を語り、少らく運動を見合はすことの適当なる由を答ふ。

武井氏来訪。横山大観画伯等の画幅を持参せらる。

有馬頼寧伯来訪。酒井栄蔵〔大日本正義団総裁〕氏の日本正義団につき語らる。宮内省の此等に対する態度の極めて慎重ならさるへからさるを述へ、伯も大に同感にて諒解せり。

【上欄】

事務調査会を開き小委員の分担をなす。

九月十四日（水）

山東派遣軍司令官第十師団長長谷川〔直敏〕中将、旅団長中島《ママ》〔嶋〕〔虎吉・歩兵第八旅団長〕、郷田〔兼安・歩兵第三旅団長〕両少将、帰還につき賜茶。今回は凱旋とは見す。従て御陪食なきなり。

夜、中村円一郎〔貴族院議員〕君より招かる。河井氏と共に、星ヶ岡茶寮。

女中和代両日来持病（バセドウ氏病）の為め特に佐藤院長の来診を乞ひ入院に決す。

健、大に快よし、離床。

【上欄】

本派本願寺執行後藤〔環爾〕、花田〔凌雲〕両師来訪。隠居及襲爵の件につき更に事情を述へ懇談せらる。仙石総才と共に面会。華族監督の責任上、十分の理由なくして認許し難きことを懇談す。而かも尚正式却下は甚□まさる旨、仙石君よりも懇談す。両師共、宮内省の事情も大に諒し居れるか如し。

九月十五日（木）

岩崎小弥太男を訪問す。夏前より面会を約ありて果さゝりしか、当方賜暇静養につき訪問す。十五銀行問題につきては株の未払込のままにて預金等のきりすて等は出来さるへく、単独整理の前途につき悲観し居らる。現代美術館建設の処要等（下村〔観山〕君の希望もありて）

話しおけり。

大臣に面会。転養の許を乞ふ。

熊沢君、久振にて来訪。神経痛にて先般来、大に困難せられたる由。歓談時許。

十二時半の汽車にて軽井沢に来る。二等客にて下車せるもの、西洋婦人と合せ三、四人。停車場より旧軽井沢道両側の別荘にて滞在中のもの四、五を算せり。愛宕山上の別荘に電灯を見しは一戸なりき。夜は濃霧。秋色の漸く深きを覚ゆ。夜七時、七十度。

【上欄】

軽井沢に転養。

九月十六日（金）

御命名式当日につき　両陛下、皇太后陛下の天機及御機嫌奉伺の電報を出す。久邇宮殿下にも御機嫌奉伺す。

午前、ゴルフ場にゆき池田氏に面会。コースを一週《ママ》〔周〕す。

会員入会金百円一年四十円。

臨時会員二週間四十円。

会員の紹介によるもの一回三円。

キャデーは三十銭又は二十銭。

赤星氏三十六、通常平均五十余の由。会員は百四十人ありと。

野沢氏来訪。午後、ゴルフにつき練習す。

西尾〔忠方・貴族院議員〕子、日向利兵衛（東洋海上火災の常務）両氏に面会。ライフシュナイダー〔チャールズ・S・ライフスナイダー Charles S. Reifsneider・立教学院総理〕氏にも面会。

【上欄】

白根秘書課長の電報。御命名　久宮《ひさのみや》祐子《さちこ》内親王。

野沢氏の談に、西洋人は尚五十戸位滞在の由。

九月十七日（土）

ゴルフ練習。午前、池田氏。午後、村田。

未た興味は起らす。

昼眠、一時半。熟睡に至らさるも、ともかくも午睡なり。

富士屋にて鑵詰類を求め来る。昨日来、昼は和、夜はパン。未た行詰らす。浅野、中々忠実。

昨日も今日も好晴日なり。時々曇天となる。此時は室内、頓に秋冷を覚ゆ。

野沢氏より火鉢を貸してくれたり。

九月十八日（日）

野沢君来訪。明日、東京に行く由。

昨夜より雨。午後に至りて止む。

散歩の途上、英国聖公会教会の前に出つ。夕方の集りをなせるを見たり。其数を知らさるも極めて少数ならん。感すへきなり。

九月十九日（月）

ゴルフ練習。午前、午後。

午後、火鉢を用ゆ。

杉栄三郎君より来電あり。南郷三郎〔実業家〕君、来訪す。昨日「御面会しても見込なし」と返電せしなりしか、六時過来訪。富山に行く途中なり。松方〔幸次郎・川崎造船所社長〕君の洋画と浮世絵、合せて六、七百万円の価値あるものなる由。浮世絵大にて、海外に再ひ出つることは止めたき価格。余りに大（三百万円と称す）にして話すへき場処もなし。共に万年ホテルにゆき食事す。ホテルには、客全くなく、灯を減し玄関を閉め居りたり。十月一杯は営業をなす由。

灸。灸の睡眠に及ほす影響は、過日来、灸治後に更に効果を見す。新見氏の■も同様なりき。寧、■■し過くるに非やとさへ思はる。只、将来の効果を見されは断し難し。

【上欄】

田中光顕伯に一書す。明治天皇御銅像の件なり。別に記す〔一七一頁参照〕。

九月二十日（火）

ゴルフ。午後一回。右腕の灸を繃帯せる為め使用不自由なりき。

亀岡慶治君来訪。身上につき相談せらる。

午前、沓掛グリーンホテル方面にドライブす。

上田博士の族も引揚をなす。時々会す浅間道に面せる箱根土地の最奥地にあり。樹木多く、瀬は野趣に富む。家は二十余坪。

此頃、藤岡〔作太郎〕博士の近世絵画史を読む。浮世絵系統。

　菱川師宣（貞享元禄）、鳥居清信、宮川長春、奥村政信、鈴木春信。

昭和以降。

　勝川春章、関清長、松尾重政、喜多川歌麿、豊春

〔歌川豊春〕、豊広〔歌川豊広〕、豊国〔歌川豊国〕―国貞〔歌川国貞〕、国芳〔歌川国芳〕、北斎〔葛飾北斎〕、広重〔歌川広重〕。

九月二十一日（水）

八時の汽車にて帰京。

院展を一瞥。

白根秘書課長来訪。

杉浦君に面会。

夜、小泉〔策太郎〕君を訪ひ晩餐を共にす。氏は先般三千万円を川崎に融通することの沙汰止みになる《ママ》〔り〕たる経過につき語る。当時、郷、井上等に此結果につき聞きたゝ《ママ》〔る〕に、三千万円の融資の内、二千万は十五銀行にゆき、更に六千万円？日銀より融通すとすれは、十五は蘇生すとの意見なりしも、当時、両氏の見込にては預金は無制限にしても取付は五千万に上らさるへく、上りても七千万を超えすとのことなり。小泉氏は更に其以上に上りたる場合は如何と問ふに、両氏は閉店の外なしとの答なり。然らは宮内省より更に千万円も支出せしめ、十分の成算なきときは累を皇室に及ほす一層甚且つ政府も此不明の責を免れさるへしと力説し遂に止入りたりと。

九月二十二日（木）

総理邸に鳩山〔一郎・内閣書記〕翰長を訪ひ、前田〔米蔵・法制局〕長官も同席。箱根に召さるもの、範囲等に意見を交換す。

後、田中総理に面会。

午後、佐藤恒丸博士の診を乞ふ。別に悪しき処なしと。東京朝日朝刊に余か辞意を洩らしたりとて（十五問題に干し）可なる《ママ》〔り〕大なる見出にて出す。

九月二十三日（金）

中西清一〔元南満洲鉄道副社長〕君、今朝三時、頓に逝去の由通知し来る。十一時見舞ふ。晩年振はす、気毒千万なり。

堀口董君、所有不動産処分に干し意見を求め来る。杉浦夫人同道。財産として挙けたるもの二十一、二万、負債は銀行にて十二、三万なり。大沼吉平君に依頼し緒明氏等に監《ママ》取方を願ふ外、他に名案なく、直に一書を大沼氏に寄す。

九月二十四日（土）

七時〇五分、汽車にて軽井沢に来る。夏服に薄スエータにて外套は用いす。好晴日なり。汽車の弁当を求め山荘にて午餐す。

多くの来翰あり。白寅基君の金良瓛君学資支給を快諾せるは愉快なりき。安岡君の来書。近来、世事頗る非、此際寧勇退を可とすの意見なり。

家林先生、床上より返事を賜はる。寒川陽光君、新聞にて当地に転養中なることを知り、見舞と共に益軒先生〔貝原益軒カ・江戸時代前期の儒学者〕の睡眠法を教示せられ、真情感謝に堪へす。

美恵子の手紙、留守中に到着し居れり。中々良出来、頭脳の明晰なるを見るへし。

九月二十五日（日）

衣、朝四時過来着。

八時過きの汽車にて地蔵川にゆき地所を見、十二時過発にて一時四、五十分軽井沢に帰へる。

野沢氏来訪。

五時発にて帰京。黒木〔三次・貴族院議員〕伯、鶴見祐輔君令弟も同車。高瀬伝〔鉄道官僚〕君同車。

【上欄】

野沢君、外山氏を伴ひ来りて庭内に樹草植栽を設計しくれたり。

軽井沢に滞在せしこと今年の如きは稀なり。前数年暑中、一、二回来遊。其都度、睡眠概良好にして気分頓に爽快なりしか、今年は睡眠の別に可なりと云ふ程に非す。尤も脚部、背部、腰部の冷感は幾分打忘したる感ありたり。只、九月に入りては家族共に在らす。浅野のみにて寂寞を感し変化なき為め読書等には可なるも、頭脳の休養には不適当なりき。

九月二十六日（月）

午後出勤す。

大倉喜七郎君、昨夜、南洋より帰京に付訪問。

山県〔伊三郎〕公邸に参弔。安居君、葬儀委員長たり。

夜、山県邸に御通夜にゆく。

灸なし。ゴルフ練習。なし。五時間。

【上欄】

山県公へは祭粢料三千円、正二位、銅花大綬章。

九月二十七日（火）

渋沢子爵を訪ふ。

堀内中将来訪。報効会成立と軍人後援会との干係につき述へらる。

山県公の葬儀、青山斎場に参列。

正彦、[redacted]教会の高瀬牧師、英国より帰朝につき青年会員の歓迎会を官舎内にて開く。阪井徳太郎氏も会長として出席。氏は神経衰弱にて悩み居る由。同病相憐の感に堪へす。

白寅基君の送金（百五十円、七、八、九月、三ヶ月分）を金良瓚に渡す。

九月二十八日（水）

終日家に在り。秋雨霏々。

旧約約百〔ヨブ〕記をよむ（内村〔鑑三・キリスト教思想家〕氏の講演の著より）。

内村氏の説に「義者何故に艱難に会するか」の問題を約百記か提出したるなりと。而かも、本書は一言も之に答ふる所なし。而かも、解答は与へられすして与へら〔れ〕た、即神御自身に接することか出来（大痛苦の中に）大歓喜に入りたるなり。神身を見、神の声をきゝて解決せるなり。なお、約百記を世界第一の文学なりとは定評ありと。

【上欄】

手紙。先般の辞職説に対する見舞に干し礼状なり。就中、中島中将の懇情真に知己の感あり。

九月二十九日（木）

カイロプラクチック（幡谷高山君）の治療をうく。脊椎の曲れる部分を調整するなり。友彦、数回の治療をうけ大に快しとのことにて、今日より初む。

月水金　十時―五時　初回十五円（六回分）。

火木土　一時―五時。

次回以後は、十二円（六回分）。

治療後一、二時間後も肩の張りも減し、何となく身体のくつろぎを覚えたり。

出勤、尚一週間許りの賜暇を乞ふ。

九月三十日（金）

午後、浜離宮にて釣。エナ等二、三十尾。正彦同行。

昭和二年一〇月

十月一日（土）
三矢君来訪。
午後三時頃、市川、木内方に行く。江戸川橋修繕の為め行徳を廻はる。一時間四十分を要せり。木内方には、信胤、高胤両君の外、海軍将校土屋君あり。信胤君の友人なりと。

十月二日（日）
午前、信胤君等と松戸方面に行く。自動車運転の稽古なり。
午後雨。セルと羽織にて、秋冷を覚ゆ。
花岡敏夫〔弁護士〕君令弟、止郎君の近著「列国の荒廃を見つゝ」と渋沢敬三君の南島見聞録を読む。何れも面白し。花岡止郎〔外交官〕君は二十年間、外交生活をなし露国通なり。適切なる意見多し。
なし。紳士体操、足運動百余。やゝ良。

十月三日（月）
少しく風邪の気味なり。別荘内外、掃除行届き居れり。家の向き東南に面する処少く日光を受くる部分少きは遺憾なり。冬期に於て特に然らん。遠望を充とせし為めか。
昨夜、木内方にて背部胸部の冷感甚しきを覚えたり。今夜も亦やゝ同様の感じありたり。

十月四日（火）
足利銀行の荻野万太郎〔足利銀行創設者〕君（個人として）宛て約束手形（千五百円也）を出す。十二月二十七日□□□日。
戒三と共に豊島園に遊ふ。目白駅より自動車にて十五分程、宅より三十五分を要せり。園の面積は六万町歩。中に石神井川の清流を引き、運動場、娯楽場、園芸場あり。余り俗悪ならす、市民の為め保健娯楽の為め百益ならん。
帰途、ガーデンホームに立寄る（大泉学園都市を見る。練馬より更に一里余、大泉停車場あり。此処より分譲地事務所まて三十二丁、此両側か分譲地なり）。

十月五日（水）

青山子爵家相続の件につき、古川〔岩太郎・兵庫県篠山町長、退役〕陸軍少将、亘野君来訪。
吉益俊次君、東京検事正より宮城控訴院検事長に栄転につき挨拶に来る。

十月六日（木）
高等学校長会議につき出席の各校長に拝謁後、賜茶。正式の賜茶は今回を以て始とす。大臣出席（病気引籠中、欠席）。
【上欄】
六日より十三日まで十三日朝認む。従て睡眠につき服薬に干し記誌せさる点あり。

十月七日（金）
赤坂離宮につき国務大臣の非公式陪食。此夜、小川鉄相、白川陸相、原法相、御召にあつかる。先日来、三回に分ち此日催あり。総理大臣待遇の山本〔権兵衛・第一六代、第二二代内閣総理大臣〕、清浦〔奎吾〕、高橋、若槻の四氏も先夜御召を蒙れり。

十月八日（土）

国際聯盟理事会。労働代表鈴木文治〔社会民衆党中央執行委員〕君、国際聯盟交換教授佐伯〔矩〕君等を招待。

十月九日（日）
新宿御苑にて「ゴルフ」。李堈公殿下の御相手をなす。
六ホール　第一回　第二回
李堈公　四、五十　四、五十？
東久世　三六　四〇
関屋　四三　四六
午後は友、由、美を携へて浜離宮にて釣。各四、五尺。
赤坂離宮にて皇后陛下に拝謁（御床払ひにつき）。

十月十日（月）
出勤。
鍋島陸郎君（神野〔金之助・名古屋放送局理事長〕氏令妹と）の結婚披露に臨む。
此夜中、下痢数回。衣も亦同様なりしと。何等かの中毒ならん。

十月十一日（火）
有栖川宮家御墓、御改葬につき祭事あり。豊島岡墓地に参拝。昨夜来、数回の下痢にて疲労甚し。一時頃より臥床。

昼眠、二時間余。

【上欄】

御大礼。御召列車の会議。

一．大体十二号を用いて可なるへし。

一．御同列を不能とする場合。

十月十二日（水）

終日臥床。船曳医学士の診をうく。腸胃にガスのたまれるなりと。

夜、長瀬君来訪。蜂須賀〔正韶〕侯の見舞を伝ふ。

睡眠四、五時間。四、五回醒む。

十月十三日（木）

帝展の日本画、洋画入選者発表。

今年は敬次〔関屋敬次・洋画家〕の出品を予期せしか、果して出品せしや否や、とにかく入選者の内になし。白根君令夫人〔喜美子〕の洋画の入選を見たるは賀すへし。鈴木有哉の入選を見さりしは気の毒に堪へす。

十月十四日（金）

木曽御料林視察の為め出張。東郷〔直・宮内省帝室林野局〕技師、富士川〔金二・宮内省秘書課〕属同伴。外に正彦を伴ふ。

八時三十五分新宿発、四時〔空白〕分上諏訪着。浅川以北は初めての線なり。

上諏訪着後、直に自動車を駆り下諏訪秋社、上諏訪本社に詣つ。帰途、湖畔豊田村を過く。天然瓦斯ありて各戸の常用に供す。車行一時半余、牡丹屋に投す。旧式の旅館なり。蜆汁、最佳なり。諏訪出張所長は金田林学士〔浅衛〕なり。上諏訪は年々膨張、人口も二、三万以上に達せる由。

十月十五日（土）

六時十五分発、自動車にて岡谷に来る。約三十分。

片倉組の製練場〔平山製練所〕を見、八時過の汽車にて福島に来る。支局は新築中にて、十一月末落成の由。民家の新築も半落成、復興に尽力しつゝあり。町役場に立寄、町会議員、及西筑摩の村長、二、三に面会。

上松に来り支局にて午餐。寝覚床を見、そば〔越前屋〕を喫ひ、上松運輸事務所三時発にて氷ヶ瀬に向ふ。

途中、鞍馬の渓、王滝の部落、御岳等を望見し、二時間余にて宿舎につく。

【上欄】

寝覚の床。芭蕉〔松尾芭蕉・江戸時代前期の俳人〕の句。無題ひるかほに。

十月二十二日（土）

ゴルフ。薬なし。やや安眠。

十月二十三日（日）

美術クラブに故神戸■一氏の山陽〔頼山陽・江戸時代後期の思想家、漢詩人〕先生書画の売立を見る。

武藤金吉氏、中隈氏を問ふ。武藤氏はニコチン中毒の由なるも、政治家として再起如何を怪めり。

上野帝展に至る。雑踏甚しく僅に三部及四部のみを見、画は見るを得す。美術協会の新古展を見る。殊に抱一〔酒井抱一・江戸時代後期の絵師〕の遺墨は大に見るへきものあり。

竹屋女官来訪。左の二点につき注意しおけり。

一．大に其苦衷を察するも、竹屋氏の責任上、徒に沈黙せす尽すへきこと。言ふへきことは遠慮せさること。

一．諸事、河井大夫に懇談し一切の事情に暗らさる様せられたきこと。

十月二十四日（月）〔一〇月二七日の日記欄に二四日分を記載〕

五十二来訪。就職の件、結婚披露の際出席希望につき懇談しおけり。

伏見宮大妃利子女王殿下薨去。四時半過、三浦〔謹之助〕博士より新宿御苑に通知あり。当時、やゝ御重態なるか如きも、一両日にて御変化ある様にも承らさりしか、夕頃、東中野〔の〕宮邸に伺候。仙石、岩波両氏、本多博士と協議。無電にて　陛下に上奏のことを決し、其手続中、七時二十分頃、やゝ急変の旨看護婦の通知にあり、主治医河野医学士拝診、御注射を差上けたるも反応なく、七時四十五分、遂に薨去遊さる。腎う炎に肺炎を併発せられたりと。

ゴルフ。三時間引続安眠。

十月二十五日（火）〔一〇月二四日の日記欄に二五日分を記載〕

陛下、御還幸につき河井次長と共に横須賀に御出迎。四時四十分、東京駅御着。横須賀にて三笠艦を見る。

鈴木富士弥君来訪。

朝日講堂にて帝展批評会あり、聴講。六時より十一時過に及ふ。十一時退席。日本画、紀淑雄〔日本美術学校初代校長〕。西洋画、団伊能〔美術研究家、団琢磨の長男〕。彫刻、田辺。工芸、佐藤功一〔建築家〕の諸氏。

十月二十六日（水）〔一〇月二五日の日記欄に二六日分を記載〕
石井〔菊次郎・駐フランス特命全権〕大使をホテルに訪ふ。
一、東久邇宮殿下附安田〔銕之助〕武官の談として、諸問題何等解決を見すと。
一、信胤君婚姻に干し御話あり。
鈴木文治氏来訪。共産主義者等の運動、将来最憂ふへき点につき尚氏の運動の困難なる有様を語らる。

朝来、腰部の鈍痛あり。直立困難につき早く就蓐。

西川義方君の診をうく。血圧も少なく、別に故障なく、全く神経衰弱のみなりと。

久振にて「カイロ」。安眠せす。

十月二十七日（木）〔一〇月二六日の日記欄に二七日分を記載〕
朝、金井事務官（東久邇宮）来訪。主として、左の二件につき懇談あり。
一、殿下御帰朝後、宮内大臣初め御訪問の少きこと。
一、先般、仏婦人（三子を携ふ）の横浜に寄港の際、殿下の御訪問せしこと。
中村伍作君、父君川島長十郎〔足利織物講習所初代所長〕氏同伴、蒲生秀実〔江戸時代後期の儒学者〕手書の原稿を示さる。当年八十一歳。矍鑠可慶、笠原吉太郎画伯の展覧会を紹介せらる。

昨朝来、腰部に鈍痛あり。欠勤。

十月二十八日（金）
枢密院、明治節に関する委員会あり。役所の都合にて出席せす。
伏見宮邸にて霊柩移御の儀あり。参列。

十月二十九日（土）
山県素空〔山県伊三郎の号名〕公の伝記編纂につき朝鮮協会に集会。
此夜、天野君より島釣に招かれたるも欠席。
小島源三郎〔静岡市長〕君来談。[redacted]助役につき懇談せらる。
夜八時、大臣官邸にゆく。仙石君同席。秩父宮殿下の大臣への御話に、本年、樺山伯に依頼することにつき打合はす。

【上欄】

御大礼準備委員会。

一．召さるへき者の範囲。

一．鹵簿。

十月三十日（日）

七時二十分発列車にて横浜に向ふ。観艦式に参列す。御召艦陸奥に乗艦。

聖上には、九時、横浜御着。陸奥に乗御。観艦式は九時過開始、十一時半頃終了。艦船百七十余（七十万屯）。横浜港外より羽田沖に至る。三里半、幅一里半。御親閲の行路十四、五浬の由。

三時五十分、横浜御発にて還幸。陪観者は四時十五分発にて帰京。

今回は特別大演習観艦式にて、最近は大正八年に行はせられたるのみにて、今上陛下には最初の観艦式なり。

十月三十一日（月）

帝展を見る（日本画）。

樺山伯に面会。米国行につき懇談。夜来りて承諾の意を述ふ。事務調査会は一時より五時に至る。

伏見宮邸にて御通夜。

夜、木内信胤、山内夫人〔草子〕来訪。

朝鮮の和田英正〔海州高等普通学校校長〕氏来訪。

【上欄】

事務調査会。

一．博物館
一．皇族御外遊
一．大礼服

昭和二年一一月

十一月一日（火）

七時三十分、河井氏と同行、新宿御苑に至り、ゴルフの練習をなす。約一時間にて汗を催し気分爽快。此後、継続すへし。

三浦博士の令夫人〔教子〕の葬儀、谷中斎場。

樺山伯と東京クラブに会談。

【上欄】

枢密院。

明治節を儀制令中に加へる件につき御諮詢案。満場一致可決。

十一月二日（水）

六時、十日祭。七時、棺前祭。九時頃、発引。十一時半終了。

幄舎にテントを用いたるは今回を始とす。御墓も前例あり。幾分、簡単にせり。幸に宮殿下の御同意を得たるは仕合なり。

【上欄】

故伏見宮貞愛親王妃利子女王の御葬儀。

十一月三日（木）

好晴日なり。

朝、ゴルフ。宮岡夫人とゴルフ。

十時、伏見宮利子女王権舎祭。

二時、菊池米太郎〔大阪回生病院院長〕君令嬢、頼工学士と結婚。式を聖アンデレ教会にて監督バジル司宰《ママ》〔祭カ〕の下に行ふ。

久邇宮様に御祝に参上、衣同道。

明治神宮に正式参拝、衣同行。明治節制定の為めにや参拝者前年数の比に非す。神社にては五十万を下らさるへしと言へり。

頼、菊池両家の披露宴（東京会館）に臨む。夜、高橋温君来訪。

大河内正敏〔貴族院議員、理化学興業創立者〕子同席にて、金良璥のことも十分頼みおけり。

【上欄】

正彦の将来の志望につき懇談。本人の趣味及将来益々国家に尽す所あらんとするに最適当なるへき位地として、第一内務省、次に大蔵省を志望することに決す。実業方面は余り進まさる気分につき強ては勧めす。

十一月四日（金）

ゴルフ。秋雨来る。

団氏を訪ひ樺山伯の件につき懇談。

談交会を見る。清水蔵六〔二代目真清水蔵六カ・陶工〕氏の陶器陳列を見る。感服すへきものなし。

十一月五日（土）

暹羅国皇帝陛下〔ラーマ七世 Rama VII〕より日暹寺に（大

倉男をへて）御寄進遊されたる金銅仏像の伝達式あり。文部大臣〔水野錬太郎〕、外務代理、宮内大臣代理として出席。

岩崎彦弥太君夫妻、令弟、令妹三人を招く。

加藤泰通君を見舞ふ。

十一月六日（日）

Golf。日本工学会員の拝観あり。早く引揚く。

午後、朝融王殿下、新宿御苑にGolfに御出でにつき御相手をなす。第一回は美《ママ》〔見〕事に池を越し、第二回は池に投すること四球、遂に不成功に了る。

十一月七日（月）

亀岡君来訪。

西野元君来訪。十五問題は依頼の由。帝展を〔洋画〕見る。

高松宮殿下に拝謁。秩父宮に干する件、伏見宮―皇族御葬儀の件。

出淵〔勝次〕外務次官、元高松宮御邸に移転につき小宴。

十一月八日（火）

Golf。

湯浅政務総監を訪ひ王公家審議会員につき協議す。朝鮮よりは政務総監、朴泳孝〔朝鮮総督府中枢院副議長〕侯、高義敬伯の三氏。

火曜会（三菱）に出席。

青山東御所、見分。

十一月九日（水）

久邇宮殿下及妃〔俔子〕殿下、川合玉堂君の富岡別荘二松庵に御成につき、余も氏の招をうけ御伴す。九時、御邸御発にて十一時前着。午餐の後、玉堂門下の六画伯の席画あり。多門〔山内多門〕、草風〔長野草風〕、姿水〔松本姿水〕等の諸氏なり。四時、御先きに辞去。吉益氏の婚儀披露宴は断はり、帰宅して、樺山伯に面会。偶公務の為め来宅せし浅田〔恵一・内蔵寮事務官〕、岩波二事務官、大谷参事官と晩餐を共にし、八時〔空白〕分の汽車に投し奈良に向ふ。後、山田事務官より承はるに、玉堂氏席画を試み■画幅を献上せり。

十一月十日（木）

朝九時過、奈良着。

十時より正倉院拝観。午前中、北倉、中倉をすませ、午後、南倉を拝観。

玉井骨董店に立寄□。守屋孝蔵〔弁護士〕君の招にて武蔵野にて晩餐。百済〔文輔・奈良県知事、東京帝室博物館評議員〕君、大島君等同席。百済君と共に市中散策。古梅園〔松井元淳〔古梅園一一世当主〕〕直売に立寄る。

十一月十一日（金）

朝八時半、ホテルを出て大島総長、新納〔忠之介・奈良帝室博物館学芸委員〕君同伴、春日社に至り森口君案内にて参拝。春日〔権〕現記の台紙を見る。

東大寺宝物、三月堂、大仏を見る。薬師寺、唐招大《ママ》〔提〕寺、法隆寺を見、五時過、法隆寺発にて京都に向ふ。停車場楼上八新にて晩餐をすませ市中散策。九時過の汽車に投し帰京。

十一月十二日（土）

奈良より帰京。慶福会の評議員会（ホテル）。

伏見宮大妃殿下二十日祭にて墓所祭に出席。

午後、Golf。密田〔良太郎・内匠寮技師〕、牧野の二氏と一週。

十一月十三日（日）

聖上陛下、大演習の為め愛知県に行幸。七時五十分御発車を奉送。

吉益（宮城控訴院検事長）君を訪ふ。

久邇宮邸に伺候。殿下及朝融王殿下に拝謁。

鈴木雪哉君画会、金鶏学院園遊会に出席。帰途、大塚惟精君と共に東京会館にて茶をのむ。

蜂須賀侯を訪ふ。

高木〔多都雄〕皇后職御用掛来訪。

十一月十四日（月）

露大使〔ヴァレリヤン・ドヴガレフスキー〕帰国につき、同大使館にて留別晩餐。

Golf、朝、夕。

十一月十五日（火）

朝、Golf。

三浦〔英太郎・徳川家顧問会理事〕男来訪。

皇太后陛下に拝謁。近く青山東御所に御移転につき特に拝謁を願ひ、同時に秩父宮殿下の妃御選定に関し御内意を伺ふ所あり（時期等）。

ブラジル大使〔アントニオ・フェイトーザ Antonio Feitosa〕の招茶。

小野君（皇太后職）来訪。

伊東〔巳代治〕伯七男七郎君の告別式。

【上欄】

仙石総才、岩波課長と共に山辺別当を招致し、秩父宮殿下御歳費を一年十万円位にてすませることに協定。

十一月十六日（水）

微雨。御大喪御建物御下賜に尽力せし平塚東京府知事、西久保〔弘道〕市長以下、府市当局を招き（新宿御苑）、午餐を（大臣名にて）饗す。

結城〔豊太郎・安田保善者専務理事〕氏を安田保全《ママ》〔善〕社に訪ひ金鶏学院の件を語る。序に知覧啓二、姜錫天の就職を依頼、快諾せられたる如し。

日本新聞社の綾川〔武治・新聞『日本』編集局長〕君、埼玉の宮本君を同行、来訪。

田中敬君、大隈敬夫君、南郷三郎君、山本地栄君ら来訪。

十一月十七日（木）

皇太后陛下、明日御移転につき、宮城内勤務の高等官に賜饌あり。判任官以下、小者に至るまで酒肴料を下賜せらる。

竹田宮殿下に拝謁。樺山伯渡米の件を申上ぐ。北白川宮殿下にも御伝言を願ひおけり。岡本〔愛祐・皇后宮職事務官、侍従〕事務官を招き晩餐を共にす。

十一月十八日（金）

皇太后陛下、青山東御所に御移転遊さる。十一時二十分、宮城を御出て賜ふ。高等官、北御車寄に奉送。余は鹵簿内に供奉す。大正二年末、青山御所より御移り遊はされ今日に及へり。乍恐御感慨の程拝察に余りあり。

赤坂離宮に御留守中の御機嫌を奉伺す。

箱根富士屋ホテル主人、山口〔脩一郎〕氏来訪。

湯浅君、小河秘書官、岩田博士、鈴木鮮銀〔鈴木島吉・朝鮮銀行総裁〕、渡辺〔勝三郎・東洋拓殖総裁〕両総才を招き晩餐。

十一月十九日（土）

樺山伯、仙石総才、松平慶民君を招き午餐。樺山伯に御渡しす（三書）。

井上日銀総裁を訪ふ。

1. 総才は十五当局の熱なきを嘆せらる。熱なきものは傷より助け様なしと。
2. 整理計画なるものは実行不可能のものなれは対策を出し様なし。
3. 相当の策ありとするも実行するは人にあれは、■て其衡に当る意気なくは意見を陳ふるも益なし。
4. 宮内省の救済（十五の）策は容易に明言すへきものに非すと。

井上君の意見は甚悲観的なり。余は政府及十五当局は一切を同氏に托するの態度をとるを可とすと感せり。但、同氏か引受くるや否やは疑問なり。少くとも同氏に立案せしむるか可ならん。

有賀君より姜錫天の詮衡は来年一月頃に成るへき旨返電あり。折角の依頼を快諾せられさるは遺憾なり。

【上欄】

午前、岩倉男来省。十五問題につき、田中首相帰京の上、大蔵大臣、日銀総才等を召集して急に救済策を講すへき様話さるゝ様等、内定せる由。

土方〔久徴・日本銀行〕副総才にも面会、中隈のことを依頼す。

星田藤邸にて支那画の蒐集を見る。逸品技なり。

湯浅政務総監の晩餐会に臨む。「朝鮮の旅」の活動を見る。

中原徳太郎〔立憲民政党所属衆議院議員〕博士弔問。

十一月二十日（日）

多摩陵参拝と工事視察の為め出張。途中、野沢氏を立川に訪ひ同行。用務を了り大タルミ〔垂水〕にゆく。浅川より二里、与野へはそれより二里ありと。東京より多摩陵まて三十二浬。

十一月二十一日（月）

午後一時より日本新聞社の若宮卯之助〔新聞『日本』社長兼主筆〕君、綾川武治君、中谷武世君、羽生慶三郎君等と日本クラフ《ママ》に於て会談（別書〔日記原本に該当文書なし〕）。

大連会（第二回）。ホテル。上田恭輔〔元南満洲鉄道総裁秘書〕君の大連より引揚、東京居住、田中清次郎君の露シヤ行等の為め一ヶ月早く開きし由。

十一月二十二日（火）

伏見宮大妃三十日祭、権舎祭に参列。

鈴木〔孝雄〕大将（技術本部長）来省。山階〔芳麿〕侯爵の将来につき意見を述へらる。

三峯会にて下岡〔忠治〕君追悼会あり。

聖上、四時〇五分、名古屋より還幸。今回の大演習は、東軍は第一師団及特科隊、宇垣大将軍司令官。西軍は第三師団、第四師団、軍司令官守正王殿下なり。十八日、観兵式の際、岐阜県北原某特殊部落の民、軍隊に於ける差別待遇につき直訴を企つ。

東伏見宮、川島〔令次郎・東伏見宮附宮務監督、宮中顧問官〕、高橋〔皞・東伏見宮附事務官〕両君来訪。

【上欄】

聖上御還幸。

十一月二十三日（水）
二十四日欄に記才せり。

十一月二十四日（木）

二十三日分なり。

早稲田大隈会館にて田中光顕伯所贈《ママ》〔蔵〕の維新志士の遺墨展覧（二百余点）を見る。序に新築の講堂を一覧。

弓削幸太郎君の招きにより新築の御宅（阿佐ヶ谷小山六五）を訪問。衣、由香、美恵、健同伴。支那料理の御馳走に与る。一同満悦。

大倉和親〔大倉陶園創業者〕氏令嬢、渡辺正雄君との婚礼御披露に出席。

【上欄】

予算会議。十時開会、九時終了。

一日にて終了せしは前例なし。本年は非常に緊縮して総額千五百万台なり。

十一月二十五日（金）
四時、牧野伯を訪ふ。
姜錫天、三菱鉱業会社に採用に内定。悦ふこと限なし。余等亦漸く安するを得たり。
樺山伯、バンクーバー行のEmpress of Asiaにて出発、渡米す。

十一月二十六日（土）
中央朝鮮協会理事会。懸賞文につき協議す。
渋沢子爵に事務所にて面会。
三越の瀬戸陶器展覧を見る。殆顧るへきものなし。
朝、参謀本部に南次長を訪ふ。来年の大演習の件に干す。

川合玉堂君を訪ひ、前回の招待につき御礼を述ふ。揮毫の半切を贈らる。

【上欄】

宮城御座所其他を拝見す。御移転前の御修繕の為め。

十一月二十七日（日）
朝、Golf。
美恵子、健彦同伴、三越、十姉妹雌一羽（二円五十銭）紅雀二（一円五十銭）を求む。
三時よりGolf。池を越すこと二回、一度も失敗なし。
三十七にて一週。

十一月二十八日（月）
興銀総才小野〔英二郎・日本興業銀行総裁〕氏邸弔問。
【上欄】
枢密院委員会。登極令改正。

十一月二十九日（火）
門野氏来訪。
小野興銀総裁の葬儀（青山会館）。衣同伴、告別式にゆく。

蒲生神社建築費追加寄付につき日本クラブに会合。別府〔総太郎・栃木県〕知事、松永〔和一郎・宇都宮〕市長等出席。

磯野定次郎〔台湾銀行監査役〕君来訪。晩餐を共にす。

淑子の誕生日につき一同支那料理の御馳走。

丹羽家使者として、槙不二夫君来訪。令嬢〔誠子、文子〕結婚の件につき依頼せらる。

【上欄】

朝来微雨。

十一月三十日（水）
聖上陛下、宮城内外御覧につき御伴申上く。故三浦権一君の告別式、増上寺に催さる。公務の為め不参。夜、令夫人及顕蔵君を旅館に訪ふ。

昭和二年十二月

十二月一日（木）
朝、後藤子爵を訪ふ。不在。
真崎〔勝次・横須賀鎮守府附〕海軍大佐の露国の現状及海軍につき御進講あり（赤坂離宮にて賜茶）。

後藤子、露国行につき各会聯合の送別会あり。

十二月二日（金）

国際聯盟協会理事会。事務所移転の件、協議す。

矢吹氏夫人〔久子〕の葬儀、三一教会。

後藤子、露国行につき赤坂離宮に於て賜茶。

新宿にてGolf。

聖徳太子奉賛会第四回評議員会、東京会館にて開催。晩餐には久邇宮殿下台臨。川崎造船所の社債十二、三万円余あり（総基金は四十余万）。法隆寺座主佐伯〔定胤〕氏より明年四月十八日、推古天皇千三百年祭につき国民として何か計画すへきことにつき意見を述へらる。

【上欄】

伏見宮大妃四十日祭に参列。

朝、後藤一蔵〔後藤新平の長男〕君及後藤子を訪ふ。

十二月三日（土）

少年団に於て葬場殿の一部建物材拝受。修養場新築竣工につき招待をうく。新築は名けて金剛精舎と言ふ（後藤子爵の命名）。

夜、小畑啓造君、木島君と会食（赤坂瓢亭）。小畑氏は故大塚君より常に其為人を聞けり。将来有為の人物たるを感せり。

十二月四日（日）

白根君来訪。昇爵昇級につき打合をなす。

赤坂離宮ゴルフの御催を拝見。

夜、竹屋女官来訪。御所風と御[redacted]の思召との関係調和に干し意見を述へおく。

Golf。

十二月五日（月）

金井事務官来訪。東久邇宮殿下の降下問題につき語らる。余は此重大問題につき殿下の御意思を翻さるゝにつきては、

一．皇族として国家社会の為めに御尽し遊さる為めなることを要し、且御素志は更めらさるとせは、何時にても御降下の決意あることを要す。

一．皇族として御止まり遊さるゝならは、軍務は勿論、皇族としての務を十分御尽し遊さるゝことを要す。

二点を十分御覚悟の要なる旨申置けり。

三上博士の御進講。

事務調査会総会。

簡牛凡夫君来訪。初対面。安岡君の紹介なり。撲《ママ》〔朴〕訥として誠意ある人と思ふ。昭和の御代に於て国民の向ふ所の国策を実現するの急務を説かる。至極同感なり。

【上欄】

結城君、佐竹君、佐島君、宇佐美〔勝夫・資源局長官〕君、平塚君を招待。

十二月六日（火）

下田歌子先生来訪。
一、書面の全くなきこと。
一、教育以外のことには関係せさること。
等を語らる。

東久邇宮殿下に拝謁。
1．皇室財政の困難なること。
2．華族制度のこと。華族の吾国に於て反感を招く事情如何を御下問。
国立公園協会発起人あり。趣意書と会則を議了。会長は細川侯を一同推薦せしも、少なく考慮すへしとて保留、散会。

十二月七日（水）

朝、秩父宮殿下に拝謁。国立公園協会会長に細川侯推薦の件につき御話申上けたり。御賛成なかりしは頗る遺憾なり。

門野氏を訪ふ。

博物館の将来につき事務調査を《ママ》〔の〕小委員の会合あり。大島総長も出席。

鈴木文四郎氏の来訪を乞ひ、仙石氏と共に横浜事件を聞く。

ドラサル夫人の令兄夫妻を訪ふ。此夜北京に帰へる。

阪本釤之助〔元内務官僚〕次女福子嬢、埼玉県事務官古井〔喜実・埼玉県内務部地方事務官〕氏と結婚、披露。
■田来訪。松平楽翁〔定信〕、星巌〔梁川星巌・江戸時代後期の漢詩人〕、良斎三幅を百五十円にて購入。
【上欄】

渋沢子を事務所に訪ひ、J. W. Wood〔ジョン・ウッド・聖路加国際病院評議員〕氏の件につき承諾を得。之は元田監督に《ママ》〔の〕依頼による。

十二月八日（木）

数日間、腰部に冷感を覚ゆ。天候の為めにや睡眠の不可なる為めにや。

十二月九日（金）

門野君来訪。

大倉組、横山〔孫一郎〕君来省。警視庁病院建築につきて設立の事情を述へ、建築上、大に留意を喚起しおけり。横山氏も至極同感にて極力最善を尽すへきことを誓はる。

渋沢子を訪ふ。

藤沼新潟県知事来訪。来年立候補につき意見を徴せらる。大体につき賛成しおけり。

川合玉堂先生、大倉男御両所を招く。

【上欄】

堂上華族保ゴ資金委員会。

郷男来省。十五問題につき、一整理案（第一案、第二案を持参）につき華族有志より担保千五百万円提供のことは見込なきにつき、宮内省より千万円無利息十ヶ年据置預金（公債担保）を乞ふことを得へきやを懇談せらる。余は、今日は已に郷男最初整理案と其内容を異にし居れは申出に応すること■も至難なるへき旨を告け、何れ大臣と協議の上御□□を受けて答ふへき旨話しおけり。

十二月十日（土）

宮田光雄氏経営の昭和学寮を見る。定数約二十、土地は五百坪弱。テニスコートあり、図書室、応接室、武道室（講堂を兼ぬ）あり。舎費二十五円、宮田氏より月に補助は最初二百円位の見込なりしか、百余円にて足るといふ（炊夫夫婦は此内にて支出）。

望月軍四郎〔日清生命保険社長〕君、支那公使館鴻一等書記官、万朝の林貞次郎同席にて支那料理の馳走に与る。

金鶏学院の忘年会に臨む。和田彦次郎氏、酒井伯、町田〔辰次郎・金鶏学院顧問〕君、池田君等。安岡、東方〔籌・金鶏学院主事長〕二君。

【上欄】

午前、郷男来訪の趣旨に本き大臣室にて協議。木村清四郎君も来省、参加。

十二月十一日（日）

朝、杉内蔵頭と共に牧野内大臣を鎌倉に訪ひ、十五問題につき郷男来訪の件を報告し御意見を聞く。多少の犠牲（若干の新預金、例へは五百万円以下）は止むを得さるへしとの意見なり。

帰京、直に一木宮相に報告。

チェック公使〔ジョセフ・スワグロウスキー、チェコスロバキア特命全権公使〕、近日帰国に付警視庁主催の武術仕合に誘引、見物後、官舎に伴ひ迎へて茶を饗し懇談。公使、大に悦ふ。

女中の按摩、殊に足部、効ありしか前後通して五時間■。

十二月十二日（月）

朝、Golf。

伏見宮大妃殿下五十日祭。

夜、郷男を訪ひ十五整理案に対し答ふ。

一、一昨日、面会の節、御話せしか如く、最初の郷案とは其内容を異にするか故に、無利息預金等をなすを得す。最初の案は払込をなさす、従て株主等も大に利益ある案なり。

一、唯、従来の干係もあれは、預金の引出は一般預金者、例に做はす十年据置にて■らさること。

一、尚、万一の場合には外に二百万円無利息預金とすることは出来るかも知れす、之れは尽力すへし。

郷男は、右は希望と大に隔りあれは、少らく男限含み置き、万止を得さる場合には、更に協議すへしとのことにて、よく当方の意のある所を諒せられたり。殊に金庫問題は勿論十五よりとり去りて然るへき意見なり。

郷男及大臣邸にて瓦斯ストーブ前後一時間半許。

十二月十三日（火）

宮内省怪文書事件につき証人として出頭。

東京地方才判所、秋山〔高彦〕予審判事の訊問に答ふ。

一、峰村〔教平・材木商〕、市来〔乙彦〕より依頼の有無。

一、杉木〔弥助〕に面会せしや否や。

一、香典を送りしことにつき。

一、西田等より昨年五月、文書を送り来りし点、及之に答へさ〔り〕しこと、笠木〔良明カ〕、高村〔光治カ〕よりも送り来りしこと、之に答へさりしこと。

但、後者は取調の結果、河越に干係あれは栗原君の紹介あらは面会すへしと栗原氏に伝へたること。

一、文書につきて感せし点。其目的は不明なるも怪しからぬものなりとの感をなせしこと。

一、窪田栄吉のこと。

一、赤池〔濃〕氏三千円のこと。

堤経長〔雄長子爵長男〕君と内藤子爵長女要子氏との結婚、日比谷大神宮に於て挙行。媒妁として立合ふ。夜は帝国ホテルに於て披露。

十二月十四日（水）

火曜会（保険協会）後藤文夫〔台湾総督府総務長官〕君出席。

岩崎男来邸。晩餐。大倉喜七郎君御夫婦及加藤武男君御夫婦と余等。

【上欄】

十二月十四日より二十七日に至る日記は二十七日記す。

十二月十五日（木）

世襲財産審議会。

大礼準備委員会、最終。

一．召さるへきもの丶範囲。

一．期日等。

十二月十六日（金）

事務調査会。

十二月十七日（土）

山崎亀吉〔山崎商店社長〕氏製造の時計、陛下の御使用遊さる丶こと、過般名古屋大演習行幸の際、官民御陪食の際、御話ありたることを光栄として自祝の為め小宴を催され、阪谷国産奨励会長、平山男、其他出席。余招かれて出席。

吉田要作〔外交官〕氏の告別式。

十二月十九日（月）

東久邇宮殿下の御晩餐に御招を蒙る。大臣、倉富男、仙石、松平、及余。

先般、大臣を召され、此際、御降下御中止及軍務に御復帰の御決心を御話ありたり。

十二月二十日（火）

新居善太郎君と麻生二郎君〔空白〕女菊枝《ママ》〔江〕嬢の結婚。余等媒介をなし、宅にて多川氏、基督教の様式にて挙式。

東京会館にて親族のみの披露を行ふ。

十二月二十一日（水）

多摩陵工事見分。

学習院評議会、大臣官邸にて開催。問題なし。両院長より報告。

チェッ公使館の晩餐。公使は来月離任の由。

十二月二十二日（木）

米国聖公会Wood氏来遊につき日米関係員渋沢子及樺山氏より招茶（銀行クラブ）。

慧照会。

前田伯爵邸晩餐。桜井省三〔陸軍中尉〕氏夫妻、高島氏、三井男及余等。

十二月二十三日（金）

登極令問題あり。奉告祭には参列せす。

【上欄】

多摩陵竣工。奉告祭。

十二月二十四日（土）

有栖川宮家品川墓地御移転につき祭典に参列。

事務調査会総会、一時より九時に至る。学習院問題は最難問題なり。

十二月二十五日（日）

権舎祭には大喪使次官として参列。

陵前祭、午後二時。

岩崎久弥男を訪ふ。

山本条太郎氏を訪ひ、黒沢君の件（採用の意思なきことを明言せらる）、及賀来君の件につき懇談す。

【上欄】

大正天皇御一年祭。

十二月二十六日（月）

森恪〔立憲政友会所属衆議院議員〕君、巌君死去につき弔問。

夜、沢柳〔政太郎・元文部官僚〕邸に弔問。猩紅熱にて入院中なりしか病革まりて昨日死去。教育界の功労頗る大、惜しむへし。

祭資《ママ》〔祀〕料、千二百円を下賜せらる。

十二月二十七日（火）

御霊代奉還、六時三十分より権殿祭。

賢所に移御。宮内高等官奉送。皇霊殿に於て御祭典。

参集者六百余名。

此日、天気晴朗。

中央朝鮮協会理事会。有田〔八郎・外務省〕亜細亜局長出席。在満鮮人虐待事件につき説明をなす。事実以上に宣伝せられ、裡里に於ける支那人に対する報復行為は外務省に於て寧意外とする所なるか如し。吾国の対支関係を悪くせんとする陰謀あるに非るか。

世襲財産会員会合。十五新株払下の為めならは、世襲財産解除につき計算書を要せさることに打合後、但公然通知を出さぬこと。

沢柳博士の告別式にゆく。


【上欄】

林権助男を訪ふ。蜂須賀侯令嗣の婚姻に干し最近男爵より正氏君の意向を確めたるに悦にて□の由なり。

十二月二十八日（水）
大臣、枢密顧問〔官〕、御陪食。
水城〔圭次〕海軍大佐告別式（水交社）にゆく。正彦、友彦亦ゆく。大佐は海軍大演習美保関にて神通艦長として駆逐隊と衝突事件の責任者たりしか、軍法会議にて取調をうけ、判決をうくるの前日、自刃せり。国士の亀鑑として同情感激に堪へす。

宮附職員会の懇親会に一寸出席。

三井男邸に於て英大使 Tilly 氏のため送別会あり、出席。

【上欄】

枢密院。新宿御苑入口及九段上、地上権設定。

十二月二十九日（木）

午前出勤。

トイスラー〔ルドルフ・トイスラー Rudolf B. Teusler・聖路加国際病院創立者〕博士邸にて午餐。Wood 氏の為めに徳川公、阪谷男、井上、串田〔万蔵・三菱銀行取締役会長〕、福井、阪井、河井、団等の諸氏、米大使マクベー〔チャールズ・マクベーグ〕氏も臨席。

皇太后陛下、多摩陵御参拝。

梨本宮、東伏見宮、久邇宮の各邸に年末御挨拶。李鍝公〔李堈の第二男子〕、李鍵〔李堈の長男〕公子邸も同也。

李堈公殿下をホテルに訪問。

韓李王職長官来訪。

大倉男邸晩餐。

玉堂画伯及夫人〔とみ〕、松岡映丘君、大島、溝口二氏と余等二人。

十二月三十日（金）
赤坂離宮、青山東御所、秩父宮、澄宮御殿に歳末御祝

を貸付すること〔此は松平伯に於て買受け資金を出す筈〕。

一．仮りに総額て多少の余裕を見るときは、□□也。

〔以下、一二月二九日の上欄に記述〕

三十日よりつゝく。

一．宮内省の貸金を百万円、利子は年四分。

一．華族会館は約十五万円とす。

一．公卿華族は多方向て適当の処置をなすに努むへき旨二条公より明言せり〔之れは堂上華族保護資金より借受くる意を有する〕。

夜、鈴木文四郎氏来訪。米国松平〔恒雄〕大使側の消息を伝ふる。最審かなり。某各士の密使として来れること、大使の老婦〔信子〕の急に帰朝すること等の通信員の打電を示さる。

十二月三十一日（土）

竹田宮妃殿下に拝謁。東久邇宮殿下御決意を覰ひし、降下御中止に至りたる次第を御話申上く。北白川宮殿下は御不在。

光彦を菊池病院に訪ふ。正月二日には退院の由。

新宿御苑 Golf。結果、甚不良。


を述ふ。

枢密院にて登極令改正の本会議あり。聖上御臨御。異議なく即決。

一．二条離宮を削る。

一．御服喪のこと。

一．其他、前回に勅裁をへて実行せる諸点を成文とせり。

委員会にては枢密院議長を賢所御前、紫宸殿の儀に加へることを主張せられたるか、政府の意見もあり反対し、遂に本議に上らさりき。之れか為め日時を費やし相当苦心せり。其他、参殿者の数は殆半減せし改正案なりしか、之は譲歩せり。

日本クラブにて午餐。

竹田宮、北白川宮、朝香宮、高松宮、東久邇宮、賀陽宮、山階宮、伏見宮、閑院宮等に歳末御機嫌奉伺。

【上欄】

十五問題にて華族会館の委員、二条、松平、牧野、阪谷、両岩倉の諸氏と大臣官邸にて会合。

一．前会に新株払込に要する総額を先つ五十九万と算せしか、宮内省の調も大差なし。

一．華族会館は研究会等に貸付せる土地を売りて、之皇太后陛下に拝謁。山階宮殿下の御近状を言上。平常の御期待に背き恐懼に堪へさる旨御詫申上く。種々優渥なる御言葉を賜はり感激に堪へす。御移転其他の為め羽二重を賜はり退出す。

蜂須賀正氏君、長瀬君と共に来訪。

故加藤伯令夫人〔春路〕を訪ひ御心痛の件につき懇談す。最初は寧悦はさるか如き感ありしか、話中ばより深く感謝せられ、大に吾々の好意を悦へり。

日記補遺

昨夜は連日の疲労と安眠の不十分なりしか為め、別に除夜の感想も記さゝりき。新年に当りても諒闇なれは、人の訪ふもの、家内も自も寂寞。唯事を懐ひて感慨を禁せす。

宮中奉仕につきては考究実行すへきもの少らす。思ひ付きのままに左記す。

一．側近者の整理改善。
一．皇族の教育輔導。
一．華族令。
一．新陵の営建は勿論、陵墓の参拝。
一．公文書の整理方針改善。
一．侍医寮の整理。
一．大膳寮の整理改善。
一．財本の安固と運用。
一．牧場の整理改善。
一．博物館の経営、建築、正倉院。
一．御物の整理、東山御文庫。
一．宮内判任官以下の養成、学習。
一．宮内高等官の新採用の人々。

其他。

齢五十有三、壮時知遇を蒙れる児玉〔源太郎・陸軍大将〕将軍、後藤男の活動と功勲に謝しては忸怩たらさるを得す。功名栄達は吾か願ふ所に非す。正義と愛の実行により国家社会に奉仕するを得は足れり。須らく、先つ自ら修むるの工夫を要す。

一．健康安眠第一。
一．小事に齷齪せす大事に当りては熟慮断行すること。
一．社交の簡易化。
一．運動、散歩とゴルフ。
一．陶器の研究、一と通りすましたし。
一．聖書。

一．御製。

一月二十五日〔一〇二頁参照〕

余は左の意味をのへおけり。

一．北氏一派の行動の余等に対する行動の極めて不正なること。

一．余等は当時事件を警察に委し、警視庁より検事局に送致したるものにて何等要求かましき意見は述へす。法の規定に依り取扱はるへきことを信し居れること。

一．北氏か如何なる判決を受けるも、北氏にして蹴然悔悟せす《ママ》〔さ〕れは更生の途なきこと。之れは北氏の良心によるへく、有罪と無罪とに干せさること。

昤吉氏は、一輝氏も大川氏も亦安岡氏等も皆不純の動機あり。之れ等は近くへき人に非ることを懇説せられたり。余の見たる所にては、昤吉氏も別に表裏ある人とも見えす。学者として、やゝ狷介ならんも、一輝氏とは異る人と思へり。九時半頃より十二時近くまで談話せり。

一月二十五日〔一〇二頁参照〕

秩父宮殿下に拝謁。御帰朝以来初め〔て〕なり。二時より四時に至る。

一．東久邇宮殿下御帰朝後、臣籍降下を速に実行すへきこと、余り重きをおき玉はさる御模様なり。

一．新帝側近の組織等につき御下問あり。

一．再御渡英の問題は、皇太后陛下に於て許し玉はさるへきことの《ママ》〔を〕申上けおけり。

一．世評等を顧慮して、大臣の断行力なきことを仰せられたるにつき、そは政府と異り宮内省として単に大臣の責任のみに止らす、事皇室に干すれは実行上困難の問題多く、殿下等は或は優柔と思召すことあるへきは止むを得さる次第にて、宮内省幹部は決して甚しく時勢に後れさること、少壮者の意思を解せさるに非ること、大臣等の苦心の一通りに非ることを申上けおけり。

一．皇族教育等につき御意見ありたり。学習院も数年来、多少面目一新の点も申上けおけり。

二月十日〔一〇五頁参照〕

余の意見は、参与会の席上にても一切を陳述せり。後藤子、佐野利器〔建築家、工学〕博士に語りおけり。当時、計画案の成立を急き居る際なると、精神的方面の意見には耳をかさゝること、一般官民の常態にて傾聴せられさりしは遺憾なりき。但、余の熱心の足らさると意見の具体的ならさりしとは、之を強調するに由なかりしにもよらん。

一、復興の精神的なるへきこと。
一、人口の過多なるは健全なる都市生活を害すること。
一、風紀地位を□に置くへきこと。
一、大工業を東京より■くへきこと。

東京は帝都として且政府及議会等政治上の中心なれは大阪の復興とは異るへきこと。皇室の問題は少く之を別にするも現状より人口を増大にし、且つ工業地区を横浜より東京に続け、然かも東京の周囲に工業地区を設くるときは、政府、議会の脅威となることなきや。交通、風紀、健康、凡ての点に於て都市生活の便よりも却て不快を感すること多かるへく、保安上に於ても亦其の不可なるを■すとの意見なり。

四月十一日〔一一〇頁参照〕

春挙画伯より入洛以来の招にて辞するを得す。六時頃、帰館をまちくれたる画伯と共に膳■瓦浜の別野を訪ふ。車行四十五分許り。旧藩主本多神社に近し。八景の勝一眸に集まる。庭園、及建築瀟洒まで数歩。表庭は狩野流、前庭〔湖水に按する所〕は四条闖山派、後庭は南画風なりと。主人の好める竹の間、竹器、最前とすへし。瓢と竹と岩を愛好せる主人の風流は、已に三昧に入り、凡てを芸術化せす《ママ》〔さ〕れは止ます。虚心■壇の茶器の如きは真に珍中の珍なり。階上、西洋間及画室あり。西洋間の額は凡て画伯の手に成る日本画を西洋間に掲くる。画法として最巧なるものといふへし。令妹及令姪の令嬢等の御接待にて主人の厚意感謝に余りあり。持仏堂は此別荘の中心建築なり。此別野を設くるの動機も此に在り。御両親、及寛斎〔森寛斎〕氏を祀る茶室にも用いらる。建築、庭苑、及風景再遊三遊するも可なり。此次は衣を伴ひ来るへし。蘆花浅水荘といふへし。命名後、菘翁草蘆花浅水処の扁額を得たりと。

夜十時頃辞去して帰洛す。

蘆花浅水荘深きは春と心かな

九月十九日〔一四四頁参照〕

田中伯へ一書す干《ママ》し明治天皇御銅像の件。

本月一二日の頃か、田中光顕伯、紀尾井町官邸に来訪。

一．明治天皇御銅像は自分より献納し当時の宮内大臣より殊に御満足に思召さるとの挨拶状ま〔て〕受け居るに、今尚、之を其ままになしおくことの不都合なること。尚、明治神宮外苑に安置の説ありしも、反対の意見ありて中止せらるゝに至りしことを述へらる。

一．昭憲皇太后の胸像の原型出来居る筈。之れは土方伯の斡旋による。之を同しく等閑に付しおくこと最不可。至急、銅像となし適当の処置をとるへきこと。

一．明治天皇御銅像の塑像、故岡崎雪声〔彫刻家〕氏の家に在り。之を「メタリコン」の方法にて銅像とし、水戸地方に建立したしと〔の〕ことなるにつき、内務省より交渉ありたるときは応せられたきこと。

外に勤王志士の書を宮内省に献納方に干し差支なきやを問はれたり。之れは已に差支なきことになり居るにつき其旨答へおきたり。

右、来訪後数日にして、阪谷男（明治神宮外苑の干係）に面会せり。

一．男は、右の御銅像は絵画館の中央ホールに安置すへき意見にて、館も其つもりにて設計建築をなせり。然るに、神社局宮地〔直一・内務省神社局考証課長〕氏等の反対（神威か御銅像に移つる）あり。其儘極めて猛烈にて阪谷男の意見を行ふを得す、今回若になりたりとの経過を語られたり。従て、今回若し之を問題とし、絵画館内に安置することは大満足なるも、一方の反対は大に考慮せさるへからさるに付、先つ右に対する意見を探り見るへく、下手に問題にすることは愚なりとのことにて、少らく問題とせさることとせり。

一．昭憲皇太后の御胸像のことは聞き居り、最初め御両方を同時に絵画館内に安置のつもりなりしか、吾国の御取扱等に鑑み、天皇御一方とするを至当と考へたりと。

一．水戸に塑像を安置することは考慮を要す。矢張、皇室にて御買上可然との意見なり。

其後、幸に吉田〔茂〕神社局長に面会せし際、右の次第を語りたるに、同氏も已に阪谷男より聞き居り、余程困難なる問題なるへしとの意見なり。水戸へ安置の件は書類、県庁より来らさるも、大に考慮を要すへしとのことなり。

其後、朝比奈知泉、岡沢慶三郎、大山鷹之助《ママ》〔介〕の三氏、官邸に来訪。水戸に安置の希望を語らる。依て右の顚末を内話し、願書等の提出は尚早なるへく、別に止めるに非す、経過を内話するなりと付加しおけり。

本日、田中伯には右の顚末を報せるなり。九月十九、夜記す。


昨年来、病疾、脚部、腰部、腹部、腰部《ママ》、背部等に冷感を覚へ、時々甚し。肩の凝りと不眠を起すことの為め睡眠薬を用いること日記を誌るすに懶く甚不十分なりき。ゴルフを初めてよりやゝ良好にて、睡眠も薬を用いさること時々あり。冷感も少くなれり。而かも尚役所の事務以外余裕なく、画書共に学はす、他の趣味に浸るの気分と時間となし。

御大喪の外、大なる事件なし。役所にては事務調査会と御大礼準備委員会は共に出席を要し、夏休の外は欠席せしこと殆なし。夏及初秋には前後五週間余の休暇静養を試みたり。之れ従来嘗てなき所、結果は良好なりしならん。

家屋にありては、友彦の高等学校不合格は遺憾なりき。腹患はカイロプラクチックにて大に快癒せるか如し。光は成績良好、身体は必すして頑健《ママ》ならす。由香、美恵、健は健全。正彦、十二月中旬、内務省にて詮衡を受け高文合格の上は採用せらるゝ筈。

巴里淑子、九月一日、一男を設く。昭胤〔木内昭胤〕と命名。

昭和三年（一九二八）

昭和三年一月

一月一日（日）

諒闇明け最初の新年なり。

新年式には　天皇〔昭和天皇〕、皇后〔良子〕両陛下、御同列にて宮城に出御。

十時、皇族の拝賀。

十時十分、大勲位以下勲一等以上、夫人。

十一時、高等官一等以下、勅待以上。

十一時五分、宮内奏任官、同侍医。

午後一時半、外国交際官、令夫人。

大勲位以下の場合と外国交際官の場合とには、両陛下の玉座、御座に対して宮内次官〔関屋貞三郎〕、式部次長〔渡辺直達・式部次長心得〕の侍立、又式部官其両側に侍立す。

皇太后陛下〔貞明皇后〕御殿に参賀。秩父宮〔雍仁親王〕御邸以下、各宮様に参賀。内大臣〔牧野伸顕〕邸、大臣〔一木喜徳郎〕邸、柳原〔愛子〕二位局邸に年賀。

赤坂離宮に至り侍従に面会。夜に入りて帰宅。

御儀式に侍立。マグネタイザーを初む。


【上欄】

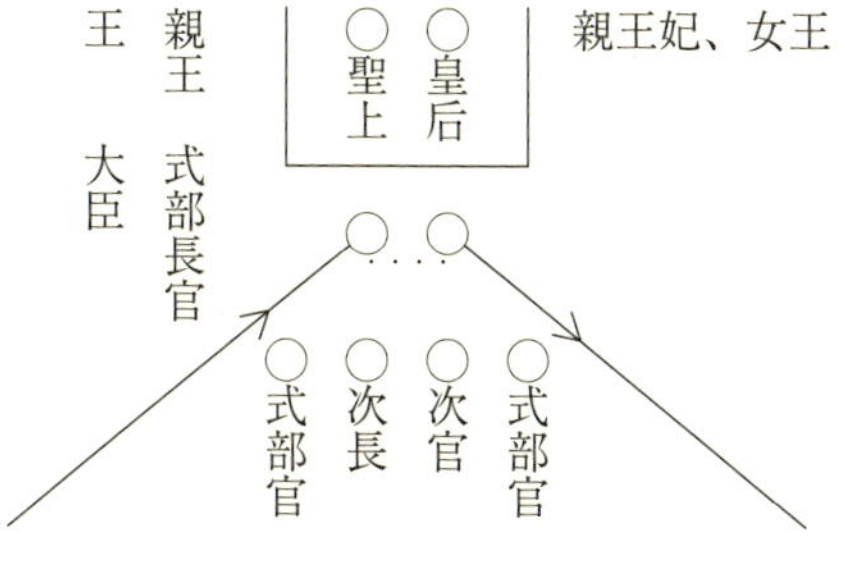

一月二日（月）

終日家に在り。午前時々寒雨あり。

正彦〔関屋正彦〕、友彦〔関屋友彦〕、房州周遊に出つ。

午餐に支那酒数杯を傾く。午後、椅子により半睡。真に無事の一日なり。

夜、戒三〔長田戒三〕来訪。東葛銀行を引受くるに至るへきを告く。

一月三日（火）

元始祭。参列中、手甲にしもやけを覚ゆ。

樺山〔愛輔〕伯、米国より今朝着。十一時来訪。吉報をもたらす。午後二時、大臣邸にて更に大臣と同席にて面会（秘記）。

白根〔松介〕君宅を訪問。

長瀬君、鈴木君等来訪。

正、友、帰宅。

ゆか〔関屋由香子〕、みゑ〔関屋美恵子〕、健〔関屋健彦〕、書初。何れも手跡悪しからず。健の出来甚可。大字は筆力雄健。

大倉〔喜七郎〕男答礼。珍田〔捨巳〕伯、年賀。

夕方、岩波〔武信〕事務官を召致し、共に仙石〔政敬〕総才を訪ふ。

一月四日（水）
政治始。儀制令改正後最初なり。
田中〔義一〕総理及各国務大臣、倉富〔勇三郎〕枢府議長参列。鳩山〔一郎〕内閣書記官長、及書記官、宮内次官、書記官は扉内に候す。
大礼使職員の第一回会合。総才宮（閑院宮〔載仁親王〕）の令旨。田中総理の訓示、近衛〔文麿・大礼使〕長官の挨拶あり。後、評議会を開き、御日取の件につき評議す。

一月五日（木）
新年宴会。御陪食者七百余の由。近来になき多数なる由。
Golf。午後、御苑。
高橋其三君への伝言にて池上秀畝〔日本画家〕君に招かる（金田中）。久須見東馬〔越後鉄道創設者〕君、杉原君等来会。清浦〔奎吾〕子、小川〔平吉〕鉄相等も来会。春風、秋月の二幅、最佳作なり。

一月六日（金）
警視庁の消防出初式。
多摩陵参拝。佐藤〔恒丸〕侍医頭同行。
小室翠雲兄、年賀に来訪。兄、去年末九州地方に漫遊。上旬、南画院の宣伝に忙かりし由。

一月七日（土）
英大使 Tilly〔ジョン・ティリー〕氏令嬢〔エリザベス・ティリー〕の結婚式。麻布旧教教会堂にて挙行。午後、大使館にて披露の簡単なる午餐あり。

樺山伯に面会。大臣より聞取りたる経過を語る。伯は直に林〔権助〕男と面会の筈。

チエツコ公使スバクロウスキー〔ジョセフ・スワグロウスキー〕氏、帰国の途に就く。見送る。

東京朝日朝刊に秩父宮殿下妃として松平〔恒雄〕大使令嬢節子の選定せらるへき旨、紐育電を発表す。

Golf。

一月八日（日）

小此木信六郎〔日本医科大学第二代学長〕君、一昨日逝去の旨昨日新聞紙上にて披見。弔問。夜再訪、御通夜。

本田幸介君、入沢〔達吉〕博士、渡部信君、小林〔丑三郎〕を訪ふ。

午後、Golf。新宿。三七（東久世〔秀雄〕、三六、密田〔良太郎〕、四一）。

観兵式。御帰路、神宮橋辺にて直訴者あり。大北〔勝三〕某といふ。富川町辺に住せる職工にて痴呆症と決定す。

鈴木信太郎君、十時過来訪。衣〔関屋衣子〕と共に大に苦言を呈す。十二時過に至りて帰へる。

一月九日（月）

大礼使評議会（参与官、御用掛も出席）。

御日取、御屛風揮毫者及詠進者のこと決定。詠進者は長官に委任。

事務調査会。進行につき懇談。

鈴木夫人を慶応に見舞ふ。苦病甚しきか如し。

河井〔弥八〕侍従次長官邸隣家より出火。幸に風なく、二、三十分にて鎮火（五時過）。

一月十日（火）

宮内省、消防出初式。

火曜会に出席（丸の内中央亭）。昭和新政につき官民の覚悟を熱望する所あり。

岩崎久弥男、彦弥太〔岩崎彦弥太〕君等訪問。

横山大観君に見舞と御礼にゆく。衣、同行。

山内、木内に立寄る。

宮岡恒次郎〔弁護士〕君邸に招かる。クラーク大学の「ブレークスレー〔ジョージ・ブレイクスリー George Blakeslee・クラーク大学教授〕」氏来会。林男、添田、石渡等の諸氏。

朝及午後、丸茂〔藤平・岩手県知事〕君に面会。

一月十一日（水）

園〔基資〕子《ママ》〔伯〕爵弔問。

市来〔乙彦〕氏、東京市長に就任につき訪問。

小室翠雲君、環指塾の新年宴会に行く。上海美術学校教授王〔空白〕君に面会。御庭の図主幹、石川宰三郎〔美之国社主幹〕君、音羽四九の一六、■四四三五。
招待。

入沢、佐藤恒、稲田〔龍吉〕、八代〔豊雄・侍医〕、西川〔義方〕、黒田〔長敬〕の諸氏。

地方官異動発表。

古宇田〔晶〕、依願免官。山岡〔国利・宮崎県知事〕君、丸茂君、大森〔佳一・群馬県知事〕君等知事に就任。

一月十二日（木）

池田敬八〔内閣印刷局長カ〕君を訪ひ、所蔵の月僊〔江戸時代後期の画僧〕の画幅を見る。震災後、新に蒐集せるもの三百点を越ゆといふ。落款及印の研究等精密を極む。感服の外なし。

松岡洋右君の紹介にて上村〔哲弥〕君来訪。氏は大学にて政治科を修め、満鉄社会課にありて家屋の改善を救世の急務なりと考へ、氏の所謂両親教育に没頭する由。

一月十三日（金）

鴨猟仰付らる（新浜）。各省次官（杉山〔四五郎・内務次官〕君欠席）、政務次官は大口〔喜六・大蔵政務次官〕、内田〔信也・海軍政務次官〕、秋田〔清・通信政務次官〕、東〔武・農林政務次官〕の四氏。一同感激、歓喜極りなし。主猟官一同と余を■亭トレボに招く。

一月十四日（土）

華頂〔博信〕侯爵の結婚御披露（ホテル）。

大倉男邸にて暹国旅行の活動写真あり。

下田先生の病気見舞、衣同行。

金井四郎君の病を赤十字病院に見舞ふ。昨今発熱甚しく、やゝ危険の状態に在り。此日、増田博士診察の由。

杉山内務次官夫人〔若代〕死去につき弔問。

一月十五日（日）

渡辺長男〔彫刻家〕君を訪ふ。明治天皇御尊像（塑像の上にメタリユレコ）は田中〔光顕〕伯と相談の上、献上のことにしたき考の由。昭憲皇太后の御像は二分の一の型にて、御立像を製作したき希望を述へらる。

安岡〔正篤〕君来訪。酒井〔忠正〕伯の手形事件につき語る。殆一驚を喫せり。須藤君（及弁ゴ士丸山君?）の尽力によりて解決の途にある由。

杉浦君一家より支那料理に招かる（晩翠軒）。衣、正、友、光等と共に出席。

杉山君宅にゆき御通夜。

一月十六日（月）

渡辺定一郎君、荒井福太郎君、来訪。

阿部君、鈴木大拙〔大谷大学文学部教授〕君を伴ひ来る。

杉山内務次官夫人の葬儀、谷中斎場。

皇太后陛下に拝謁。御大礼期日に干し言上。

福永晴帆君来訪。春挙〔山元春挙〕画伯の紹介にて松岡映丘君に紹介せられし由。氏の為め幸なり。

今村力三郎〔専修大学理事〕君を招き、原田、小室、荻野の三兄と共に。

一月十七日（火）

朝日奉告祭。大礼使、高等官、全部参列。一般の参列者は三百余。

勅使発遣の儀。本多〔正復・掌典次長〕、長谷〔信道・掌典〕、小松〔行一・掌典〕、室町〔公藤・掌典〕の四氏。

平福百穂君を訪ひ宮中の画を依頼す。

静岡会あり（曲水）。丸山〔鶴吉〕君の帰朝につき小集なり。米山、藤宮、岡田、飯沼、河瀬の諸氏。

一月十八日（水）

平福君令甥、富木謙治〔のち武道家〕君（秋田県角館町）来訪。氏は早稲田政治科を昨年卒業し、柔道は四、五段、学業も人物も優秀の由。平福君の語る所なるか、一見温厚にして堅実なる有望の青年なることを思はしむ。

大島□□君令夫人来訪。松岡洋右君への電報を依頼せらる。直に打電しおけり。

岡実君来省。

木内良胤母堂の三年忌に臨む（市川）。

島津忠彦男と甘露寺伯令嬢〔績子〕の結婚披露に臨む（ホテル）。

一月十九日（木）

朝鮮協会理事会。主として在満朝鮮人圧迫問題に干し意見を交換す。

丸山鶴吉君に面会。昭和一新を実行する案につき、簡牛〔凡夫〕君を紹介しおけり。

御大礼評議会。斎田点定の儀其他。

樺山伯と華族会館にて会見。松平君老女たか女（明日帰朝）の件、鍋島〔直映・貴族院議員、松平恒雄の義兄〕侯の今回の御婚約に干する態度等につき御話をきく。

内田信也君の招待。先日の次官連招待の引続きあり（新喜楽）。

一月二十日（金）

山梨〔半造・朝鮮〕総督を訪ふ。

御進講始。

図書　徳富〔猪一郎〕氏、神皇正統記。

漢書　高瀬〔武次郎・京都帝国大学文学部教授〕博士、大学三綱領。

洋書　山崎〔覚次郎・東京帝国大学経済学部教授〕博士、リカード〔デヴィッド・リカード David Ricado・イギリスの経済学者〕経済学説。

勲章親授式。

旭一、鈴木〔喜三郎〕内相、荒井〔賢太郎〕顧問官、大倉喜八郎氏。

世襲財産審議会。

矢野恒太君を訪ひ昭和一新を実行する意見につき懇談。

陸軍次官畑〔英太郎〕中将初め、陸軍省、参謀本部、憲兵司令部等の関係者を招く（東京会館）。

一月二十一日（土）

未明三時半頃、嘔吐を催せり。

西沢四郎氏、郷里にて逝去。本日午後、当地に告別式につき午前弔問。

議会傍聴。衆議院にて田中首相、三土〔忠造〕蔵相演説後、直に解散。両相演説前、民政党の不信案上程の動議成立。

夜、岡田〔恒輔〕一高舎監来訪。共済部の件なり。

四時頃、午後より臥床。なし。や丶安眠。

一月二十二日（日）

午前中、臥床。幸に休養の時を得たり。

土居剛吉郎〔阪神海岸電気鉄道発起人〕氏令嗣、保太郎氏と大給〔近孝・貴族院議員〕子令嬢〔幸子〕との婚儀披露に出席。
■に目さめたるも、前後五時間以上。

一月二十三日（月）

山口勝〔予備役陸軍〕中将来訪。「皇位継承篇」の刊行に干する風説につき語らる。

武井〔守成〕君一家の事情につき退職の止むを得さる理由を語らる。ともかくも一ヶ月許休暇をとり、模様を見て決すへき旨を告く。

松平保男子を訪ふ。

李軫鎬君来省につき常盤屋にて午餐。

午後、献上品等の会議。

Moul〔e〕氏の聖書の講義を初む。隔週一回月曜。ルカ伝。

一月二十四日（火）

林男を訪ひ秩父宮妃御選定につきては、勿論、松平子爵家、恒雄君には物質的迷惑をかけさることを言明しおけり。

池上〔四郎・朝鮮総督府〕政務総監より招待（東京会館）。

谷井清一君来省。国史教育振興につき意見を述へ賛成を求めらる。勿論異論なし。

伊知地《ママ》〔地知〕女官来訪。

此二、三日前より腰、脚、腹、背等に冷感を覚ゆ。

【上欄】

上村哲弥氏より拝借の印刷物等を郵便にて返却。

一月二十五日（水）

鍼灸家沢田健氏を訪ひ更に灸点を乞ふ。背部に十六ヶ処、左手二、右手一、左右脚各二、腹部一、再診につき五円。毎月五の日特別。一の日は休業。

岡沢〔慶三郎〕中将、大山〔鷹之介〕少将来訪。明治天皇御尊像の件につき、田中伯との会見の次第を述へらる。伯は奉献の意なしと。

牧野伯を訪ふ。政界の近事につき卑見を述ふ。

慧照会に出席。

【上欄】

松平大使に一書。

一月二十六日（木）

山川〔健次郎〕男来省。今回の御婚儀につき松平家は勿論、旧藩臣一同の感激措く能はさる所なることを述へらる。

博物館にて一月陳列を見る。応挙〔円山応挙・江戸時代中期の絵師〕の龍は其活躍の状、真に名手たるを思はしむ。

酒巻〔芳男〕君を招き晩餐を共にし、華族問題につき懇談。

灸は宅にて行ふ。

一月二十七日（金）

東伏見宮に参邸。邦英王〔東伏見慈洽・久邇宮邦彦王の第三王子、東伏見宮家継承のため同家に移る〕の一高入学に干し意見を言上す。

横山君の小宴（新喜楽）。桃中軒峰右ヱ門〔浪曲家〕君の浪花節をきく。所謂浪界の傑物ならん。満足、感動せさるものなし。

一月二十八日（土）

御歌会始。
御製。山やまの色はあらたにみゆれとも我まつりこといかにかあるらむ
皇后宮。雲の上にそひゆる富士のあらたなる姿や御代のすかたなるらむ
皇太后。大君の御代の始のよろこひをあらたに見する山の色かな
選歌二人、余り感心せしものなし。佳作と思へしは、高御座のほりますへき年たちて山もみとりのいろあらたなり。京都、半井君子。
加藤高明伯三回忌につき焼香。
金井四郎君を赤十字社に見舞ふ。容体益不良。回生、恐らくは難らん。
寺島〔誠一郎・貴族院議員〕伯令嬢〔恭子〕と安田善三郎氏令嗣岩次郎氏と結婚披露（東京会館）。来会、五百五十八と称す。混雑甚し。
揚在河君、昨冬、ハワイより帰朝の由。
今朝森永君、藤田霊斎氏を伴ひ来る。好意謝すへし。

一月二十九日（日）

福田〔雅太郎・予備役陸軍〕大将、原田熊雄君等来訪。

中村伍作君来訪。弄美会（笠原吉太郎氏の画会）の会員たることを求められ承諾。

南画院主事、元翠雲君執事〔空白〕氏の■■会の賛助員たることを諾す。

岩倉公の病を訪ふ。

副島〔道正〕伯令嬢孝子氏と外務事務官七田基玄君の結婚につき媒妁人として立会ふ。出雲大社分祠にて挙式。披露は華族会館。

小田部君来訪。大塚玉子嬢と戸塚〔武比古・海軍大学校選

科学生〕君との縁談につき意見を徴せらる。事情止むを得すと考へ同意す。

賀来君来訪。邦英王殿下の一高入学につき意見を述へらる。

一月三十日（月）
孝明天皇祭に参列。
出淵〔勝次〕次官来省。一時間許り懇談。
文部省に粟屋〔謙〕次官を訪ひ邦英王の特別入学に干する打合をなす。追て返答ある筈。

一月三十一日（火）
伏見宮利子女王百日祭。権殿、墓所とも参列。暹羅協会にて秩父宮殿下を総才に奉戴せしにつき、其式を帝国ホテルに挙く。
国際聯盟協会主催の海外へ送るへき児童の絵画展を見る。約千点許り。巌谷小波氏、平福氏等審査員なり。
官房、及参事官室の諸氏を錦水に招き、桃中軒峰右ヱ門の浪花節を聴く。大谷〔正男〕、大金〔益次郎〕、酒巻、加賀谷〔朝蔵〕、白根、高木〔三郎・宮内省秘書課書記官〕、武宮〔雄彦〕、相川〔勝六〕、渡部、大久保〔純・宮内省文書課翻訳官〕、大木〔彝雄・宮内省用度課課長〕の諸氏。

昭和三年二月

二月一日（水）

森永君来訪。

津野〔一輔〕近衛師団長の病を見舞ふ。一昨夜危篤なりしか、夜来、大に恢復せし由。

山県〔有朋・明治維新の元勲〕元帥の七回忌につき山県邸にて焼香。

不要存林野の会議。

皇道会の会合に一寸出席。

徳川公及金井君を赤十字病院に見舞ふ。公も昨日来、大に快然。金井君も亦本日や丶持ち直したるか如し。

森永君にて藤田霊斎氏に面会。調息法につき教をうく。上田恭輔君も同席。過般、森永君、藤田氏を伴ひ来り懇ろに勧めらる。大阪の橋本霊星君も昨年来、荐りに勧説せられたり。

二月二日（木）
御大礼記念事業の打合第一回。青年会館に開会。平沼〔騏一郎〕、永田〔秀次郎〕、丸山、三井、緒方、荒木〔貞夫・憲兵司令官〕（陸軍）、樺山、安岡、三矢〔宮松〕、後藤、宿利、本多、加藤、簡牛の諸氏。此次迄に丸山、簡牛両氏等にて原案作成のこととし、他の諸氏は意見を提出すること。
村田、保科二氏来訪。村田君は漢冶萍の顧問に就任の由。松村介石〔宗教家〕氏の斡旋にて芝吉村君（鉄之助〔実業家〕氏）邸に招かる。徳富〔蘇峰〕、渡辺、筧〔克彦〕の三氏、及余と松村氏夫妻。吉村氏は用事にて出席せす。此の小会は松村氏の発意にて、此後時々催さるゝ筈。名は清娯会とすへきかとの説出つ。右の外、更に横田秀雄〔明治大学学長〕君を招く筈。

二月三日（金）
阿部充家君来訪。今夕、朝鮮に出発の由。鈴木大拙、英著援助につき、啓明会鶴見〔左吉雄カ〕君に依頼のことに打合はす。
三二会（銀行クラブ）。
檀野〔礼助〕君、北海道第四区に於て立候補の由。今回の選挙に立候補をなせしは、尾崎、若宮〔貞夫・元逓信次官〕、磯部の三兄なり。

二月四日（土）
伏見宮貞愛親王の五年祭なり。御墓地に参列。荒木十畝画伯を長崎町の邸に訪ふ。年首の来賀に答へ、且つ宮中の揮毫を依頼す。
下村観山画伯来訪。先つ其の健康の大に佳なるを悦ふ。有識故実の保存、良寛〔江戸時代後期の僧、歌人〕に私淑せる御話等、大に面白かりき。

二月五日（日）

斎田点定の儀、十時に始まり十一時二十分に了る。式は慢幕内に行はれ見るを得す。卜定後、柳筥に納め、大礼使事務官携へ長官〔近衛文麿〕、次官同車にて宮内省に帰へり、長官室にて長官、両次官、立会にて開封と合卜と不合とを検む。

悠紀の二、卜合　滋賀県。

主基の五、卜合　福岡県。

直に総理に報告し、勅裁をへて発表す。時に十二時を過く。

大倉男邸に東伏見宮妃、邦英王両殿下台臨。余は式後、一時半、同邸にゆく。典山〔三代目錦城斎典山・講釈師〕の講釈あり。

朝来、風邪を覚え臥床。

副島伯夫妻〔みね〕、七田氏夫妻来訪。

二月六日（月）

午前中、臥床。

小此木信六郎氏の追悼会、精養軒（丸ビル）にて開催。発起人たりしも風邪の為め欠席。終日静養。

二月七日（火）

風邪、やゝ快し。吸入を怠らす終日引籠る。

岩崎小弥太男来訪。米国に於ける日本文化研究所の件、土田誠二《ママ》〔一カ・成蹊高等学校校長〕君の件等。

渡辺八郎君来訪。

横山大観画伯の還暦祝をなすの計画、先夜招待を蒙れる人々の間に熟し、今夜、新喜楽にて催さる。浜田（三越）、友野欽一（三井）、斎藤、高橋、溝口〔禎次郎〕、大塚の諸氏と浅野長武君と余なり。席定まり、余挨拶を述へ、用意せる赤色尽しの品々を進上す。画伯、予め此企を知ら■す、唖然として一語を発せす。九時過、画伯を鉦鼓洞に送る。蓋し近来の快事なり。

【上欄】

有栖川宮董子女王〔有栖川宮熾仁親王妃〕殿下の〔空白〕年祭、参列せす。

古河〔虎之助〕男来訪。岩倉具栄君の件につき懇談。

二月八日（水）

終日引籠る。熱なく気分よし。用心の為め出勤せす。

玉堂画伯御屏風を拝見して帰京。軟障の白地やゝ赤色を帯へる由を語る。

岩倉具実君来訪。具栄公は来らす。

杉〔栄三郎〕図書頭を招き、有職故実につき岡氏の知識を利用すへき旨を注意す。

白寅基君を招き晩餐を共にす。

金井事務官遂に起たす。七時過逝去の由、官房より通知し来る。噫。風邪引籠中に直にゆかす。衣、病院にゆく。

九条武子〔教育家〕夫人昨夜逝去。今朝の新聞紙等に哀惜の記事を掲く。麗人といはゝ当れり。真に天才なるか如し。

二月九日（木）

ソヴォット大使〔アレキサンドル・トロヤノヴスキー Alexander Troianovsky・駐日ソ連大使〕の御陪食（赤坂離宮）。大礼評議会。

朝鮮協会談話会（日本クラブ）。丸山鶴吉君及小村俊三郎〔ジャーナリスト〕君の講演。

二月十日（金）

小田部君来訪。

渋沢氏と米国大使〔チャールズ・マクベーグ〕の名にて東京クラブに招待を受く。St. Luke病院建築のことなり。三百万弗を募集するにつき吾国に於て此新施設を要することの決議を得たしといふにあり。関税免除、及Urgent Zoneを作ることの如きは最希望する所なりと。阪谷〔芳郎〕、井上、樺山〔愛輔〕、平塚、関屋、岡、福井〔菊三郎・三井合名理事〕、坂井、結城、三浦、岡田等の諸氏。

事務調査会。一．婦人（礼服、袿袴）、一．会計審査局規定改正等。

後藤子帰朝につき数団体を招待。

二月十一日（土）

紀元節。大臣代理として[redacted]。御式中はより雨雪。本年より饗宴に紙の払を配付す。一同大に悦ふ。

小堀鞆音〔帝国美術院会員〕氏を駒沢新町の寓に訪ひ、宮中の画を依頼す。帰途、二子の新橋に至り雪景を見る。

二月十二日（日）

故金井四郎君の葬儀に参列。

岩崎男の紹介にかゝる角田柳作〔ニューヨーク日本人会幹事〕君来訪。紐育に日本文化研究所Japanese Culture Centre U. S. A.を設立する件につき協議せらる。

高木亥三郎〔加賀前田本家家令〕君来訪。二条家相続問題につき意見を述へらる。氏は前田家の干係にて二条基弘公の整理に関係せし人なり。

故九条武子夫人弔問。良致〔九条良致・横浜正金銀行勤務〕男に面会。

二月十三日（月）

鴨猟。独〔ウィルヘルム・ゾルフ〕、露両大使等。

モウル氏のルカ伝。

バンカム御夫妻、フヒリップ、チョツプの両氏を招き晩餐。

二月十四日（火）
赤坂離宮にて田中伯献上の維新志士の書を拝見す。
フライシカー氏来訪。
一．御大礼記念号刊行の件。
川村令夫人来訪。
土耳古大使館晩餐。

二月十五日（水）

事務整理会。

一．大膳の減員。一．殿部仕人等の減員。

岸〔倉松〕外務秘書官、令夫人〔ふみ〕、林君及令夫人、七田君及令夫人、成瀬君を招く。

安岡君来訪。

二月十六日（木）

警察の学習講習証授与の式に臨み、訓話をなす。

悠紀、主基御屏風之歌及絵につき協議の為め入江〔為守〕、阪〔正臣〕、川合〔玉堂〕、山元〔春挙〕の四氏会合。杉、大木〔彝雄〕、白根の三氏列席。屏風等調度引受者を定む。

一．屏風〔空白〕。

一．紙〔空白〕。

一．絵具〔空白〕。

見分のこと。三月二十日頃、両地方決定の筈につき、それより出張
三月二十日頃、両地方決定の筈につき、それより出張見分のこと。侍医頭及高木侍医を招き澄宮〔崇仁親王〕殿下御健康の件につき協議。将来、軍務御従事に適するや否やの為也。献上品内規の件につき協議。

夜、前七氏を招き晩餐。

二月十七日（金）

六時過きの汽車にて蒲原に田中伯を訪ふ。

一．御銅像奉安に干すること、原型御買上のこと。等につき、御話しおけり。頗る満足の様子なり。

一．会津藩等昇爵に干する強き御意見を聞けり。

夜十一時着にて帰宅。

二月十八日（土）
午後、久振にて新宿にてGolf。
久々にて入浴。その為めか睡眠不良。

二月十九日（日）
金良璥君等来訪。

賀来君来訪。邦英王殿下、一高御入学御決意の鞏固なる由を語らる。
西彦太郎君来訪。美術に干する書籍を見る。
横山大観画伯を訪ふ。晩餐の饗をうけ帰宅。
岩崎彦弥太令夫人、先日大学病院にて出産につき病院に見舞。衣と同道。
戸別訪問なき為め明日の総選挙にも拘らす市内平穏。警察署の前に自動車の多数列へるを見る。推薦の葉書、数枚来る。

二月二十日（月）
済寧館に〔空白〕氏の唐手術実演を見る。
東京クラブにて原田熊雄君等の午餐会に臨む（近衛、木戸〔幸一・商工官僚〕、岡部〔長景〕等諸氏）。裃袴の改正に干する打合会あり。旧来のものを可とする説多し。
白耳義大使館晩餐。仏大使Billy〔ロベール・ド・ビリー〕氏と語るの機会を得たり。

二月二十一日（火）
大原〔孫三郎〕氏〔の〕西洋絵展覧を見る。児島〔虎次郎〕氏の案内、衣同行。重に仏蘭西の画伯にて吾国近来の製作に見るか如き嫌味なく、筆致高雅俗臭を見す、東洋画を悦ふ。吾々も如此西洋画に対しては讃辞を惜まさるへし。白耳義画家レオン・フレデリック（Leon Frederic）「万有は死に帰す、されど神の愛は万有をして蘇せしめん」の大作は七枚続にて、数千の人物を描写せる稀有の大力作なり。
【上欄】
仁孝天皇例祭に参列。

二月二十三日（木）
中村君の勧めにて勝田蕉琴画伯の個人展を三越に見る。想形共に具はり佳作多し。
御大礼評議会。
山口政二氏の一年忌、駒込海荘寺に営まる。帰途、大倉男と共に院展の試作展を見る。

二月二十四日（金）
浜離宮鴨猟。
徳川頼貞〔貴族院議員〕侯邸に招待せらる。牧野伯、三井〔高棟〕男、財部〔彪〕大将等なり。

灸を中止す。
二、三回醒め安眠せす。

二月二十五日（土）

須藤宗次郎君、根津元君来訪。

佐々木君来訪（南沢〔岩吉・陸軍〕少将の件）。

牧野内府を訪ふ。

津野中将薨去につき弔問。

国分三亥〔二松学舎理事長〕君父君〔国分胤之〕の告別式に参列。坂下クラブ諸氏を紅葉館に招待。■芸続出、非常ににきやかなり。

中隈敬夫君母堂逝去につき弔問。

昨日、終日不快。

二月二十六日（日）

両陛下、葉山行幸啓。照宮殿下御滞在中に付、御対面の思召なり。御微行にて山高、モウニング、外套を召さる。供奉員はシルクハット、フロックなり。停車場奉送迎は御遠慮遊され陸海軍両大臣〔白川義則、岡田啓介〕のみ。

好晴日。午後は立石に行幸啓。至極御満足に拝す。八時四十五分御発車、四時四十五分御着車。

葉山にて北白川大妃〔富子〕殿下に拝謁せり。

昨日は終日、腰、脚部に冷感を覚えたりしか、今日は殆なし。昨夜熟睡の為めか。

三井八郎右ヱ門男より高棟画集を恵贈せらる。三幅対あり、横開あり、杉戸あり、屏風あり、天井画あり。何れも筆致図■の湿潤閑雅なる推賞に値す。敬服に堪へす。礼状を出す。

【上欄】

葉山行幸啓。

（二十日より二十六日までは、二十六日夕記）。

二月二十七日（月）

朝、福原学習院長来訪。学生の邦英王殿下の御留りを願ふの情、切なることを述へ、総代明石元長〔明石元二郎の長男〕君を宮内省に出頭せしむへき旨を語らる。

午後二時、明石君来省。建白書を持参し来り、且熱心に一高転学御中止を乞ふ所以を述へらる。

一．学習院の本来の目的。

一．学習院に対する批難は階級観念に本けるもの多く、教員生徒は近時益自ら顧みて大に校風の振興を計りおること。

一．殿下の院を去られ玉ふは此振興の気運及努力を挫折せしむること。

一．殿下をして此に至りしめたるは、学生にも責任あること。

等を述へ、是非殿下の学習院に残りて教員生徒と御協力を願ひ、校風の振興を図られたきことを熱願する由にて、余より殿下に更に願出てし《ママ》との希望なり。

殿下に（仙石君と協議、修善寺大臣の御意見も承り）拝謁し幸に御快諾を得たり。

夜、賀来、山田〔益彦〕両氏の来訪を乞ひ仙石氏と共に面談。熱海御滞在の父宮〔久邇宮邦彦王〕殿下の御意見を伺ふこととせり。

【上欄】

邦英王一高御入学に関する件は補遺に記す〔一二五六頁参照〕。

二月二十八日（火）
斉藤隆三君来訪。河野〔元三〕女子学習院教授来訪。
津野近衛師団長葬儀。
入沢博士令息の結婚披露（ホテル茶）。
木村清四郎君に面会。杉内蔵頭の正金銀行入に干し意見をきく。
児玉〔謙次・横浜正金銀行頭取〕氏来訪。右、杉氏の件懇談。
熱海より賀来、山田両氏来訪。
一．王殿下は御異議なきこと。
一．御内意伺の変更願は慎重にすること。
一．学習院に対して、大に生徒の意気込を実行すること。
一．邦英王殿下は十分考慮して将来後悔せさること。
等の御注意ありたり。
夜、京都の君島君来訪。

二月二十九日（水）

南沢少将（浅岡氏令嬢の夫）に面会。

岩崎男邸にて午餐。土田誠一君に面会。

照宮殿下御帰京。

方広寺開祖大師■関係にて、柳生〔俊久・貴族院議員〕子等来訪。

大倉秀二の件につき松井氏来訪。

李雍溶君来訪。

二宮桂僊来訪。土居氏より従来多大の援助を受け居る由。更に発展を見さるは如何なる故か。

昭和三年三月

三月一日（木）

大原氏の洋画展を見る。

露大使館の晩餐会。

三月二日（金）

建部氏来訪。

天野氏来省。栃木県々是製糸会社和解事件につき第一銀行に紹介を希望せらる。依て渋沢敬三君に電話し天野氏を紹介す。

工藤、永井両氏と美術クラブにて高橋〔是清・立憲政友会所属衆議院議員〕男の売立を見る。

児島虎次郎〔洋画家〕君夫妻〔友子〕を招き晩餐を饗す。

青山会館にて水戸関係の遺墨を見る。

田中伯を訪ふ。

三月三日（土）

橋本徹馬氏来訪。

町村長会代表者

会長　藤沢町長、金子角之助

副会長　長野県上伊那郡赤穂村長、福沢泰江

　愛知県海部郡佐織村長、安達清一

来省。一．御大礼式場に各府県より町村長代表参列の件。一．各町長に奉祝会に酒肴料御下賜の件。一．一般に町村長優遇の件を陳述せらる。余は、参列の甚至難なる事情を述へおけり。

聖上、御渡欧記念につき赤坂離宮に伺候。賜茶。大森〔鍾一〕男の一周年、吉祥寺。法要晩餐会、上野常盤花壇。以〔イタリア〕大使〔ジュリオ・ラバーニャ Giulio Lavagna〕の晩餐会（ホテル）。

小川芋銭〔日本画家〕氏に面会（日本橋ナニワヤ）。斎藤、友野両氏の招きにより。

栃木県内務部長半田《ママ》〔半井清〕君来訪。県是製糸会社和解の件、第一銀行にて県の希望を承諾せし由にて、挨拶に来るなり。

【上欄】

省内に玩具の会あり。

三月四日（日）

田中光顕伯其他来訪者多し。夜、田中伯を星ヶ岡茶寮に御案内す。

午後、Golf。

十時頃、河井氏訪問。久宮殿下の御容体御不良の由にて、河井氏離宮に伺候。余は河井氏の通知をまつ。十二時頃、電話ありたるにつき直に伺候す。二十七日来、御発熱のところ、三日に至り御良好の御模様にて、漸次御軽快と信せしか、午後、御衰弱の兆見え、侍医も大に憂慮。夜十二時半頃、御容体発表に決し、敗血症に陥いらせらるゝ疑ある旨発表することとせり。大臣にも直接に電話にて御報告し、五時過、沼津発にて御帰京を乞へり。

三月五日（月）

午前二時、帰宅。赤坂離宮よりの急報に接し、四時伺候。御重態にて恐懼に堪へす。三時頃か最御懸念すへき御状態なりし由。九時頃よりやゝ御良好に向はせらる。

大臣、九時十分着京（修善寺より帰京）。

午後に至り、御乳、御泣声等よりやゝ御力つき遊はされたる如くにて小康を得たるか如し。

三月六日（火）

赤坂離宮に伺候。聖上、御発熱三六．九に下り一同安堵。久宮様、昨夕より御力つき遊されたる由。依然、小康を続けさせらる。

地久節。皇后陛下御臨御なし。皇族は赤坂離宮に参賀。拝謁なし。一般臣僚は宮城に参賀、賜餐あり。

久邇宮（邦彦王）殿下及邦英王殿下に拝謁。先日の御礼を申上。東伏見宮（依仁親王妃周子）殿下に拝謁。帰途、賀来氏を訪ふ。不在。

今朝、松岡君来訪。

赤坂離宮に伺候。御熱、三八．九。未御安心申上くるに至らす。

東久世、杉両頭来訪。

夜十時頃、赤坂離宮に伺候。此夜は徹夜。

三月七日（水）

十一時頃、離宮より直に登省。

久宮殿下、愈敗血症と決定（午後四時に）。

夜、臥床二時間。十一時頃、御急変の報に接し愴惶、離宮に伺候。明朝までは御持続の模様なり。

徹夜、翌朝に至る。

三月八日（木）

午前三時三十八分、久宮祐子内親王薨去。昨年九月十日の御誕生なれは約六ヶ月。恐懼哀悼の極なり。六時より御葬儀に干する会議を催うす。侍従長〔珍田捨巳〕、大夫、木下〔道雄〕、本多、岡本〔愛祐〕、杉、大谷、渡辺〔直達〕、伊藤〔博邦〕式部長官、九条〔道実〕、山県、星野〔輝興〕、東久世、北村〔耕造〕、白根、西園寺〔八郎〕等の諸氏。

一．御墓所は豊島岡（之れより先き御裁可をへたり）。

一．大体、簡素にすること。可成、皇后職にて施行の立前とすること。

一．皇族は別とし其他は可成、総代主義によること。

一．幄舎、葬場殿は凡て御墓所の前に設くること。

一．御供物、御華等も小くすること。

一．費用は大体二万円とすること。

三月九日（金）

昨夜は十時より今朝六時過きまて安眠。連日の疲労を恢復す。

睡眠前二回服用。

河井大夫来訪。御葬儀に干する決定事項を報告す。

豊島岡御墓所を見分す。森〔泰治〕技師同行。

以太利大使（ホテル）、露大使に晩餐の礼に訪問。

高松宮邸に伺候、拝謁。

喪主は河井大使。

司祭長、犬塚太郎〔予備役海軍〕中将。

副司祭長、二荒〔芳徳・貴族院議員、宮内省御用掛〕伯。

葬儀係、高木〔三郎〕書記官、岡本書記官、坊城〔俊良〕式部官、八束〔清貫〕掌典。

他は凡て手伝ふ筈。

【上欄】

宮城御移転につき御修築の計画を見る。百万円余を要す。切に百万円以下にすることを希望しおけり。

三月十日（土）

正寝移柩の儀。

正寝は彩鸞ノ間に設けらる。権舎は御珠実室なり。

三月十一日（日）

午前、午後、赤坂離宮に伺候。

御通夜をなす。

三月十二日（月）
奥山万次郎君葬儀。
松岡、賀来二氏来訪。茶を喫して語る。賀来君、満州視察の為め十四日出発の筈。
Moule師の御話。
霊代安置の儀。終て御通夜をなす。

三月十三日（火）

十一時半、斂葬当日、柩前祭。

時間を斯く定めしは春日祭の当日にて、十一時半頃祭事終るへきによるなり。

御親族は九条公。内大臣、宮内大臣、侍従長、武官と次官は親族の次に列す。

十二時半発引。喪主河井大夫、司祭長犬塚中将、副長二荒伯、山岡〔淑子〕女官、皇族には秩父宮、朝融王〔久邇宮朝融王〕両殿下、九条公、次官、高木書記官、列中に入り霊柩の前後に従ふ。

参列者は大勲位以下親任待遇以上まて凡て総代一人。宮内省は部局長、各庁は勅奏任総代。他は参拝を許るす。最初の式了りたる頃雨。驟雨に変したるも後晴れたり。御埋葬を終りたるは五時半。御発引の際、両陛下は階上にて御送り遊さる。御心中恐懼の限りなり。

夜、脇水〔鉄五郎〕君、入交好保〔社会運動家〕君来訪。

【上欄】

久宮祐子内親王御葬儀。

三月十四日（水）

斂葬後一日祭。

大木伯三週忌にて焼香。

戊辰会（玉堂門下）を見る。長野草風の外、見るに足らす。

友彦、成蹊の高等科入学試験、十二日より今日に至る。口頭試問、体格検査をも《ママ》へたり。成績良好なりしならん。多分、合格と信す。

三月十五日（木）
御大礼評議会。召さるへき者の範囲につき協議。
紫宸殿参列者を二千とし、召状は二千三、四百発送の筈。大嘗宮参列者に新に加はりたるは両院議員の代表者各十名、奏任総代等。
夜、来客三、四。木内信胤君、河井君等。

三月十六日（金）
陛下、御床払。
副島伯と東京クラブに於て会談。
芝Japan Times社主筆、来談。
雪野〔元吉・内匠寮〕技手、洋行につき来談。
【上欄】
陛下行幸の場合の御服装及剣璽御同列の件に干し大臣室にて協議。

三月十七日（土）
久宮殿下十日祭。権舎のみ参拝。
東京工芸学校の新築落成式、陳列会にゆく。
一時より赤坂離宮にて剣璽問題にて会合。

三月十八日（日）
教会に行く。三一教会新築後初めなり。
埼玉大津氏の光琳〔尾形光琳・江戸時代中期の画家〕、乾山〔尾形乾山・江戸時代中期の画家、陶工〕、抱一〔酒井抱一〕の売立を見る。武蔵野富士及春秋二枚折屏風（共に抱一）、乾山のもの大に気に入りたり。
午後二時半頃よりGolf。東久世、密田両氏と試む。三十台にて一巡せり。

三月十九日（月）

佐藤侍医頭来訪。故久宮薨去につき責任上の意見を徴せらる。

阿部無仏氏来訪。寂室〔元光・南北朝時代の臨済宗の僧〕御尚の件也。

都市計画委員会あり。

両陛下、照宮殿下御同伴にて豊島岡、久宮殿下御墓に参拝あらせらる。供奉す。

昼、今村〔正美〕滋賀知事上京に付、入江、川合両氏、白根君を常盤に招く。

赤坂離宮にて、宮城の移転に関し御修築の大体を御説明申上、一々御嘉納あり。恐懼感激に堪へす。

三月二十日（火）
結城氏の使として佐島君来訪。
予算会議。
—追加予算の中、宮城御修築費九十九万八千円。之れは移転に伴ふものなり。
両陛下、照宮殿下御同伴にて葉山に行幸啓。

御静養の思召なり。停車場近くにて直訴者あり。野田醤油争議団の一員也。

橋本徹馬氏来省。

友彦の一高試験すむ。明後日は体格検査、数学は昨日にて五題中三題出来た由。

「皇室の国産御奨励に就て」の題にて国産奨励講座の講演を放送す。

三月二十一日（水）
午後より正、友、光、健等と共に郊外散策。二子渡をへて登戸に出つ。風烈しく砂塵万丈、約一里半。同処より小田原急行にて帰宅。登戸附近、向岡《ママ》遊園地中にて一憩。

三月二十二日（木）

事務調査総会。

池上秀畝君の招宴。清浦、小川、原〔嘉道・司法大臣〕両相、川合、小室、荒木の三画伯、福原、正木〔直彦〕、林、久須美、杉原、笹川等の諸氏。余も与る。

八時四十分の汽車に投す。京都行。

近衛〔文麿〕、鳩山〔一郎〕、前田〔米蔵〕、西園寺、相馬〔孟胤〕、黒田〔英雄・大蔵次官〕、八田〔嘉明〕等の諸氏。白根、東久世、杉等の諸氏は次列車。

三月二十三日（金）

朝、京都着。ホテルに行き、十時、御所に集合。

午前、紫宸殿、春興殿、大嘗宮、饗宴場予定地を一巡。

京都ホテルにて午餐。食後、前田、八田、黒田氏等を案内して御所内を拝観せしむ。更に前田、八田氏等と修学院離宮を拝観。

知事〔大海原重義〕、市長〔土岐嘉平〕主催の晩餐会（中村楼）に臨む。八時半過、春挙画伯を訪ふ。

三月二十四日（土）

八時半、ホテルを出て中井三郎兵衛〔越三商店創業者〕氏（令息は三之助）邸を訪問。清浦子及西氏の斡旋にて今秋、御大典の節、宿舎として貸与せらる筈にて、御庭拝見旁御邸も一見せるなり。庭は二百数十年来のもの、余りに複雑にて雅味やゝ乏し。御主人老夫婦初め極めて御親切なるか如し。

早苗会（春挙門下）を見る。

八瀬大原方面の御陵を参拝す（別出〔二五六頁参照〕）。

九時半発にて、六時半帰洛。

早苗会の宴会に出席〔京都ホテル〕。

安川氏来訪。

昭和三年四月

四月十日（火）

李王〔李垠〕殿下御帰朝につき国府津まで御出迎ひす。仙石君同道。

午後八時〔空白〕分にて京都に向ふ。

【上欄】

学習院卒業式。

四月十一日（水）

大礼使総裁閑院宮殿下、式場御視察につき御案内申上く。一同に午餐を賜はる。

午後、約に従ひ川村曼舟〔京都市立絵画専門学校教授〕等を渡月橋畔撫松庵に訪ふ。梥本一洋、勝田哲両画伯も居り合作を拝見す。

帰途、鈴木氏を訪ひ共に安川氏を訪問。大賀にて御馳走になる。

四月十二日（木）

午後、衣笠方面の御陵参拝。

午前、桃山御陵に参拝。平等院、黄檗山等に立寄り、停車場にて午餐をなし衣笠方面に向ふ。衣笠より帰途、飯田織物工場にて■の織場を見る。衣紋方を見る。おすべらかしは四時間を要する由なり。高倉〔藪篤麿・貴族院議員〕子爵、久世〔通章・貴族院議員〕子爵等監督せらる。

京都市奉祝会総裁として久邇宮殿下の御招宴〔都ホテル〕に陪す。京都官民約百数十。

八時〔空白〕分の汽車に乗り帰京。

四月十三日（金）

朝着。

四月十四日（土）

厳父仁彰院〔関屋良純〕の第十七回命日につき小林夫妻、大石夫妻、前房さん等を招き午餐を共にす。小林と大石両氏、故障ありて来らす。法会等、郷里にては月末、又は来月初め行ふ筈。

【上欄】

秩父宮御婚儀に干する打合。山辺、西村〔清〕、仙石、杉等。

御装身具と御道具とにて二十万円と予定す。両松平家には十万円。

四月十五日（日）

朝日会堂にて鳥水氏蒐集の西洋画の版画を見る。興味を起さす。

賜餐後、仏展、新興大和画会展覧会、古代紋様（正倉院）陳列を見る。

新興大和会は映丘君の出品なし。岩田正巳氏、高木保之助氏、山口蓬春氏、遠藤敬三氏、穴沢蔵平氏等。ゆつくり観賞の機を得て仕合なりき。

【上欄】

学士院賜餐。

四月十六日（月）

日本美術協会五十年記念。午前中は祭典。午後は記念式にて久邇宮殿下御台臨。余等も参列。

高村光雲〔帝室技芸員〕君喜寿祝賀会（東京会館）。五時開会。余興及挙式等にて八時に至る。横山大観君と共に食卓に就かす、相携へて山王下瓢亭にて晩餐をなす。久振にて快眠（薬なし）。

【上欄】

祐子内親王殿下四十日祭に参列。

四月十七日（火）

李埼鎔〔朝鮮貴族〕子来訪。財政整理の方針確立せるにつき挨拶也。

副島伯来訪。岸博士の注意による。宮内省干係の銀行会社に干する件なり。

福井県岩野〔平三郎〕氏、悠紀、主基御屛風、御料紙製造拝命につき御料紙命名方につき依頼ありしか、余は其知識も資格もなきにつき、省内工藤〔壮平〕氏等と相談の上、単に参考として白鳳紙として如何と申送り、余の命名とすることは好ましからさる旨申しやれり。

【上欄】

永源寺開祖寂室和尚に正灯国師を諡せらる。

観桜会。朝来、曇晴交経。寧、絶好の花見日和なり。

四月十八日（水）

風邪の為め賢所に参列後、休養。

渋沢子を事務所に訪ふ。後出勤。

【上欄】

推古天皇千三百年式年祭。

四月十九日（木）

山県公伝記編纂会（朝鮮協会）。

【上欄】

赤坂離宮に進講。陪審法に就て。小原司法次官。

四月二十日（金）

女子大学の二十五年記念式（大学予科設置、展覧会）に付、皇后陛下行啓。先着にて御伴して出席。家政初め婦人問題に干する各種事績に渡り展覧会大に見るへきものあり。其の努力や嘆賞に値す。家政科は芝谷邦子女史等説明せらる。

午後、熊本利平〔朝鮮で熊本農場経営〕氏及令夫人来訪。

姜〔空白〕秀君等三人来訪。

四月二十一日（土）

大臣、昨夜帰京。

生田〔清三郎・朝鮮総督府〕内務局長、朝鮮より上京に付、宇佐美氏と共に午餐を共にす（常盤）。

宮崎道三郎〔東京帝国大学名誉教授〕先生の告別式。

唐三彩の陳列を見る。細川侯、清田氏、岩崎男等の所蔵多し。

実吉安純〔退役海軍軍医〕子の八十歳金婚の祝賀に招かる（華族会館）。

日本工芸会の晩餐会に出席（東京会館）。

四月二十二日（日）

皇太后陛下、澄宮殿下（御卒業御祝）、久邇宮殿下（台湾検閲使）、高松宮殿下（遠洋航海）に伺候。

大塚璞子嬢と戸塚武比古君との結婚式挙行に媒として立会（西崎弘太郎〔東京衛生試験場技師〕氏夫妻と共に）。了て披露（東京会館）。

大倉喜八郎氏、午後二時十分逝去。三、四日来重態なりしか遂に起たす。天聴に達し位二級を進められ従三位に叙せらる。夕頃弔問。

四月二十三日（月）

高松宮殿下、遠洋航海御出発につき御見送の為め七時五十分にて横須賀に行く。仙石、岩波二氏同行。十一時、御出航。

帰途、石川〔岩吉〕、三条二氏、及仙石、岩波両氏と葉山の御別邸にて午餐の饗をうけ自動車にて帰京。御別邸より約二時間を要せり。

元田〔作之進〕監督の葬儀、聖アンデレ教会にて執行。四時前、葉山より教会に着。恰も出棺前につき御棺を見送り令夫人に面会、弔辞をのぶ。

武藤〔金吉〕内務政務次官邸弔問。

三村君、母堂と共に来訪。

栗山氏来訪。池田桂仙〔日本画家〕画伯の山水画代を渡す。

三木翠山君来宿。

四月二十四日（火）
【上欄】
事務調査会総会。主として官制案。

四月二十五日（水）
北白川大妃殿下の御召により小石川に伺ふ。
一．仙台行のこと。
一．蜂須賀侯令嗣との御縁談の噂に干し御弁明ありたり。

江口定条〔三菱合資会社総理事〕氏令息、謙介?君、岡実君令嬢孝子嬢の結婚披露（ホテル）。

李堈公殿下を御訪問す。

武藤君邸弔問。

大倉男弔問。

園池〔実康・宮中顧問官〕子爵邸弔問。

四月二十六日（木）
武藤金吉氏告別式。
園池子爵告別式。
朝鮮協会に於て李王殿下御帰朝につき開宴。金、佐藤両官出席。
【上欄】
久宮殿下五十日祭。陵墓監会同に臨む。

四月二十七日（金）
宅野田夫〔南画家〕君来訪。鈴木一郎君を伴ふ。先般来、一木宮相の御歌会詠進にかばねを記せさることにつき十数回手紙をよせられたるにつき、面会せるなり。
赤坂離宮に於て海軍特命検閲使竹下〔勇〕大将御陪食。
李王殿下御帰朝につき御陪食（霞関離宮）。

石原健三氏の病を見舞ふ。

四月二十八日（土）

大倉喜八郎氏葬儀（危篤の際、位一級を進められ従三位に昇叙せらる）。九時半より親族故旧にて葬儀。午後一時より告別式。会葬者、学生及県人を除き七千、合計一万二、三千ならん。花輪四百余なりと。音羽護国寺に葬る。

井上育英会の評議員会（工業クラブ）に出席。

四月二十九日（日）

午後、Carey 氏に茶に招かる。

外務大臣〔田中義一〕の霞関離宮に於ける晩餐会に出席。

【上欄】

天長節、観兵式に供奉。宮中御陪食。

四月三十日（月）

永積寅彦〔侍従〕君の結婚披露あり。行かす。

翠山君の揮毫を見る。

【上欄】

雅楽部にて楽師生徒の卒業式あり。四名。薗一雄君優等。

澄宮殿下、御養育につき協議。大体の方針につき、大臣より皇太后陛下に言上。

昭和三年五月

五月一日（火）

大臣官邸に於て部局長の招待あり。翠山君の席画あり。

五月二日（水）

第二遣外艦隊司令官中島〔晋〕少将更迭、帰朝につき賜茶。

華族会館に於て一水会、宮崎〔勝太郎〕外務書記官、露国談。

翠山君の半切揮毫を見る。健常平生の美人画と相対照して興味少らす。

五月三日（木）

事務調査会後、八時過、牧野内府を訪ひ宮相官邸に至り復命。河井君同行。

【上欄】

秩父宮殿下御結婚御仕度費用につき協議。大体二十万円位とす。

事務調査会総会。官制案、華族世襲財産法。

五月四日（金）

中央朝鮮協会理事会。昭和二年度決算、三年度予算の決定。間島の視察団を招茶。

川合玉堂氏令嬢国子さん、大倉鈕蔵氏男尭信君と結婚披露（東京会館）。

【上欄】

内務大臣鈴木喜三郎氏辞職。田中総理兼官発表。

五月十二日（土）

澄宮殿下初等科御卒業につき午餐を賜（霞関）。

国際聯盟理事会（欠席）。

成蹊学園に浅野〔孝之〕校長を訪ひ友彦退学につき挨拶を為す。浅野氏とは初対面にて、相当意見もあり、しつかりせる人なるを感せり。友彦の切なる希望を黙すこと能はさりしならんも最後の同意をなす。前に浅野校長の教育方針をたたす等必要なる研究を尽さゝりしは遺憾なりと思へり。


清水、中橋両家の結婚（東京会館）。

大倉喜八郎氏三七日につき焼香。

五月十三日（日）

松村介石氏の斡旋による清娯会、小金井前田氏邸に開かる。徳富御夫婦、筧、横田両博士、横村氏御夫婦、渡辺子、斎藤松州《ママ》〔洲〕画伯等、前田武四郎（芝新堀二）。

服部宇之吉〔東京帝国大学名誉教授〕博士記念会、精養軒に開会。

五月十四日（月）

七時三十分の浅草発にて母君〔関屋卯多〕と共に帰郷。数年振なり。今泉丈吉君同行。亡父十七年忌に当り、去月行ふへき法要を営まんか為めなり。福居駅に着。直に石川君邸にゆく。会社工場を見、御厨尋常小学校にて生徒教員に講話。石川氏邸に帰へり午餐の饗をうけ、それより町役場寺山両処により島田覚本寺にゆく。

二時より法要。覚本寺、覚性院、鑁阿寺の三住職の読経。来会者は左の如し〔日記原本に記載なし〕。

墓に参拝後、秋田氏に立寄り足利白石山房に至り、此夜蓮岱館の歓迎会に臨む。

五月十五日（火）

山辺小学校（生徒一千百余名、校長）に臨み、生徒及教員に談話す。

之より先き八幡神社に参拝。社司は山崎氏なり。此間、善徳寺、バンナ寺による。県立工業学校を一巡し、市役所に立寄り山口氏工場を見、初谷にて午餐、足利学校を見、巷野〔秀蔵〕氏、新居氏方に立寄り、四時四十一分にて帰京。初谷藤兵衛君同行。浅子駅より帰途、初谷氏方の新築を見て晩餐の饗をうく。

五月十六日（水）

米国西岸ホテル経営者の一行を大倉男華族会館に招待につき陪席。

五月十七日（木）

山階宮茂麿王〔この年一二月に臣籍降下し、葛城伯爵家創設〕、御成年につき御披露（霞関）。大臣の外交団招待（浜離宮）。

東久邇宮殿下に拝謁。宮様方に於て宮内大臣を大に援助せられされは、大臣をして完全に其職務を尽さしむること能はさるへき所以を言上す。やゝ僭越なりしも、誠意を披瀝して清鑒を仰けるなり。

五月十八日（金）

平山男を赤十字社に訪ひ博覧会設立に干する意見を聴く。

生江氏を招き社会事業共同寄付金に干する意見を聞く。

五月十九日（土）

伏見宮邸に参上。静岡へ御成の御礼言上。

国産振興博覧会の褒賞授与式あり。午餐会に臨む。

相場有〔日本飛行学校自動車科創設者〕氏の飛行機学校、自動車学校十週年記念式に臨む。氏は十三年前、歳僅に二十二にて飛行機学校の設立を図り困苦欠乏を嘗め今日に及へりと。自動車修了生一万四千名余ありと。

一高同窓会にゆく（実は延期せられたり）。斎藤阿具〔第一高等学校教授〕君と故入沢重麿君邸を訪ふ。入沢君は十四日、告別式ありし由。帰省中にて参列せす、衣のみ参列。

五月二十日（日）

太田光熙君来訪。戒三同行。

午前、三越にて六科会展覧会。郷土会〔鏑木〔清方・日本画家〕氏塾〕展覧を見る。〔空白〕氏の悪夢と誇とは出色のものならん。

午後、林間社、東台邦画会を見る。

美術院義務作展覧を見る。

阿部充家氏の病を訪ふ。已に快方にて外出中なりき。

堀江〔武子〕老女史来訪。

五月二十一日（月）

阿部充家君、久しく病臥。昨今大に快然、来訪。行誡〔福田行誡・浄土宗の僧〕上人の幅を贈らる。

Carey 氏夫妻、令嬢、令姉、Slephew 氏を茶に招く。

今朝一時半頃、強震。

山本条太郎氏来訪。

【上欄】

両陛下の一般に御下賜相成るへき御写真の件につき協議。未決に了る。

五月二十二日（火）

二十二日より三十日迄の日記は三十日夜認む。遺漏多からん。

【上欄】

事務調査会。

五月二十三日（水）

塚原夫人来省。向上会館の件也。

松本留吉〔藤倉電線社長〕氏を招き晩餐。

五月二十四日（木）

御大礼評議会。先般来政府多忙の為め休会なりしか久振にて開会。

五月二十五日（金）

竹内栖鳳画伯、赤坂離宮御苑及宮城御殿を拝観。

海難救済会の終身名誉会員に列せらる。伏見宮御邸に御招あり。参上せす。終身有功章を賜はる。

中央朝鮮協会評議員会あり。

【上欄】

両陛下、多摩陵御参拝。

五月二十六日（土）

国際聯盟支部長会、評議員会総会等あり。

沢田、岩田両兄と午餐〔瓢亭〕を共にす。木村兄は早く帰へる。

大倉喜八郎氏三五日につき焼香。此夜同家の招待あり。

五月二十七日（日）

深川清澄公園の開園式。行かす。

学習院初等科にて学芸会、父兄会あり。出席。八時より正午に至る。

島津家の売立品を見る。二十八日開札。最高、松屋肩附《ママ》〔衝〕茶碗十二万八千円。

木戸〔孝允〕公遺墨（青山会館）展を見る。

Golf。

天野弘一君の招宴、翠松園。栃木県々是製糸会社事件、和解成立につき知事、判検事等を招き吾等も同席。

【上欄】

海軍記念日の宴会、水交社に催され、聖上行幸。各省大臣、両院議長〔徳川家達貴族院議長、元田肇衆議院議長〕も招かる。

五月二十八日（月）

加藤政之助〔貴族院議員〕氏令夫人（安子）、安行村長の令息中山昌氏同伴来訪。

福富君、役所に来訪。

宮中顧問官、錦鶏間祗候の賜餐。

Moul〔e〕氏の御話。

金鶏学院の新館予定地を見、夕、翠松園にて晩餐を共にす。

五月二十九日（火）

高山紀斎〔日本歯科医師会初代会長〕氏（清浦子の紹介）来訪。前年、侍医寮在職当時の所感を述へらる。

一高同窓会理事会に出席。共済部五百円を千円に増すことに賛成しおけり。多分、決定せしならん。

学士会新館建築につき阪谷理事長より招宴。理事長阪谷男、建築実行委員長山田〔三良〕博士、建築事務所赤星君、設計監督佐野〔利器〕、高橋〔貞太郎〕両君、工事請負は戸田組。

牧野伯を訪ふ。

五月三十日（水）

沈友燮（啓明クラブ、京城仁寺洞一五二）来訪。七時頃より十時に及ぶ。言率直にして能く内鮮の関係を観察し、聞くへきもの少らす。

宮本央氏来訪。茶料理に招な《ママ》る。

広幡〔忠隆〕伯の紹介にて、京都画家福島棑隣氏来訪（京都馬町通東山路東入一五）。

Golf、午後。

安眠。慥にGolfにて一週運動の効果なり。此日は酒を用います。

五月三十一日（木）

朝、Golf。

午後、日々新聞社の「支那の動乱」活動を見る。済南出兵、北京、天津の近況を写すものなり。

岩崎彦弥太君、三、四ヶ月前、長女〔勢津子〕を設けられたるにつき、衣、由香、美恵同伴、晩餐に招かる。

昭和三年六月

六月一日（金）

華族会館の記念会。伏見宮殿下台臨。大臣、総才等と共に陪席。午餐。

国産振興博覧会終了につき御慰労の為め閑院宮邸にて賜茶。

南大曹君御夫妻〔満子〕を招き晩餐を共にす。

六月二日（土）

軸丸春吉氏の療法を初む。鈴木君の紹介による。初度二円、次回以後は一円二十銭。半月分として十六円五十銭の治療券を買て治療四、五分間。主として脊髄を矯正するに在るか如し。首の廻転著しく自由になりしを覚ゆ。

三越にて浩一路〔近藤浩一路〕君の日本画展を見る。小品にても百二十円以上、半切山水二百円以上。濃淡遠近の風致は可なるも、筆力筆勢の見るへきもの少きか如し。

魯山人〔北大路魯山人・芸術家〕の陶器展あり。価の不廉なるのみにて特に感服せるものなし。

鳩居堂に荻原一羊氏の日本画展あり。長条六、七寸ものにて表裏共百円位、画は極めて粗画なり。相当気分はあり、筆力は如何にや。

博物館事業促進会の第一回評議員会（赤十〔字〕社）あり。平山男主催。

泉会のバザー、三一教会に開かる。玉堂、春挙、翠雲、十畝、秀畝、映丘等の大家及翠山君の画、数多。

【上欄】
三矢君の来訪を乞ひ、宮様の御輔導役物色につき懇談。
佐竹義文君の招待、新喜楽。宇佐美、平塚、結城、田島、三矢、出岡君等。

六月三日（日）
渡辺八郎君来訪。
宮本央氏の招待、四谷左門町六五。久保田氏茶料理。石黒子、柴田氏、高羽君同席。
【上欄】
六月三日より十一日迄は十一日記す。

六月五日（火）
事務調査会総会。

六月六日（水）
内閣干係者の賜餐〔霞関〕。
Moul〔e〕先生。
一水会にて田代〔皖一郎・参謀本部支那課長〕大佐の講話を聴く〔華族会館〕。
渡辺八郎君来訪。

六月七日（木）
厚東〔篤太郎・陸軍士官学校幹事〕少将の来訪を乞ひ懇談。
石井前大使の御進講〔赤坂離宮〕。
久邇宮殿下、台湾の御検閲後、熱海にて一両日御滞在。本日、御帰京に付、御出迎。
荒木十畝画伯及令夫人〔糸子〕を招き晩餐。溝口君同席。

六月八日（金）
石川高松宮事務官を招き晩餐を共にし、二、三時間懇談。
久邇宮邸に伺候。大沼〔直輔・久邇宮邦彦王附〕武官より台湾に於ける鮮人不逞事件の顚末を聴取す。
小山松吉君を訪ふ。
Golf。

六月九日（土）
浮世絵展覧会〔報知新聞主催〕を見る。衣、同道。版画の外、屏風類見るへきも〔の〕甚多し。此日は彦根屏風の展覧あり。
朝鮮協会にて今回渡鮮理事諸氏と会食。平井〔三男〕

前学務課長の講話あり。実業教育の必要と近来学校に於けるストライキの多きことを述ふ。

宮附事務官の催にて講話会第一回、精養軒にて開催。高嶋米峰〔宗教家〕君の講演あり。

大倉鶴翁四十九日に付、男爵より招待（Hotel）。

六月十日（日）

松村光三〔立憲政友会所属衆議院議員〕氏を見舞ふ（田中首相襲撃事件の際負傷せり）。令夫人に面会。

女子高師の張和順来訪。学資のことにつき懇嘱。

鈴木三郎君、来京につき木下氏と共に三会堂の東洋軒にて午餐を共にす。

野州美術会に出席。

Golf。

六月十一日（月）

三矢君来訪。予て懇談中の秩父宮殿下の御為めとして候補者、香坂〔昌康・前愛媛県知事〕、大塚〔惟精〕、関屋、白根竹〔竹介・富山県知事〕、森岡〔二朗・茨城県知事〕の諸氏を挙く。

閑院宮総才殿下より大礼使関係高等官を霞関に御招待。


事務調査会。

数日前より痔に微痛を感す。今日はやゝ増加せり。

六月二十四日（日）

朝、Golf（赤坂離宮）三回。最良三一、最悪三七、平均三三．三。河井最良三〇、最悪四二、平均三五。

松平恒雄君及令夫人来訪。十一時より午後二時に至る。午餐を共にし懇談。

一．従来の経過。

一．御輿入前の諸件。

御輿入後の諸件につきては後日を期す（諸件は極めて必要緊切なる事項につき、別冊に要項を記述す）。松平両所とも隔意なく相語る。到底筆紙を以て尽し難きもののみにて互に感激少らす。

淵沢能恵〔明新女学校創立者〕老女史、上京につき有志者の歓迎会。婦女新聞社の福島四郎氏、塚本はま〔教育家〕女史、山崎夫人等発起なり（学士会）。

六月二十五日（月）

朝、風雨烈し。来朝中の The National Council of the Y. M. C. A. of the U. S. A. Burton B Wilson Foreign

Section Y. M. C. A. 347 Madison ave New York 氏をPhelps 氏方に訪問。

一．ＹＭＣＡ建築を政治上の目的に使用するの不可なること。

一．地方にもＹＭＣＡの必要なること。

を述へおけり。

三上博士の「明治天皇御聖徳」（赤坂離宮）。

済生会の評議員会。

【上欄】

赤坂離宮闖入者の件につき責任者の考査委員会。

六月二十六日（火）

大臣より警察部長を霞関に招待。

考査委員会。

先日の赤坂離宮正門内に直訴者の闖入事件に対する責任なり。加賀谷警察長及警部、譴責。阪口〔鎮雄・皇宮警察部警視〕、罰俸二十分の一、一ヶ月。両警手二十分の一、二ヶ月と決定す。

仏大使館にて茶。

六月二十七日（水）

学習院評議会。両院長の報告を聴取す。

高野氏の催にて山口に於て小宴。生田、宇佐美両氏、余。

【上欄】

治安維持の緊急勅令、枢密院本会議。

六月二十八日（木）

石原助熊〔日本女子大学講師〕氏来訪。古在氏の伝言をもたらす。

昨夜来腹痛にて今朝下痢あり。欠勤、静養。

Miss Bosanquet 氏の講話、詩篇121。

檀野氏の催にて沢田氏等の為め小宴。微恙の為め欠席。

【上欄】

治安維持に関する緊急勅令、枢密院にて決定。昨日来、顧問官の反対最強硬にて、御前会議二日共午前午後にわたる。反対は久保田〔譲〕、江木〔千之〕、松室〔致〕、井上〔勝之助〕、……五名なり。

六月二十九日（金）

有栖川宮〔威仁親王妃〕慰子女王の五年祭。微恙の為め参列せす。御大典評議会。

御大礼警備係にて前回御大礼の際、警備に従事せる諸氏の意見経験を聴取する為め、大臣官邸に小集を催うす。

湯浅（警保局長）、永田〔秀次郎〕（京都警察部長）、川崎〔卓吉〕（警視庁第一部長）、富田〔愛次郎〕（京都警務課長）、中川〔望〕（衛生局長）等の来臨を乞ふ。

横山〔助成〕警保局長、山田〔準次郎〕衛生局長、京都の池田〔清〕部長、清水〔重夫〕課長等出席。


【上欄】

御大礼評議会総会。

一．召さるへきものゝ内に、民間に於て功労顕著なる者（二十人以内）を加ふ。

六月三十日（土）

河上清君来省。Asia（米国の雑誌）に今上天皇につき記事を担当せる由。

飯村君、Garden Houc《ママ》〔s〕eを視察しくれ報告をもたらせり。大体、病人の結果も悪しからす、園内の空気何となく親しみありと。急務は下水の改善なるか如し。佐藤技師の意見も同様なりと。

麻布第三聯隊の新築を見る。八千坪、坪当二百五十余円なる由。

安保〔清種〕大将を答訪。

小原君を富久町の邸に訪ふ。

中ノ条尊氏来訪。同氏、銀行業務停止につき、同氏か取調を受けるにつき縁《ママ》罪の干係にて迷惑を及ほすやを恐れ挨拶に来る。


【上欄】

今朝、聖上、宮城より赤坂離宮御還幸の御途中、四谷仲町附近にて直訴未遂ありしと。

昭和三年七月

七月一日（日）
両陛下、近く宮城に御移転遊はさるゝにつき、赤坂離宮に於て最終のGolfトウナメントを御催に相成。余等亦御召の栄を蒙る。会するもの、朝香両〔鳩彦王、鳩彦王妃允子〕殿下、李王殿下初め、四十人余。九時より四時過に及ふ。
一等は北村〔民枝・皇后宮〕女官、二等は塚原〔伊勢松〕侍医其他、五等に至る。余はhandy 40（ボギー21）。即ち一回、34⅓の筈なり。第一回40、第二回40、第三回39にて、総順番323番の不成績を見たり。

梅雨、夜半に止み、午後は好晴なりき。

樺山伯母堂〔とも子〕逝去の由、山内氏より通知あり。平河町赤星邸に弔問。

辜顕栄〔実業家〕氏来訪。台湾更迭につき上京せる也。

七月二日（月）

軸丸氏を初む。

先般、光彦、温灸にゆき、二週間内に一貫以上を増進し元気恢復し来る。友彦も後れて治療をうけ、亦同一の効果を見、両人共、近来血色著しく良好（福岡利三氏なり）。盛に飲食して此の害を見す。

御物管理の会合。

ボサンケット女史の講話、Haiah 第一六章（1―5）。Here are I Send we の語は、将来十分の自信を以て言明するの機会あるをまつ。

松平大使夫妻の為日米協会の晩餐会（華族会館）。

七月三日（火）

竹下豊次〔長野県警察部長〕氏来訪。宮附事務官辞退の意ありしか、結局、当分従前通、東久邇宮の御決定をまつこととせり。

松平大使の米国事情御進講。

岡本〔愛祐〕事務官を招き懇談。晩餐を共にす。

七月四日（水）

御大礼につき宮様方に御贈進につき、画家其他美術家を選定打合（赤坂離宮）。福原、正木、大島、溝口等の諸氏と共に。

樺山〔資紀〕故大将の令夫人（愛輔伯の母堂八十四才）最登《ママ》子〔とも子〕氏告別式。

藤園会設立につき打合（華族会館）。横沢、堀内、漆間、安岡一郎氏等と。

本間〔雅晴・秩父宮附武官、陸軍歩兵中佐〕武官来訪。晩餐を共にして懇談。

【上欄】藤麿王殿下、萩麿王殿下、臣籍降下につき、枢密院会議。赤坂離宮彩鸞ノ間（宮城御修繕に付）。

七月五日（木）

竹田宮殿下に拝謁。

十五銀行更生につき西野氏より挨拶の為め小宴。大蔵大臣、郷、松平、徳川等の諸氏来会。

七月六日（金）

夜、松平大使夫妻来訪。之にて懇談三回に及ふ。

Golf。来日曜に新宿にて競技あり（李王殿下御歓迎）。其練習なり。御苑の芝の新植地の方に「コース」を広け、holeは九となる。

【上欄】

中央官衙委員会。鉄道省、内閣、会計検査院等。

七月七日（土）

東伏見宮大妃殿下に拝謁。

堀越氏作厳島神社国宝小楼絨《ママ》〔威〕甲冑■■の説明（松岡映丘氏）を聴く。

Golf。

田中教■祁答院規雄（朝鮮逓信局の技師）来訪。

【上欄】

王公族審議会審議員の任命を受く。

七月八日（日）

Golf。新宿、against Bogy、handy cap 18にて、結果は16。

【上欄】

八日より十五日迄、十五日夜記。

七月九日（月）

後楽園を視察す。

一．西南隅の大樹、著しく焼損。

一．再ひ此名園を作るは至難なり。

一．東京に之を保存するは必要なり。

赤坂離宮にて「スカル」問題協議。

三二会（卒業後三十年記念）紅葉館に開会。諸先生を御招待申上く。御光臨を得たるは、富井〔政章〕、坪井〔九馬三・歴史学者〕、土方〔寧・法学者〕、一木、水野の五先生なり。

七月十日（火）

大学々生監、安藤円秀〔東京帝国大学文学部助教授〕君を招き晩餐を共にし、学生と共産主義につき近状を聞く。

一学生の危険思想を抱く原因は主として左の如し。

1．病身。2．貧困。3．家庭の不和。

右の理由なくして、而かも共産主義者たるものなきに非す。此等は或機会にて貧者に同情するに至るものにて人道主義なり。此等家庭の内にて、父か余り厳格にて家庭は健全なるも、和気に乏しきものなきに非すと。最危険なる学生数は約三十人にて、理科のみには之れなしと。

【上欄】
各種専門学校長、賜茶（赤坂離宮）。

七月十一日（水）
会議後、内大臣、宮内大臣、侍従長等と打合をなす。

【上欄】
皇族会議。藤麿王、萩麿王両殿下の降下（赤坂離宮）。

七月十二日（木）
安河〔安河内麻吉カ・内務官僚〕君の追悼会、増上寺に催さる。公務の為め参列せす。

青山東御所にて。

秩父宮殿下、松平大使夫妻、節子姫を御招き相成。其他、御婚約当時の関係者、御召を蒙る。牧野、一木両大臣、関屋、仙石、松浦、松平慶民、山辺〔知春〕、前田〔利男〕、松平保男〔貴族院議員、節子の養父〕子等、外入江〔為守〕大夫と両事務官、竹屋〔津根子〕典侍。此夜は皇太后陛下の御心入にて室内の御飾等、万端行届きたる御待遇なり。

木下氏を弔問。

【上欄】
御大礼の勅語起草委員の会同（第一回）。

新聞記者団体二十一日会の諸氏と面会。

七月十三日（金）
木下君母堂の告別式。

新聞記者団体二十一〔日〕会の希望に対する返答を協議す。建礼門前の拝観を許ること（進んては建礼門内に若干を入るゝや否やは未定）。

中央朝鮮協会理事会（欠席）。

王公族審議会会員の打合（大臣官邸）。

倉富議長、内田〔康哉〕、荒井〔賢太郎〕両顧問官、高伯、和仁〔貞吉〕東京控訴院長、仙石、関屋、大谷の会員、岩波、酒巻両幹事。

近衛公爵の招宴（錦水）。大礼使次官及幹事。

【上欄】
近日、赤坂離宮より宮城御移転につき、両陛下、照宮殿下を中心として側近者一同撮影。内大臣、大臣、次官参列の栄を荷ふ。終て御陪食。

七月十四日（土）

大倉鶴翁の新盆及百日月にて寛永寺に法要。ホテルにて晩餐。親族、会社重役及稲田〔龍吉〕、南、呉〔建〕等の諸博士と余等。余、来賓を代表して挨拶を述ふ。

【上欄】

藤麿王殿下、御降下につき賢所御拝。

天皇、皇后両陛下、照宮殿下御同伴、葉山へ行幸啓。

七月十五日（日）

午前中引籠る。岡本事務官来訪。翁島の近状を報告せらる。

午後、衣同道、片瀬山本氏を訪ひ附近の分譲地を見る。三十円より三十七、八円に至る。

軸丸氏の治療、之にて七月分を終る。

七月十六日（月）

萩麿王、賢所御拝。

同族自治規約につき華族会館の委員会に臨む。徳川館長の希望に出つ。

横山、松田、秋元三氏を招き晩餐。

葉山御用邸にて郷養会の料理人、パラチブスの保菌者たることを発見す。

正彦、光両名、とみ、ちえ同伴、軽井沢にゆく。

七月十七日（火）

火曜会にて松平大使を招待。

肥田栄三氏来省。

Golf。

【上欄】

聖上、士官学校へ行幸につき葉山より御帰京あらせらる。

七月十八日（水）

Jafaductiosal の Morgan 氏に面会。

一．大礼号の表紙御綬受の件。

一．右につき補助の件。

一．京都宿舎の件。

安岡氏と日本クラブにて面会。

温灸院にゆき福岡氏の診を乞ふ。前に試みたるは自宅にて也。温灸（第一回）。

七月十九日（木）

御大礼評議会。

勅語起草委員会第二回。

事務調査会。

一．皇族歳費。

一．図書寮、諸陵寮定員のこと。

葉山御用邸にて、厨司、野崎属の検便の結果〔皇室警官部衛生室〕の結果、真症チブスの保菌者たる疑ある内にて、善後策を講す。

【上欄】

田中総理を私邸に訪ふ。総理の希望に出つ。談は、水戸、会津、仙台等に対する昇爵問題なり。

七月二十日（金）
皇太后陛下、多摩陵御参拝につき供奉。
植樹の成績甚可良、御陵墓の尊厳漸次加はるを悦ふ。
淵沢老女史来訪。淑明女子校に内地人生徒を収容するの不可なるを述へおく。
Bosanquet 女史来講。
李王殿下御晩餐。仙石、東久世、篠田三君と余。
温灸は休む。なし。

七月二十一日（土）

中村孝也〔東京帝国大学文学部助教授〕博士来訪。松平節子姫の国史開講の用務なり。

不用《ママ》〔要〕存林野委員会。

篠田次官来省。

岩倉男と華族会館に会見。

川合玉堂画伯を訪問。下画は已に完了、大屏風は一部着手。

河原田〔稼吉〕新台湾総務長官を訪ふ。

賀陽宮殿下に伺候、拝謁。

筑波〔藤麿〕侯、鹿島〔萩麿〕伯、御訪問。御面会の節、犠牲の精神と感謝の念との必要を力説す。

大島与吉氏紹介の書面〔山梨総督、木下〔謙次郎・関東庁〕長官〕を与ふ。

七月二十二日（日）
葉山御用邸に伺候。帰途、珍田、大倉信子の二氏を訪問。
【上欄】
（二十五日）御外遊記の整理につき協議（御用邸）。珍田、河井、山本〔信次郎〕、白根、岡本。

一、来年三月までとす。
一、服部邦光〔予備役海軍少将〕君を嘱託とすること。
一、写■生は其時必要ならん。

七月二十三日（月）

入江皇太后大夫来訪。時に東御所に伺候、拝謁を願ふへき由勧説せらる。外に井上通泰博士の件等。

松村介石氏に招かる。徳富、筧、渡辺、平沼、松村画伯。


【上欄】

正倉院に干し協議。大臣官邸。大臣、次官、内匠頭、北村、大谷、黒板〔勝美〕、伊東、関野、佐野の諸氏。
一、「サヤ」を作る案を可とする案。
一、拝観所を別に設くる案。
等を講究するに決す。

七月二十四日（火）

大臣と官邸にて官制（事務調査会決定）につき打合をなす。御意見の卑見と殆異らさるは至幸なりき。

藤園会第一回を華族会館にて開催。児玉伯臨席。来会者は六十余名。後藤子、中橋商工大臣、石黒子、福田大将、毛利〔高範・貴族院議員〕子爵等。

発起人は後藤、田中、小野、杉山、藤原、堀内、関屋、横沢、漆間等にて、世話役としては堀内以下、四人なり。

先日、二十三回忌の春松寺に於て営まれたる際、話出て茲に発会を見るに至りしなり。

七月二十五日（水）

葉山御用邸に伺候。

帰途、牧野伯を訪ひ片瀬に至り、ゆか子、美恵子等、衣同伴帰京。


【上欄】

御外遊記の件、二十六の欄に誤記す。

七月二十六日（木）

池上秀畝君来訪。画二幅を携行。

永井松三〔国際連盟日本代表〕君及令夫人〔末子〕を招待。

近日、白耳義大使として赴任の筈。

司法官御陪食（赤坂離宮）。


【上欄】

勅語寿詞起草委員会第二回。

葉山より御還幸。

七月二十七日（金）

梨本、東伏見、久邇の諸宮に暑中御伺。

【上欄】

那須へ行幸啓。八時、原宿御発車。

七月二十八日（土）

此日、川開（雨天巡《ママ》〔順〕延の為め）にて柳光寺に招かる。富谷、田代等の諸先輩、小堀、荒井〔寛方〕、岡田〔三郎助〕等の画伯、松本、田口、永藤、須賀氏等也。主催者は永藤、須賀両氏なりしか如し。来会者中、川開を見たるもの、一、二に止り、他は初めてなる由。

此頃、睡眠や、可、薬を用いること寧稀なり。温灸のためか。

七月二十九日（日）

古宇田君を訪ふ。事件以来初めて面会。事態の甚気の毒なるは同情に堪へす。同君の心事の極めて高明なりしは悦ふへし。

永井白耳義大使を訪ふ。近日（赴任愈也）、ゼネバ〔ジエノヴァ〕に向ふ由。

驟雨、屡至る。

【上欄】

二十二日より二十九日までは二十九日夕、記。

七月三十日（月）

日本クラブに東洋協会評議会及総会あり。昭和二年度決算を承認す。

七月三十一日（火）

大礼使新聞班、三矢参与官、鳩山次官等と二十一日会の人々に面会。

一、建礼門外儀仗兵の整理せる中間に席を与ふること（人数は別に決定）にて交渉。二十一日会も相々打合ふ見込。

東久邇宮殿下に拝謁。事務官任命の件につき御再考を乞ふ。更に希望すへき旨の御答を得。安田〔銕之助〕武官を衛戍病院に訪ふ。言上の理由。

一、在仏当時の御附にて其点より此際は任命は省内外に悪反響を生すること。

を主として申上く。

中央朝鮮協会にて朝鮮司法官を招待。

板倉子爵（勝憲）〔貴族院議員〕告別式。

昭和三年八月

八月一日（水）

十二時過の汽車にて沼津行。学習院水泳場視察。

澄宮殿下御用邸、邦英王、博英王〔伏見宮博英王〕、忠《ママ》〔正〕彦王〔朝香宮正彦王〕、盛厚王〔東久邇宮盛厚王〕の四殿下、東御用邸に御滞在につき伺候。

八月二日（木）

六時、遊泳演習場に至り朝礼及学習等を見る。終日、曇天微雨。午後、江浦水泳場を見る。

西郷〔吉之助〕侯別荘を訪ふ。

床次氏、昨日、民政党を脱せる由、新聞紙上にて承知。一驚を喫せり。

八月三日（金）

僅に晴天を見る。

午前、遠泳を行ふ。白（一般）江浦の入口まて、紺は獅々浜の岩まて。澄宮殿下、先登《ママ》〔頭〕にて紺組の第二班にあり。綽々余裕あり。博英王は第三班に在り。

午後は各種の技を行ふ。

三時の汽車にて帰京、海江田侍従同車。

篠田、志賀両氏を招き晩餐。

八月四日（土）

午後、健彦帰宅。

河井君来訪。過日、東御所にて長時間、拝謁を賜はりしことを語る。

永井大使赴任。時刻迫りて送らす、電報を出す。

酒井忠亮〔貴族院議員〕子告別式。ゆかす。代理を頼む。

川田敬三〔日本銀行監事〕氏告別式にゆく。

正金の児玉〔謙次〕頭取来訪。

一、来年三月改選後に伊藤公のことを依頼す。

一、具体的の人名はともかくも、一名は宮内省より出すことを内諾す。

一、右は大蔵大臣にも早速話しおく筈。

中央官衙建築委員会、警視庁官舎。

松平大使訪問。節子姫改名の件につき懇談。

勢津、勢都、等。

郷津君来訪。協議の結果、同氏の意見と一致し、今村氏の希望による望月〔圭介〕内相に郷津氏紹介のことは断はることに決す。

小林姉を訪問。

【上欄】

七月三十日より八月四日迄、八月四日記。

八月五日（日）

報徳会（花田）の幹部講習会に臨席。

栃木県美術家の屏風、衝立献上につき協議（翠松園）。二十五名、予算三千円。

ビール二杯位をのむ。

八月六日（月）

村瀬君来訪。淑明女子高の□〔負カ〕債償還に干し東洋拓殖よりや丶低利に借換《ママ》〔款〕をなす希望計画書を提出。渡辺〔勝三郎〕総才、池辺〔龍一〕理事に相談の筈。

足利の原田〔政七〕、殿岡利助〔足利織物同業組合副組長〕二氏来訪。神社の記念碑揮毫を嘱託せらる。確答はせす。

朝日の柳田国男〔東京朝日新聞社客員、民俗学者〕君来訪。六国史校訂につき三上氏を依頼に干し希望をのへらる。

鈴木文四郎君来訪。朝日の大礼記念号を携来る。

三矢君来訪。二十一日会の交渉の結果を語る。

何故なるを知らす、面会多く疲労す。

【上欄】

低気圧襲、僅に晴空を見しも、直に曇る。

「オリンピック」にて、マラゾン、山田〔兼松〕四等、津田〔晴一郎〕六等。

陸上競技終了。順位は、米、芬、英、カナダ、仏、日にて、吾国は六位なり。点数は十五点（点数よりは八位なり）。

八月七日（火）

二時、皇太后陛下拝謁。

秩父宮、赤坂離宮。皇族に干する事項につき御話申上く。

八月八日（水）

思想問題に関する講習（文部省主催）にて河津暹〔東京帝国大学経済学部教授〕博士の「経済上より見たる思想問題」をきく。八月一日より十四日に至る。

講習。服部〔宇之吉〕、三上、河津、藤井〔健次郎・東京帝国大学名誉教授〕、姉崎〔正治・東京帝国大学図書館長〕の諸博士。

永田、三橋、山川、川合〔貞一・慶応義塾大学文学部教授〕、井保、高橋、栗屋〔謙〕の諸氏。

部局長を会合して、地方饗饌及贈位等、宮内省干係の恩典につき協議。

北白川永久王殿下に拝謁。李鍝公殿下に干し将来の御指導につき御願申上く。

小早川〔四郎〕男を訪ひ北白川姫宮〔美年子〕の縁談につき懇談。目的を達せす。

八月九日（木）
朝、講習会。本日にて河津博士了る。
大礼評議会。地方饗饌、御儀式総才等。
Golf。九ホール、六四（東久世君、五八）。失敗多し。

八月十日（金）
文部講習会。藤井博士のマルクス主義倫理的批判の講演をきく。
御大礼参与官会議。地方饗饌、知事推薦者の割宛。
Golf。成績不良。此頃、二、三日来睡眠不足の為めか。
此頃数日来、朝、夜、ルカ伝、エペソ書使徒行伝等を読む。

八月十一日（土）
文部省講習会。藤井博士、高橋博士。
中島正武君を訪ふ。石松画伯の小品を贈る。
午後に至り一時晴空を見る。暑気頓に加はる。

八月十六日（木）
松田源治〔立憲民政党所属衆議院議員〕君来遊。晩餐を共にす。床次氏の進退につきては松田氏等に対し同情に堪へさるものあり。

八月十七日（金）
畑中将、陸軍次官を免せられ第一師団長に親補せらる。
新喜楽にて次官一同を招かる。
大臣、木曽より帰京。

八月十八日（土）

トミの兄生田来訪。

原胤昭君令息、〔空白〕君来省。共に宅に来りて緩談。

社会事業家中、[redacted]せるもの少らす。助成金を得んか為め醜運動をさへなすものありといふ。

Golf。六二。甚不結果なり。

書物等の整理をなす。不用の書冊類、徒に堆積厄介なり。

衣、七時にて軽井沢行。

数日前より、板舟権問題にて東京市議会員の拘引せらるゝもの続出。一時逃走、旅行をなせしもの自首又は拘引せられ醜状を極む。

【上欄】

十二日より十八日迄、十八日記す。
二、三日記事なきものは遺忘したるもの少らす。

八月十九日（日）

午前、松村介石氏訪問。氏より時局柄、憂慮に堪へさる由にて面会を求め来れるなり。都合にて往訪。不安、不満足の世相に鑑み皇室にて一心一変をなすか如き施設なきか、殊に御大礼費一千万円を支出する一方、細民生活難に陥いれる現状に於て何等かの方法なきやといふに在り。憂国の至誠は同様なれは、種々意見の交換をなす。

午後、横山画伯を訪問。晩餐を共にす。

八月二十日（月）

篠田、仙石、大谷三兄と共に午餐（箔水）。

Golf。篠田兄、四六、五〇。余、五七、六三。

八月二十一日（火）

七時五十五分発にて那須御用邸に伺候。数日、供奉の筈。車中にて大谷光明〔浄土真宗本願寺派僧侶〕君、黒田侍従に面会。

恰もGolfトウナメントの日に当り、其班に入る。油小路〔褧子〕女官相手なり。五対二にて敗。

那須にて今日初め〔て〕晴空を望みし由にて、一同元気旺なり。

八月二十二日（水）

Golf tournament午前、午後。聖上及皇后両陛下初め、供奉員一同。一等、牧野侍従。二等、山岡女官。三等、油小路等なり。午前、七二、午後、五八。平均一三〇。第十一等?。
天気晴朗。

八月二十三日（木）

午後、皇后陛下の御相手にて、Golf。陛下六四、余は六五。

八月二十四日（金）

午後、両陛下に御伴。Golf。山内〔豊中〕侍従武官相手にて六五（山内は六七、土屋〔正直〕君五〇）。

夜、机にて微傷。直に松永〔琢磨〕侍医の手当を受く。

皇后陛下の御晩餐の御食事中に（伊賀むし）陶器の微片あり。恐懼に堪へす。

八月二十五日（土）

曇天。

土屋侍従と長時間談話の機会を得たり。

皇后陛下に拝謁。大膳の不注意につき、お詫申上けたり。

斉藤柾五郎〔宇都宮農学校教諭〕君来訪。栃木県農学校教諭なり。

那須にては運動の為めか睡眠却て不良。薬を用いるも熟眠を得す。殊に最初一両日は炎天にさらされたる為めもあらん。

八月二十六日（日）

午前、紅白勝負。

聖上、白組。皇后陛下は台臨なし。hole match。白紅、同点にて、決勝は西園寺、山内対奈良、関屋。一週（九ホール）にて決せす。更に三holesにて、遂に奈良、関屋組、即紅組の勝となる。時々、驟雨あり。

那須御用邸の数日は事務も面会もなく、極めて清閑、御用も殆なくもつた〔い〕なき心地せり。大概、毎日Golfにて稀にのんきなり。只、運動殊に発汗烈しき為めか夜間の睡眠は甚不良。連夜、薬を用いるも安眠せしこと少かりき。神経衰弱の為めならん。身体は余り疲労を感せす。

八月二十七日（月）

那須より帰京、十時過。

大膳にて今秋、御大礼饗宴に羊肉を用うへきや[redacted]試食。

檀野礼助君邸を弔問。先日、房州一宮に於て避暑中、三児〔典子、延子、首〕と令姪〔綾子〕とボートにて海上に出て、皆溺死せるの悲惨の事あり。那須より不取敢弔電、今日、親しく訪問。氏と令夫人〔きよ子〕等に面会。弔辞を述ふ。殆、慰一措の辞なきに苦しめり。人生稀に遭ふ悲哀なり。

小林清七氏令夫人逝去の由につき香奠と書面を出す。帰宅。按摩をとり温灸を行ひ、此夜は安眠。那須の疲労を幾分恢復せる如し。

八月二十八日（火）

守屋孝蔵氏、高橋韓君を招き晩餐。

田中武八君、福岡より東上。

那須の疲労全く癒えす。按摩と温灸。睡眠やゝ良。

八月二十九日（水）

近角常観〔浄土真宗大谷派僧侶〕君、本願寺宗制及家憲等の件につき来訪。

松平恒雄君来訪。

岩倉道倶男、守屋孝蔵君、岩倉公家救済問題に干し来省。

【上欄】

宮殿御修理ほゞ結了につき御室割等につき打合をなす。

白根、東久世、木下、岡本。

八月三十日（木）

岡田、藤島〔武二・洋画家〕両画伯を招き、皇太后陛下より両陛下に御贈進の額面を依頼す。

日本クラブにて宅野氏に面会。

一．秩父宮殿下自動車の件。

一．両陛下御運動の件につき懇談、説明を試む。氏も格別意見を陳へす。諒解せられたるものゝ如し。

八月三十一日（金）

【上欄】

勅語寿詞の委員会。

昭和三年九月

九月一日（土）

多摩陵北域内に闖入、御鳥居に血書せる青年あり。石塚甚蔵（二十六才）といふ品川在住のものにて、職工として諸処に勤務し、現下無職なるか如し。陵墓監守、捕へて警察官に渡す。犯人逃走の意なく、犯行に対し恐るゝ色なかりしと。斯る犯罪は従来嘗て耳にせしことなし。真に恐懼に堪へさる所、世相の険悪驚く許りなり。

九月二日（日）

阿部無仏居士と共に鎌倉斎藤氏別荘を訪ふ。牧野伯、鈴木大拙氏、石井氏も来会。先つ、故大塊居士〔野田卯太郎・元衆議院議員〕の墓に詣て（東慶寺内）、住職禅忠〔佐藤禅忠〕氏に面会。

斎藤氏別荘は故朝吹英吉氏のものを買受けたる由。庭の旧に依りし由なるか、極め〔て〕雅趣あり。精進料理の饗を受く。円覚寺の本堂再建工事中なるを一見し、二時過の汽車にて帰京。山崎四男六〔元宮内官僚〕氏の告別式に参し、終て新宿御苑の李王殿下御催のGolfに出席（六一）。殿下は（五一）。晩餐に陪す。

九月三日（月）

安田東久邇宮〔附〕武官来訪。御帰朝前後の事情を細説せらる。尚、同氏の離婚に干し語らる。

Golf。

佐竹氏と尾崎氏と会食（山口）。

今朝より軸丸氏の治療をうく。

九月四日（火）

相川秘書官来訪。東久世君、公私の問題を読売に掲才する計画ある由、坂下クラブ萩博氏より聞取りたる件につき報告せらる。

日本両親再教育協会の子供研究講堂献上のことにつき、主幹上村哲弥氏代理として令弟清敏君来訪。

図書寮の新築を見る。総坪数一千〔空白〕坪。工費四十六万。大体は良く出来たるか如し。煙突の南側庭上に屹立せると、書庫内部張付木板の上のペンキは如何あらん。

【上欄】

去月三十日より今日までは四日夜記。

九月五日（水）

秩父宮邸に伺候。多摩陵不敬事件につき言上。

朝倉文夫〔彫刻家、東京美術学校教授〕君来訪。大分県より献上の御肖像の件〔に〕干し意見を述へらる。

多摩陵御鳥居は直に御祓を行ひ後汚点を拭除し、今早朝、簡単に祭事を行ひたり。

Golf。

九月六日（木）

主馬寮の鹵簿練習。

大礼使会議。

九月七日（金）

午後、大谷氏と牧野伯を訪ふ。主として請願処理に干する件。

山下亀三郎〔山下汽船創業者〕氏の（川村〔竹治〕総督）招待の宴に出席。

【上欄】

多摩陵事件につき諸陵寮職員の考査委員会を開く。

九月八日（土）

朝、宅野氏来訪。安岡君の件につき誤解の〔な〕き様話しおけり。

啓明会主催の陳列を見、矢代〔幸雄・美術評論家〕氏の講演をきく。四時発にて那須御用邸に伺候。

九月九日（日）

Golf トウナメント、第一回六〔空白〕。第二回五四。紅白勝負にて紅組勝。聖上は白、皇后宮は紅。余は白組、即負組なり。試合後、牧場附近の眺望台方面を見分。

九月十日（月）

午前中、近郊荘及御用邸の官地中、民有地の介在せる個処を見分す。

午後、Golf の御相手を為す。昨日に引換へ成績不良（六四）。

六時発にて帰京。

九月十一日（火）

総理私邸に田中首相と面会。首相希望の件につき意見を述へ幸に同意せられたり。

午後、按摩。夜は特に足部をもむ。安眠。

九月十二日（水）

木部《ママ》〔辺〕派管長、木部慈孝《ママ》〔木辺孝慈・真宗木辺派僧侶〕氏来訪。

Hedges 氏来省（Japan Advertise）。

東久邇殿下に聯隊本部にて拝謁。事務官任命につき御承認を得たり。数ヶ月間の懸案解決せり。

山田久邇宮事務官、大臣官邸に来訪。若宮殿下の御近状につき詳細報告を聞く。

九月十七日（月）

六時半出発、八瀬に出て叡山に上る。山県、工藤両君、佐野君、県庁より久喜田君加はる。約一時間にして、ケーブル上り口に達す。山上にて延暦寺の出迎をうけ、四明岳をへて、講堂、根本中堂等をへて、阪《ママ》〔坂〕本に下る。山上には、管長梅谷〔孝永・第二四七世天台座主〕氏、執事長赤松氏等、案内せらる。

十時半、京阪丸に乗る。堀田〔鼎・滋賀県〕知事、早川〔清三〕主事、原田金之祐君、同行。雄松浜（近江舞子）に寄港。竹生島にて、弁天、観音、つくぶすま〔都久夫須麻〕神社に参詣。寺は宝厳寺といふ真言新義派なり。宝物を一見。此処よりみとり丸に乗る。長命寺。

九月十八日（火）

七時、大津より京都に出つ。訪客を受け、十時過きより御造営を視察す。北村〔耕造・内匠寮技師〕、菊地〔白・内匠寮技師〕、鈴木〔鎮雄・内匠寮技師〕等の諸氏あり。

午後、守屋、竹内、三木氏を訪ふ。

竹崎律次氏の治療をうく（鈴木三郎氏の紹介）。氏は法学士にて保険会社員たり。按摩は全く奉仕の意なりといふ。

北村、加藤氏、七、八名と晩餐を共にし、内匠寮員には菓子料（五十円）を贈る。

七時過の急行にて福岡に向ふ。暑し。

九月十九日（水）

十一時過、福岡着。内務部長平田〔貫一〕君、下関迄出迎。庭田〔重行〕掌典以下は栄屋に、余は松島屋に投宿。松島屋は二十年前、鹿児島在勤当時宿泊せし家にて、主人主婦歓迎最力む。

二時より箱崎、香椎両宮、大宰府天満宮に参拝。七時帰宿。途中、都府楼趾を見る。観〔世〕音寺には寄らす。神社より楼趾に至る道、半成にて徒歩二十余町。古川〔静夫〕学務部長、案内しくれたり。

流汗の甚しき為めか、睡眠悪し。按摩。

九月二十日（木）

福岡検事正寺島〔久松〕氏来訪。共産党事件につき実状を聴く。学生は殆検挙せさ〔り〕し由なり。主義を信するに至りしもの、高等学校時代のもの多く、家庭等の干係よりも寧体質、健康等によるもの多しといふ。抜本塞源の方法として、氏は荐りに出版の制限をとけり。例へは、「マルクス主義」、「無産新聞」の如き。

大工原〔銀太郎・九州帝国〕大学総長、中田〔覚吾郎・九州帝国大学農学部〕教授等来訪。久保〔健麿カ〕博士（外遊中）

を訪ひ、夫人に面会。

山崎氏を訪ふ。健康十分ならさるか如し。殊に長男（大学生）病床にあり。気の毒に堪へす。

石原誠〔九州帝国大学医学部教授〕君を訪ひ夫人に面会。

午後、斎田聖地、脇山村（早良《サワラ》郡）に行く。自動車四十分（四里）。横溝〔光暉〕内閣書記官同行。脇山村は脊振山を界として佐賀県に近く山間の農村なり。斎田より数町を距る。椎原《シイハラ》川より主基斎田の灌漑用水なく、此処にて御稜の儀、行はる。三時に初まり二、三十分にて終る。地は悠紀地方の如く広濶ならさるも、四方殆山を以て繞まれ、全く俗塵を遠かりたる感あり。式後、斎田を拝見す。稲種穀良都にて、大部分は仆ほり居れり。

四時半、帰福。県嘱託島田寅次郎氏につき史蹟の談をきく。

特高課長、中里喜一君より共産党事件につき聴取す。

此間来客多し。山口県山口町神代敬亮氏来訪。山口県行啓の際に於ける宮内官の行動につき、注意談をきく。

九月二十一日（金）

八時半出発、脇山村に向ふ。式は十時に初まり一時半にて終了。奉賛会の招待あり。小学校に立寄り、大田主、石津新一郎君宅を訪問。

式は悠紀斎田と異にす。斎田の所在地、福岡を去る四里余。交通不便の為め参列者及拝観者、三上村に比し少し。総数四、五万に上りし由、新聞紙に報す。三上村は十万以上なりといふ。大田主は村内随一の富農にして勅使高館《ママ》〔官〕となり、便所、風呂場等も新営せる由。

悠紀主基共、県当局、大田主、村民は勿論、一般県民の熱誠は尋常に非す。

一旦、旅館に帰へり、更に元寇防塁を見んか為め今津村に至る。

夜、知事主催の招待会あり。

九月二十二日（土）

朝、故桜井恒二《ママ》〔次〕郎〔九州帝国大学医学部教授、解剖学者〕君御遺族を弔問。

知事と古川学務部長及才判所を訪問。

聖福寺幻住庵にて仙崖和尚〔仙厓義梵・聖福寺第一二五代祖師〕（寛政より天保に至る、行年八十余歳）の遺墨を見る。住職百丈氏より逸話をきく。虚白庵の旧宅保存せらるゝを見る。

大学を訪問。大工原総長、春日〔政治〕法文学部長、

片山〔外美雄〕農学部長等、其他、石原博士等と午餐を共にし、一時過の汽車に投す。大川英太郎属同行。

八幡にて下車、製鉄所を見る。此間二時間弱。佐々木、山県両理事案内。倶ラブに休憩。六時発自動車にて小倉をへて門司に来る。山陽ホテルにて晩餐、九時の特急に投す。

九月二十三日（日）

車中、朝融王殿下と属行、御話の機会あり。且つ晩餐に陪す。御附武官は代谷〔清志・海軍〕少佐なり。殿下は国府津にて御下車、鎌倉まで自動車。福田〔彦助・第六師団長の一行も国府津に一泊、翌朝参内の由。

浜口、江木両氏、京都より同車。

九月二十四日（月）

山県伊三郎公の一周忌につき弔問。築地本願寺にて追悼会。

鳩山春子〔共立女子職業学校校長〕女史来訪。女子職業学校の製品展覧の件なり。

福田第六師団長の軍状奏上、御陪食あり。停車場には宮内省より馬車を差廻され、前後騎兵の警護にて参内。勅語と金時計及金円の御下賜あり。西比利亜兵の時と同様の御取扱なり。

昨日来、二、三回下痢の気味あり。温灸にて快癒す。

九月二十五日（火）

出淵駐米大使の留別茶話会に出席（ホテル）。松平夫人、節子姫同道にて来訪せらる。

夕方、松平大使を訪問。節子姫に御面会、御輿入後、妃殿下として御心得として卑見を陳ふ。熱心に御聴取下されしは感謝に堪へさる所なり。温良貞淑にして聡明なるは人意を強うする所なり。

九月二十六日（水）

院展を見る。衣、同伴。秩父宮殿下、御観覧中にて拝謁せり。格別目立ちたるものなし。大観氏の外、出色なるは御舟、丘《ママ》〔岳〕陵君等か。佳作と見しもの、

春閑　高橋周桑、遊鯉　富取風堂、南国の装ひ　樋口富麿《ママ》〔麻呂〕、祇園白川　小島一谿、水辺二題　酒井三良、鶴と七面鳥　小林古径、紙講　富《ママ》〔冨〕田渓仙、近藤浩一路　草風。

彫刻は佐藤朝山、猫。

九月二十七日（木）

図書寮展覧に衣、同伴再訪。

秩父宮邸に参上、御祝品等を拝見。

伊国大使〔ポンペーオ・アロイージ Pompeo Aloisi〕の為め宮中御陪食。

大礼使評議会（小範囲）。

一．地方饗饌。

一．嘱託を招宴に御招待の件、等。

勅語案の会議。今日にてほゞ内定す。

九月二十八日（金）
秩父宮殿下、松平勢津子姫との御結婚式、賢所にて行はせらる。八時三十分、参集。宮内勅任官、奏任官御総代一名。松平大使夫妻、松平子（保男）夫妻〔進子〕参列。此日、天晴気澄、秋冷眺に可なり。真に好晴日也。東車寄、東御所、秩父宮邸に参賀。夜に入りて松平大使邸に祝賀に行く。大使及令夫人、鍋島母堂〔鍋島栄子・松平節子の祖母〕等に御面会。
　勅語案を携へ伊東伯、平沼男を訪ふ。田中首相邸に首相を訪ふ。共産党警戒の件につき懇談せらる。

九月二十九日（土）
【上欄】
予算会議。九時半より夜七時半までにて終了。

九月三十日（日）

松平保男子を訪ふ。小林を訪ふ。

南画院第七回展を見る。一も感すへきものを見す。如此なれは南画の将来に疑惧の念なきを得す。翠雲君の富岳詣景も実写につき南画の気韻乏し。

脇水君訪問。令息〔五郎〕の米国にて死去せられたるを弔問せるなり。

平沼淑郎〔経済学者、平沼騏一郎の兄〕氏来訪。

松岡洋右君来訪。晩餐を共にす。

昭和三年一〇月

十月一日（月）
生田目氏来訪。
東京夕刊主催の御大礼記念博覧会開会式に参列。

御大典につき御賑恤金につき審議す（予算委員）。百五十万とし、一般、各府県、朝鮮、台湾等に配付のことに内定。

【上欄】

大審院、東京控訴院、東京地方才判所に行幸。従来嘗てなき所也。勅語あり。

十月二日（火）

才判所、宮殿下台臨。仙石氏と共に陪覧。海軍検閲使（財部大将）御陪食。司法大臣〔原嘉道〕の晩餐会（東京会館）。

十月三日（水）

西園寺〔公望〕公参内。拝謁終て賜茶につき陪席。皇后陛下の御陵御親謁に干し御障りの際、御代拝を御差遣相成るへきや否やに審議す。衆議は御差遣然るへしとの意見なり（如何なる御障にても同様、且賢所等も皇陵も同一に見做すへしと）。尚、大臣の意見を伺ひ慎重に研究のことに決す。

【上欄】

高松宮殿下、遠洋航海より御帰朝、横浜着。御着につき御出迎申上く。

十月四日（木）

一木大臣、風邪の気味に付、代て大演習供奉仰付らる。車中にて警視総監（宮田〔光雄〕）、第一師団長（畑）、栃木（藤山〔竹一〕）、埼玉（宮脇〔梅吉〕）、茨城（森岡〔二朗〕）の三知事に拝謁。主管事務につき奏上をうけ玉ふ。

宮城県知事（牛塚〔虎太郎〕）は御警衛につき、特に県庁吏員に対し奉遣につき注意を促かし、自警の方法をとらしめたるは適切の処置なりと信す。内務部長井野〔次郎〕、警察部長万〔富次郎〕、学務部長池田〔忠作〕。

針久本宿に投す。

亀岡長次郎先生、木村蓮君来訪。何れも久振にて御面会せり。

特高課長高野源進君を招き、共産主義運動につき聴取す。

【上欄】

前七．四〇　御発。

八．〇〇　原宿、御発車。

宇都宮、白河、福島、停車。

後四．〇五　仙台駅、御着車。

四・一五　行在所、御着（偕行社）。

十月五日（金）

天気晴朗ならさるも雨なし。温度は朝四五度、昨朝より低し。

車中、宮城県知事（牛塚）、警保局長（横山）、仙台鉄道局長（伊藤〔勘助〕）に拝謁、奏上をうけ玉ふ。

盛岡公堂を以て大本営とす。

昨夜、御相伴仰付らる。

高与旅館に投す。

岩手県知事は丸茂藤平氏なり。

【上欄】

前一〇・　行在所、御出門。

一〇・一〇　仙台駅、御発車。

一関駅（六分）、御停車。

後二・二〇　盛岡駅。

二・三〇　大本営、着御。

皇族御参、上表報国《ママ》〔告〕（知事、会議長、市長〔北田親氏・盛岡市長〕）賜謁。

十月六日（土）

朝、微雨。十一時過に至りて全く止む。午後、半晴。気温寒らす。

大本営御帰着後、南部〔利淳・伯爵〕家献納の道誉一文字の銘刀を受けさせ玉ひ、小山田〔繁蔵・元侍従〕武官、御説明申上く。県物産御覧。

五時半、帰宿。

今朝、河井次長と共に閑院宮（南部家）、久邇宮（菊池〔第三〕式部官）、梨本宮（金田一別邸）、朝香宮（〔空白〕）、閑院若宮（笠井氏）、賀陽宮（知事邸）に御機嫌奉伺。

夜、知事官舎を訪ふ。

【上欄】

大演習第一日。

前一〇・五〇　御出門。

一一・〇〇　盛岡駅、御発車。

一一・四五　花巻駅、御着。

花巻野外統監部（外国武官賜謁、戦線御巡視）。

後三・一〇　花巻駅、発。

四・〇五　大本営、御着。

十月七日（日）

午前中、半晴。御帰営後より微雨、夜に入りて烈し。

二時半発、御許を得て小岩井農場にゆく。約一時間を要せり。演習兵の往来と降雨にて道不良。殊に牧場に至る道路最悪るし。帰程の夜に入らんことを恐れ、僅に馬厩に之を見、新邸に立寄り帰岡す。往復二時間半、晴天ならは一時半にて足るへし。

今年、英国より購入せし「シヤーマー」号、値十二万円余（牝一頭附き）。本年は十七頭に種付せりといふ。種牡五頭、牝三十五、六頭の由。場長は戸田務氏。実業功労者は二十三名。

【上欄】

八．〇〇　御出門。

八．一〇　盛岡駅、御発。

八．三五　日詰駅、御着。

鹵簿立替所より御乗馬。

城山野外統監部。

九．　御着。

九．五〇　御発。

演習御統裁、御前講談。

前一〇．二〇　日詰駅、御発。

一〇．四五　盛岡駅、御着。

一〇．五五　大本営、御着。

北軍司令官〔鈴木孝雄〕御召（午後一．）。

功労者御召。〔盛岡〕高等農林学校職員研究成績御覧。

南軍司令官御召。

十月八日（月）

夜来、秋雨。御観戦中、外套を御用いさせ玉ふ。御講評頃、一時やむ。

御前講演は衣川柵跡。

盛岡中学は創立五十年に垂んとす。出淵大使、小山田中将の如き其の出身者なり。現校長は筧〔空白・舜亮〕氏、生徒数八百数十、生徒五十余名技師に当る。供奉官室は、三定定夫（五年）、小枝指達雄（三年）。

林野出張所（高田〔覚三・帝室林野局東京支局盛岡出張所〕所長）を訪ひ、公園、菊池氏を訪ふ。林野は当県にて五万丁余、内半は入会干係の放牧地なり。林相は雑木、赤木類、植栽は五千余丁、十四年より十年計画。

軍事の干係の御陪食者は、

鈴木〔荘六〕参謀総長、南〔次郎〕次長、岡本〔連一郎・参謀本部総務部長〕、荒木〔貞夫・陸軍大学校校長〕、林仙之〔陸軍士官学校校長〕、三好〔一・騎兵監〕、坂部〔十寸穂・砲兵監〕の諸中将。林桂〔参謀本部第四部長〕、畑〔俊六・参謀本部第一部長〕の諸少将、広瀬〔猛・陸軍大学校教官〕、多門〔二郎・陸軍大学校幹事〕、篠塚〔義男・参謀本部庶務課長〕、藤岡〔万蔵〕大佐、北軍司令鈴木大将、参謀長梅崎〔延太郎〕少将、騎兵集団の大島〔又彦〕中将、第八師団長真崎〔甚三郎〕中将、南軍赤井〔春海〕第二師団長等。

盛岡の旅舎は高与。設備甚不完全なるも質朴の風は多とするに足る。料亭等は数多ある由。

【上欄】

七．三〇　御出門。

観武原野外統監部。

御講評場（盛岡中学）。

前九．三〇　御着。

後三．三〇　発御。

御前講演。学校生徒学芸品、産馬御覧。

御昼餐。

皇族師団長御召（お茶）。

御講評　二．三〇。

勅語。

三．三五　大本営、着御。

御陪食、軍事関係者。

十月九日（火）

昨午後より夜中まで雨。十時頃は一旦、観兵式挙行に内定せしか、午前三時頃まで陸軍の研究にて中止のことに決せし由、朝聞けり。朝来は寧天気恢復、観兵式中止につき一同遺憾に堪えさりき。

午前、御出門なし。

十時半、丸茂岩手県知事より管内の状況奏上。

大慈寺に原敬〔第一九代内閣総理大臣〕氏及令夫人浅子氏の墓に詣つ。住職某氏に面会。日々の参詣者、三、四百を下らすと。納骨堂は葛西〔万司・建築家〕氏の計画に成ると。或は原氏の素志と違ふなきか。

賜饌場は高等農林の運動場にて、秋晴、風なく無比上日和なりき。

高等農林学校に鏡〔保之助・農学者〕校長を訪ふ。

参謀総長の招宴（盛岡女子校に臨む）。

夜は地方功労者を御招き御陪食。

鉄道大臣を加へたるは新例なり。

【上欄】

八．三五　御出門。観兵式。

一〇．三五　大本営、着御。

後〇．五〇　御出門。

賜饌場（高農林）。
後一・〇〇　着御。
二・〇〇　御発。
賜饌場着御（奏楽）。賜饌、天盃下賜。入御（奏楽）。
後二・一〇　大本営、着御。
小川鉄相、望月内相、丸茂知事、中島〔万平〕内務部長、三井〔錢〕警察部長、栗田〔五百枝・学務部〕本部長、筧〔正太郎〕鉄道運輸局長、伊藤〔勘助〕仙台局長、小林〔源松・鉄道省〕運転課長、前田〔直造〕仙台逓信局長、横山警保局長、石井〔豊七郎〕仙台控〔訴〕院長、吉益〔俊次〕検事長、生津〔和太郎〕地方所長、香取〔久吉・盛岡地方裁判所〕検事正、南部伯、鏡校長、峯〔幸松〕憲兵司令官、荻根〔丈之助〕弘前憲兵隊長、北田市長、□□□会議長、〔平会議長―欠席〕。

十月十日（水）

仙台行在所御着後、地方物産天覧。特に本多〔光太郎・東北帝国大学理学部教授〕博士の説明にて刀剱の切味の数量的試験及防楯試験は最詳細に御聴取。

夜、井上〔仁吉〕東北帝国大学総長の大学の近況につき御説明あり。


史蹟名勝、其他記念物に干し清水氏の説話をきく。

【上欄】

御親閲（九・〇〇）。

在郷軍人、中等学校以上生徒、青年団、青年訓練所生徒、消防組等分列式。

〇・二〇　大本営、御出門。

三〇　盛岡、発車。

四・二五　仙台駅、着。
三五　行在所、御着。陳列品御覧（東北大学総長拝謁、近状奏上）。

十月十一日（木）

予定の通、御還幸。南溜にて賜茶。

夜、秩父宮殿下御成婚御披露に御招待を蒙る（赤坂離宮）。閑院宮殿下初め大演〔習〕御参加の宮様、大臣、チリー英大使、マクベー〔チャールズ・マクベーグ〕米大使、宮内大臣以下余等夫妻。

今回の大演習行幸には何等御障あらせられす、天機麗はしく一同安堵、慶賀せり。独り泥濘の為め観兵式は取止めのみ遺憾なりき。

【上欄】

八一五　行在所、御発。
八二五　仙台駅、御発車。
四三五　原宿、御着。

十月十二日（金）
役所は多忙。
夜、竹屋〔志計子〕女官長来訪。

十月十三日（土）

御大礼評議会試食（大饗第二日晩餐）。

帝国教育会、野口〔援太郎・帝国教育会専務主事〕氏外数名来訪。判任二等待遇小学校教員の地方饗饌御召の変更につき訴へ来る。

Golf。

新聞、写真団招待（東京会館）。

松平大使邸訪問。

【上欄】

御大礼評議会。地方饗饌者、一万人増加の件。

十月十四日（日）
東京朝日社主催の国際水泳大会を見る。

十月十五日（月）
御大礼の際、京都の宿舎、中井氏に決定し居りしか、事務上の便宜を考へ俵屋に変更し、中井氏方は松平大使に提供することに打合せ済にて、白根、武宮両氏、今夕、京都に出張。其後、松平氏より電話あり、住友別邸の方、変更し難き事情ある由にて、中井氏の方は見合する外なき旨申来れり。依て京都に電話し、白根君より西氏に相談、適当の人を推薦する様依頼しおけり。
西野氏の招宴（トンボ）。

十月十六日（火）
熊沢一衛氏来訪。
【上欄】
勅語寿詞につき二上氏、吉田〔増蔵〕氏と協議（大臣官邸）。
十六日より二十日迄、二十日誌む。

十月十七日（水）
女子学習院附近に失火あり。学習院と誤り伝へられ、大礼服にて見舞ふ。

勅語寿詞につき二上氏、吉田氏と協議をなす。
【上欄】
神嘗祭。皇太后陛下、御自拝あり。

十月十八日（木）

学習院五十年記念、閑院宮殿下御名代として御差遣。降雨の為め式場、食堂等来会者に謹す。

秋田達三氏、岡田清子嬢と結婚披露（東京会館）に臨み、来賓に代りて挨拶をなす。

故中西氏令息の結婚披露、同日に行はる。不得已欠席。

【上欄】
勅語寿詞委員会。勅語案は本日を以て了し寿詞につき協議。

十月十九日（金）

渡辺八郎氏来訪。澄宮御養育掛につき承諾の意を答ふ。同時に秩父宮家に関し有益なる意見を述へらる。

漆間〔真学〕（日本通信）、吉田〔文外〕（愛国通信）、井原〔豊作〕（千代田通信）の三氏を招き晩餐を共にす（錦水）。

此頃、引続き腹《ママ》〔服〕薬にて安眠に至らす。

十月二十日（土）

御大礼の大体の意義につき星野〔輝興〕掌典の説明をきく。此頃、京都出張のもの漸く多く、御大礼準備各方面に忙し。

一昨日来、鼻カタル。吸収をなす。

御大礼目前に迫り用務繁を加へ来る。最も健康に注意、万遺憾なきを期せんとす。

【上欄】
寿詞の委員会。
勅語案は先回にて終了。各大臣、御用掛等異存なし。
判任二等待遇小学校教員に干し文部省の通牒（増加一万人中にて取計ふことに同意す）。

十月二十一日（日）

二、三日やゝ風邪の気味あり。本日、三七・二に上る。臥床。

十月二十二日（月）

臥床。

十月二十三日（火）

臥床。

十月二十四日（水）

臥床。

十月二十五日（木）

引籠。

十月二十六日（金）

本日より出省。

正彦、所用の買物にて四谷辺まて散策。

十月二十七日（土）

大膳にて第二日饗宴料理の試食あり。

御大礼につき、神宮に奉献の神宝を拝見す。

寺尾政篤氏来省。強て面会を求めらる。やゝ精神に異常なきかを恐る。

梁田君来省。新聞干係者の行賞につき意見をのへらる。特に漆間君につき。

此頃、昨夜を除き引続服薬。

十月二十八日（日）

新渡戸〔稲造〕博士、横沢君等来訪。

中村円一郎〔貴族院議員〕君、高林〔兵衛〕君を伴ひ来訪。民芸博物館の設立に干すること也。

正彦、内務省の命により長野県に就任の筈にて、正午過の汽車にて出発。弟妹等、鈴木、小久保等、上野に見送る。児等の学校を卒へ社会に出つるは悦ふへし。就職、婚嫁等により家に《ママ》〔を〕去るは寂莫の感なき能はす。

風邪未全癒せす。午後就床。三七・度。

久原〔房之助〕逓相来宅。

十月二十九日（月）

午前中静養、午後出勤。

外国使臣、建礼門より出入の件に干し宅野氏より書面来る。

【上欄】

寿詞案決定。

十月三十日（火）

夜、河井君来訪。

悠紀屏風出来、玉堂氏付添、東三ノ間にて展観。

散歩。後、冷へて効なかりき。

十月三十一日（水）

午後、田中首相を訪ふ。叙爵慎重なるへきこと、宮相と十分隔意なき打合をなしたる後、提出せらるへきこと等。岩倉公兄弟〔具栄、具実〕来訪。具張君、病院より逸走せる由。

長瀬吉次君来訪。

午前、宅野氏（鈴木一郎氏同伴）来訪。建礼門より大公使を車馬て通すこと、東久邇宮殿下自動車にて御西下のこと等に干し意見を述へられたるにつき弁明をなしおく。建礼門の方は先例あることを知らさりしか如し。尚、仙石子に話されたる衣に対する批難は、真に荒唐無稽なるに驚くの外なかりき。

風邪殆快全。尚、吸収をなす。

昭和三年一一月

十一月一日（木）

夜来、急に温度低下。両三日、六十七、八度なりしか、今朝は六十度以下に下る（夕刊にあるに長野に小雪ありと）。内田顧問官（康哉）、芳沢〔謙吉〕支那公使に賜茶。

渡辺直達君、式部次長に、竹屋女官、女官長に任命せらる。

「特に親任官の待遇を賜ふ」の辞令を頂く。光栄の至りなり。古在〔由直〕東帝大、荒木〔寅三郎〕京大総長、二上枢府翰長は昨日同様の恩命あり。

十一月二日（金）

大越大蔵〔台湾電力副社長カ〕君の告別式あり。弔電を出す。西郷〔従徳・貴族院議員〕侯母堂〔清子〕の告別式（青山斎場）にゆく。

十一月四日（日）

十一時頃より上野に帝展を見る。本年の大家の作品少し。特に感せしものを見す。洋画も一般には向上せしならんも、取立てゝ記憶に残る程のもの少し。

博物館の御大礼展覧を見る。

午後出勤。

十一月五日（月）

午後、皇太后陛下に拝謁。御大礼の近きに迫られたること、秩父宮殿下御婚儀、首尾よく相済されたること、親任官待遇恩命の御礼等を申上。御大礼より帰京後、更に拝謁を願ひ言上致度旨申上けたり。

明治神宮に参拝。

勅語英訳及大礼要旨の英仏文中、正誤に干し協議を遂け、漸く渡部氏を残すこととし（明日鹵簿に入る筈なりし）、其案文を定めたり。之れ実は余の注意せしにも拘らす、文書課にて単独其責に当りたる結果、不穏当の訳字を見るに至れるなり。

大臣、やゝ風気。河井君、胆石にて腹痛あり。大事に至らさる様願ふ。余、風邪全癒。只声のかれたるのみ残れり。咽喉部に微恙あるか。

【上欄】

五〇〇。白根君等、官房用として渡す。

十一月六日（火）

六時三十分迄に東三間に参集の筈にて、五時三十分、官舎を出つ。衣、東京駅にて見送りの為め袿袴にて同車。

乾門より入り、衣は直に東京駅に行く。

七時、御発輦。御羽車は御在所より両陛下は南御車寄より鹵簿は二重橋南方にて一列となり、粛々として進む。両陛下の御馬車は、聖上六頭立、皇后陛下四頭立なり。馬車は両陛下を別として十七、余は鳩山次官、渡辺式部次長と共に十三位なり。東京の奉送者は混雑を恐れ、非常に制限したる〔は〕遺憾なりき。此日、天機晴朗、秋空澄み渡り一点の雲なし。山北、沼津、静岡、沼津《ママ》〔浜松の誤りカ〕のみに停車。道路、各停車場、奉送者賑を為す。

名古屋駅御着。■は式部次長と共に御羽車の御先導を命せらる。之れより離宮行在所まで供奉、本町通より約一時間、行在所退□、志那忠旅館に投す。近衛長官、鳩山君等亦同し。宮相、内府は丸文。近衛君と共に市中散歩。雑鬧の極は大阪毎日の謹写せらる東京御発輦の映写を見る。

【上欄】

午前七時　御発輦。

八時　東京駅、御発車。

三時三十分　名古ヤ駅、御着車。

行在所、名古屋離宮。

十一月七日（水）

名古屋御発輦の際、微雨。奉送者は殆奉迎の時の如くにて雨を嫌はす。三十分後、雨漸く加はり停車場近くにては益烈しく、跪座するもの殆背を濡したるならん。傘を用いしものは寧ろ終始降雨の中に奉送せる至誠は、偏に国民性に因るものにして、外人等は寧ろ解すへか〔ら〕さるやも知るへからす。真に涙くましき感に堪へさりき。京都に近くに従ひ漸く雨止む。京都駅より大礼鹵簿にて京都皇宮に伺はせらるは適切なる。烏丸通の両側には拝観者充満、何れも正座、静粛を極む。新聞の伝ふる所、三十万と称す。皇居に御着頃より微雨。

　御警戒につき万全を期せしか、幸に無事御着輦。一同歓喜。御大礼の幸先を祝せり。

【上欄】
午前九時五十分　名古屋離宮、御発。
　十一時　名古屋駅、御発。
　二時　京都駅、御着。
　三時　御所御車寄、着御。

十一月八日（木）

九時、出勤。

午前中、饗宴場、朝集所等一巡。

午後より紫宸殿上の習礼、束帯を着す。伊東伯、殿上の席次につき激語す。

評議会を開く。一・サンマルチノ〔サン・マルチノ・デイ・ヴァルベルガ、イタリア特使〕、ベーチ〔フウルウッシ・フウアド・ベー、トルコ特使〕両氏を夜宴に召さるゝこと、一・張学良〔奉天軍閥領袖〕代表莫徳恵〔前奉天省長〕氏を紫宸殿等に参列を認むること等を審議す。伊東御用掛の意見につきては典儀部の案を是認す。

御警衛の状況を視察す。

柊屋に大臣、侍従長等を訪ふ。

十一月九日（金）

午前中、微雨。午後、曇。

大嘗宮等の御建物を一見。内匠頭同伴。

午後は各宮様方を御訪問。二時間を要せり。午後、漸く秋冷を感す。

夜、散歩。

十一月十日（土）

即位礼当日なり。前日に似す秋空晴れ渡り、大礼を寿くもの、如し。賢所大前の儀に参列。諸員は已に七時過より参入。八時四十迄には凡て参集。大使、使節相踵き。

【上欄】
御民われ生けるしるしあり天地の栄ゆるときにあへらく思へは―万葉集
すめらきや秋晴れたまふ高御座　松根東洋城〔俳人〕

十一月十一日（日）
賢所御神楽の儀は諸員三時より参集。退下は五時頃。天皇陛下、春興殿出御、四時二十分頃。皇后陛下は四時四十五分頃。余は皇族妃下の次に供奉。服装は衣冠。大礼使高等官は御神楽開始後、班に分ちて参列。勲一等は希望者のみとす。余は咽喉を害し居るを以て参列せす。
【上欄】
賢所御神楽の儀。

十一月十二日（月）

神宮皇霊殿神殿並官国幣社に勅使発遣の儀あり。

午前十時より小御所に行はる。田中総理、一木宮相侍立。近衛長官、鳩山、関屋両次官、大礼使高等官若干参列。神宮は長谷掌典、皇霊殿神殿は牧野侍従（外に津軽女官は御伴）。官国幣社への奉幣は近衛長官拝受。参列員は小礼服。

大嘗祭前二日御禊及大祓の儀は午後行はれたるならん。

【上欄】

大嘗祭前二日御禊及大祓の儀。

十一月十三日（火）
時々少雨あり。寒気漸く加はる。
別に事務なし。
内閣及府庁を訪問。車馬部、造営部出張所、写真係、賀表係等を歴訪。
夜、入江皇太后大夫来訪。
外賓は琵琶湖一週。
【上欄】
大嘗宮前一日鎮祭の儀、同鎮魂の儀

十一月十八日（日）
十時、栖鳳君邸にて京都府より献上の屏風を見る。三匹の虎を描く。画伯の屢岡崎の動物園にて写生を為し、苦心惨憺、漸く此画を得たりと。勿論、■来普通の描写と異なり能くも習性を学ひて、然かも写実に堕せす、而かも其筆致の軽妙なる、蓋傑作の一ならん。
市の園遊会は直に辞去し、岩崎小弥太男邸の午餐に行く。高橋是清氏、令息〔是賢・日本酸素肥料社長〕夫妻〔愛子〕あり。それより膳所、春挙氏の招きに応す。歓迎。

十一月十九日（月）

即位礼及大嘗祭後、神宮親謁之儀。

京都より山田行在所まて地方行幸啓なり。前夜来、強雨ありしも朝に至りて雨なし。山田駅にては津聯隊の外、第一艦隊の海軍兵奉迎。田中総理は十七日夜より狭心症の発作ありて供奉せす。依て行在所頓宮内の鹵簿中に国務大臣一名を加ふることに御沙汰を仰く。夜は十五楼に投宿。平素は閉ち居る由にて設備等凡て不完全なり。両陛下の神宮司庁に御駐輦遊され御自由を忍さるゝを拝察せは、寧恐懼に堪へさる所、宿舎の不平を訴ふるものなし。

【上欄】

前一〇・三五　京都駅、御発。

後二・二〇　山田、御着。

二・五〇　行在所、御着。

十一月二十日（火）

両陛下、午前九時、御発輦。

九時二十七分頃、頓宮着御。頓宮より板垣南御門まて御馬車。式部長官、宮内大臣、神璽、宝剣、天皇陛下、侍従長、侍従、侍従武官長、親王、王、内大臣、大礼使長官の御列。拝礼の上、御退下。頓宮に御帰還。皇后陛下、頓宮御発、御拝礼、陛下と同し。御列は皇后大夫、皇后陛下、女官長、女官、親王妃、王妃、大礼使次官。秩父宮妃は御障にて供奉せす。次官は関屋奉仕す。内宮は鳩山次官。両陛下、十一時四十分頃、頓宮御発にて行在所に御還御。

朝来晴天。奉拝者増々満つ。十万余と称す。

午後、県下青年団の親閲式に臨む。

秩父宮殿下、五箇所湾に御成の御希望なりしか、拝謁のひ御中止を願ふ。

散歩。二、三時間安眠。余り不良。

【上欄】

九・〇〇　行在所、御発。

　豊受大神宮、御親謁。

秩父宮、閑院宮総裁、梨本宮、同妃〔梨本宮守正王妃伊都子〕。

十一月二十一日（水）

次第は昨日と同し。行在所、頓宮間の距離短きも、頓宮と板垣南御門に至るの間は長く、全体の時間は二、三十分少きように感せり。

朝来晴空。九時頃雲出てたるも御拝礼の前後全く霽れ、昨日と同く御親謁にふさはしき天候なり。此日、大礼使次官は鳩山君奉仕す。

午後、秩父宮、閑院宮、梨本宮、斎主宮〔久邇宮多嘉王〕等に御機嫌奉伺。三条西〔実義〕大宮司及山田市長〔福地由廉〕に挨拶をなす。離宮予定地を視る。土木課長田中三郎氏案内。切取埋立地場、面積六千余坪。旗行列、提灯行列等あり。

伊藤長官、大谷、西園寺の諸氏は本日帰洛。

【上欄】
九．　行在所、御発輦。
　豊大神宮、親謁。

十一月二十二日（木）

京都御還幸供奉後、旅館に帰へり衣を更めて河原町通、栖鳳画伯の別荘に行く。別荘は未〔だ〕完成に至らす。画室と庭園は工事中なりしか、特に招待を蒙りしは好意感謝に堪へさる所。五雲〔西村五雲・日本画家〕、翠山の二君も同席。栖鳳画伯夫人と共に賜待せらる。

【上欄】
一〇．　宇治山田行在所、御発輦。
一〇．三〇　山田駅、御発車。
二．二〇　京都駅、御着車。

十一月二十三日（金）

畝傍にては拝観者の比較的少きは警察の取締厳に失せし為めなりしか如し。此日の皇后宮供奉は関屋次官。

総理を見舞ふ。亦役所に挨拶にゆく。

西村五雲、三木翠山両氏を招きて晩餐を共にし、スッポン料理を饗す。陶器の書画を試み深更に至る。

【上欄】
九．〇五　京都皇宮、御発輦。
九．四〇　京都駅、御発車。
一一．三〇　畝傍駅、御着車。
　神武天皇山陵、御親謁。
一．〇　畝傍、御発車。
二．五〇　京都駅、御着車。

十一月二十四日（土）

晴天、時に秋雲を見しも忽ち霽る。

皇宮より鹵簿（大礼服）、頓宮着九時四十分頃。

両陛下、別々に御拝。此日は鳩山次官、皇后宮に供奉。拝観者の数著しく少なきは取締の為めか。府の方針としては不得已も遺憾に堪へす。


【上欄】

午前九時　皇宮、御発輦。

　仁孝天皇山陵、孝明天皇山陵、御親謁。

十一月二十五日（日）

桃山陵御参拝の際、皇后陛下供奉は関屋次官奉仕。

京都府庁に挨拶に行く。池田〔清〕警察部長に面会。

京都駅より還幸の際、鮮人〔空白〕の直訴者につき詳細の報告を聞く。別に不敬の文字なく、鮮人の区別待遇を廃せられしことを請願する目的なる由。総督府の廃止、徴兵令の施行等ありたる如し。

　衣同道、瓢亭にて晩餐を為す。

　約に従ひ、十時、栖鳳氏を訪ひ十二時頃まで陶器に合作を試む。西村五雲氏も亦在り。往復共烏丸通の歩道には、已に拝観者の充満せるに驚けり。

【上欄】
九．　京都皇宮、御発輦。
九．三〇　京都駅、御発車。
　明治天皇山陵、御親謁。
一一．〇五　桃山、御発車。
一一．二〇　京都駅、御着車。

十一月二十六日（月）

京都の奉送者は前夜六、七時頃より来集。夜十時頃には歩道に溢るゝの有様なりき。

　奉送者の数は奉迎の時よりも増加し、而かも静粛にして熱誠、鹵簿内に供奉して感激に堪へさりき。

　名古屋にては奉迎者は前回より増多《ママ》したり。

志那忠旅館に入り吸収を試む。竹崎君来館。按摩しくれたり。

【上欄】
九．四〇　京都皇宮、御発輦。
一一．〇　京都駅、御発車。
二．〇　名古屋駅、御着車。

十一月二十七日（火）

名古屋より京都へ行幸の当日は停車場御着前より雨にて、一般拝観者の困難は同情に堪へさりしか、本日は秋天全く晴れ、奉送者も二十余万（殆奉送の三割を増せりと）、鹵簿内の両陛下に奉拝するを得たるは至幸なりき。汽車沿道の拝観者、京都行幸の際に増倍し、富士の雪峰一点の雲なく、秀麗比なく、無此上、両陛下の御旅情を慰め奉りしことと信す。

東京の奉迎者は奉送の際より多く、歓喜の情面に溢るゝか如くなりき。

宮城御着後、総理、枢府議長、内大臣、宮内大臣、内務大臣、鉄道大臣、大礼使長官、次官、式部長官、侍従長、武官長、侍従次長に拝謁仰付られ、其供奉員、地方官等一同、茶菓を賜はる。

六時頃帰宅。子女、家人一同歓喜措かす。赤飯を共にし祝意を表せり。

【上欄】

六．五〇　名古屋離宮、御発輦。

八．　名古屋駅、御発車。

三．三〇　東京駅、御着車。

十一月二十八日（水）

親任官以上、大礼使高等官参集。

【上欄】

東京還幸後、賢所御神楽の儀。

十一月二十九日（木）

東浅川駅より頓宮間は大礼鹵簿、頓宮より山陵間は鳩山次官、皇后宮に供奉。

皇后宮御拝の頃には秋雨を恐るゝの天候なりしか、幸に雨なかりき。警察の取締の為めにか一般拝観者はやゝ少きの感ありたり。

夕方よりセキ甚し。船曳学士の診察を乞ひ湿布（Antiphlogistine）を試む。

【上欄】

大正天皇山陵御親謁。

九．〇五　御発輦。

九．五〇　原宿駅、御発車。

一時四十分　原宿駅、御着車。

十一月三十日（金）

九時半、参集。

皇族各殿下の外は大礼使高等官全部参集。天皇陛下の御拝あり。続て皇族諸員拝礼、退下。

天機晴朗、去六日京都行幸の際と同し。御大礼の天候、始あり又終ありといふへく真に天祐なり。

米国大使館附武官夫妻の京都に於ける室の問題につき不平尚去らさる由にて吉田〔茂〕外務次官、西園寺君等と協議。典儀部は知らさることとし、相馬子爵個人として訪問、慰撫する筈。

本日夕刊各紙に御大礼に終了につき大臣の謹話を出す。侍従長、次官のは明朝刊紙上に。

閑院宮、秩父宮両殿下に御挨拶に参上。

風邪大に快し。

【上欄】

皇霊殿神殿親謁之儀。

今日を以て大礼の諸儀滞りなく終了。一月十七日、賢所皇霊殿に期日の儀以来、諸儀追次進行。十一月六日、東京御発輦、京都行幸の儀あり。二十七日、東京に還幸。今日、最終の御儀を行はせられ、此間何れの方面にも何等の支障なかりしは真に天祐と御聖徳と国民の至誠によると信するなり。特に天機及御機嫌の極めて御麗はしかりしことは無此上次第にて、只に感激の外なし。

昭和三年一二月

十二月一日（土）

遠藤柳作〔立憲政友会所属衆議院議員〕君来訪。大饗夜宴の際に於ける代議士の不平談及宮中席次等に関する件につき話しくれたり。

東京帝大図書館竣工式に招かる。館の建築は「ロックフィラー」〔ジョン・ロックフェラー John Rockefeller・アメリカの実業家〕氏寄贈の四百万円を以て之に充て、書籍は英国初め諸外国、及国内篤志家の寄贈、及大学にて購入せしものにて七十万冊部。即震災前と《ママ》〔の〕冊数とほゞ同数なりといふ。

米大使「マクベエー」氏帰国につき三井男邸にて送別宴あり。余等両人も亦招かる。

十二月二日（日）

午前八時、御出門。第二公式鹵簿につき式部次長と同車、供奉。参列部隊は近衛、第一両師団の外、各師団長及聯隊長等。外に飛行機隊百数十機。予定より遅れ十二時過、宮城還御。曇天なりしも幸に雨なし。

二時半より戸山学校にて陸軍大臣の饗宴あり。大観兵式は支障なく終了せしも、特に賜はりし御勅語、偶然放送局設置のマイクロホンに入り一般に放送せられたるは意外なりき。直に陸軍に注意す。阿部〔信行・陸軍〕次官、夕頃来訪。事情を述へ陳謝す。一般観兵式の状況を放送するは已に前例あり。勅語は平素下賜せらるものに非れは、本日も此点に思ひ及はさりしにて全く不注意によるなり。

西園寺公、陛下に拝謁仰付られ、後茶菓を賜ふ。総理、一木両相初め、余等参列。

【上欄】

御大礼陸軍大観兵式。

夕方より少雨。夜に入りて、やゝ強よし。

十二月三日（月）

在郷軍人御親閲あり。御親閲前やゝ強雨にて御親閲の頃やゝ少し。各府県、台湾、朝鮮、総数二万余。旗一万を超え、雨中の御親閲は蓋稀ならん。志気為めに振ふ。

日本協会の秩父宮及妃殿下の為め奉祝晩餐（華族会館）。

十二月四日（火）

海軍大観艦式。御召列車便乗、横浜統閲波止場より汽艇内第二公式に準し供奉。三時過き還幸。海上風強よく、比叡、金剛、赤城への御名代御差遣は取止めとなりたり。

李堈公、李王職長官、次官等を大臣官邸に御招待。李堈公は御風気にて御臨みなかりき。

十二月五日（水）

中央都市計画委員会。

中央朝鮮協会（河内山〔楽三・朝鮮火災社長〕氏上京につき）理事会。Solf氏帰国につき送別会（ホテル）。各方面の人々を網羅す。氏の信望以て見るへし。

白根君来訪。人事につき協議。

十二月六日（木）

重田、横沢、其他来客多し。

総理官邸新築竣工につき一見。期間十一ヶ月、工費百五十万、坪当約千円。

高松宮殿下に拝謁。

照宮殿下御誕辰につき、夜御陪食あり。側近者と大臣、次官。

十二月七日（金）

大礼干係の宮中饗宴第一日。外国大公使なり。李王邸の上棟式、三時。

伊知地《ママ》〔地知〕女官来訪。

聖徳太子奉賛会の評議員会あり。欠席。

十二月八日（土）

高松宮殿下に拝謁。皇族として御自覚の最緊要なること、此自覚にして十分ならは他の枝葉の問題は直に解決せらるへきことを力説す。克く御諒解遊されたることと信す。

大礼干係の宮中饗宴第二日にて、大勲位以下千二百人余。

小島源三郎〔静岡市長〕君長〔女〕綾子嬢、関野謙吉海軍中将の長男〔空白・英夫〕氏と結婚、水交社に披露宴あり。列席して中座、欠礼せり。

アルベル・トーマ〔Albert Thomas〕（労働事務局長）氏の国際聯盟の歓迎会に参列。

十二月九日（日）

午前中、Golf。二、三ヶ月振にて不成績なり。

大阪桑島君（■田染工会社相談役）、水谷政次郎〔マルキパン創業者〕（パン、マルキ号社主、西込長堀北通一ノ四）を伴ひ来る。水谷氏は大阪第一のパンヤにて、yeastを発明し外国の輸入を拒き、宇治に其工場ありと。

午後、清浦、乙部、秋田、丹羽、井上、水野、山本伯、後藤伯等の諸氏を訪問。清浦、後藤両伯は陞爵、山本伯は大勲位、何れも御大礼の際に恩典を給はれり。

十二月十日（月）

御大礼後の宮中饗宴（第二《ママ》〔三〕日）に衣同伴、参列。

粕谷、遠藤、藤沼、坂井、庄司の諸氏を招き晩餐。

十二月十一日（火）

木内信胤氏と志立〔鉄次郎・元日本興業銀行総裁〕子嬢〔空白・多代〕との結婚、帝国ホテルにて小路弘通氏司会。引続き親族間にて午餐。余等夫妻亦列席。古の披露、四時より。

山元春挙氏を招き晩餐。堀田滋賀知事及令夫人、西彦太郎君同席。

【上欄】

宮中饗宴第二《ママ》〔四〕日。之にて終了。

十二月十二日（水）

九時頃、宮城御発。

先つ支那古名画展覧会に行啓。会長近衛公の御案内にて正木氏御説明申上くること約三十分。展覧中、閻立本〔中国初唐期の画家〕帝王図巻、黄荃？〔中国の画家〕花鳥図の如き其尤なるものか。支那人所蔵のものには寧真品少く、我国に伝はりしものに逸品多しといふ。

十時頃、音楽学校に行啓。乗杉〔嘉寿〕校長の計画にて邦楽を陛下の御耳に達したるは、之を以て嚆矢となす。

一　能組　石橋　宝生新、桜間金太郎、金春栄次《ママ》〔治〕郎等
　首引　野村万斎〔初代〕等
　　上調子　—

二　常磐津節　露の八千草
　三味線、常磐津文字兵衛、常—松尾太夫〔三代目〕
　上調子　—
　三味線、岸沢古式部〔五代目〕、常磐津文字太夫〔七代目〕、—

三　江戸長唄　御代の曙山の巻
　唄、芳村孝次郎〔五代目〕
　三味、今藤長十郎〔二代目〕
　[redacted]

四　箏曲、聖の御代
　今井慶松〔東京音楽学校教授〕

五　江戸長唄、御代の曙海の巻
　吉住小三郎〔四代目〕、——、——、三、稀音家六四郎〔三代目〕

洋楽の部　君が代合唱
一、大礼奉祝唱歌、高野〔辰之〕博士
二、荘〔崇〕厳[redacted]ミサ

【上欄】
皇后陛下、東京音楽学校へ行啓。

十二月十三日（木）

九時、御出門。上野奉祝会場へ行幸啓。

御道筋は馬場先きより芝桜田本郷町芝口をへて、銀座通より上野に向はせらる。御還幸の際は須田町より美土代町神田橋をへて宮城へ。

御鹵簿は儀装馬車、親王及妃（秩父宮）、王及妃〔博恭王〕を随はせらる。御服は陸軍通常服に勲章を佩せらる。式場にては勅語あり。之れ従来なき所也。式場は美術館にて、極めて瀟洒にて威厳あり。勲一等以上は式場の左右に並ぶ。御還幸（十一時）後、簡単なる酒肴あり。田中総理、市の万歳を唱ふ。此日、降雨を気つかはれし

か、御着後よりや〻晴空を見、一同、御大礼諸儀の天候に幸せられたるを悦ふ。
閑院宮家にて〔空白〕仁親王〔閑院宮直仁親王・閑院宮家創設時の当主〕二百年祭あり。参列。
荒木中将（陸軍大学校長）を訪ひ、秩父宮殿下近日御入学につき懇談する所あり。
【上欄】
両陛下、東京市へ行幸啓。

十二月十四日（金）
日本クラブにて奉祝午餐会。
互助会の大礼講演会。
前海軍次官大角〔岑生〕中将より招待。各次官（新喜楽）。
【上欄】
十四日より十八日迄、三十日夜記。

十二月十五日（土）
午後二時、朝来雨、正午頃に至りてや〻強よし。幸御親閲の時に至り殆やむ。陛下は「テント」を撤せしめ玉へ、外套も脱かせ玉へ、寒天に立たせ玉ふこと約一時半。一同感激恐懼に堪へす。総人員総て八万余、内女学生約一万は奉祝歌を唱ふ。
【上欄】
東京府外隣接県の中等以上の学生、生徒、青年団の御親閲。

十二月十六日（日）
なし。
【上欄】
Solf大使（ブラジル大使〔アントニオ・フェイトーザ〕夫妻も亦同時に）の為め宮中御陪食。

十二月十七日（月）
日本新聞の綾川〔武治〕君来訪。「ダンス」及皇族の御服装につき意見を述へらる。
御大礼新聞記者団の諸氏を近衛長官名にて偕楽園に招待。一同満足せり。

十二月十八日（火）
大礼高等官、御陪食（第一日）。
此日、田中外相の奉祝午餐会、霞関離宮に催さる。大臣等の半、宮中御陪食に参列、半ば外相宴会に出席。余は宮中御陪食に参列。

富井先生七十の御祝（学士会）。

憲兵司令官の招待（紅葉館）。

外相の夜会、九時、霞関離宮。

秩父宮及同妃両殿下、閑院宮殿下、東伏見宮妃殿下御台臨。十時半、御帰還。其後、大公使館員の舞踏あり。

十二月十九日（水）

大礼高等官、御陪食（第二日）。

田中総理、近衛長官等。

大礼干係の行賞につき協議。白根、長谷川〔赳夫・内閣書記官〕両幹事。

鳩山一郎君長女百合子嬢と古沢〔潤一〕学士との結婚披露（ホテル）。

京都府知事大海原氏、池田、石田〔馨・京都府内務〕両部長を星岡に招待。

十二月二十日（木）

外相午餐。松平駐英大使夫妻、Tilly英国大使夫妻の為め。

岩原謙三〔日本放送協会会長〕氏の招待（トンボ）。

十二月二十一日（金）

倉橋〔藤治郎・工政会常務理事〕、浅川〔伯教〕両氏来訪。朝鮮各地の当時の製陶事業の研究発表計画を語らる。三年を要し三万円を要す。一口一年五百円宛を出金するもの、已に十名に達すと。

内務大臣、全国各新聞社をホテルに招待。出席六、七百名に達し稀有の盛会なりき。

十二月二十二日（土）

閑院宮総裁殿下より大礼干係高等官を御招待（霞関）。

十二月二十三日（日）

両陛下、新宿にてGolf。河井君は好成績は《ママ》五十五、六点。余は二回にて一三九、最不成績也。

李爽氏に面会（阿部君の御紹介による）。宮内大臣の判任以下招待会に出席。

青年会館にて出席者九百名。余興は桃中軒峯右衛門、白鶴、支那奇術、李有来等。

（二十四日）筑波侯爵と毛利子爵令嬢〔喜代子〕との結婚、昨年挙行、今日御披露宴あり。衣のみ出席。

十二月二十四日（月）

大礼使関係者の叙勲、賜盃等につき、鳩山、天岡〔直嘉・賞勲局総裁〕両氏と懇談。極めて円滑に進行、決定。総理に提出。

宮内大臣の判任以下招待会、第二日。

【上欄】

皇太后陛下、多摩陵参拝に供奉。

十二月二十五日（火）

小室翠雲兄を訪問。家屋其他の件につき聞込みたることにつき、苦言を呈しおけり。

児玉正金頭取を訪問。

三木翠山君、来京中にて晩餐を共にす。

【上欄】

大正天皇祭。参列者多し。

十二月二十六日（水）

議会行幸の節、貴族院門前にて直訴者〔茂木政吉〕あり。埼玉県唐沢堀放水路問題につき、知事の横暴を訴ふるなり。拝観者より二、三歩にて警察官に取押へらる。

大礼関係者の行賞書類を御手許に奉呈、御裁可を乞ふ。

「クリスマス」を行ひ、大礼活動写真の映写を行ふ。大阪新報社吉川兼光君来訪。氏は特殊部落民に属し、安岡、田子両氏の口添もありて来訪せるなりと。柳一宣君令息、肺患にて治療中なるか、近日帰鮮すと。気の毒の至りなり。

【上欄】

第五十六議会。

議会開院式に供奉。

十二月二十七日（木）

第一、第七□□□中学校長、来省。過般の御親閲に対する感激を述へ中学各校学生の至誠報国を期する旨、特に上聞に達せられんことを希望せらる。侍従長に取次くへき様申置けり。

古籀篇刊行に干する用務全く終了。渡金二万九千余円は学士院に寄附したり。

近衛大礼長官の招待（錦水）。

十二月二十八日（金）

松平君、英国へ赴任の為め今朝出発につき、衣同道、渋谷の御宅に訪問。
御大礼行賞、勲章御親授式あり。
倉富議長、一木宮相　桐花大綬章
伊藤式部長官、宮内次官　旭日大綬章
宮田総監、黒田次官、西園寺主馬頭　瑞宝章
勲二等の奉授式あり。
瑞　東久世、杉（栄）
旭　河井、仙石、阿部〔寿準〕農林、畑元陸軍次官、
大角元海軍次官
四時後、青山東御所、秩父宮伺候。
華族会館に於て福原男に面会。翠雲君の近事につき懇談。

十二月二十九日（土）
午後一時半、人形ノ間にて大臣以下側近者年末の御祝詞言上。
東御所初め各宮様に年末御祝詞の為め伺候。
叙勲祝詞の御礼、十数通を出す。

十二月三十日（日）

午前中、宅に在りて書斎の片附をなす。御大礼と近来とかく疎懶にて、書籍、雑誌等一読の跡もなく、又其志もなし。揮毫も気乗せす。書籍類、徒に堆積するのみ。

鈴木穆〔元朝鮮銀行副総裁〕君来訪。夫人久しく入院の由。

日匹〔信亮カ〕氏来訪。大連慈恵病院の改造につき懇談。

田端の北原大輔（三三五）氏を訪ひ、共に板谷波山〔陶芸家〕君を訪ふ。各道の苦心談を聴く。

帰途、一木宮相邸に伺ひ、小林に寄る。衣同伴。

適度の運動、時々の休養、気分の転換、最必要なり。来年は是非実行したし。

睡眠甚不良にて、服薬殆連夜にて、気分自ら不活発にて用事に懶く、日誌を認むるさへ怠り勝にて、数日又は十数日、手帳により僅に記録するに過きさること多く、不精確たるを免れす。事実の遺漏多きのみならす、感想の記すへきものを記せさる、益々甚しとす。各種の健康法も永続する気分乏しく、効果を見ること少し。

十二月三十一日（月）
正彦、長野より帰宅。
衣、児等六人、鈴木令息二人と余、合せて十人、上野翠松園にて支那料理を味ふ。衣の外、一同散歩。地下鉄道にて浅子に往復。それより明治神宮に参拝、帰宅す。

夜に入りて日匹氏来訪。辻村氏推薦の件。

野口氏（帝国教育会）来訪。御沙汰書奉戴式の件。

補遺〔一九二頁参照〕

邦英王、一高御入学の御希望は已に昨年よりの問題なる由なるか、余の耳に入りしは今年なり。一月中旬頃か。

余は皇族御降下の後に非れは一高御転学の効果なき意見にて、二回東伏見大妃殿下に具陳せり。福原院長も久邇宮殿下に御懇談申上けたるも効なく、遂に其事に決し、仙石氏、粟屋文部次官に面会せり。其当時は、入学試験を御受け遊はさるゝことと承知せり。而かるに後に至り、特別入学の思召なる由にて、やゝ奇異の感ありしも、御決心は固き由故、更に粟屋次官に内交渉をなせり。其前、大臣より特に陛下に内奏、御内意を伺ひたり。

其後、学習院学生等会合を催うし、学習院の為め是非御中止を願ひ度との衆議にて多数連署嘆願書を殿下に奉呈し、総代二回拝謁して懇願せり。最後の御会見にて殿下の意動きたる趣にて、学生等より福原院長に報告し、御内意伺の変更を宮内省に嘆願せんとする意なる由なりしか、院長は為念、殿下に拝謁せしか、矢張同様の御思召を拝し本省に来訪、宮内省の尽力を求められたり。依て直に殿下に拝謁を願ひ（山田、川島〔令次郎〕、松平、高橋の四氏同席）、御真意を伺ひたるに、御決意御受に御変更なき由を拝し、院長の言と異るを知り奇異の想をなせり。但殿下の御真意につき、御言葉の上、多少の余地あるを思はさるを得さりき。

其後、賀来君の配慮もあり、二十七日朝の福原院長の来訪後、局面更に一変、遂に御決意を飜さるゝに至りしなり（二十八日夜記）。

〔三月二四日条の別記、一九八頁参照〕

八時半、ホテルを出て中井氏邸を訪ひ早苗会を見、九時半同処を発す。同行、鈴木、富島二兄、細川〔興治〕陵墓監、西岡〔景美カ・宮内省大臣官房秘書課〕属なり。陽成天皇陵（五七代）神岡東陵、周囲民家に近し。

真如堂、黒谷等を一見、黒谷の三重塔附近に清和天皇の御火葬塚あり。近く周囲の牆壁を修築する由。後一条天皇菩提樹院陵（六八代）円墳、御冷泉天皇中宮〔章子内親王〕の陵も同一地域にあり。

後二条天皇北白河陵（九四代）、周囲民家近し。二株の大杉樹あり。それより敦賀街道を走り高野川に沿ふて八瀬に出つ。此処より比叡に上る「ケーブル」あり。登山口にて料亭数軒あり。三千院附近の二陵、順徳天皇（八十四代）、後鳥羽天皇（八十二代）大原陵に参拝。

三千院と勝林院との間にて閑雅なる地、後鳥羽には十三重の塔あり。順徳の陵も同一地域にあり。円墳、其隣に法華堂あり。三千院に休憩、時に十二時。住職は梅谷氏、塚原〔大応・天台宗僧侶〕氏以後、欠員の由。本堂は一、二年前新築せられたる由（御懺法講の道場）。粗末なり。往生極楽院は特建、明治時代の修繕なるも旧形を存す。三尊仏は見るへきものあり。殊に純然たる日本流の坐像は珍らしといふ。三千院の入口に柴漬等を売る家あり。四季の茶屋と称し画を善くし俳句をよむ一女史あり。近くアトリエを新築する由。塙徳子といふ。何人なるやを知らす。

寂光院を訪ふ。約半里途大原の本村を過ぐ。大原御幸のありし尼寺なく、建礼門院の庵室は杉樹の間に遺蹟として保存せらる。本堂其他見るへきものなし。本堂の本尊は聖徳太子の作なりとも真偽を知らす。大原御幸の絵巻あり。後藤長乗〔江戸時代前期の金工〕の画、詞は飛鳥井雅〔空白〕卿なりと。

岩倉村に昌子内親王〔冷泉天皇の中宮〕の墓を拝し、実相院を一週。岩村《ママ》〔岩倉具視・幕末、明治期の公家政治家、右大臣〕公遺蹟に立ち寄り、三十分位にて鞍馬寺に着く。時に五時過。弥■■にて木の芽漬、蕗の漬物等を購ふ。入口より本堂まては■急坂なり。往復三、四十分。六時十分、同処発にて京都ホテルに来る。此間五十分。貴船神社は時間なくして参拝するを得す。遺憾なりき（三月二十四日朝、ホテルにて）。

木の芽責《ママ》〔漬〕を販売する店
京都四条河原小橋西入　熊谷食料店
丸太町新道　堀場食料店
寺町二条角　鍵屋

昭和四年（一九二九）

昭和四年一月

一月一日（火）　晴　午後霰後雨となる

正彦〔関屋正彦〕、昨朝帰宅。一家皆無恙、新年を迎ふ。

九時半、家を出て参内。

午前は勲一等以上に単独拝謁あり。勅任待遇以上は列立。

午後は外国使臣（館員とも）単独拝謁。

午前、午後とも正殿の中央に侍立。

青山東御所初め各宮に参賀。明治神宮に参拝。四時半帰宅。

正彦、衣〔関屋衣子〕同道、京都の跡拝観に出発。

牧野〔伸顕〕内府、一木〔喜徳郎〕宮相、田中〔義一〕総理、柳原〔愛子〕二位局に年賀。

夕方、河井〔弥八〕君来訪。

一月二日（水）　晴　寒強

由香〔関屋由香子〕、美恵〔関屋美恵子〕、健〔関屋健彦〕を伴ひ鎌倉に遊ぶ。十時発にて五時着にて帰宅。

八幡宮、鎌倉宮に参拝。国宝館等を観て午後一時頃、海浜ホテルにて午餐（一人二円、寧廉なるに驚く）。江木、正田、横山助成君、児玉一造〔東洋綿花会長〕氏、岩崎恒弥〔岩崎久弥の三男〕、渡辺勝三郎君の諸氏に逢ふ。長谷大仏、観音権常社等に詣て、四時の汽車に乗る。東京は寒気酷かりし由なりしか、鎌倉にて風強よからす。散歩中、寒気を覚えす、外套を脱きし程なり。東京との温度は可なりの差あるか如し。真に散歩の目的を達し児等満悦なり。

一月三日（木）　強

午後、午睡、真に珍しきこと也。大礼訖はり、気分のやゝ緩きたるによるか。

夜、衣、正、帰宅す。

【上欄】

元始祭。

一月四日（金）

政治始の式、例の如し。

多摩陵参拝。正彦同行。自動車にて往復。御陵附近にて微雪あり。

此夜、揮毫を試み書債を済ます。会心の作、殆少し。

【上欄】
政治始。

一月五日（土）　晴朗　寒らす

好晴日にて、寒気強らす。

午前、ボサンケット、コンウオリー〔コンウォール・リー Mary Helena Cornwall Legh・イギリス人宣教師〕両氏来訪。面会。リー氏には初めてなり。草津にて癩病患者を収容し老軀を忘るゝか如し。

十一時二十分、参内。勅任官待遇以上、八百七、八十。参集所も豊明殿等大礼服の相摩するの状況なり。

石原〔健三〕前次官夫人〔静子〕死去につき弔問。

第一高等学校舎監として有名なりし谷山初七郎〔財団法人広島県新庄学園学園長〕氏、脳溢血にて卒去につき弔問。

一月六日（日）

正彦、十一時の汽車にて帰任。軽井沢辺の雪景を見んことを欲し時間を繰上けたり。

全国消防隊の御親閲あり。午後一時より約一時間、東京二万余、各府県約一万、合計三万〔空白〕千と称す。

此日風強く玉座の辺、時々砂塵を捲く。終了後、警視総監〔宮田光雄〕の催にて東京会館に茶話会あり。集るもの八百余。

堤雄長〔元貴族院議員〕氏夫妻〔浜〕、毛利氏令嬢等来遊。

一月七日（月）　晴　強

石原健三氏令夫人の告別式、青山会館。

谷山初七郎氏告別式あり。代理をたのむ。

穴水要七〔立憲政友会所属衆議院議員〕氏告別式。名刺を郵送。

寒気強よし。

木曽谷の消防組、本省に来訪。

竹田倭子女史（学習院教授）、昨冬欧米の視察を終へて帰朝、本日来宅。所感を聴く。特に英国につき所感深く、其美点長所に傾倒せるものゝ如し。女子学習院の将来につきても大に奮起を要するものありを覚り決意の固きを知り、渡欧の徒爾ならさるを悦ふ。

夕方より腰、背、腹の下部、両脚に亘り比較的大部分に冷感を覚ゆ。

一月八日（火）

松本留吉氏来訪。草津、コンウオルリー氏に寄付の件を決定。何れ近日、リー氏と面会の筈。

橋本徹馬氏来省。議会中心問題につき、内大臣の意見を更に問はれたき旨申出てらる。

金鶏学院の新築を見る。

一月九日（水）

賀来〔佐賀太郎〕氏を招き晩餐を共にす〔錦水〕。

賀来氏、最近熱帯工業の社長に推薦せられたり。氏の言によれは初めて衣食の安定を得たり。浪人中、生計の困難なりし内情を語られ、具さに艱難を味ひし由なり。

宅野田夫氏、鈴木一郎氏、共に来省。面談一時半。従来の問題につき一々意見を述へられたるにつき、一々説明を与ふ。


【上欄】

両陛下〔昭和天皇、良子皇后〕、照宮〔成子内親王〕殿下御同伴にて葉山御用邸に行幸。

各省より勅奏任総代一人を出すことに取きめたり。

一月十日（木）

消防出初式に大臣に代りて訓示をなす。警視庁よりは消防部長等来観。

大臣、葉山より帰京。

コンウオルリー氏、遠山〔郁三・東京帝国大学医学部教授〕博士、松本留吉氏等を招きて会見の機を作る。リー氏の悦限りなし。遠山博士、今月中に草津にゆき病院建築の設計をなす筈。

リー氏、ボサンケット氏、衣、同道。帝国ホテルに晩餐。中村〔伍作〕氏に笠原〔吉太郎〕氏の画代百七十円を払ふ。


【上欄】

皇宮警察部消防出初式。

一月十一日（金）

丸茂藤平君、岩手県知事より台湾の交通総長に転任。夜八時四十五分の汽車にて赴任につき見送る。

小野俊一君（発明〔空白〕所）来訪。令妹の縁談につき衣と面談。余は初対面なりしか、氏の事業につき詳細の談話をきゝ興味少らす。単簡なる晩餐を共にし緩談数刻。五時半来宅、十一時半に至る。近来になき快談なりき。将来有望の人材なるへし。

徳富蘇峯氏来省。国民新聞を去るの止むなきに至れる事情を語らる。資本主義の弊ともいはんか、気の毒の至りなり。

【上欄】

御大礼評議会（小範囲）を開く。之れて最終とす。西園寺〔八郎〕車馬部長欠席。他は全部出席。南溜にて午餐後、左の事項を決定す。

一、大礼使官制廃止の時期。――一月五日。

一、残務整理。

一、大礼記録。

一、建物其物品の処分の勅令。十四日。

一、写真帖調整。以上。

閑院宮〔載仁親王〕総才殿下に拝謁、言上。

一月十二日（土）

芳沢〔謙吉〕支那公使を招き午餐を共にす。支那の真相を知り対支関係の益困難なるを思ふ（瓢亭支店）。Golf。

阪下クラブ員を錦水に招く。

白根〔松介〕秘書課長、京都へ出張。

朝夏祐十郎君来訪。川村女学院の賛助員となる。

報知新聞の記者安田氏来省。地方版に出す由にて子供時代の談話をなす。

【上欄】

大臣連の鴨猟。

一月十三日（日）

午前中、秋元君来訪。共に岡田三郎助氏の本郷絵画研究所の展覧会を見る。権藤〔種男カ〕氏の牡丹、小室〔翠雲〕氏の裸婦、目に止まれり。

午後は昼寝。

賀陽宮大妃〔好子〕殿下の新邸に御披露の御宴あり。御招を受く。御親族の外は中島〔正武〕、牧野〔清人カ〕両中将、平井〔政遒・宮内省御用掛〕軍医総監、小原〔駩吉〕男及余等夫妻等也。

一月十四日（月）

大臣の鴨猟は十二日、次官〔関屋貞三郎〕は本日なり。好晴日にて運動の際は汗を覚え、越ヶ谷には電車にて往復。九時発五時帰着。一同より招待を受けたるも行かず。

【上欄】

鴨猟。

一月十五日（火）

渡辺八郎氏外数名来訪。

東寺御修法、御衣奉還。

Moule氏の御話。昨年来、一時休講。今回は久振なり。

金鶏学院晩餐会。和田〔彦次郎〕、鶴見〔左吉雄・東京モス社長〕、酒井〔忠正〕氏等の諸氏、赤池〔濃〕君後れて来会。

珍田〔捨巳〕伯、今朝、脳溢血の病状にて一時危篤に陥いり、午後大に軽快。夜、見舞ふ。一同愁眉を開けるものゝ如し。

一月十六日（水）

珍田伯、疾革まり、五時過薨去の報に接し急き弔問。それより大臣官邸に至り、更に内大臣を訪ふ。

勲、爵共に陞すことを得す。位一級を進めらるゝことに上奏に決す。

内大臣官邸にて、岡部〔長景〕子（小野〔八千雄〕氏の件も）の件、内諾を得たり。侍従長後任につきても意見を承はる。大臣の意見も同様、愚見と大差なきは仕合なり。

岡部子及吉田〔茂〕外務次官を外務省に訪ふ。

夜、珍田伯邸を訪ふ。

篠田〔治策〕君令息の結婚披露あり。珍田伯薨去につき出席せす。

【上欄】

池田〔宏〕神奈川県知事来省。葉山御用邸用地の件につき協議。

一月十七日（木）

珍田伯邸、納棺式あり、立会ふ。

葬儀は委員長、余之に当り、白根、木下〔道雄〕、野口〔明〕、上野〔季三郎カ・大膳頭〕、外務省岸〔倉松〕君、委員となる。

一月十八日（金）

珍田伯、移霊祭あり。

中学校長協議会の理事会に招かれ御聖徳の一端と御日常につき講話す。二荒〔芳徳〕伯と共に。

一月十九日（土）

葉山御用邸に伺候。

池田知事来訪。小網代買収地につき協議。夜、御陪食あり。後、ピンポン、カルタ等の御慰あり。此夜、長者園に一泊。

一月二十日（日）

珍田伯葬儀。

九時、棺前祭。十一時過、出棺。十二時より青山斎場にて葬儀。

閑院宮殿下御自拝の外、各宮の代拝あり。

告別式会葬者、千二百余。

桐ヶ谷火葬場に送る。

朝、葉山より帰京。

一月二十一日（月）

近衛〔文麿〕公爵の大使《ママ》〔礼〕使高等官招待（東京会館）。

川合玉堂画伯来訪。悠紀地方、四季の図を画いて持参せらる。好意謝すへし。

珍田伯遺族には四万円を賜ふ。

【上欄】

両陛下、葉山より還幸啓。

一月二十二日（火）

熊本利平氏来訪。令息の結婚披露に出席を希望せらる。

篠田君来訪。李堈公問題につき阿部充家氏と会見のことを打合はす。

後藤〔新平〕伯陞爵の祝賀会（東京会館）。石井省一郎〔貴族院議員〕氏と隣席、食卓に就く。八十九歳なる由。其かくしやく驚くへき程なり。

一月二十三日（水）

海軍遣外司令官、宇川〔済・元第一遣外艦隊司令官〕中将、向田〔金一・前第二遣外艦隊司令官〕少将の為め御陪食。

杉山茂丸氏来省。
一、八代〔六郎〕枢密顧問官の不戦条約「人民の名に於て」の字句につき、国体の末路（杉山氏の言）なりとて大に憤慨し、大に決する所あらんとする事情及頭山〔満〕氏の之に共鳴せることを憂へ、自ら進て八代氏を説得すへく、直に御裁可ありては或は大事を生せさるやも難計とのことなり。
一、後藤保弥太〔北濃鉄道社長〕氏、借金整理（百四十八万余円を四万八千円にて整理の見込）を講しつゝあるか、井上角五郎〔元衆議院議員〕氏より岩崎小弥太男に交渉せるも断は〔ら〕れたるか、後藤伯爵家を保存することは、伯〔後藤象二郎・元参議〕か維新の功業に対し（慶喜〔徳川慶喜・江戸幕府第一五代将軍〕の大政奉還、恭順を願はしめたるは同伯の功）極めて必要なる事にて、皇室にも御煩ひ《ママ》〔は〕したき位にて、先つ岩崎家に於て何とか考慮すへきものなれは、此点につき適当の方法なきやとのことなり。

丹下謙吉氏（錦鶏間祗候）告別式。御宅に弔問。夜、山座〔賤香・秩父宮〕御用取扱来訪。

【上欄】
池田知事来省。小網代湾両岸の買収予定地の区域を概定す。北岸は七万余、南岸三万余。

一月二十四日（木）

歌御会の選歌、平年より少し。名歌少きによる由。

一、二日前より左足の拇指に少痛を覚えたるにつき、赤十字社病院に至り西郷〔吉弥〕院長の診をうく。原因を発見するに至らす。温湿布を施し経過をまつこととせり。

衣、長野にゆく。正彦の迎なり。

故大平少将（善市）〔陸軍中将〕の夫人、賀来氏と同道来訪。将来、宮様の御用取扱等の候補者としての賀来氏の配慮なり。

久邇宮〔邦彦王〕殿下、二十三日、熱海御別荘にて降血の為め脳貧血を起させ玉へし由。本日初めて承知せり。

【上欄】
歌御会始。「田家朝」。

一月二十五日（金）

終日、平臥。京都博物館の講演集を読む。有益のもの少らす。

岡部、今村〔正美〕（慶北知事に新任）、白根の諸氏、来訪。

秘書課、庶務課の属官を翠松園に招く。白根君に托して余は出席せす。

一月二十六日（土）

終日家に在り。午前中臥床。午後、赤十字病院に至り西郷院長の診察を乞ひ、X線にて足指を写す。黒色の軟膏を摩入し其上に繃帯をなす。

久邇宮殿下、御容態良好ならす。皇后陛下、熱海に行啓仰出さる。畏しき極なり。

久邇宮御邸に御見舞に伺候す。

正彦、母と共に長野より帰宅。

友彦〔関屋友彦〕、一昨日頃より発熱。今午後は軽快に赴く。

議会にて満州重大事件にて中野正剛氏の質問、予算総会にて賑ふ。

今暁、下田〔歌子〕先生方に強盗侵入の由。先生は睡眠中にて之を知らさりしは幸なりき。

徳川家達公来訪。四条〔隆愛〕侯、主馬頭希望の由。

一月二十七日（日）

皇后陛下、熱海に行啓。十時半頃、御着。直に父宮殿下を御病床に御見舞遊はされ、暫時御談話ある《ママ》〔り〕たる由。其後御病俄に革まり、〇時二十九分、薨去。大勲位頸飾章を授けられ、元帥に補せらる。喪の御発表は三時過なりき。皇后陛下の行啓後、二、三時間にて薨去遊はされたるは恐懼の極みなりしも、御看護、御決別の機を得さし玉ひしは御不幸中の仕合なりき。陛下には三時過、御出発。五時過、宮城に還啓。側近者と共に拝謁。謹て弔意を表し奉る。

久邇宮邸に伺候。霊柩を御待申上く。八時二、三十分頃、御着。奉迎して感慨量りなし。

午前七時過、出勤。夕刻まて在省。

一月二十八日（月）

副島〔道正〕伯令嗣〔種忠〕、チブスにて逝去につき、衣同行、弔問。此日雪ふる。

Moul〔e〕師来講。

【上欄】

宮中喪につき御講書始は取止め。

一月二十九日（火）

中隈敬夫君の祖母（故敬蔵〔中隈敬蔵〕先生の令夫人）の告別式あり。衣のみ参列。

佐藤三吉博士の診を乞ふ。確定的断定なし。黴菌の侵入に非すやとのこと也。

一月三十日（水）

欠勤。

午後、赤十字社病院に至り西郷院長の診（之にて三回）を乞ふ。原因分明ならさるも、或は指頭骨の或部分変形し、其両側を走る神経か之に触るゝ為めに非やとのこと也。「ヒョウソウ」等の憂はなかるへしと。自然靴に慣れしめ経過をまつ外なきか如し。

久邇宮様を伺ひ、大妃殿下〔俔子〕に拝謁して親しく弔問を申し述ふ。

夜、正寝移柩の儀あり。十時より十一時まて御通夜。

一月三十一日（木）

終日、家に在り。

正彦、明日入営に付、児等一同、牛肉の送別をなす。

井上桂君（東京市学務課長）来訪。

岡部君来訪。

高村氏来宅。野一色の電気療法を行ふ。

木内信胤御夫婦来宅。先般結婚後初めて面会せるも、前年志立〔鉄次郎〕君夫妻〔滝〕渡欧の節、令嬢〔多代〕同伴にて京城まて同車せしことあり。寧旧知なり。

兵庫県御影の塩飽嘉右ヱ門氏より朝顔の種子を送り来る。好意謝すへし。氏は昨年大輪朝顔を東京府知事平塚〔広義〕氏まて奉献せし人なり。

昭和四年二月

二月一日（金）

指頭の痛、未去らす。為念静養。

「静けき祈り」と艸木虫魚（薄田泣菫〔詩人〕著）を読み初む。

床次〔竹二郎〕氏来訪。大寺〔純蔵・貴族院議員〕氏の件を依頼さる。

遠山博士、草津の新病院設計につき来談。

昼は杉浦夫人〔とし〕来訪。午餐を衣と共にす。

正彦、午前九時入営。衣と間下氏送る。

好晴日。室内、電気煖炉にて春風の如し。此間、読書静思、殆日常の齷齪を忘れ真に塵外に居るの想あり。一週の内、一、二日、否一日中、二、三十分にても此境遇を必要とす。如此にして忙裏忙く忘れ、都会生活の煩雑に堪ゆるを得へし。

二月二日（土）

出勤。朝香宮等に御弔問。

遠山博士来訪。草津出張の結果を聴取す。

久邇宮邸、霊代安置の儀。

床次氏来訪。大寺純蔵男の件なり。

二月三日（日）

久邇宮邦彦王殿下の御葬儀。

七時、棺前祭。

九時、発引。

十時、葬場。三時過、終了。

夜、松平信子夫人来訪。

二月四日（月）

久邇宮邸、斂葬翌日祭。

白井二郎〔予備役陸軍中将〕氏大《ママ》〔夫カ〕人〔芳子〕の告別式。

御大礼の活動写真を催うし、衣の知人を招く。

佐竹〔義文〕君より招待。中村、結城二氏同席。

二月五日（火）

久邇宮殿下権舎祭（十日祭）に参列。

皇后陛下、葉山へ行啓に供奉。

即日帰京。

夜、パーカー老女史等を招き晩餐を饗す。

二月六日（水）

台湾クラブ一水会に初めて出席。梅谷〔光貞・海外移民組合連合会専務理事〕君の南米談あり。内田嘉吉〔貴族院議員、元台湾総督〕氏出席。二十人来合。

二月七日（木）

杉山茂丸君来訪。

東御所にて久々にて皇太后陛下〔貞明皇后〕に拝謁仰付られ、やゝ長時間、御物語あり。琴形蒔絵の硯箱御下賜あり。沼津の荅にて御調製遊されたる草餅等を頂きたり。光栄感激に堪へす。

夜、伊知地《ママ》〔地知〕〔みき子〕女官来訪。

二月八日（金）

御大礼献上品陳列を拝見す（赤坂離宮）。

金井四郎君一周忌を上野津■院にて営まれ、其後、精養軒に於て晩餐の饗をうく。林〔博太郎〕伯及時永〔浦三〕君邸を弔問。

林君次男博仲〔鹿園博仲〕君、曩に鹿園男爵家を嗣き、昨年来、病床にありたる由。お気の毒に堪へす。時永君は休職、佐賀県知事にて其内再起をまちしかば癌にて昨年来入院、遂に起たす。品川子爵家の家情頗る悪しく同情の至りなり。

二月九日（土）

本野久子〔愛国婦人会会長〕氏来省。

鹿園男（博仲）氏及時永浦三君告別式。

伊藤〔博邦〕公邸に退官の御挨拶と令息〔伊藤博通〕御結婚御祝に行く。

東久世〔秀雄〕君等訪問。

八杉君、小津君来訪。八杉君は水谷八郎氏就職の件につき、小津は宮内省就職の件につき。

徳川美《ママ》〔実〕枝子〔喜久子の母〕氏、昨日、皇太后陛下に拝謁の由にて高松宮〔宣仁親王〕殿下御縁談につき新聞紙の問合荐りなり。

大倉〔喜七郎〕男来訪。来年以大利に於て日本絵画陳列につき溝口禎次郎君の出張を懇請せらる。

二月十日（日）

午後、少雪。

徳川美《ママ》〔実〕枝子夫人、喜久子〔故徳川慶久の二女〕嬢を同伴来遊。山座、西〔浅子〕両夫人、其他令嬢の学友等、相会してボサンケット氏、ダブルデー嬢等と茶会。

二月十一日（月）

紀元節にて賢所三殿参拝。

饗宴、八百余名。

Moul〔e〕先生来宅。Mr Gross 氏の Hotel の計画を語らる。

【上欄】

八時半参集。

二月十二日（火）

伊藤公三男博ミチ氏と滝川俄作氏令嬢〔美津子〕と結婚披露（東京会館）。

議会にては湯浅〔倉平〕君と小川〔平吉〕鉄相との問答にて緊張せる由。

二月十三日（水）

松本留吉氏を訪ひ遠山博士と共に草津病院の件を相談す。

松本留吉君、湯沢三千男〔内務省社会局労働部長〕、近日外遊につき晩餐会を催す。二氏の外、天野、林、君島の三氏を招く。

【上欄】

英皇子〔グロスター公爵ヘンリー王子 Duke of Gloucester, Prince Henry・ジョージ五世の第三王子〕来朝につき、按料掛に林〔権助〕男の承諾を得たり。

二月十四日（木）

五十二を招き素行不良の風聞につき懇談す。

陛下御晩餐に御相伴仰らる。

竹屋〔志計子〕女官長来談。

二月十五日（金）

松田為常〔元第一高等学校教授〕先生の告別式。

狩野蔵次郎氏来談。第六中学校地の件。

【上欄】

久邇宮二十日祭。

二月十六日（土）

Moul〔e〕氏来訪。Gross 氏同行。

杉浦俊香〔日本画家〕氏来訪。

松方正作〔元外交官、松方正義の二男〕氏令息の告別式。

立花〔小一郎・貴族院議員、予備役陸軍〕大将薨去につき、弔問。

【上欄】

潮〔恵之輔・内務〕次官、坂〔千秋・内務省〕事務官を招き、五月頃大阪行幸のことにつき内協議をなす。

二月十七日（日）

鈴木〔信太郎〕弘前高校長、公金費消の記事、東京日々に発はれ一驚を喫し痛嘆す。

家に引籠り諸処に手紙を出す。

先日来、三保二の件起り、配慮中。

米山辰夫君来訪。

二月十八日（月）

力石〔雄一郎〕大阪府知事、関〔一〕大阪市長来省。次て潮内務次官、阿部〔信行〕陸軍、栗屋〔謙〕文部の両次官の来省を乞ひ、大阪府市行幸につき打合をなす。

今村正美氏令嬢の結婚披露あり（東京会館）。

斎藤秀資君来宅。沼津及御殿場の地所につき委《ママ》〔依〕頼す。

【上欄】

大阪市府に行幸の儀、御内意ある旨発表。

二月二十日（水）

高松宮邸にて拝謁、晩餐を賜はる。

内大臣府に於て請願令取扱方につき協議。大谷〔正男〕、渡部〔信〕、金森〔徳次郎〕、岡部の諸氏。清水〔澄〕博士は欠席。

先般、岡部子の内大臣秘書官長新任と同時に、金森法制局参事官の外、清水澄博士、渡部参事官を内大臣府御用掛となし、請願令取扱を更に慎重にすることを明にせる也。

二月二十一日（木）

立松懐清〔弁護士〕君と日本クラブに会談。常盤にて午餐を共にす。数日前以来、三保二の件につき問題起り、過日一度来宅。

【上欄】

仁孝天皇例祭参列。

二月二十二日（金）

御大礼記念全国武道大会の第一回打合会をなす。

原鉄五郎氏来談。

静岡県故旧会（中央亭）第〔空白〕回に出席。

二月二十三日（土）

日本新聞主筆綾川〔武治〕君来省。秩父宮〔雍仁親王〕殿下、先日American Associationにて遊されたる御挨拶中、リンカーン〔エイブラハム・リンカーンAbraham Lincoln・アメリカ合衆国第一六代大統領〕の語を引用したる点につき意見を述へらる。

【上欄】

聖上、葉山へ行幸。供奉す。

二月二十四日（日）

朝九時発にて小網代湾の御用邸予定地を視察。河井、岡本〔愛祐〕両氏と県より土木部長三輪周蔵君同伴。

二月二十五日（月）

久邇宮殿下の四十日祭。

Moul〔e〕氏。

藤園会第二回。鉄道協会。

【上欄】

聖上、葉山より御帰京。供奉。

二月二十六日（火）

岩崎小弥太氏母堂〔早苗〕、二、三日前逝去につき御通夜にゆく。
【上欄】
神戸行幸を願出てたるにつき知事〔長延連〕と市長〔黒瀬弘志〕を招き協議す。

二月二十七日（水）
岩崎小弥太氏母堂の告別式。
井上源之丞〔凸版印刷社長〕氏令嬢と婿養子大田法学士との結婚披露あり。盛大を極む。鈴木喜三郎氏媒妁（ホテル）。

二月二十八日（木）
安岡〔正篤〕君来訪。方今の世局に顧み、此際寧勇退して更に近く来るへき国難に当るを可とせすやと語らる。
杉山〔茂丸〕氏の催にて頭山〔満〕、児玉、堀内三氏と花本にて座敷天プン《ママ》〔ラ〕を喫す。
吉田〔茂〕外務次官の晩餐。白耳義大使〔アルベール・バッソンピエール〕、羅馬公使〔マリオ・ジャルディーニ〕夫妻其他。

昭和四年三月

三月一日（金）
松本留吉君（岩崎清七〔元東京商工会議所会頭〕君は労働会議の資本代表として同時に出発）の渡米を送る。
賀来君の病を訪ふ。二十二、三日頃、盲腸炎の宿痾を発し、一時は憂慮すへき状態なりし由。
杉〔琢磨〕内蔵頭辞任。大谷参事官、之れか後任となり、大谷参事官の後任として渡部君就任。

三月二日（土）
外交団鴨猟。
米、羅、智、仏。宮内省より次官、岡部（夫人共）等。

三月三日（日）
村上君、青木〔秀夫・鹿児島県学務部社会課長〕君同伴来訪。今秋の婚儀につき依頼せらる。
【上欄】
陛下御渡欧記念につき宮中にて賜茶。海軍より四、五十名参列。

三月四日（月）

読売新聞主催名宝展覧会（会長松平頼寿伯、副会長小笠原長幹〔貴族院議員〕伯）総才として御殿にて御招宴あり。宮相外、内閣二、三の大臣、徳川公、近衛公、其他多数参上。

佐島君来談。

賀来氏、昨日軽快なりしか本日は発熱あり。且肝臓の故障あるか如し。憂慮すへき点ありと。

【上欄】

観桜会につき改善案を議せしも名案なし。

三月五日（火）

珍田伯五十日に当り、華族会館にて茶の御招きあり。衣同道、出席。

三月六日（水）

慈恵会監事として同会評議員会に列席。

【上欄】

皇后陛下御誕辰。御喪中に付御宴なし。宮内省は休暇を賜ふ。

三月七日（木）

朝、逗子にゆき皇后陛下の御還啓に供奉。午後四時前、東京駅着。

正田貞一郎君三男〔正田英三郎・皇后美智子の実父〕と副島〔綱雄〕伯令《ママ》嬢〔冨美〕との結婚披露、盛大なり。

【上欄】

久邇宮殿〔下、五〕十日祭。

三月八日（金）

都市計画委員会（内務省）。

朝鮮日報主催の観兵団歓迎会に出席。

佐島氏に面会。

吉沢子君令嬢愛子氏、青木実君と結婚披露（ホテル）に出席。親族、親友、比較的少数の会なり。

【上欄】

久宮〔祐子内親王〕様御一年祭。

三月九日（土）

樺山氏来訪。

金両英〔副領事〕君来訪。一昨年来渡欧来、アングロサクソンの長所を見、東洋民族の及はさるものあるを慨す。

伊藤博邦公（二月、宮内省を去り日本銀行監事に就任）より、宮内省高等官を招かる（東京会館）。公は明治二十四年より宮内省に奉職、本年二月に及へり。

三月十日（日）

古道人（福田静処〔南画家〕）の画を見る。華族会館に展覧。国府種徳〔元宮内省御用掛〕君等の斡旋による。書は副島〔種臣・明治期の改治家〕伯、良寛等に似たり。画は大雅堂〔池大雅〕等に私淑せる者の如し。俳画、俳句、詩、共に可なり。

陸軍記念日に付、偕行社に行幸。テント内の食堂にて御陪食の栄を荷ふ。更に偕行社広間に於て歴戦者の奉天戦の思出につき奏上あり。

終て角力場に臨幸、三時過還幸。優勝者の第一位は、大ノ里〔万助・大関〕。第二位は信夫山〔秀之助〕（今年入幕、二十八才、横綱宮城山〔福松〕を破る）。第三位は能代潟〔錦作・大関〕也。其次は宮城山なりき。

賀来君の病、やゝ安心の趣をきゝ愁眉を開く。松本剛吉〔貴族院議員〕氏の告別式あり。弔電を発す。

三月十一日（月）

Moul〔e〕氏。

両陛下、赤坂離宮に行幸啓ありて献上品を御覧遊さる。

須藤君の催にて新橋演舞場にて勧進帳を見る。菊五郎〔六代目尾上菊五郎〕弁慶、三枡義経、中車〔市川中車〕戸《ママ》〔富〕樫等。

三月十二日（火）

後藤〔新平〕伯を訪問。

原田光次郎君来訪。

藤宮君来訪。

三月十三日（水）

中山〔輔親・貴族院議員〕侯来訪。

橋本圭三郎〔日本石油社長〕氏を日本クラブに訪ひ藤宮氏の件を依頼す。

大臣官邸にて伊藤公及杉琢磨両君の為め晩餐会あり。各部局長出席。

三月十四日（木）

枢密院及大臣礼遇親任官等の鴨猟。

戸塚〔武比古〕君、近々渡欧につき同御夫婦、大塚〔常三郎〕未亡人〔璞子〕等を招き晩餐。

三月十五日（金）

武道大会準備の為め斯道の先輩諸氏を招き審判方法及選手選出方法を協議す。

大阪府知事来省。行幸につき詳細の打合をなす。

原田光次郎君、伊藤忠次郎氏（?）等と会食。

ルーマニア公使館の晩餐に出席。

三月十六日（土）

皇太后陛下、赤坂離宮の献上品御覧につき参上。

故珍田伯の為め追悼会（東京会館）を催さる。牧野伯司会となり、一木、倉富〔勇三郎〕、田中、内田等諸先輩の追悼辞、石井〔菊次郎〕、林〔権助〕、奈良〔武次〕、幣原〔喜重郎〕等諸氏の追懐談あり。近来の稀なる会合なりき。

三月十七日（日）

午前、午後とも五十日祭に参列。

賀来君を病床に訪。二、三日前膵臓の疾患なること決定せる由。昨夜来より痛み全くな〔くな〕りたる由。病は峠を超へたるもの、如し。

新宿にてGolf。河井氏同道、六二。

塩野〔季彦・東京地方裁判所〕検事正を訪ふ。

鈴木〔貫太郎〕侍従長を訪ふ。会談二時間。

【上欄】

久邇宮五《ママ》〔六〕十日祭。

三月十八日（月）

警視庁警察病院落成式あり。

国際聯盟事務副《ママ》〔次〕長アブノール〔ジョセフ・アヴェノル Joseph Avenol〕氏来朝につき聯盟協会にて招待（銀行クラブ）。

原田光次郎君を訪ふ。

三月十九日（火）

岩崎小弥太男を訪ふ。杉山氏来談の後藤保弥太伯のことを話る。

大河原、有吉〔忠一・横浜市長〕、池田等の諸氏来省。

事務調査会、三時より八時に至る。

【上欄】

十九日—二十七日まて、二十七日夜誌。
服薬、睡眠につき記才なきは概服薬をなしたることを示す也。中に一回位服薬せさりしこともありしか如し。

三月二十日（水）
東京クラブ、恒例午餐会第一回。
韓〔昌洙〕長官来訪。

三月二十一日（木）
午後、上野美術館に美術院試作展及読売の名宝展を見る。

三月二十二日（金）

阪井徳太郎氏の勧めにより斎藤幸次氏の治療を受く。主として脊椎の違和を正しくするに在るか如し。依て以て神経衰弱を癒すといふなり。

Massage。

【上欄】

事務調査会総会。三時—八時。

三月二十三日（土）
国技館に台湾博覧会を見る。児女等及女中一向を伴ふ。

三月二十四日（日）
熱海行。
東伏見宮大妃〔周子〕、邦英王両殿下、久邇宮大妃〔俔子〕殿下の御機嫌奉伺。邦英王殿下の御招にて万平ホテルにて午餐。
野沢〔源次郎〕氏の案内にて同氏の分譲地及元鳥尾邸を見る。

三月二十五日（月）
Moule氏。
夜、東久邇宮池田〔亀雄〕御用掛来訪。

三月二十六日（火）

久邇宮妃《ママ》〔東久邇宮稔彦王妃聡子内親王〕殿下、一昨日、御分娩につき御祝に御邸及病院に伺ふ。

竹田宮邸に御祝賀に参上。

井上〔良馨・海軍軍人〕元帥の告別式。

Massage。

【上欄】

竹田宮恒憲《ママ》〔徳〕王、御成年式。

三月二十七日（水）

御陪食後、御剣の拝観を許さる。

東洋協会予算の評議員会に出席。

木村雄次君の催にて、沢田、尾崎両兄の為め晩餐を共にす。岩田、檀野君同席。

春雨。

【上欄】

陸軍御陪食。軍司令官、師団長。

三月二十八日（木）

赤坂離宮に於ける皇太后御殿上棟式。

【上欄】

両院議員の賜茶。此後は恒例として閉会後、此《ママ》御恩典ある筈なり。

三月二十九日（金）

女子学習院卒業式には参列せす。

慶福会評議員会。

生活改善同盟会評議員会に出席。

望月〔圭介〕内相来省。大臣と同席にて懇談。

内相は観桜、観菊御宴に両親をも召さるゝこと、吾国孝道の上より極めて適当にして、悪思想の如き之によりて大に寛和せらるへく、幸徳秋水〔無政府主義者、大逆事件で処刑〕の（手紙、文藝春秋、昭和三年七月）を引き力説せられたり。

【上欄】

女子学習院卒業式。

皇后陛下、御喪中につき東伏見宮殿下御名代。

三月三十日（土）

学習院卒業式には参列せす。

大倉和親氏、戸塚海軍造兵大尉、渡欧の為め出発。

杉山茂丸氏を台華社に訪ふ。

【上欄】

学習院卒業式。天皇陛下、臨幸。

昭和四年四月

四月一日（月）

土居保太郎君、外遊につき来談。有識故実の専門にて西洋に於ける研究法及日本の有職故実品の西洋各国に存在せる状況をも視察せんとするなり。

堤康次郎〔立憲民政党所属衆議院議員〕君の令嬢〔淑子〕、小島〔正治郎〕氏と結婚につき披露（工業クラブ）。

四月二日（火）

建部〔遯吾〕博士、高橋亨〔京城帝国大学法文学部教授〕博士を招き晩餐。

四月三日（水）

望月内相の招にて会談。十一時より二時過まて。新喜楽。

頭山満氏、石黒〔忠悳〕子を訪問。

頭山氏は来月の大阪行幸の際、大毎、大朝両社に侍従御差遣の件につき反対意見を寄せられたるに対し説明をなしおけるなり。頭山氏は能く諒解せられたり。

石黒子は、先日、大久保〔利通〕公遭難場所につき注意ありたるにつき、利武〔大久保利武〕侯につき取調へたる点を報告し、且つ同時に大倉男につき意見を述へおけり。

四月四日（木）

松岡〔洋右〕君を訪問。


池上〔四郎〕政務総監、数日前、脳溢血のところ今朝午前九時過薨去。

後藤伯、今朝七時過、西下の汽車中、米原にて発病、京都府立病院にて療養。

夜、池上氏遺族を六方館に弔問。

後藤伯邸御見舞、一蔵〔後藤一蔵〕氏夫人〔春子〕、鶴見〔祐輔〕夫人〔愛子〕に面会。夕刻の容体は大に良好の由。

魯庵会に出席。


【上欄】

世襲財産審議会。

事務調査会（博物館問題）。

両陛下御慶事の際、文武官より献上の美術品を御覧遊さる。正木〔直彦〕校長、御説明。

四月五日（金）

Dr. Mott〔ジョン・モット〕来省。
ＹＭＣＡ新館の定礎式。
Mott 氏の歓迎会（華族会館）。

四月六日（土）

鴨猟。部局長の為め特に差許されたるものにて今回か初めなり。越谷。

山岡万之助氏勅選祝賀会ありしも欠席。

後藤伯重態につき御留守宅に参上。菊池〔忠三郎カ〕、岩永〔裕吉・日本新聞聯合社専務理事〕、前田〔多門〕等の諸氏在り。京都よりの電話に望なしとのことなり。

四月七日（日）

上田駿一郎君、大阪より来訪。

賀来氏の病を訪ふ。昨今、大に軽快、平熱にて蓐上に座し居れり。

山本条〔太郎〕氏を訪ひ副島伯の件を依頼しおけり。

中村伍作君（関東工業）を訪ふ。会社は染料クレヨン、絵具等を製し、関東、東海道、大阪辺に渡り、一年純収入二万円を下らす。令弟と共に事業の経営に当り今日に至る、十年に及へりと。今や基礎固く、益発展（来年は純益三万を超ふへしと）の状況にあるは賀するに堪へたり。令夫人逝去後、令嬢家事に当り、よく弟妹を養育し令息嬢何れも堅実にして、利気アイ然たるは更に悦ふへきの至なり。

高等学校合格者の発表。友彦は文科甲類（百二十人位）の第六席、光彦は丙類（四十人位）の第一席なり。両人の努力、大に酬いられたるは一家の最欣幸とする所なり。

阿部、山崎両氏来遊。晩餐。

四月八日（月）

明治神宮奉賛会評議員会。絵画館の壁画を見る。洋画は大半完成。

Moule氏の主催にて、Dr. Mottの講話あり。聖公会干係の人々来会。英大使チリー〔ジョン・ティリー〕、森村〔開作〕男、志立、阪井、朝吹等の諸氏。

大倉男を訪ふ。

故高井友貞君の遺児、友〔空白〕君来訪。京都文科の三年生なり。

牧野伯の外交団招待会（華族会館）。

四月九日（火）

火曜会（三菱）に出席。

阪谷〔芳郎〕男と日本クラブに会見。Mott博士叙勲の件を協議す。

夜、社会局安積〔得也〕君来訪。

上杉〔慎吉・東京帝国大学法学部教授〕博士を弔問。

四月十日（水）
上杉博士告別式〔青山〕。昨年来、病床にありし由。遺児七人あり。同情に堪へす。
少時散歩。Massage。快眠、近年稀也。

四月十一日（木）
ワット氏〔長野〕、宮沢君外二氏来訪。
聖徳太子奉賛会例会。上野にて礼拝式、出席。夜宴会、欠席。
博物館復興に干し翼賛会則と協議懇談をなす〔大臣官邸〕。
三二会にも後れて出席。

四月十三日（土）
後藤伯、遂に起たす。五時三十分薨去。正二位に叙せらる。夜九時、京都駅を発にて一蔵君等一行、柩に随ひて帰京。
国際聯盟の大正四年度予算。
後藤伯邸弔問。各分担を定む。酒巻君を補助とし接伴係を引受く。外に高橋、吉沢両君を一般葬儀事務に当らしむることとす。

四月十四日（日）
後藤伯遺骸、九時二十分、東京駅着。余は横浜まで御迎ひす。

四月十五日（月）
朝鮮総督府の中村〔寅之助・総務課長〕、矢島〔杉造・内務局地方課長〕両氏を招き午餐（トキワ）。
午前、午後、夜、後藤伯家にゆく。
葬儀委員長　斎藤〔実〕子爵
副委員長　永田〔秀次郎〕、田中〔清次郎〕、松岡、二荒〔芳徳〕
各係長は岩永、菊池、松木〔幹一郎〕、長尾〔半平・元東京市電気局長〕、関屋。余は接待係長と墓誌銘を引受く。
安眠数時間。散歩一時間。
【上欄】
後藤伯薨去につき御沙汰書を賜はる。

四月十六日（火）
後藤伯葬儀。

九時読経、十時出棺。午前中葬儀勅使及御使、各宮御使あり。一時より二時半也。告別式会葬者、約三千と称す。青山墓地に葬る。

北支駐屯軍司令官新井〔亀太郎〕中将、帰朝につき賜茶。

安眠二時間、浅し。

四月十七日（水）

白寅基君来訪。

午後、博物館に桃山屏風の陳列を見る。永徳〔狩野永徳・安土桃山時代の絵師〕筆と称する鷹松、檜、源氏絵等は慥に稀観の巨匠なりと云ふへし。

松方〔幸次郎・川崎造船所社長〕氏の洋画及ゴブラン織を見る。余り感心すへきものなし。殊に後者に於て。
Y. M. C. A. Phelps〔フェルプス G. S. Phelps・京都YMCA名誉主事〕氏、近々賜暇帰国につき茶会を催うす。一同満悦なりしか如し。来賓はPhelps氏夫妻、Gorgenson氏夫妻、Durgin氏夫妻、Brown〔フランクリン・ブラウン Franklin H. Brown・YMCA体育主事〕氏夫妻、長尾、西野、日匹〔信亮〕、鈴木の諸氏、斎藤夫人、前田君夫妻なり。
李軫鎬君来訪。退官の事情につき懇談。大に同情すへきものあり。

高橋■太郎、山崎■夫氏来訪。

四月十八日（木）

観桜会は出席者は七千三百。御宴半はにて少雨、十分許り早く還幸。本年より一般は折詰となり混雑を防きしこと少らす。年末の懸案、僅て解決するを得たるなり。

鉄道大臣の催にて供奉。関係者を招かる（花月）。

外務大臣官邸晩餐。英大使Tilly氏夫妻及グロスター公接伴員。

【上欄】

観桜会供奉。

四月十九日（金）

名宝展を見る。最終日なり。

青年館にて、郷土舞踊と俚謡の会に出席。著しく地方色なり。都会にて之を見るを得たるは至幸なり。都会の焦燥喧囂、尖れる神経を寛解する、之に過くるものなからん。

四月二十日（土）

相愛会の新館、柳島に建てられ竣工式を挙く。斎藤子爵、水野〔錬太郎〕、湯浅〔倉平〕等の諸氏来会。余も亦出席。事務調査会にて予算を調査す。
松田源治君新邸、昨臘落成。本日招かれ晩餐の饗をうく。土地は百坪、建物は下五十坪余、階上四十余坪、上下各六室あり。極めて便利なるか如し。工費は一坪雑作、其他一切にて二百三十余円なりと。

四月二十一日（日）
十時、御出門。五時十分、新宿御苑御出門にて帰御。好晴日なりしも風強よし。昨日来の強雨にて天候を気遣ひしか意外なりき。
友、光、一高寄宿舎より帰宅。九時頃帰寮。両人共、寮の生活を好み頗る元気なるは仕合なり。
【上欄】
新宿御苑に行幸。ウルウォルズ〔ウールワース・アメリカ合衆国のゴルフ選手〕氏のGolfを御覧遊さる。

四月二十二日（月）
大倉喜八郎氏一周年忌。護国寺墓前仏事。六時、ホテルにて小宴会。
【上欄】
皇太后陛下、多摩陵参拝。供奉。

四月二十三日（火）
竹田宮〔恒久王〕十年祭。
国際聯盟協会決算。欠席?。
足利郷友会（鉄道協会）。
【上欄】
横浜行幸。復興事業竣成につき。
二十三日より二十七日まて、二十七日記。

四月二十四日（水）
東久邇宮〔稔彦王〕殿下の御招待。宮内大臣初め部局長。

四月二十五日（木）
御陪食（土耳古大使〔ジェヴァト・エジネ Cevat Ezine〕?-）。
維新史料編修局の講話及晩餐。大塚〔武松〕編修官の欧米談。
京都行。

四月二十六日（金）
御大礼跡拝観状況視察。最近の日曜には十二万に達せんと。

京都府庁、市庁を訪問。

栖鳳〔竹内栖鳳〕、春挙〔山元春挙〕両画伯を訪ふ。

河井寛次郎〔陶芸家〕氏を訪ひ最近の作品を見る。下手物を模せるもの多きか如きも、感心せるもの少し。

知事〔大海原重義〕、部長、市長〔土岐嘉平〕、助役、鉄道駅長等を中村家に招く。恰も望月内相入洛につき特に出席を乞ふ。大阪力石知事も亦来会（後に白根君よりきけは、費用は全部にて一人前三十円に当りしも東京に比し廉なり）。

四月二十七日（土）

新京阪にて大阪に行く（三十八分間）。知事、部長の出迎をうけ大阪府に至る。

行幸箇処を一見す。

大阪府庁、市役所、控訴院、師団（紀州御殿）、練兵場、大阪高校、安治川口税関、平野紡績、商品陳列館、市民館、都島工業等。鶴屋にて知事の午餐に臨む。阪神国道をドライブして、六時頃、兵庫県庁を訪ふ。木下、野口〔明〕両氏とともに市役所、海洋気象台、楠公神社、税関等を一巡してトアホテルにて晩餐。

十一時過、京都着。

四月二十八日（日）

故宇都宮〔太郎〕大将夫人〔マス〕、ホテルに来訪。長子徳馬〔宇都宮徳馬〕君、京大経済科にあり。思想問題に関係して七条警察署に留置せられ居る由にて、其の健康を憂へ適当の方法につき相談せらる。衷情気の毒に堪へす。即ち田口警察部長に事情を語り夫人を紹介しおけり。

敬次を招致し（従来の依頼、及不平不満の不可なるを説き）、将来の決意を促かしおけり。最初はや丶自暴自棄的なりしか、二、三十分間にて漸次平静に帰へり、幸に生活の安定を得は大に努力すへきを誓へり。

関雪〔橋本関雪〕画伯を訪ひ支那人銭痩〔鉄〕氏と共に瓢亭にて午餐。白根君、西君と共に広隆寺、嵐山等を観る。夕、太田光煕〔京阪電鉄取締役社長〕君来訪。

九時の汽車にて帰京。

四月二十九日（月）

九時過、帰京。

天長節。宮内勅任官以上拝賀。

正彦、第三聯に在営。天長節観兵式に参列。親しく天顔を拝し奉り歓喜に堪へさりし由。午後、帰宅して語れり。幹部候補生は凡て第五中隊に属せしか、此日は各分れて各中隊に附属し、正彦は第一大隊第一中隊最右翼に在りしと。

【上欄】

天長節。

四月三十日（火）

陵墓監及守長を大臣官邸に招待。

北条時敬〔貴族院議員〕博士（宮中顧問官）の告別式。

Moule 氏来講。

日暹協会、欠席。

昭和四年五月

五月一日（水）

御陪食（海軍検閲使）。

事務調査会。二時より六時に至り、官等俸給令等なり。適当なる意見なし。

奎堂会に出席。

一水会に出席。

五月二日（木）

Gloucester 今朝、横浜着。秩父宮殿下、林男接伴長等、横浜にて御出迎。

天皇陛下、十時二十分御出門にて東京駅にてお迎ひ遊さる。大臣は停車場にてGl公御迎ひにつき、余は代て鹵簿に供奉す。

Gl公一行は、

Prince Henry William Frederick Albert H. R. H He Duke of Gloucester.

The Earl of Airlie, M, C., Load in-Waiting to His majesty the King.

Read-Admiral the Her Herbert Meade.

Major-general Sir Hugh Elles.

Hugh Loyd Thomas, Esq, Secretary to the [redacted].

Captain Louis William Howard Kerr.

The Hussars, Equerry to His R. H. The Duke of Gloucester C. J. Davidson.

【上欄】

Duke of Gloucester 来省。
接伴員。林男、山県〔武夫〕、松平〔慶民〕、二宮〔治重・参謀本部第二部長〕陸軍少将、大湊〔直太郎・海軍省教育局長〕海軍少将、徳川〔家正・シドニー〕公使《ママ》〔総領事〕。

五月三日（金）

武道選士の来集の席にて一場の挨拶を為す。

宮中にて、Gloucester 公の為め御宴の催あり。衣、同道参殿。衣は袿袴。大臣礼遇以上と宮内部局長の一部参列。

午後、霞関離宮にて Gl 公の御引見あり。親任官以上と宮内部局長。

英国勲章を賜はる。余は、ＫＣＶＯ（二等勲章）なり。岡部、山県二氏も三等。何れも我国の勲章に対して下位にあり。山県に対して注意を促かし、式部職にて研究の上、十分の理由あらは外務省に協議する筈になしおけり。後、吉田外務次官より擬叙の不適当なりし由を聞けり。

【上欄】

ガーター勲章奉呈式あり。

五月四日（土）

大原孫三郎氏来訪。児島虎次郎氏逝去の当時を語らる。

武道大会の第一日にて柔剣道各予選あり。

司法官の御陪食。

英大使〔館〕を《ママ》〔に〕於ける Gloucester 公殿下の晩餐会。

英国勲章の件、未定。岡部次長は帯ひすして出席。余は英大使の催なれは敬意を表して殊に之を帯ふ。

翌〔日〕三井〔高棟〕男の宴会には之をおひす。

五月五日（日）

河井氏と共に Golf。

武道大会天覧。午後一時、宮城出御。主馬寮覆馬場の天覧場へ行幸。二時過、一旦還幸。三時半、再行幸。五時、還幸。

剣道府県選士試合表。

（決勝）1．畑生〔武雄〕、横山〔永十〕。

（準決勝）1．本多〔勘次郎〕、畑生武雄（南満電鉄）、2．北見〔庸造〕、横山。

〔柔道と剣道の準々決勝以下の勝敗表は省略〕

陪観を許されたるも、無■千数局。近来の快心事たり。

武道作興に資する所多大なるへし。

決勝々者には、銀盃三組、剣一口を賜ふ。一般選手には記念銀盃一個を賜ふ。

三井男爵邸にて、Gloucester 公の為め晩餐。能楽台覧了て、ソアレレ《ママ》あり。

五月六日（月）

武道大会関係者を大臣官邸に招かる。嘉納〔治五郎、講道館柔道の創始者〕先生（本郷〔房太郎〕大将は欠席）、轟《ママ》〔等々力森蔵カ・大日本武徳会商議員〕中将、大塚惟精氏等。

桃川如燕〔二代目〕師の講談あり。

久邇宮殿下の百日祭。

Golf。

植村澄三郎〔大日本麦酒常務取締役〕氏宅にて杉村氏主催の会あり。

Golf。

五月七日（火）

渋沢敬三君と共に池田〔仲博〕侯を訪ひ、喜久子姫の御婚姻までの御教養につき協議す。

（松山氏の）火曜会に出席。堀切〔善次郎・東京〕市長、来会。市の財政問題等につき語らる。

篠田次官来省。李堈公殿下の近時の御行跡につき語らる。

Gloucester 公の為め田中総理兼外相の催あり。夜会に招かれたれとも欠席。

京都の藤井音次郎君（石井豊次郎氏紹介）来訪。警察官後援会初め、氏の尽力に成る諸後援事業につき談話す。氏の着眼及後援事業の遂行につき、手腕の凡ならさるに感服せり。

五月八日（水）

李王職長官、次官、仙石〔政敬〕総才を招き、午餐を共にし李堈公殿下の件協議。

Gloucester 公殿下より御招待を蒙る。霞関離宮。

英大使館の舞踊。

五月九日（木）

浮世絵展覧会（鳩居堂）を見る。広重〔歌川広重〕のみ著しく勝れたるか如し。其以前のものにつき別に感興なし。未た鑑識を有せさる為めか。

Gloucester 公殿下の為め宮中送別午餐。

梨本宮邸にて国際美術干係者に賜茶。

甘露寺〔受長〕従長《ママ》〔侍従〕、南洋の視察談御進講。

五月十日（金）

本間〔雅晴〕御附武官来訪。

Gloucester公殿下、御退京。原宿に奉送、日光に向はる。十時。

五月十一日（土）

午後、Golf。

驟雨あり。

大阪及神戸に船内にペスト患者出てたる報に接し力石知事来訪。新聞通行社の人々、多数来訪。

友、光、帰宅。組選にて友勝てりとて悦ふ。

昨秋、福岡にて製鉄所視察の節、立寄りし職工の宿舎の田辺文太郎（第二厚板工場操炉職■長）氏より礼状を寄せ来る。シャボテンを寄贈せんとの御話ありしも、枯死を恐れ之を謝絶したるか、先般、田中武八君に托し色紙を送りし挨拶也。

山田登代太郎君令息登君、来訪。

五月十二日（日）

徳川頼貞侯、出発渡欧。

伊知地《ママ》〔地知〕女官の所生西郷〔空白〕氏と田子君長女〔空白〕子との結婚披露。

大倉男主催にて来遊中の米人記者歓迎会。皆米国に於ける有力なる人々にて、Carnegie財団より派遣せらると。

Mr. George S. Johns, "the St. Louis Post Despatch".

Mr. Gideon A. Lyon, "the Washington Star".

Mr. Francis W. Clarke, "the Atlantic Constitution".

Mr. W. P. Simms, "Scripps Howard Chain of Newspapers".

Mr. Harry B. Wakefield, "the Mineapolis Journal".

Mr. Wilbur Forrest, "the Herald Tribune, New York".

Mr. Herbert Matthews, "the New York Times".

Mr. Francis E. Regal, "the Spring-Field Republican".

Mr. Fred Hogue, "the Los Angeles Times".

Mr. Paul Wright, "the Daily News, Chicago".

Mr. J. M. Lewis, "the Hughstone Post Despatch".

Mr. George A. Finch, "Representative of Carnegie Foundation".

五月十三日（月）

三上〔参次〕博士御進講（明治天皇行幸に干する及其《ママ》

につき)。

松平大使夫人を招き午餐。

西園寺〔公望〕公賜餐に参列。

Moule氏。

後藤伯邸にて関係者の会食。

五月十四日（火）

麝香間祗候、御陪食。

芳沢公使、賜茶。

松浦〔寅三郎〕女子〔学習〕院長来訪。近々、職員整理の内容と自らの引退の意を述へらる。之は勿論、慰留しおけり。

露大使館晩餐。

五月十五日（水）

竹田宮御成年につき午餐を賜はる。昨日と今日となり。霞関離宮。

黒田清輝〔洋画家・故人〕氏の黒田記念館茶話会ありたれとも欠席。

大阪行幸に干する件につき協議。防疫官帰京につき意見をきく。

徳川喜久子姫御邸に御招を蒙る。衣及西浅子氏。

【上欄】

予算会議。初声御用邸、其他。

五月十六日（木）

大阪府知事、兵庫県、和歌山県知事〔野手耐〕、潮次官等参集。行幸御延期の件につき熟議。

大島の御日取を動かさす、大阪には来月四日に御着のことに変更。直に御裁可を乞ひ、発表す。

五月十七日（金）

岩崎小弥太男来訪。白仁〔武・日本郵船社長〕君、社長を辞し、各務〔謙吉・三菱信託会長〕君、郵船社長に就任につき内話。

松平大使夫人、渡英につき訪問。

霞ヶ関離宮に於て内閣干係者に賜餐。

東亜弗利加事情につき、大山〔卯次郎・法学博士〕氏の御進講。

東京日々、大阪毎日にて蘇峰〔徳富蘇峰〕氏入社につき披露。

五月十八日（土）

加藤武男氏来訪。郵船株を三菱にて所有のことにつき、宮内省の所有株御処分の有無につき、問合はせらる。

賜餐（宮中顧問官、錦鶏間）。高松宮殿下御代理。

Golf。

松平夫人を訪ひ秩父宮妃殿下に拝謁。

一・東御所の件。

一・宮殿下の陸軍に於ける御人望。

一・御大礼中の御態度。

一・御接近者の件。

一・陸軍、宮内に対すること。

一・妃殿下の御尽力を願ふこと、等。

小泉策太郎君来訪。晩餐を共にす。

五月十九日（日）

午前、新興大和絵会（春陽会も序に）博物館の宗達〔俵屋宗達・江戸時代初期の絵師〕の陳列を見る。

正彦、友、光等と午餐を共にす。食後、友（光はラグビーよりボート）の端艇部に移りたる件につき協議をなす。結局、日曜日に厳守することに決定。

五月二十日（月）

松平大使、令夫人、令嬢〔正子〕、令息〔一郎〕を同伴、倫敦に出発。

日本銀行にて宮内省金庫を引受けたるにつき総才〔土方久徴〕以下、理事、関係支店長を大臣より招待（浜離宮）。

板谷波山氏、北原大輔君を招き晩餐を共にす。

五月二十一日（火）

田中清純師来訪。

日独文化協会へ独乙より書籍寄贈（三万マークにて、二千冊余なりと）の為め、独乙大使館にて午餐会あり。

Buchesspeule。

五月二十二日（水）

徳川公家に至りて、母堂、喜久子姫、三輪家令列席にて喜久子姫の御心得として、皇族の御使命につき談話す。

寺嶋《ママ》〔島〕〔誠一郎〕伯及川原〔茂輔・衆議院〕議長の告別式に参列。

鈴木侍従長、加藤〔寛治〕軍令部長、大角〔岑生〕第二艦隊司令長官、山梨〔勝之進〕次官、河井侍従次長等を招く。

Golf。

五月二十三日（木）

グロスター公殿下、午後、横浜■鑑御出発、御帰国遊はさる。林接伴長以下、御見送。

堀切市長の為め日本クラブに於て午餐会。

事務調査会。

西野元君の招宴〔新喜楽〕。

強雨と雷鳴。二十四日の朝刊にて崖崩等ありしを知る。

此頃、快眠少し。

五月二十四日（金）

中村伍作君来訪。

久松定孝君来訪。

宮本央氏、珍田家訪問。

鹿子木員信〔ベルリン大学客員教授〕君と会食（日本クラブ）。

高松宮殿下より賜茶。先般、歴代山陵の絵巻の陵名及所在地の揮毫を仰付られたる諸氏（入江〔為守〕子爵、三上博士、杉〔栄三郎〕諸陵頭、仙石君、其他）を招かせられ、記念品を賜はる。

事務調査会。最終の会にて今日まで昭和二年六月〔空白・一二〕日第一回を開きてより、総会〔空白〕回、委員会〔空白〕回なり。

五月二十五日（土）

久邇宮朝融王殿下、聖徳太子奉賛〔会〕総才に御就任につき午餐を賜ふ（日本クラブ）。

国際聯盟にて鹿子木博士の独乙談あり。

五月二十六日（日）

午前中、Golf。

午後、中村伍作君兄弟と東村山に遊ぶ。新宿より自動車にて貯水池まで約一時間。

五月二十七日（月）

海軍記念日にて水交社へ行幸。

角力の天覧あり。宮内省干係者も今年より招かる。

Dr Mott、一昨日、勲一等瑞宝章に叙せられ、今朝来省。午後、華族会館にて同博士の支那談あり。

三井男令嬢〔三井祥子〕、高辻〔宜麿〕子令嗣〔高辻正長〕に嫁し披露式あり。

基督教青年会にて体操春季大会を見る。技の巧なるに驚く。

五月二十八日（火）

午前五時頃、大臣昨夜来発熱の由にて急に供奉することとなり、旅装を整ひて供奉せり。

那智は一万頓、八インチ砲十門、新造艦なり。速力三五以上を出す。

八重根港、風波うねりあり。此夜は那智に御宿泊。翌朝、神港にて長門に御移乗のこととなれり。大阪神戸行幸の途次八丈、及大島に御立寄。紀州田辺及串本海岸にも御上陸相成る御予定にて、大阪には六月三日、御上陸の筈なり。

軍艦長門には、牧野内府、鈴木侍従長、奈良武官長、侍従及武官。行幸主務官は野口書記官なり。海軍よりは、岡田〔啓介〕海相、加藤軍令部長、左近司〔政三〕軍務局長、岡田副官等。

那智には、望月内相、横山警保局長等。大島、八丈島まで御供せしは、平塚東京府知事、畑〔英太郎〕第一師団長、宮田警視総監、山本〔英輔〕横須賀長官、小林〔躋造〕艦政本部長、〔空白・安東昌喬〕航空本部長等。峰〔幸松〕憲兵司令官。

【上欄】

八．〇五　宮城、御出門。

八．一五　東京駅、御発。横須賀、御着。

一〇．　那智に御乗艦。

一〇．四〇　御出港。

五．三〇　八丈島、八重根又は神港、御入港。

六．〇〇　軍艦長門に御移乗。

御仮泊。

五月二十九日（水）

風波やゝ荒らく、うねりあり。八重根御上陸を不可とし神港に変更。

島内沿道清掃行届き、島民歓呼、御奉迎申上けたり。飛行場は横須賀鎮守府の施設、煉乳会社は森永の姉妹会社なりと。八丈測候所は中央気象台の監督に属し、藤原〔咲平〕技師御説明申上けたり。鳴沢滝は水力電気及水道の源を為す。谷やゝ深く、御採集の資料を期待せしか多からす。底土ヶ浜にては却て御興味ありしか如し。

【上欄】

第二案。

神港、御上陸。

八．四五　御上陸。

飛行場、三根小学校、八丈煉乳会社、大賀小学校の
乳牛、八丈測候所、八丈支庁。
御昼食、御召換。水源地鳴沢の滝。御採集。底土ヶ浜
海岸。
神港より御乗艦。

五月三十日（木）

最初は第一案により差木地をへて波浮港に御下山、御乗艇の予定なりしか、同港にては、やゝうねりありたる為め岡田に御変更。

支庁は（長横島〔常三郎〕氏）八・三〇、着御。約四十分間にて御召換の上、三原山に伺はせらる。内大臣、海軍大臣、内務大臣、鈴木侍従長、奈良武官長及余は御伴せす、藤倉学園を見る〔三二七頁参照〕。

陛下には天機極めて麗はしく、外輪山、内輪山、湯場をへて、午後五時頃、岡田小学校に着御。御召換の上、御乗艇遊はさる。波浮、差木地地方民の失望を御同情遊はされ御乗艦。波浮、差木地沖を御通過の上、紀州に向はせらるゝこと〔と〕なり、夜色に探海灯を光らす。地方民は歓喜して提灯行列を以て奉迎の誠意を表せり。

【上欄】
第一案第二号。
午前七・〇〇・大島元村沖、御投錨。
八・二〇　御上陸。
大島支庁。
三原山御登山。
岡田小学校、岡田青年団、同約館。岡田海岸御乗艦。

五月三十一日（金）

朝六時、御前崎の前方三十哩を通過。速力八〇海里。
曇天、平穏。
デッキゴルフ等にて賑ふ。

【上欄】
御航海。

昭和四年六月

六月一日（土）

桟橋より御徒歩四十分、白良ヶ浜を過く。途中よりコンクリート通路にて研究所に入る。左方に湯崎温泉を望

む。円月島に《ママ》前に在り。此辺、海浜清潔にして風景大佳、東京附近に多く見当らす。南紀は確かに吾国名勝の一たるへし。田辺、串本の方面は暖流の干係にて魚属甚豊富なる由、御採集は主とし駒井〔卓・京都帝国大学附属臨海研究所所長〕京大教《ママ》授御世話申上く。塔島の後、神島（かしま）に御立寄あらせらる。南方熊楠〔生物学者〕氏の勧告により村民伐木採草を禁し樹木鬱蒼たり。

御帰艦後、南方氏より同氏研究の二、三につき奏上。篤学奇行の士、年六十四にして天顔に咫尺し、親しく御進講の光栄を荷へるなり。

晩餐後、兵士及海軍兵学校生徒の角力あり。兵卒は那智の水兵優勝せり。兵学校生徒の角力最元気あり。意気、態度、節制、観者をして敬服せしむ。就中、行司大野〔空白〕氏、明敏果断なる行司振は何れも感嘆せさるはなし。

【上欄】

八．〇〇　田辺、御入港。

九．〇〇　御乗艇。

九．三〇　瀬戸鉛山綱不知桟橋、御上陸。

一〇．一〇　京帝大附属臨海研究所、着御。研究御聴取。

四双島、培島、畠島等、御立寄。

五．三〇　御帰艦。

六．〇〇　田辺、御出港。

六月二日（日）

潮岬灯台にて広幡〔忠隆・逓信省〕灯台局長、無線電信局にては平塚〔米次郎〕大阪〔逓信〕局長、御説明申上く。潮岬村は紀伊の最南端にて即本州の最南端なる由。白き濤、蒼き海、黒き岩と相映して風景甚佳也。芝生には平生、牛を放すと。広濶なる「グリーン」は稀に見る所。村内、南洋淳州等に出稼せるもの多く、家屋等も瀟洒たり。御採集には侍従長、武官長及側近者のみ御伴し、内大臣等は串本町無量寺に至り、所蔵の画を見る。芦雪〔長沢芦雪・江戸時代後期の絵師〕の龍虎（襖）の外、見るに足るもの少し。帰艦して某氏（新宮中学校教員）の熊野談をきく。夜七時頃より海軍大臣晩餐会あり。その後、土耳古軍艦遭難当時、村民を督して救助に尽力せる八十三翁樫田某〔文右衛門〕、御前にて当時の状況を語る。和歌山師範の坂口〔総一郎〕教師、県より献上の標本につき御説明申上けたり。

此夜、加藤軍令部長と緩談。加世田の将来につき留意を乞ひ置けり。
【上欄】
九．御乗艇。
九．三〇　串本桟橋、御上陸。御徒歩一時間十五分。
　潮岬灯台、無線電信局、芝生。
午後二．〇〇　串本桟橋、着御。
　二．三〇　灘風に御乗艦。御採集。
五．三〇　長門に御帰艦。
六．三〇　海軍大臣晩餐、御臨場。

六月三日（月）
朝、長門、那智、大井及駆逐隊の端艇競走天覧。兵学校生徒の一組も此内に在り。
午後二時過、御乗艇、御採集。最初、砥崎沖にて行はせらるゝ予定なりしも、風波（西風）の為め昨日の通、向浜にて遊さる。侍従長、武官長のみ御伴、他は本艦に残る。
【上欄】
一〇．　御乗艇。
一〔〇〕．二〇　樫野桟橋、御着。御徒歩三十分。
一〇．五〇　土耳古軍艦遭難記念碑、着御。
　樫野崎灯台。
一一．四〇　樫野桟橋、着御。途中、大謀網。
一二．一〇　御帰艦。

六月四日（火）
【上欄】
前七．三〇　大阪、御入港。
八．四〇　灘風に御移乗。府下、諸学校端艇奉送。
九．一〇　大阪築港桟橋、着御。
一〇．一〇　ランチに御移乗。築港、安治川口御覧。
　住友伸鋼御上陸。

六月九日（日）
河井氏と同道、二時、横須賀御入港。
五時、宮城御還幸。
太田光熙氏、児玉一造氏等来訪。
権藤、阿部両氏を招き晩餐。
【上欄】
大阪、神戸の行幸より御還幸につき横須賀長門へ御出迎。

六月十日（月）
東御所に伺候、拝謁。
Moule師。之にてLuke伝を終る。次はJohn。
此夕、新保山口、葉山山形、杉第一、斎藤第一教頭等を招き晩餐を共にす。

六月十一日（火）
杉村氏の会（前田氏邸）ありしも欠席。
午後、Golf。
【上欄】
第三師団長〔安満欽一〕、済南より帰還につき御陪食。

六月十二日（水）
鈴木文治氏来訪。
華族会館五十年記念祝賀会に招かる（五時より）。立食の饗あり。
【上欄】
華族会館（五十年記念）行幸。

六月十九日（水）
朝鮮協会。予算、決算及専務理事の問題。
天野弘一君三男、俊夫告別式に参列。中央大学を卒へ司法官試補たりしか、行年二十四にして逝く。頭脳明晰、温良孝悌、真に惜むへしとなす。
女子青年会を見る。加藤〔空白〕子〔タカか・東京ＹＭＣＡ総幹事〕女史案内せらる。本年二月十一日、献堂式あり。敷地五百六十坪、工費は四十余万、カフマン〔エマ・カフマン Emma R. Kaufman・東京ＹＭＣＡ外国人総幹事〕女史の貢献多きに居る由。設備の用意周到を極むる、嘆称に堪へたり。

六月二十日（木）
田中総理より電話あり、十一時訪問。奉効会の件也。地方長官を大臣より霞関離宮に招待。三陛下の御近状を述へらる。
湯川寛吉〔第五代住友総理事〕氏の来省を乞ひ、行幸後、大阪に於ける倶楽部等のmenuの改新に干する新聞紙の所報を語り、一般生活改善につき希望を述へおく。
大臣官邸に大阪行幸に干し行幸関係者一同を会し所感を述へ、且つ将来の留意すへき諸点につき意見の交換をなす。極めて有益なりき。
七時より八時迄は面会を謝絶し、聖書ルカ伝を読み初む。

六月二十一日（金）

蒲田接[redacted]保存会の件につき、望月内相、蜂須賀〔正韶〕侯等の主催にて実業家等を招かる。団、大倉、馬場、外数氏。馬場氏、一同を代表、応分のことをなすへしとの答なりき。

徳川喜久子姫御結婚前の御修養の為め、三上、塩谷〔温〕、下田〔歌子〕、関根〔正直〕、高島、竹田の諸先生を依頼したるにつき、徳川家の池田侯主催の下に会合を催され、仙石総裁、石川〔岩吉〕別当と共に出席。諸講師に対し希望を述へおけり。

近来、殊に行幸供奉中及其後、睡眠甚不良。肩のこることも不少、入梅中、更に甚しきか如し。

六月二十二日（土）

午前、児玉〔秀雄〕伯、政務総監に就任。

池上氏薨去後、田中総理に対し、最初、宇佐美〔勝夫・資源局長官〕氏を推挙せしことあり。山梨〔半造〕総督上京前、総理より宇佐美氏に交渉せしも受けす。其後、総理に面会せし際（行幸供奉より帰京後）、宮内省を去り他に出つるの意なきやを問はれたるも、意なき旨返答せしことあり。沢田〔牛麿〕君の説ありしも、考慮の結果、児玉伯に決せるもの、如し。

陸軍大臣、地方長官を下志津に招き、訓示と共に諸兵の演習を観覧せしむることあり。宮内省初、各省の人々を招かる。余等十数名、宮内省より出席。飛行学校にて同乗飛行あり。旅客機に乗る。同乗者は、山岡〔国利〕宮崎、斎藤〔宗宜〕熊本、生駒〔高常〕台中の三知事なり。操縦者は三宅中尉。機は、「フェヤチャルド」なり。

高橋直武〔予備役陸軍少将〕君、昨夜逝去につき今夜弔問。

【上欄】

聖上、葉山行幸。

六月二十三日（日）

畑良太郎〔錦鶏間祇候〕氏より招かる。

入沢〔達吉〕博士の荻窪新邸に招かる。

京都中島玉吉〔京都帝国大学法学部教授〕君来訪。晩餐を共にす。

教会。

【上欄】

二十三日より七月一日迄、七月一日夜記。

六月二十四日（月）

高橋直武氏告別式に参列。

Moule師の講話。ルカ伝を了る。此次はマタイ伝にて、九月よりと。

聖上、葉山より還幸。

六月二十五日（火）

皇太后陛下御誕辰につき東御所に伺候（但、祝賀はうけさせられす）。

女子大学、母の日の会にて陛下の御乾徳につき講話。

望月内相の側近者招待会に臨む。

六月二十六日（水）

林伯夫妻、渡欧。

児玉伯、新政務総監の為め朝鮮協会にて送別。

林式部長官、岡〔部長景〕次長より招待（錦水）。

六月二十七日（木）

世襲財産会議。

永田、東郷〔安・貴族院議員〕両氏、渡欧午餐会（日本クラブ）。

賀来氏来訪。久邇宮財政の件につき詳細報告。仙石氏同席。二十六、七万円不足なるか如し。

松浦円四郎君の招待、瓢亭。阪本〔釤之助〕氏、沢田、佐竹、弓削〔幸太郎〕等の諸氏、旧事を語る。松浦君、不相変にて抱腹して笑ふ。

二十五日と二十七日夜、臨記揮毫を試む。静岡県上野村小学校の額（忘私奉公と秋田君の郷々同喜）。

六月二十八日（金）

東郷安君来訪。商事会議出席の為め渡欧。以太利にて木内〔良胤〕訪問の筈。

警察部長会議出席者を大臣より華族会館に招く。横山警保局長より警保局図書課在勤二俊才、内務事務官、生悦谷求馬君、小林尋次君を紹介せらる。

三矢〔宮松〕林野長官より農林省関係者をホテルに招く。

田中総理、満州重大事件につき陛下に拝謁、奏上する所ありしか、前回内奏せし所と甚しき相違の点ありて、総理恐懼して引下かり、辞意を侍従長に漏らしたる由。侍従長、西園寺侯《ママ》〔公〕、牧野伯等を訪ふ所あり。内閣にては総理の報告ありて、頗る緊張の色を示せるか如し。

【上欄】

正倉院調査委員会第一回（大臣官邸）。

六月二十九日（土）

大久保侯爵来訪。

栗原彦三郎君来省。大隈〔重信・第七、第一七代内閣総理大臣〕侯、頭山満両氏の伝献なりとて、岩山素心の一鉢を持ち来る。福州〔空白〕氏献上なり。

田中光顕伯の長寿の祝賀会（青山会館）開催。一時より五時に至りて尚止ます。中途にて退席。

福島繁三（滋賀警察部長）氏を招き晩餐。

児玉新政務総監出発、赴任を送る。

六月三十日（日）

教会。

友、光等帰宅。

鈴木文四郎君来訪。矢崎氏の画を伝贈せらる。

鈴木孝雄、三郎〔鈴木三郎・川北電気重役〕両君、木下君を招き晩餐。

昭和四年七月

七月一日（月）

松平慶民君、来りて身上のことを語り辞意をもらす。

佐藤〔恒丸〕侍医頭の診療をうく。小便の検査をなす。更に異状なし。血圧は右百十七、八。左は百十五なりと。今日より毎日ブロム剤服用。

永田秀次郎氏に面会。

一．宮内省に於ける両院議員等の待遇に干する件。

一．後藤伯銅像の件。

明日、内閣総辞職に決定せる由。

勅選四氏に内定の由。八田〔嘉明・鉄道次官〕、桑山〔鉄男・逓信次官〕両次官、長岡〔隆一郎〕新警視総監、磯村豊太郎〔北海道炭鉱汽船専務〕君。

Tennis。

【上欄】

敬次に百五十円邦為替を送る。

七月二日（火）

松方正義公の五年祭、青山墓前にて執行。勅使牧野〔貞亮〕侍従参拝。大臣及余参拝。

事務整理につき進行の方法を講す。已に三、四回〔酒巻〔芳男〕参事官と共に）。上野〔季三郎〕、杉、渡部の三氏に各主管につき内談。

午前十時、田中首相、辞表奉呈。

午後一時、浜口雄幸氏を召され直に参内。

椎名龍徳〔教育者〕君を招き、氏の前著『生きる悲哀』、近著『病める社会』を読み、更に細民の努力により成功の例につき著作しては如何と勧む。氏も極めて同感なるか如し。尚、細民の救済向上に干し、最緊急とせるものにつき意見を聞くに、細民優良児童の上級学校に進む途と虐待児童の収容所を要〔す〕となり。

【上欄】
午後九時五分、親任式。
総理　浜口
内務　安達〔謙蔵〕
外務　幣原〔喜重郎〕
大蔵　井上〔準之助〕
陸軍　宇垣〔一成〕
海軍　財部〔彪〕
鉄道　江木〔翼〕
文部　小橋〔一太・立憲民政党所属衆議院議員〕
司法　渡辺〔千冬〕
農林　町田〔忠治・立憲民政党所属衆議院議員〕
商工　俵〔孫一・立憲民政党所属衆議院議員〕
逓信　小泉〔又次郎・立憲民政党所属衆議院議員〕
拓務　松田〔源治〕
外に書記官長、鈴木〔富士弥・立憲民政党所属衆議院議員〕
法制局長官、斎藤《マ》隆夫《マ》〔前田米蔵をへて川崎卓吉〕

七月三日（水）
万国工業会議準備の為め各大使を招待。秩父宮の台臨を仰く（工業クラブ）。

七月四日（木）
前国務大臣御陪食。陛下の思召による新例なり。夕、山本定孝君と会食。氏は荐に海軍大将谷口尚真君を推称して措かす。人格第一人者なりと。
二、三日来、ブロム薬を服用。なし。二、三十分間散歩。二回醒めたれとも可なり安眠。近来稀なることなり。

七月五日（金）
添田寿一〔貴族院議員〕博士、一昨日薨去に付弔問。
黒板〔勝美〕博士来省。左の諸件を話る。

正倉院の件。復興博物館の件。

田中伯を訪ひ、一．高松宮御婚儀の件。一．水戸徳川に干する件等を語る。

内務省三橋君を大臣官舎に招き共産党問題の談話をきく。

朝鮮協会総会、欠席。

渡辺千冬君（新法相）来訪。

七月六日（土）

小林姉を訪ふ。

Golf。

七月七日（日）

教会。

鈴木富士弥君来訪。

新旧東京府知事、平塚君、中川〔健蔵〕君来訪。平塚君は最気の毒に堪へす。

夜、大倉男夫〔妻〕及令息嬢〔喜六郎、てつ、正子〕等も衣、正彦等の会食あり。

松田新拓相を訪ふ。松田君衷心を披瀝して語る。純真の人物なり。成功を祈りて止ます。

五時より二時間、昼寝。近来稀なることなり。

添田寿一氏の葬儀。

雪野〔元吉〕君来訪。

七月八日（月）

藤倉学園川田貞治郎〔教育者〕君来訪。

特命検閲使、御陪食。

日独教会の総裁博恭王殿下、奉戴式。

一高学生出海偉佐男君来訪。端艇部遊漕費用として寄付を依頼せらる。明日出発の由に付、友人と小生分として、金百円支出す。

七月九日（火）

三越にて関東地方製陶家の陳列を見る。北原君案内。

板谷氏、宮川氏の外、特に見るへきものなし。

中島久万吉君男来訪ふ《ママ》。

空と海の博覧会総裁博恭王殿下、奉戴式（水交社）。

正倉院委員会第二回。

十五銀行問題につき尽力しくれたる人々を大臣より招待（新宿御苑）。井上蔵相、三土〔忠造〕前蔵相、郷〔誠之助〕男、木村〔清四郎〕、西野、土方、杉等の諸氏。

七月十日（水）

西園寺公を訪ふ。

一．内閣改造の際、御諮問機関のこと。

一．事務調査会のこと。

一．秩父宮殿下、妃殿下のこと。

等につき御話す。公爵も能く語れり。

天覧馬術、参列せす。

国際聯盟理事会。沢田〔節蔵・アメリカ大使館参事官〕、川島〔信太郎・駐ギリシャ公使〕、武者小路〔公共カ・駐スウェーデン公使〕等の諸氏来会。

松田新拓相を訪ひ友人として満鉄の重大なる点につき注意を喚起す。

岩崎久弥男を訪ひ木内良胤の件につき緩談。

北白川宮大妃〔富子〕殿下、伺候。

本多〔康虎〕子爵逝去につき弔問。

七月十三日（土）

青年会午餐会に出席。聖上御日常につき談話す。清水安次〔郵船営業部長〕君ほか中堅の有力者多し。

市政調査会にて後藤伯の銅像建築につき相談会あり。

文部省にて生活改善同盟会評議会及総会開催。

加賀谷〔朝蔵〕君来訪。

七月十四日（日）

鈴木書記官長邸を答訪。不在。

斎藤実子爵を訪ふ。

Golf。半年間の Tournament なり。密田〔良太郎〕君と組。第一回51、第二回61（Handy Cap は三十七、前回の成績によると）。

夜、宇垣陸相を訪ふ。

杉浦倹一〔元大蔵官僚〕君を訪ふ。

七月十五日（月）

加賀谷君の為め送別会（偕楽園）。

岡実君来訪。緩談二、三時間。

木内信胤君夫妻来訪。

【上欄】

正倉院委員会第三回。答申案を決定す。

七月十九日（金）

阿部充家君、京城より帰京、来訪。

安達内相の希望により往訪。皇室に於ける倹約の実例を語る。

　鈴木書記官長を訪ふ。

　　両英字新聞に御大礼号補助の件。

　　上野大膳頭の件。

安岡君来訪。金鶏学院を政治的相談の場となすことの断して不可なる所以を注意しおけり。

三好重道〔三菱合資常任理事〕君の招にて、Ponsonby〔ポンソンビ・フェーンPonsonby Fane・イギリス人の日本研究家〕を主賓とせる晩餐に出席。

小野芳彦君〔新宮の人〕を紹介しおけり。

【上欄】

旅費規程の会議を開く。

七月二十日（土）

鶴見左吉雄君来訪。鈴木文治氏の件等。

国際聯盟にて副会長選任等につき協議、欠席。

その後、森賢吾〔貴族院議員〕君、対満賠償問題の講話あり、出席。

【上欄】

二十日より二十九日迄、二十九日誌。

七月二十一日（日）

六時十五分発にて箱根仙石原に遊ぶ。岡君との約をふむ也。大磯より同行、国府津にて下車。乗合バス。小原《マ》田《マ》〔田原〕駅にて乗換ひ更に宮ノ下に乗換ふ。小田原より宮ノ下迄一円三十銭?。

仙石原ゴルフリンクにては、門野君夫妻、岡田源吉〔原合名会社支配人〕君、谷川浩君等あり。午前、午後にて二回。四時過ぎ、岡田君別荘古家荘に来りて馳走をうく。氏は原〔富太郎〕氏の支配人にて谷川氏の親族なり。令夫人と共に歓待せらる。八時過ぎ発にて宮ノ下発乗合〔最終〕に間に合ひ、東京駅着は十一時五十五分。

七月二十三日（火）

東御所に伺候。暑中御伺也。外に閑院宮、秩父宮。

朝鮮協会にて、拓務次官〔小村欣一・貴族院議員〕以下を招く。渡辺定次郎君より朝鮮の諸事業操延の不可なる旨を力説せらる〔就中鉄道〕。

門野君来宅。

七月二十四日（水）

賀来氏同道、新宿駅発小田急にて江ノ島に行く。一時間半?。児玉神社の祭典に参列。江ノ島より長谷までモーターボート。値一人五十銭、三十分間。

賀来氏の借別荘を見て葉山に行き、御用邸に伺候。拝謁。御水泳を拝見し、夜、御相伴の栄を荷ふ。

長者園に一泊。午後は西向の室は日光の直射甚しく、夕刻までは身を置くに処なき程なり。

七月二十五日（木）

十一時頃、帰京。

Golf。

生活改善同盟会理事会に臨み、生活改善の実行を事業経営を行ふ会社、銀行等の最高幹部に促かすことの最有益なるへきことを提唱す。

七月二十六日（金）

聖ルカ病院に於て「トイスラー」〔ルドルフ・トイスラー〕博士の米国に於ける募財状況につき報告会あり。看護婦養成所長Mas St Johns〔アリス・C・セント・ジョン〕氏宅にて午餐の饗をうく。会者、渋沢〔栄一〕子、阪谷男、江口〔定条〕、福井〔菊三郎〕、阪井、岡田、福井《ママ》、末延等の諸氏。

報告

予定募集金額　三、五〇〇弗

最近報告の募集金額　一、九〇二弗

内　現金　一、四〇二

基本金　五〇〇

関税　三〇〇弗

阪谷男等の尽力により大蔵省に交渉、七万円位となる見込。

買収すへき土地

第一案　十六万円。第二案　十二万五千。第三案十二万千。

七月二十八日（日）

笠井信一〔貴族院議員〕氏、山崎直方〔東京帝国大学教授〕博士の告別式に参列。

沢田、井上〔勝之助〕侯を訪ふ。侯の病（癌?）依然、快方に向はす。

鎌倉、牧野伯に御招を受く（夫妻共）。大久保侯御同席。夜十時帰宅。

七月二十九日（月）

西原亀三氏来訪。故水野直〔元貴族院議員〕子爵の世襲財産の件也。

河井次長来訪。

有馬〔頼寧〕伯来省。震災記念事業のこと。

中川〔望〕復興局長官を答訪し、記念事業の件につき懇談。カネの意見たりし。地震研究所設立を提唱。

吉田〔茂〕社会局長官を答訪し、生活改善を政府の主要政策とすへきことを談しおけり（地方官会議の際）。

伏見宮博義王妃〔朝子〕殿下、女王〔光子〕御分娩につき御祝に伺候。

五時三十五分、葉山より御還幸。

明治天皇祭及白河天皇八百年祭、御参列の為めなり。

【上欄】

暑気猛烈。午後四時、書斎にて八十八度。今夏第一の温度に非すや。

七月三十日（火）

椎名龍徳氏来訪。

芳沢公使来訪。近々帰任、本日大使に栄転の由。

明治神宮御祭典に参列。

七月三十一日（水）

白河天皇八百年祭に参列。

聖上、葉山へ行幸。一時十分、東京駅御発。

石塚〔英蔵〕氏、昨日台湾総督に任せられたるにつき御祝にゆく。

児玉母堂〔マツ〕及友雄〔翌八月一日付で歩兵第二旅団長、陸軍少将〕君を訪ふ。

夜、大倉男を訪ひ大に談する所あり。

宮様御交際の人々の選択の大切なること、殊に人物素行上の注意を要する点等。

昭和四年八月

八月一日（木）

神奈川外事課長〔赤穴保〕来訪。李堈公殿下と露婦人との干係につき詳述せらる。

Golf。五十五、六の成績。

朝鮮協会にて李允用〔朝鮮貴族、元大韓帝国宮内府大臣〕男招待。男は朝鮮の近状を語り児玉総監留任の希望を述へらる。

磯野〔定次郎〕君と杉浦君を訪ふ。

李王〔李垠〕殿下伺候。

先日の女子大学講話の筆記を送り来る。筆記者は家庭週報編輯部の杉野加寿氏の由。余り順序もなき講話を上手にまとめたるは感服せり。

【上欄】

暑気猛烈。三二．六、七、即九〇．以上也。

八月二日（金）

皇太后陛下に拝謁。三時過より五時頃迄。

高松宮御洋行の件等。

李允用男を招き晩餐を共にす（トキワ）。宇佐美氏と共に。陪賓御一行の張弘植、金〔空白・衡カ〕鎮両氏及阿部氏。

松田源治君、拓相就任の祝賀会に出席（東京会館）。松田会の催。

八月三日（土）
正彦、富士裾野の演習を了り昨日帰隊。本日帰宅。
大臣、軍艦妙高見学に出張。

Golf。五五。

八月五日（月）
遠藤柳作君来訪。
地方長官に賜茶。

八月六日（火）
【上欄】
六日より十一日まて山梨県、静岡県、神奈川県に出張。

八月十一日（日）
朝、岩崎男と共にgolfの練習をなす。九時辞去。強羅ケーブルの上にて三矢君等一行と会す。大涌谷を見て、姥子にて午餐。湖尻に出てモーターに乗し箱根町に至る。三時、自動車にて小田原に出て、四時過の汽車に乗る。此間約一時間。六時過着京。魯庵会旧友会主催の石塚、人見〔次郎〕両氏の就任祝賀会に出席。

八月十二日（月）
格別の疲労もなく出勤。
出海偉佐男君来省。訪問すへき四、五の人々につき注意をなしおけり。

宅にて室内書類の整理を為す。諸事簡易なるか最可也。

久振にて大夕立あり。雷雨にて近来稀也。

京城神社に祭場を加へられたるにつき揮毫を依頼され悪筆を辞せす。

互助会理事長、大谷氏、■氏、三矢氏就任。

【上欄】

役所にて午後二時、八十六度。

八月十四日（水）

午後二時半、松岡洋右君来宅。間もなく山本条太郎氏来訪。今日、満鉄総才を依願免の辞令を受けたる由を語らる。

夜、東久世君と共に河井氏を訪ふ。

午前七時四十五分、立川各務ヶ原野外飛行の為め立川飛行場を離陸せる飛行第七聯隊爆撃機第一〇二号機（山本〔雄〕、長〔喜穂〕中尉操縦）、七時五十二分墜落。搭乗せる参謀本部小川〔恒三郎・作戦部長〕少将、藤岡〔万蔵・作戦課長〕大佐、阿部〔菊一・航空班長〕少佐、深山〔亀三郎・参謀本部付〕少佐、斎藤〔伊次〕技手、青木〔達造〕軍曹、合計八名中七名惨死。一名重傷（深山少佐、数時間にて死去）。別機に搭乗せる鈴木〔荘六〕参謀総長は無事、各務ヶ原へ着。

Golf。

八月十五日（木）

内田良平氏来訪。

小早川四郎男夫人〔式子〕の告別式に参列。

大蔵省営繕《ママ》〔管財〕局太田〔嘉太郎・総務〕部長、大熊技師の来省を乞ひ警視庁新築の塔に干し注意す。

東京クラブに人見氏を招き午餐を共にす。

ツエペリン伯号、今暁四時三十四分（東京時午後〇時三十四分）「フリードリヒスハーフェン」飛行場を出発、日本に向ふ。「ベルリン」は十時過（日本時午後六時過）通過。総司令エッケナー〔フーゴー・エッケナー Hugo Eckener〕博士、船長三人、第一、第二、第三。乗客は二十名（日本人は藤吉〔直四郎・海軍〕少佐、北野〔吉内・東京朝日新聞ニューヨーク特派員〕（朝日）、円地〔与四松・東京日日新聞ベルリン特派員〕）、内婦人はミスドラモンドヘー〔グレース・ドラモンド＝ヘイ Grace Drummond-Hay・ハースト新聞特派員〕氏。

Golf。

八月十六日（金）

人見台湾総務長官の出発赴任を送る。

大倉男を訪ひ秩父宮殿下発哺温泉に御成の際に於ける上林温泉に浴遊中の某氏あり。斎藤子爵に寄せられたる書面の件及今日警保局相川事務官より聞取りたる秩父宮殿下御行動に干し談する所あり。疲労に付、Golfを休む。一昨日及昨日、Golf後、甚しく疲労を覚ゆ。

【上欄】

「ツエペリン」天候不良の為めモスクワ北方通過。

八月十七日（土）

真下龍平氏、明日布哇に帰へる由につき来訪。今日中に横浜にゆく由。写真を送る。

山岡君来訪。

小川中将、藤岡少将、阿部中佐、深山中佐、長、青木、斎藤、〔空白・山本〕の葬儀に参列。八氏は三、四日前、立川より鏡《ママ》〔各務〕ヶ原に飛行中、立川飛行場〔を〕去る数丁の場処に墜落、殉難せるなり。

【上欄】

Golf。成績不良、六〇に近し。

ツエペリン、十六時《ママ》〔日〕午後四時十五分（日本時午後十時十五分）には欧羅巴側からウラル山脈を超えた。

「ツエペリン」の建造費は六百万マーク位。

八月十八日（日）

正彦、軍隊より帰宅。教会に同行。

昼、風月堂にて午餐。衣、正、友と四人。一高校長森〔巻吉〕氏に逢ふ。

斎藤子爵、昨夜朝鮮総督に新任につき訪問（閑院宮殿下御渡鮮のこと、李堈公殿下のこと等）。子爵は赴任する以上は鮮人に希望を抱かしめさるへからさることを強調せらる。首相は朝鮮の事情は多くを知らす、他の閣僚とも協議して決定せらる由語れりといふ。

一高三高、端艇戦に友〔彦〕応援に出かけたるにつき、部より招きにより衣、正と同道、見物す。五時半スタート、三千米■五艇身の差にて一高勝つ。

【上欄】

暑烈し。思ふに九十度以上か。夜十時、書斎にて八十六度。風なし。

八月十九日（月）

ツエペリン伯号、午後四時半頃、東京市上に顕はる。新宿御苑にて見るを得たるは五時に十五分位前なりき。千住方面より飛来せし由なり。飛行機三機前[redacted]悠々巨軀を帝都上空に現はしたる刹那、真に市民の驚異なりしなり。品川方面に飛ひ、人前の空路を還へりたるか如く見えたり。

十九日午前一時頃、日本領海内に雄姿を現はし北海道を横断、室蘭八時五十分、八戸沖九時五十九分、釜石沖午後〇時十分、原ノ町沖二時五分。

安岡君祖父逝去につき寺に弔問。一昨日、寺内毅雄〔陸軍歩兵大尉〕君、赤十字病院にて死去。夫人〔綾子〕（中川健蔵君令嬢）帰宅後、夫君を追ふて自殺す。午後弔問。

□□君を招き晩餐。大塚警保局長来訪。

Golf。

【上欄】

河田〔烈〕大蔵次官来省。警視庁の塔につき懇談す。六時半、霞ヶ浦着の予定。航路一万九百キロ。

衣、軽井沢にゆく。

八月二十日（火）〔記載は上欄と混在〕

東京日々。エッケナー博士[redacted]（霞浦）。距離一万一千キロメートル、時間九十九時間四十分。

今日までの航程の通過地及時間、距離は左の通。

日時	地方時間、通過地時間	地名	距離
八月十五日	三．三五	フリードリツヒハーフエン	
同	九．四五	ベルリン	六二〇
同	一五．一五	ケーニヒスベルグ	一一六四
十六日	三．〇〇	ヴオロバタ	二四九八
同	一四．一三	ウラル	三七〇九
十七日	二．〇〇	イユニセイ	五一四七
同	二三．四八	ヤクーツク	七三六七
十八日	六．二四	アジア港（海岸）	八一五七
同	二三．四九	北海道（太平洋岸）	一〇〇七四
十九日	四．一五	同（内部）、霞ヶ浦	一一〇二一
同	四．四二	東京	一一〇八四

エッケナイ博士、来京。内閣総理官舎等を訪問。

一高庭球を見る。七—二にて大勝。一高の応援も「馬鹿」等の野卑の語を連発して不快なり。

八月二十一日（水）

白根氏と共に霞浦に行き、Zeppelinを見る。上野より荒川口まで約二時間、駅より飛行船格納庫まで約十分。

午前、帰省。

一高野球戦を見る。賀陽宮〔恒憲王〕殿下台臨。満場立錐の地なし。三高四、一高五にて勝つ。初め三高、一点宛を二回、二点一回、四点をとり、一高第八回二点、第九回に二点をとり恢復し、第十回三高零、一高一点をとりて勝つ。技術は三高にあり。意気と応援は一高を勝れりとす。選手中、特に投手梶原英夫氏の功多し。長与又郎〔東京帝国大学附属伝染病研究所所長〕君と共に青年会に至りて選手及先輩に祝意を表す。

浜離宮にてエッケナー博士等に賜茶。一寸顔し、エッケナー及へー女史に挨拶をなす。大体は林□□□接待に当る。

八月二十二日（木）

ツエペリン、今朝四時出発の筈なりしか、格納庫より引出の際、後部のゴンドラ地上に打つけ支柱を傷け、遂に格納庫に引戻し修理を加へ、今夜九時出発の予定。

戒三〔長田戒三〕来訪。相携へて銀座の銀茶寮にて晩餐を共にす。

友、軽井沢にゆく。

【上欄】

暑気烈し。東京午後二時（気象台）摂氏三三度。

八月二十三日（金）

大臣、昨夜帰京。

Ren. G Stewart（Auburn New York州）及夫人来訪。笹尾及日匹両氏同行。Stewart氏は長老派に属し、同神学校にて教を受けたる頗る多く、親日派の人なりといふ。

Golf。李王殿下、篠田君等。

日匹氏来訪。緊縮方針につき其実効を収むる為め官吏の人件費一割減を力説せらる。

ツエペリン伯号の修繕成り、午後三分《ママ》〔時〕十二分出発す。

【上欄】

大に涼し。今朝八十以下。

八月二十四日（土）

午前七時の汽車にて軽井沢に来る。車中、緒方中将、正田貞一郎氏等あり。別車には小山〔松吉〕検事総長、川崎〔克・立憲民政党所属衆議院議員〕司法政務次官、山梨海軍次官、鶴見祐輔君等あり。

衣と交代し、衣、友は午後五時にて帰京。バンカム、ケアリー等の諸氏を訪ふ。

八月二十五日（日）

無事無為。

学習院山口〔巍〕事務官来訪。福原〔鐐二郎〕院長、昨日軽度の脳溢血にかかりたる由て、同氏より特に伝言ありとて、わさ〳〵来訪せしなり。氏はかねて辞意あり。今日のことある〔は〕遺憾に堪へす。依て十分静養、決して懸念せさる様に伝言しおけり。

山口氏を案内して峠に至る。麓よりゆつくり約四十分を要す。午餐を共にして帰京せらる。

五時の礼拝にゆく。夜八時、合同教会の説教をきく。某氏の熱弁も語尾不明にて十分聞きとれす。

午後、岡氏来訪。

八月二十六日（月）

岡氏来訪。午前、午後Golf。

夕方、九州の監督リー〔アーサー・リー Arthur Lee・日本聖公会九州教区監督〕氏を訪ふ。夫人は元とミスリード氏なり。夫人の令妹某氏も同宿。前日、福岡にて怪我せし由。リー氏の居は愛タゴ山の中腹にて眺望尤可なり。

八月二十七日（火）

風邪の気味につき終日引籠。

夜、岡兄の招待にて数氏（伊沢〔多喜男〕、新渡戸〔稲造〕、小野塚〔喜平次・東京帝国大学第一一代総長〕、矢ハギ、杉山、関屋、近衛等）会食。

従来、軽井沢に来りたる中は直に睡眠に影響せしか、今回は未其効果を見す。

八月二十八日（水）

前田伯、岡君等を訪ふ。

有志の午餐会、New Grand に開催。鎌田、門野、小野塚、伊沢、杉山、小杉（天外〔小説家〕）、矢ハギ、鶴田、島田、福井、佐野、横河、関屋、五斗、岡等の諸氏。各所感を述ふ。

沓掛に行き、北白川宮、朝香宮両殿下伺候。朝香宮殿下にては御新築の内外を拝見す。渡辺〔千冬〕子を訪ふ。一同不在。

夜、鈴木文四郎君、小野塚博士来訪。

白根君よりの来書。福原院長、引続良好の由。

【上欄】

松田〔道一・駐イタリア〕大使、木内に手紙。

八月二十九日（木）

鈴木氏来訪。八時半よりGolf。下村君、鹿島君亦共にす。第二回より、〔空白〕君亦加はる。二回とも成績可良ならす。第一回にマッシーのクラブを折る。

午後、新渡戸、二上両氏を訪ふ。

夜、小野塚博士を訪ひ談話中、気候頓に下りて腹部に冷感を覚ゆ。

就眠後、下痢二、三回。嘔吐も加はりて終夜安眠せす。アダリンも効なかりき。

八月三十日（金）

夜来の下痢と少許の嘔吐にて気分宜しからす。殊にGolf二回の為めか、四肢のだるさを覚え、按摩をとる（芝烏森〔空白〕）。極めて上手なり。午後に至り、発熱三八度。五斗博士の来診を乞ふこと二回。夜に入りて気分やゝよく、少許の葛湯を用ゆ。

八月三十一日（土）

五斗博士来診。熱下り気分よし。乃ち帰宅に決し五時の汽車にのる。乗客少く寧寂莫たり。大倉粂馬〔大倉喜八郎の婿養子〕君同車。健を伴ふ。小久保も同車。正彦、外泊を許され在宅。

軽井沢にては大体睡眠可なりしか、今回は毫も東京と異らす。殊に平臥三日、成績極めて不良。朝夕と昼間の気候の差甚しきによるか、又体力のやゝ衰へたるによるか。

昭和四年九月

九月一日（日）

終日暑気烈し。震災の年の如し。

衣、軽井沢にゆく。光、帰京の為め代るなり。

正彦、昨夜より外出を許され一泊。夜に入りて帰隊す。

光武君、弘前に帰へる。

微熱あり。終日引籠り教会のみ行く。

震災記念として午餐は握飯とし、一家総て之を用ゆ。

福原、大石の容体をきく。

被服廠跡は多数の人出なりし由なるも、人心の健忘驚くへきものあり。軽佻不遠慮の風のみ盛にして、震災当時の困苦欠乏に堪へ、之と戦ふの意気は殆見るを得さるか如し。

【上欄】

此夜、枕頭の備忘殊に起の数言を記す。吾人は過去の過失と不完全とを痛感し、将来益心身を捧けて社会人類の為め、皇室国家の為め、奉仕せさるへからす。己を責め、人を咎むるを止めよ。高潔と愛と義とを以て奮闘せよ。祈によりて此決心を強めよ。神豈に吾人を捨てん哉。

九月二日（月）

大臣に面会。福原院長、病中の代理者につき協議。

夜、岡部君来談。

大石の病を訪ふ。明徳夫妻に面会。左方のみ不随なるも、今回は恢復する見込の由。言語は不自由なる由。

九月三日（火）

松浦女子学習院長来訪。福原院長、病気引籠中代理の件を承諾す。

午後、福原氏を訪ふ。左手やゝ不自由なる由。且言語、殊に語尾自由ならさるも、脳溢血としては極めて軽症なる由。松浦氏代理のことを語り、切に静養をすゝむ。

美術院秋期展を見る。今年は同人諸氏の力作多く、前田〔青邨〕、小林〔古径〕等の先輩、北野女史、溝上遊亀女史（故郷の人達）等。

岡本〔連一郎〕参謀次長の披露会あり。外務、海軍、宮内三省の人々少数を招かる。

【上欄】

考査委員会。

一．運転手、木村〔清治・主馬寮〕技手補。

一．乾門の警手の件。

九月四日（水）

葛生農高学校長永井〔空白・泰量〕氏来訪。講堂建築につき揮毫を依頼せらる。五技位約束せり。

三越にて大倉陶園、独、希、和、独《ママ》の陶器展を見る。大倉の花瓶等は形状は整ひ居るも、画は未た其の色彩を発揮し居らす。且つ価の廉ならさるを惜む。他の三国の陶器には感服せるもの少し。少くとも吾か嗜好に通せす。努めて止ますれは陶器に於て吾国世界に誇るに足らん。

河《ママ》〔川〕村清雄〔洋画家〕翁喜寿記念の絵、氏一流のものなれとも筆力雄勁、七十一の翁の筆とは覚えす。吾国明治以来の和洋画界の一人たるを失はす。

佐藤侍医頭の診をうく。咽喉部のみにて憂ふるに足らす。

九月五日（木）

朝来、強雨。

大倉和親氏を訪、先般令嬢逝去の御見舞を述ふ。

平山成信男の病を訪ふ。

大臣、軽井沢より帰京。

衣、ゆか、美恵を伴ひ軽井沢より帰京。

【上欄】

渡部参事官を招き官制改正につき協議し事務調査会の案を参酌し実行案を得たり。

九月六日（金）

篠田君の主催にて渡辺子、鈴木按博士と紅葉館に会食。

九月七日（土）

午後、工藤君と共に南展を見る。翠雲氏、八駿五国傑出したるものなるへし。序に院展を見る。

近衛師団長林銑十郎中将の招宴、富士見軒にて催さる。


朝、秋元君来訪。小河原君の近状を語り、他に紹介等を希望せらるゝか如し。余、小河原君の一大悔悟なくんは援助の却て害あることを述へおきたり。

佐野伯（常羽君）〔元海軍少将〕令夫人〔尚子〕告別式。伯爵は少年団を率いて渡英中。

九月八日（日）

微雨。入梅の如し。気分甚悪るし。殆終日臥床。

今関〔天彭〕君来訪。過般、母君を喪ふ。

石川別当来訪。

正彦、隊より来宅。此前の日曜に懇談せし将来の方針につき同意を求む。余未た其時期につき決し難く確答をなさす。

九月九日（月）

九月九日より十七日まて、二十八日記す。此間、執筆に■く小日誌によりて記入す。

九月十日（火）

十一日
山県〔伊三郎〕公の伝記編纂終了につき献呈式につき打

合。
鈴木文治氏来談。
【上欄】
聖上、那須より還幸。此日、暴風雨。

九月十一日（水）
前日に誤記。

九月十二日（木）
正倉院新倉庫建築に干する委員会。
大臣官邸にて小山検事総長の共産党事件の真相談あり。

九月十三日（金）
正倉院宝庫保護方に干する委員会。
小倉正恒〔貴族院議員〕君主催、芳沢君招待会に出席。支店長矢島富蔵〔住友鉱業支配人〕君に初めて面会（矢島松造君の令兄）。

九月十四日（土）
望月内相より招待。大島、八丈島等行幸の際、供奉海軍同乗者、岡田、加藤の両大将等。
【上欄】
御着帯につき両陛下に拝謁。

九月十六日（月）
矢代〔幸雄〕君を美術研究所に訪ひ、昨年欧米視察の結果の一部を聴取す。
朝鮮協会にて中山君の日鮮関係の講話をきく。中はにて退席。
渡辺千冬君及令夫人〔芳子〕を招き晩餐を饗す。

九月十七日（火）
菊池病院にゆく。
伊勢正遷宮神宝拝観。
モウル師来訪。
羽生藤四郎氏及〔空白〕氏来訪。宮中関係の世説につき語る所あり。誤解を正すの機を得たるは幸也。

九月十八日（水）
中華民国の茶会。張継〔中国国民党中央監察委員〕氏の為めか。
博物館復興翼賛会建築特別委員会第一回（工業クラ

ブ）に出席。委員長は細川〔護立〕侯。

【上欄】

皇太后陛下、多摩御陵行啓。供奉。

九月十九日（木）
師団長御陪食。
大臣官邸にて皇子御名につき協議。三上、服部〔宇之吉〕、吉田〔増蔵〕、芝。
【上欄】
世襲財産会議。

九月二十日（金）
矢崎、手代二君来省。御大典の絵につき批評を求める。世界日曜学校 R. Hopkins〔ロバート・ホプキンス、世界日曜学校総主事〕氏の為め午餐会ありしも欠席。
賀来君を会社に訪ふ。
加藤氏を三菱に訪ふ。

九月二十一日（土）
中島男来省。鈴木文治君の件につき語る。

九月二十二日（日）
教会。
昨夜は薬を用いす。朝来不快。午食後平臥、二、三時間。
此夜、正彦、聯隊の友人を招待せる筈なりしも、行違にて来らす。

九月二十三日（月）

正彦、聯隊より帰宅。Heaslett〔サミュエル・ヘーズレット Samuel Heaslett・日本聖公会横浜教区主教〕監督（横浜山手二二五）に行く。

午後、Golf。河井、東久世両兄と。五〇と五五。

近来稀なる好晴日なり。

Bishop Mckim〔ジョン・マキム John Mckim・立教学院理事長〕と Miss Mckim を招き和食を饗す。

十八日以来、松居松翁〔劇作家〕君御夫婦の霊気療法を受く。氏は霊気といふを好ます、全く肉体的の作用ならんと考へられ居るか如し。両指の感触によりて其患部に血液の働を促進し、自ら治癒せしむるものとするなり。未た十分効を奏せす。松居の談にては奏効の例頗る多しと。

九月二十四日（火）

名古屋 Bishop Hamilton〔ヒーバー・ハミルトン H. J. Hamilton・日本聖公会中部教区主教〕来訪。赤木《ママ》〔赤城朝治・内務省〕衛生局長、平熊〔友明・農林省〕山林局長に紹介す。

山県公三回忌につき御邸に焼香。

伝記編纂会主催の追悼会及伝記献上の式、西本願寺にて行ふ。

相川氏の為め晩餐を共にす（晩翠軒）。

此頃、強き鼻カタルを感す。菊池病院にゆく。

九月二十五日（水）

風邪にて欠勤。

Moule、Grass〔Grace カ〕、Walhon 三氏来訪。晩餐を共にし、Hostel の件につき意見を交換す。

九月二十六日（木）

風邪にて欠勤。

九月二十七日（金）

椎名龍徳氏の貧民談（大臣官邸）。

閑院宮殿下、朝鮮博覧会へ御出張。

【上欄】

御料地調査委員会。沼津出張所、富士山麓。

九月二十八日（土）

平山男邸弔問。

平山男葬儀、赤十字本社にて営まる。告別式に参列。

Carey 氏令嬢、結婚式後披露会（東京会館）に出席。

賀川豊彦〔東京市社会局事務嘱託〕君、広瀬興博士（東京市児童保護掛長）を伴ひ来訪。

青木〔空白・秀夫〕君、村上氏と共に来訪。結婚の日取を協議す。

前田伯、久松君、堤君各夫妻を招き晩餐。

【上欄】

大礼記録編纂委員第一回。総理邸にて開会。

九月二十九日（日）

岡部式部次長来訪。事務上改善意見を述へらる。

秋雨。

昼頃、田中前首相、今朝五時頃、狭心症にて危篤なる由、白根君より通知あり。

新居〔善太郎〕君夫妻〔菊江〕、愛児を伴ひ来る。福田君来訪。兄君（工科大学助教授）結婚の媒妁を依頼。
田中男邸弔問。
一木宮相を私邸に訪ひ官制改正に干し意見を述ふ。

九月三十日（月）
博物館復興特別委員会（工業クラブ）第二回。
堀切市長、白上〔佑吉〕、田中〔広太郎〕、広瀬〔久忠〕三助役を招き晩餐を共にす。河井、白根両君も同席を乞ふ。

昭和四年一〇月

十月一日（火）
麻布《ママ》〔生カ〕正蔵氏来省。緊縮問題につき意見を述ふ。
福原氏を訪問。後任者につき語る。

十月二日（水）
青木秀夫氏（鹿〔児〕島県学務部）と村上謹英子令嬢と結婚の媒妁をなす。学士会館にて挙式、続て披露宴あり。村上氏側にては、加藤寛治大将等数名、青木氏両親、及藤沼庄平君夫妻外数氏。
内宮正遷宮につき聖上御遥拝より供奉す。神嘉殿前庭上にて御拝あらせらる。午後八時。

十月三日（木）
会計検査院部長河野秀夫《ママ》〔男〕氏等（大礼の検査完了につき）を新宿御苑を拝借して招待。河田大蔵次官等列席。
田中前首相の葬儀。正遷宮参列につき焼香せす。

十月四日（金）
十時、東京発。牧野内府と共に外宮遷宮祭に参列の為め也。
九時頃、今田着。牧野伯は納屋別館、余は宮内大臣の宿舎と同し宮崎文庫（西田周吉氏経営）に入る。
秋雨、午後に至りて晴る。此夜、星を見る。

十月五日（土）
牧野内府と共に内宮に参拝二回。遷宮の新殿を仰く。
徴古館、商品陳列所等を一巡して帰館。
四時、外宮参集所に至る。日戸、堀両氏同車。山本〔権兵衛〕大勲位、倉富枢府議長、牧野内府、上原〔勇作〕

元帥、町田農相等。余は徳川〔家達〕議長の次にて、一条〔実孝〕公爵の上にて、十四番なりき。五時半頃より参進、幄舎に着席せしは六時前。庭燎のみにて照明なく、諸儀は多く拝するを得さるも、荘厳の気神域に充ち神々しさ極なし。神儀渡御は八時頃なりき。旧殿幄舎より新殿幄舎に参列して九時半過き、御式を終る。

十月六日（日）

牧野伯は五箇所湾、御木本真珠養殖所を視察せられ、余は安達内相の直会の招宴に臨み、山田及宇治の工作所を見、祭主宮殿下〔久邇宮多嘉王〕等に伺候。二時半の汽車に牧野内府を待合せ同車。蒲郡に来り常盤館に投す。八時過なり。山田直矢氏東京より来り会す。

十月七日（月）

碧海郡視察。九時過の汽車にて安城に下車。落合〔慶四郎〕県内務部長、農事試験長上野操君等同行。

視察箇所。

碧海郡購買販売組合聯合会等、十箇所（後出〔三二七頁参照〕）。

十月八日（火）

大竹合名会社（蒲郡）を視、九時の汽車にて刈谷に至る。

大竹勇蔵氏外二名。

織物　木綿縞　資本十万円。

男工七、女工六七。

豊田式機械、一九五。

豊田工場其他を視察し六時前帰館。刈田《ママ》〔谷〕より岡〔正雄・愛知県〕知事案内せらる（後出〔三二八頁参照〕）。蒲郡町長中川甚五郎氏。

十月十六日（水）

【上欄】

官吏減俸に干する政府の声明書発せらる。平均一割。下給者はや丶緩和せんとす。理由は物価指数大正九年増俸（七割）の際を下れりといふにありて、緊縮の方針を遂行する為め官吏自ら範を示さんとするに在り。

十月十九日（土）

火曜会に財部海相の軍縮談あり。

佐島君の勧めにて増野君と会見。減俸案に干する意見をきく。

東京市政調査会の市政会館の開館式あり。欠席。式後、新館及復興展を見る。岡野〔昇〕君、案内しくれたり。

松田拓相を訪ふ。

睡眠甚不可。

十月二十日（日）

東京一中（旧村井邸跡）新築落成式、創立五十年記念東京府高等学校開校式に参列。

渡辺法相を訪ひ減俸案につき懇談（万一撤回出来ぬ場合は当分給とし俸給令は変更せす。且、減債基金に充つることを明〔に〕すること。減俸の割合を逓下することは勿論）。

黒田美術研究所にBinyon〔ローレンス・ビニョン Laurence Binyon〕氏の将来の水彩画を見る。

高橋健自〔東京帝室博物館歴史課長〕氏宅弔問。

李王妃〔方子〕殿下を御見舞申上く。小林〔丑三郎〕を島薗内科を《ママ》〔に〕訪ふ。

伊知地《ママ》〔地知〕女官を訪問。河井氏に話されたる件につき更に懇説せらる。

松本留吉君帰朝につき井上君と共に招く。新居君、中内〔鉉一郎・藤倉学園理事長〕氏は来らす。


散歩四、五十分。睡眠可。

十月二十一日（月）
佐橋道隆君を弔問。午後、告別式にゆく。
高橋健自氏告別式。
博物館復興委員会第一特別委員会（工業クラブ）。
官吏減俸案、大体撤回に決す。
朝、散歩三、四十分。

十月二十二日（火）
大平〔洋〕会議米国委員長Jerome Greene〔ジェローム・グリーン〕氏来省。携へて図書寮の図書を観覧に供す。
日米文化協会の理事会（工業クラブ）に出席。一宮、黒板、高楠〔順次郎カ・東京帝国大学名誉教授〕、外務省の沢田、斎藤〔博・外務省情報部長〕、紐育より帰朝せる角田〔柳作〕氏等。Greene氏も後れて来会。

十月二十三日（水）
本多静六〔東京帝国大学農学部教授〕博士を学士会に招き外苑植樹に干する意見を聴く。東久世、大谷等、外二、三氏。

高松宮殿下に伺候。Garter Mission の御答礼として御差遣あるへくやも難計旨言上しおけり。横河民輔〔横河グループ創業者〕氏方の支那陶器を観す。

Moule 氏。

十月二十四日（木）

堀切市長の御進講。終て東京市長の頻々更迭の理由、街路を屢次掘返へす事情等の御下問あり。

渡辺千冬子法相就任につき清娯会の催あり。小金井、前田氏別墅。

【上欄】

世襲財産会議。戸田康保子の解除、土地其他百二十金の負債の為。

十月二十五日（金）

三宅米吉〔東京文理科大学学長、宮中顧問官〕博士の古稀の祝賀、高師講堂に催さる。

阪本釤之助〔貴族院議員〕氏、鹿児島時代の配下を招く。沢田、佐竹〔義文〕、豊田〔勝蔵・元台湾総督府内務局長〕、弓削〔幸太郎〕、松浦〔円四郎〕、鮫島〔雄介〕氏と余（錦水）。

【上欄】

宮中御陪食。正遷宮関係者。

多嘉王殿下、浜口首相、安達内相等。

十月二十六日（土）

谷垂の故伊藤〔博文〕公墓地に参拝（二十年忌）。大学病院に李王妃殿下を御見舞申上、小林を病院に訪ふ。患部は大に快然たるも頭脳明ならす。意見全く錯乱。

一高同窓会、前会長、新会長〔森〕の送迎あり。

東久世〔小六〕君及令夫人、和田英作君及令夫人を招き晩餐を饗す。

十月二十七日（日）

連日の雨晴る。好天気なり。

沢田節蔵君の紐育総領事としての赴任を送る。

午後、正彦同道、滝の川、正田氏の地所を見、帰途、復興展を観る。

一高校長森巻吉氏、主事岡田恒輔氏を招き晩餐を共にす。新居君及正彦同席。

岩崎男来訪。

十月二十八日（月）

内務事務官三好重夫君来訪。丸茂君の盛岡地方才判所に於ける検事の取調の件につき。

初声御用邸延期の御沙汰につき浜口総理を往訪す。帰途の時刻に首相襲撃を企つるものありし由、後に聞けり。

岡元輔君来談。私立滝川中学校長として須磨に住居。

【上欄】

十時半頃、陛下には宮相を召され初声御用邸建築、当分延期の御沙汰あらせらる。

昭和四年一一月

十一月二十三日（土）

河井君を訪問。入院をすゝむ。

Golf。二、三ヶ月振なり。後退甚し。

正、友、光等帰宅。

由、美、健、大磯井上氏別邸にゆく。

【上欄】

（十〇《ママ》月二十九日以来、十一月二十二日まで日誌を記さす。中に京都旅行等あるも近来とかく懶く最怠慢を極めたるなり）。

十一月二十四日（日）

一時過帰宅。昨夜来、初冬の寒気にて神嘗祭参列者や、困難を感せり。シャツは毛厚薄各一枚、前後に真綿を用いたり。

仏展を見る。格別優れたるものなきか如きも、一般に我国の洋画よりも一段程度の高きを見る。

午後、成城学園前の朝日主催の住宅展を見、成城学園をのそき、大木氏を訪問して帰宅す。

夜、湯浅君を訪ふ。会計検査院親任の御祝と同氏の書簡による宅野氏の件を語りおけり。

十一月二十五日（月）

ロンドン軍縮会議、若槻〔礼次郎〕、財部両全権以下、御陪食。

帝室博物館復興翼賛会第三部開会。

晩秋の雨、頓に寒冷を覚ゆ。

若槻全権にかゝる越後鉄道事件に干する疑惑は根拠なしとの検事局の意見なるか如く、若槻氏は検事局の質問に対し書面の答弁を送られたる由、新聞紙は伝ふ。

十一月二十六日（火）

孝宮〔和子内親王・昭和天皇の第三皇女〕殿下、賢所、皇霊殿、神殿、御初御参拝にて参列。御内宴あり。御陪食の栄を荷ふ。

静岡県安倍郡南藁科村青年団の団旗を揮毫す。団長戸崎信一君及副団長〔空白〕来訪。

シャム国参謀総長〔空白・アロングコット〕殿下の為め幣原外相の晩餐あり。

鉄道及天岡事件の記事掲才禁止解除。

小田部胤康〔元逓信官僚〕氏父君逝去につき弔問。

十一月二十七日（水）

大連会出席の予定なりしか時間の都合にて欠席。

浅草橋場、水野喜平氏の竈を見る。二、三の陶画を試む。北原氏案内、衣同行。

【上欄】

海軍大学校へ行幸。供奉。

十一月二十八日（木）

区会議員選挙。

以太利大使〔ポンペーオ・アロイージ〕御陪食。

横山大観、前田青邨、小林古径、大智勝観、斎藤隆三、溝口禎次郎の諸氏を招く。

十一月二十九日（金）

正倉院委員会（大臣官邸）。

東伏見宮殿下に拝謁。

大久保利武侯及令夫人〔栄〕を御招待す。

【上欄】

陸軍大学校へ行幸。供奉。

十一月三十日（土）

石川利左ヱ門氏の葬儀に参列の為め福居にゆく。氏は北海道旅行中、帯広にて二十四日死去。氏の祖父利左ヱ門、父宗吉両氏の時より厚誼を重ね今回に及へり。特に氏とは学生時代より親交の間にて、哀悼尤も深し。御老母初め御一家の悲嘆案するに余あり。称光寺にて午後葬儀を行はる。八時帰京。

正彦、今朝無事除隊、帰宅。

昭和四年一二月

十二月一日（日）

倉橋〔藤治郎〕氏に招かれ（浅川〔伯教〕君同邸に宿泊中）、同氏所蒐の陶器を見る。各方面に渡り、蒐集尋常に非す。明の赤絵大皿の如き十数個。朝鮮、支那の優品少らす。水指及ソバ呑の如きも数十百。相携へて星岡にて午餐を共にす。

上野松坂屋にて華厳社第一回（栃木県人画家）の展覧会を見る。特に挙くへきものなし。

佐分利〔貞男・駐華公使〕氏弔問。氏は二十九日未明に箱根富士屋ホテルにてピストルにて自殺せり。但、他殺の疑ありて解剖に付せり。今尚、其何れなるかを明にせす。

十二月二十二日（日）

李鍵公子（堀場〔立太郎・李堈公附〕御用掛随伴）を午餐に御招きす。

李鍝公殿下に異り寡言。

渋沢子爵来訪。徳川喜久子姫御結婚に干し懇談。

岩崎久弥男来訪。

川合玉堂画伯を訪ふ。屏風等の為め薄謝を呈しおけり。

一高生、友、光友人多数来宅。

矢吹〔省三・貴族院議員〕男来遊。

竹屋女官来訪。

静岡の松城氏、吉奈区の人々を同行来訪。忙しき一同なりき。

午前中、北沢（足利）、成瀬両氏来訪。北沢氏還暦の際、小絵に題字を揮毫せる礼なり。

十二月二十三日（月）

荒木十畝画伯御夫妻、浅野長武〔美術史家〕氏御夫妻を招く。

【上欄】

皇太后陛下、多摩陵御参拝。供奉。

十二月二十四日（火）

渋沢子爵来訪。徳川〔慶光〕公母堂〔実枝子・徳川慶久の妻、喜久子の母〕に御面会の由にて更に余の往訪を依頼せらる。

筑波〔藤麿〕侯、鹿島〔萩麿〕伯、葛城〔茂麿〕伯の為め御陪食。

皇后陛下の御思召に本く歳末診療の状況を視察。浅草寺、東日巡回病院、京橋医師会無料宿泊所等。

十二月二十五日（水）

落合夫人来訪。高松宮御渡欧につき妃殿下御用取扱として随行するなり。

大臣官舎にて官制改正の最後の決定をなす。渡部参事官同席。

久邇宮両殿下〔朝融王、知子女王〕の御招を蒙る。仙石、大谷、酒巻等。大妃殿下、御臨場（駒沢御別邸）。

【上欄】

天皇陛下、多摩陵御参拝、大礼服。

皇霊殿御祭典参列者多し。大臣は供奉に付、余代理として参列。

十二月二十六日（木）

金内良輔氏来訪。松岡君不在にて困難せる趣に付、百円貸与。

皇太后陛下拝謁。御贈答等の件につき御話ありたり。

米代理大使ネビル〔エドウィン・ネヴィル Edwin L. Neville〕氏夫妻、青年会主事 Phelps 夫妻を招き日本食にて夕食を饗す。

十二月二十七日（金）

病院に小林を見舞ひ、退院の不可なるを懇説し島薗博士の説をも徴し、ともかくも来月十五日までは入院のことに決せり。

河井大夫をも訪ひ官制の大体を語り事務官は依然二名となすこととせり。

皇后陛下御下賜に基く夜間（年末）診療所を視察。真龍園、汗■寮東朝日、大島隣保館等（府の岡主事案内）。佐野属、正彦同行。

十二月二十八日（土）

御陪食。国務大臣、枢密顧問。

四時半頃まで執務。

西川義方博士の健康診察をうく。神経衰弱の外に異状なし。尿の検査（昨日の）も可。

宮附職員の懇親会に招かる（幸楽）。席上、警察官の為め交番の植樹費御下賜につき意見を述ぶ。事務官諸氏の賛同を得たり。

【上欄】

旅費金改正案決才。

事務調査会にて審議せし官制案に本き最後決定につき大体大臣より内奏。

宮中御陪食の際、井上蔵相に警視庁（新築中）の塔につき御打合をなし、幸に御快諾を得、営繕管財局技師と内匠技師と懇談、決定することとせり（宮内省の申出として）。

十二月二十九日（日）

両陛下に拝謁、歳末の祝詞言上。終て更に皇后陛下に拝謁。歳末診療の状況を申上く。

皇太后陛下及各宮殿下に年末伺候。

徳川慶光公母堂及喜久子姫に御面会致し、先日渋沢子来訪の件につき御懇談申す。

横山大観君を訪ふ。以太利博行につき一行の円満協調を保ち、能く其目的を達せられんこと等につき婆心を述ふ。

補遺

五月三十日〔二九四頁参照〕

藤倉学園。

元村より約十二、三丁。道路は良し。藤倉善八〔藤倉電線創業者〕氏令弟、中内春吉氏の創立にかゝる精神薄弱児保護教育。

創立　大正八年五月

基本金　■立二十三万円

地積　二万七千余

園児　三十余名

井上〔友一〕東京知事の斡旋による所多し。

理事長　中内鉉一郎

理事　松本留吉氏等

常務理事　川田貞治郎氏

川田氏夫妻等の其衝に当り保母数名あり。

国費は一ヶ月四十五円とし、資産により其以上と以下と無料とあり。

十月七日〔三二〇頁参照〕

碧海郡視察。牧野内府、山田直矢博士等。

碧海郡購買販売組合聯合会（鶏卵、米穀、肥料、飼料等）長、松浦彦次。鶏卵加工場。

福釜販売購買利用組合。理事、松浦氏。

三河食品株式会社。トマト、其他蔬菜の加工販売。

乾繭倉庫株式会社。神谷八郎氏。
満鉄飼料研究所。金井技師。
碧海種禽孵卵組合。
県立農林学校、同農事試験場。
板倉農場。板倉源太郎氏。

十月八日〔三二〇頁参照〕

一．豊田工場
豊田自動織機製作所（社長、豊田利三郎氏）、佐吉氏と最初より研究に従事せし。鈴木利蔵氏取締役、常務原口晃氏。
一．資本　百万円
一．生産数量　三九七六台
一．豊田紡織会社刈谷分工場（社長、豊田佐吉）
一．千台
一．高浜町吉浜養鶏　〇〇会社
一．高浜町窯業試験場　町立
一．碧南国民学校（校長、松浦長太郎）
一．六ツ美村補習学校（校長、長谷川一男）
菜種の研究、太田、本多

昭和五年（一九三〇）

昭和五年一月

一月一日（水）

好晴日。昨日来天候宜しからさりしが真に幸也。

新年拝賀。皇后〔良子〕陛下出御なし。

大勲位以下勲一等以上　十時十分。

大公使等　一時三十分。

東御所外、各宮様に参賀。

明治神宮参拝。柳原〔愛子〕二位局に年賀。

正彦〔関屋正彦〕はWalter氏等多摩陵参拝後、塩山方面に遠足。

夜は崔大学生、原田等にてにぎあふ。

午後に至りて寒気加はる。

昨秋依頼の画表装、概ね出来上り、特に大観〔横山大観〕氏に依頼の幅、新年に間に合ひ応接間及二階書斎日本室共新幅をかけたり。

【上欄】

（日記は可成怠らぬこと）。

一月二日（木）

友〔関屋友彦〕、光〔関屋光彦〕、由〔関屋由香子〕、美〔関屋美恵子〕、健〔関屋健彦〕を伴ひ鎌倉に遊ふ。光は頭痛の為め横浜より引返へす。北鎌倉に下車。徒歩八幡宮に至り海浜ホテルにて午餐。混雑の為め一時間待つ。町田〔忠治〕、江木〔翼〕両相に逢ふ。二時頃、ホテルを出て材木座、小部落をへて小丘を超へ逗子町に出つ。尾崎〔行雄・無所属衆議院議員〕氏の風雲閣邸内を過きりて安井邸前に出つ。同邸を訪ひ大倉別荘に小憩。下着を替ふ。松の家にて饅頭を購ひ五時半の汽車にて帰京。散策としては風なく好晴日には非るも、寧ろ暖く数時間都門の黄塵に遠■を得たり。

一月三日（金）

祭後、高松宮〔宣仁親王〕御誕辰につき御祝賀に参殿。一時間許り御話あり。御贈答の件其他可なり自由に御話申上けたり。

大倉〔喜七郎〕男、粂馬〔大倉粂馬〕氏に年賀答礼。

夜、かるた。此かるたは枕草紙《ママ》〔子〕よりとりたる地名、関、湯、井、里、渡、草花等の名を集めたるもの、優雅なるか多し。

【上欄】
元始祭。

一月四日（土）

半晴半曇。

浜口〔雄幸〕首相、一木〔喜徳郎〕宮相、倉富〔勇三郎〕枢議長等参列。東一、二ノ間にて聖上〔昭和天皇・裕仁〕出御、政始の式を行はせらる。

浜口首相邸、倉富議長宅に年賀。

午後は引籠り昼眠。夕方、揮毫。葛生永井校長の為め、玉田氏（名古屋）の為め。

正彦、旅行より帰宅。

夜はかるた。

長瀬吉次氏来訪。元日来、年賀の客にて面会せしもの殆稀にて、平素の多忙に似す心自ら閑也。年賀御来賀者中、二十名許り名刺を出しおけるのみ。

【上欄】
政始。

一月五日（日）

御宴の奉答は浜口首相と白耳義（昨臘帰任）大使バソンピエル〔アルベール・ド・バッソンピエール Albert de Bassompierre〕氏なり。

四時過、蜂須賀〔正韶〕侯新邸に招かれ新宅を拝見。森山氏の設計なりと。長瀬君同席。英国流の建築ならんか、落付きたる気分ありたるも天上《ママ》〔井〕等如何にや。

帰宅後、桃山時代障屏画図集を見る。吾国に於ける絵画は真に世界に誇るに足るへしと今更ならて感嘆せり。

正彦、訖音矯正事業に重きをおき、将来之を以て立たんとするの希望を有せる旨を語る。余は直に之に反対し今回の方向転換の理由は更に大なるものあるへく、訖音矯正事業の如き元より必要ならんも、将来の事業の単に一小部分なるへきことを極論しおけり。衣も（後に話せり）同意見なり。

【上欄】
新年宴会。

今年より四大節に宮中御宴に御召の範囲改まり、従来の甲乙両班を甲乙丙三班とし勲一等以下を甲乙二班となせり。

一月六日（月）

前高松宮附武官鮫島具重〔重巡洋艦羽黒副長〕男（海軍中

佐）を訪ふ。

伊太利皇太子〔ウンベルト・ニコラ・トンマーゾ Umberto Nicola Tommaso〕と白耳義皇女〔マリーア・ジョゼ・デル・ベルジョ Maria Jose del Belgio〕両殿下の御結婚につき（来八日）、伊代理大使〔レオネ・ワイルショット Leone Weilschott〕主催の晩餐会に出席。帝国ホテル、梨本宮〔守正王、伊都子妃〕両殿下御台臨。

【上欄】

内大臣府御手許書類整理のほゝ完了せるにつき、処理案の会議を行ふ。牧野〔伸顕〕、一木両相其他。

一月七日（火）

七草粥を喫す。

近藤友右ヱ門氏令息二人と大倉和親氏令嬢及岩崎重次郎氏令嬢との結婚披露あり。是第二組の披露宴は稀有のこと也。林敦陸博士の媒妁なり。阪本釤之助先生の答辞、余の万歳三唱（帝国ホテル）。

寒気やゝ烈し。

賀陽宮〔恒憲王〕殿下に拝謁。左の数点につき御緩話申上く。

一．宮内省に対する欧米化等の批評につき。

一．宮様の御窮屈なるは不得已点。

一．友人、側近者に対する御態度等。

【上欄】

山里御倉にて内大臣府書類の焼却すへき予定のものを検分す。三上〔参次〕博士、杉〔栄三郎〕図書頭、岡部〔長景〕翰長等立会。ともかくも一旦内大臣府保管より図書寮に移つし、御手許書類とせすに処分することに決す。

一月八日（水）

杉村陽太郎君（特命全権公使にて現官のまゝ昭和二年以来、国際聯盟事務局次長、政務部長に就任）の講話をきく。

【上欄】

伊皇太子御結婚につき白耳義大使館にて「リセプション」あり。

皇后陛下、東御所に行啓。供奉。

一月九日（木）

斎藤惣一〔東京ＹＭＣＡ総主事〕氏来訪。

本郷〔房太郎〕久邇宮監督来省。懇談二時間。

Dr. Teusler〔ルドルフ・トイスラー〕氏来宅。聖ルカ病院に秩父宮〔雍仁親王〕を総才（Patron）として奉戴の件につき懇談。先是大臣、及仙石〔政敬〕総才の同意を得おきたるにつき、本省としては大体異議なかるへく、単に病院の為めならは差支なかるへしとの意見を述へ、病院の性質に干し書類を徴しおきたり。

皇武会（鉄道協会にて）の招待会あり。理事長は松井義博士、常務理事は亀岡豊二氏。林〔頼三郎・横浜専門学校校長〕、泉二〔新熊・司法省刑事局長〕両博士の講演。森山〔慶三郎・予備役海軍中将〕、中島両中将の軍縮に干する演説あり。新に着任すへきCastle〔ウィリアム・キャッスル William R. Castle・駐日アメリカ大使〕氏に対する反感大なるに驚けり。中島中将の如きは他に基督教に対し甚しき反感を有しおれり。倫理運動の会として政治的に渡るは如何にや。

【上欄】

聖上、皇后陛下、両皇女〔照宮、孝宮〕殿下御相伴、葉山へ行幸啓。

一月十日（金）

故日高秩父〔元東宮御学問所御用掛〕氏令夫人里起子刀自の告別式（下北沢一〇〇四）に参列。

原鉄五郎氏来訪。

【上欄】

皇宮警察部消防出初式。大臣に代りて訓示。

一月十一日（土）

長沢君夫妻及〔空白〕嬢来訪。

福田、〔空白〕石来訪。両者につき話をき、、斡旋之れ務めたるも福田君態度を誤り、翌日不成功に了りたることを知れり。

一月十二日（日）

来客多し。

荒木十畝画伯の新年会に臨む。時後れ、殆散会の時なりき。

松居松翁君を訪ふ。

一月十三日（月）

救世軍の社会事業を視察す。川西〔文夫・宮内省大臣官房総務課〕書記官同行。瀬川〔八十雄〕中佐案内。

肺病療養所（和田堀の）、光の家（渋谷）、婦人ホーム（麻布広尾町）、村井奨学寮、労作館（牛込）。

博物館復興翼賛会第四部会、第一回。

前田伯邸に招かる。大倉男夫妻、山県〔有道・式部職式部官〕公夫妻〔鞭子〕、久松〔定孝〕君夫妻〔韁子〕。

一月十四日（火）

次官の鴨猟（浜）。

永田秀次郎君の歓迎旁欧米視察談をきく（大阪ビル）。

東洋協会。

平塚広義君の来訪を煩はし宮付職員就任を勧む。甘諾を得す。

一月十五日（水）

阪谷朗廬〔元東京学士会院議員〕先生五十年祭につき男爵家より東京会館に招待を蒙る。
高松宮家奨学金授与に参列。
日本人の性格の研究　岡部〔弥太郎・東京帝国大学助手〕、淡路〔円次郎〕両氏
日本薬園史　上田〔三平・考古学者〕氏
仏像と神像との研究　梅津氏？〔逸見梅栄・美術史家〕
内務次官潮〔恵之輔〕君主催により葛城郡地方の地墅の低下に干し今村〔信次郎〕博士の説をきく。次田〔大三郎・内務省地方局長〕、大塚〔惟精〕両局〔長〕、白根〔松介〕課長、同席（如水館）。
今朝来、小林〔丑三郎〕の容体宜しからす。病院に見舞ふ。や〻小康の体につき出勤。
朋八会。欠席。
【上欄】
御修法（東寺）。御衣奉還。曹洞宗総持寺管長秋野孝道師に禅師をゆるさる。禅師号、可。

一月十六日（木）

小林、今朝容体不良、急遽見舞ふ。横田〔秀雄〕明大総長《ママ》〔学長〕来院。十一時頃出勤。

珍田〔捨巳〕伯一年祭につき伯邸を訪問。午後三時より華族会館にて茶菓の招きあり。出席。

七時過、小林を見舞ふ。昨日来、注射等にて時々恢復せしも漸次衰弱を増し来り、言語を発せす。脈搏殆衰ふ。呼吸のみはや〻整正。十時頃より益危険状態に陥いり、十一時三十五分永眠。年六十五。入院は十一月十六日にて、□□三ヶ月。

学生時代の苦学力行は感するに余ありしも偏狭にして人に容れす、や〻もすれは感情に走り学者の素質を有し、然かも俗事に超然たるを得さりしは遺憾なりき。幸に恢

復するを得て心神閑舒たるに至り、余生を研究に費やさしむることを希ひて止まさ〔り〕しか、嗟。

【上欄】

内大臣府御手許書類の整理につき打合をなす。

一月十七日（金）

昨夜、今川学士（主治医）の申出あり。大学の希望により解剖に付することに決し今朝十時頃解剖、胃癌に決定。午前中、遺骸を宅に移す。七時過、納棺。

一月十八日（土）

午後、小林に行き葬儀の打合、来弔者の応接等に当る。大体、明大の志田〔錦太郎カ〕博士、専修の河津〔暹・専修大学法学部長〕博士を係長とし、道家、北崎、西村、関等の諸氏の御尽力を乞ふこととせり。

導師は増上寺の道重大僧正と決す。

昨夜、造花を供し更に銀香炉を霊前に捧く。

一月十九日（日）

小林の葬儀。

十二時、出棺。十二時半より近親者葬儀（谷中）。阪谷〔芳郎〕男、横田明大総長、志田、河津博士以下、数十名来会。親族と共に焼香。告別式は二時より三時迄。葬場の指揮及世話は道家、北崎（専修）、西村、関（明治）等の諸氏、主として当られ其他は両校教授、学生、市政調査会の人々なり。

日暮里火葬場にて火葬に付す。

一月二十九日（水）

【上欄】

御歌会始。御製。

一月三十日（木）

原田光次郎氏来訪。恩赦の件につき見込なき由語らる。

【上欄】

孝明天皇祭に参列。

枢密院に二上〔兵治〕翰長を訪ひ世伝御料地の件につき諒解を求む（三矢〔宮松〕、渡部同伴）。

一月三十一日（金）

Phelps 氏の招待。Bingham 氏等に面会。

晩餐後、御召により竹田宮邸に伺候。同妃〔昌子〕殿下、北白川〔宮〕妃〔房子〕殿下に拝謁。犬塚〔力・北白川宮附〕事務官の件につき仙石総才の処置当を得すとして種々御話を拝承。

徳川喜久子姫を訪問。かねて御執筆の三文を御返上す（我か国体の精華、国民性、妃殿下としての御覚悟）。

【上欄】

御講書始。

日本書紀孝謙《ママ》〔徳〕天皇紀　三浦周行

書経　昭和の出典　塩谷温

ジェニーノ解釈法　横田秀雄

控。黒板〔勝美〕、内藤〔湖南・帝国学士院会員〕、鈴木。

昭和五年二月

二月一日（土）

皇后陛下、多摩陵に行啓。供奉。

【上欄】

二月二日（日）

一高の第四十回記念祭の飾物を見る。由、美、健同伴。昨夜来、雨雪。今朝■に近し。各室とも意匠をこらしたるもの少らす。Wit と humour に富み往々科学的の趣好も少らす。頭脳の凡ならさるを知る。悪世相、収賄、売勲等を慨するもの三、四を見たり。

ポスター中、

養子欲しけりや　朶六へ御座れ　閻魔泣き出す　俺の面

面は黒でも　心の蕾　咲けは文武の　花吹雪

等、秀逸なりと記憶す。又飾物中に左の歌あり。

我らこそ　うみべの巌ぞ　あらなみの　吠えけるともなとか　動かん

二月三日（月）

春秋会簗田〔鉄次郎・中外商業新報社長〕君等に招かる（錦水）。

【上欄】

皇后陛下、豊島岡久邇宮〔邦彦王〕殿下御墓に参拝。御序に御帰途、成子内親王の墓に参拝せらる。供奉。

二月四日（火）

御式後、東御車寄両陛下、青山東御所に御祝賀後、高松宮、秩父宮に御祝の為め参上。

賀表奉呈の為め簗田氏（春秋会長）来省。

米国新任大使 William Castle 氏夫妻の為め日米協会晩餐会に招待せらる（東京会館）。

会後、鈴木〔貫太郎〕侍従長を訪ひ木下〔道雄〕侍従、秘書課長に転任後の御用掛兼務の不可なる所以を力説す。今回官制改正に伴ひ秘書課長に任命せらるへき予定なりしか、種々の故障に至りて容易に実現せらるゝに至らす。

赤坂離宮内皇太后御殿の御新築を拝見す。

【上欄】高松宮殿下御結婚式を賢所にて行はせらる。衣、同伴参列。

二月五日（水）
阿部充家氏来訪。朝鮮の■を語る。
一、民族的観念の益勃興せること。
一、官憲の拷問等甚しきこと。
一、内地人の理解に乏しきこと、等。
Moule の St John、今年に至りて初めてなり。

一水会。欠席。

正彦の官を棄て教化事業に志したること、東京日々新聞朝刊に出つ。

【上欄】両陛下、葉山へ行幸啓。照宮殿下は先頃より御滞在中。和宮《ママ》〔孝宮和子〕殿下御同伴。

二月六日（木）
国際聯盟にて山田三良博士、菊池〔豊三郎〕文部書記官、松田〔道一〕大使、杉村公使を招く。
東京府主催にて国産品と輸入品との比較展覧会あり（三越）。近来、国産の品質上進し、ほゞ同一の品にて価格は外国品の平均約六割位に当るといふ。

二月七日（金）
互助会長として侍医の人々を錦水に招く。

二月八日（土）
博物館事業促進会評議員会（一ツ橋教育会館）。林〔博太郎〕伯を会長に推選。
国史回顧会（大森〔金五郎〕博士の鎌倉の地理歴史）に出席。
田中平八氏方にて美濃部〔達吉〕君子嬢の里の宴あり。
近来、已に二、三週間回《ママ》、西川君の勧めにより通常アダリン〇・五、又はルミナンツテン五錠、ブロムラール〇・六（回錠）を用い居れり。薬を用いす安眠、近来になきことなり。

二月九日（日）

熱海行（六時五十五分発）。

伏見宮〔博恭王〕殿下に伺候。別当設置につき言上。久邇宮大妃〔俔子〕、朝融王〔久邇宮朝融王〕両殿下伺候。

長田〔関屋衣子の実家〕母を熱海園に訪問。午餐後、河井〔弥八〕氏を熱海ホテルに訪ふ。漸次軽快、階段の昇降常の如くならす。牧野伯宿邸往訪。伯と同車、帰京。

二月十日（月）

前田昇〔予備役陸軍少将、元朝鮮憲兵隊司令官〕少将来訪。

木村雄次君来省。

前田少将、池尻〔万寿夫〕事務官（李堈公付）を招き午餐（日本クラブ）。

安岡〔正篤〕君を招き晩餐（築地トキワ）。

【上欄】

天皇陛下、葉山より還幸。

梨本宮殿下に伺候。別当設置の件につき言上。

二月十一日（火）

修養団第二十五年記念式。

女子青年会にて「カフマン」嬢、銀盃拝受祝賀式。

【上欄】

紀元節。三殿御式後、十一時二十分、天皇陛下に拝謁。

側近者と両大臣、次官。

二月十二日（水）

犬塚〔太郎・海軍〕中将を招き更に秩父宮別当就任の内諾を得。

丹羽〔長徳〕子爵令夫人〔組子〕、槙不二夫氏同伴御来訪。

家政の件につき西村〔保吉〕君に懇談方依頼さる。

【上欄】

天皇陛下、葉山行幸。

二月十三日（木）

安岡君の紹介にて住田平彦氏（徳教宣揚老翁と称す）来訪。氏の宣揚せる神なからの道につき説明せられ、尚国士を近親を《ママ》〔に〕図るの要を述へらる。宅野〔田夫〕氏につきては大義名分は心得居るも何人かを使嗾するものあるへしと語れり。

和田〔英作〕画伯の招にて往訪。近業、富士山の二額を見る。

黒龍会、斎地磐夫氏来訪。

杉浦〔重剛〕先生七回忌を営まる。高木〔三郎〕秘書官に代拝を依頼す。

李恒九男、林〔健太郎〕事務官、岩波〔武信〕君を招き晩餐。

【上欄】

秩父宮殿下に拝謁。犬塚中将を別当任用の件、御内諾を得たり。

二月十四日（金）

服部〔宇之吉〕博士来訪。丹羽子爵家の整理談。

大臣官邸に阪谷男、宿利〔英治〕君（発明協会）、大河内〔正敏〕子、鈴木梅〔太郎・理化学研究所設立者〕教授（理研）及特許局部長を招き懇談。先般、宮内省予算につき御説明申上けたる折の叡旨に本けるなり。

昭和五年度予算を御説明申上ける為め拝謁の節、一般経費を節約せるも社会事業等の経費は寧若干増加経《ママ》〔計〕上したる旨奏上せしところ、凡て御嘉納あらせられ、更に学術及発明発見等の奨励につき留意すへき旨の御沙汰を拝したり。依て大臣にも此聖旨を伝へ其具体方法につき考究を重ぬることとせり。

今夕の会合は実に之れか為めなり。

カナダ公使館晩餐。

二月十五日（土）

国際聯盟にて芦田〔均・外務省〕参事官のバルカン問題を聴く。

住田平彦君、安岡氏の紹介にて来談。

二月十六日（日）

蜂須賀侯、午餐。令嗣正〔蜂須賀正氏〕君、今晩出発、渡欧。

塩谷温博士、御講書始に御進講の光栄を荷ひたるにつき自祝宴を催され招待を蒙る。

丹羽子爵を訪問。

二月十七日（月）

安田〔銕之助〕東久邇武官を招き面談。

救世軍本営に山室〔軍平〕司令官を訪ひ近状を聴取す。

博物館復興翼賛会第一部会に出席。

高松宮殿下御婚儀につき、皇太后陛下〔貞明皇后・節子〕の御思召による御内宴に参上。

二月十八日（火）

葉山へ伺候、一泊。

両陛下に拝謁。聖上には官制改正に伴ふ人事につき、皇后陛下には久邇宮家につき御心を労せさる様、今回の人事異動につきても言上す。

二月十九日（水）

高松宮殿下御婚儀御披露の第二日にて晩餐に御召を蒙る（赤坂離宮）。

葉山より帰京。

Moule氏。

二月二十日（木）

ビカステス夫人の帰英を送る。

山室君に招かる。太田〔政弘〕関東長官、原田君等同席。

斎藤〔実〕総督を訪ふ。

【上欄】

選挙投票日。

学習院評議会。大臣官邸。荒木〔寅三郎〕新院長の紹介と両院長〔福原鐐二郎、松浦寅三郎〕の報告。

二月二十一日（金）

七田基玄〔外務官僚〕氏、副島〔道正〕伯及令嗣〔種義〕を招き午餐。

外務次官〔吉田茂〕の晩餐。米国大使を招待せるなり。

【上欄】

仁孝天皇例祭。参列。

林野の会議。

二月二十二日（土）

成瀬俊介君の葬儀（公使館二等官にてペルシヤに在任せり）。

杉山茂丸氏来訪。故川上〔操六・陸軍〕大将、山県〔有朋〕元帥等の対露政策につき語らる。氏、昨年数ヶ月病床にあり。昨今、軽快の由（晩餐を共にす）。

二月二十三日（日）

七田基玄君の独乙国大使館に赴任の為め出発を送る。

佐々松賢識〔実業家〕氏の告別式（梅窓院）。

穂積英子（旧女官）来訪。令弟就職の件につき。

文部省学生部勤務文学士、佐野朝男君来訪。蜷川〔新〕氏の紹介也。福岡高等学校時代硬骨を以て氏の知る所となれる由。学生思想問題につき真摯なる研究態度を持せり。

二月二十四日（月）

鴨猟。外交団。露、ブラジル、西、其他南米諸国。秩父宮殿下、李王〔李垠〕殿下台臨。

二月二十五日（火）

河井君、本日より出勤。

日本クラブ午餐会。欠席。

藤山竹一氏の告別式。

住田氏再訪。

Checo Slowacia 公使〔カーレル・ハラ Karel Hala〕の晩餐。

二月二十六日（水）

阿部君、別府より帰京。李堈公殿下の御希望ある点を語られ御覚書もあり。

戒三〔長田戒三〕、過般の事件につき配慮しくれたる人々を招く（翠松園）。

Moule 氏。

二月二十七日（木）

支那公使汪宝永《ママ》〔汪永宝〕君及江賛参官、今関君を招き午餐を共にす（東京クラブ）。

東亜同文会主催の支那談話会。坪上〔貞二・外務省文化事業部長〕氏の対支文化事業、高木氏の揚子江の水産につき講演。

厳俊源〔元進明高等女学校校長〕氏来訪。負債（二万五千円）整理方につき懇談。篠田〔治策〕次官に配慮を依頼する也。

二月二十八日（金）

（近来、又々疎懶、十四より今日迄の日記は二十八日記す）。

皇太后陛下拝謁。

金谷〔範三〕参謀総長を訪ふ。就任の祝と杉山氏の面会希望を伝ふ。

神社制度調査会（第二回）、社会局。

問題「官国幣社以下、神社の維持経営を確実にする方策如何」。

水野〔錬太郎〕氏其他より神社に干する根本問題も出て、本問につき具体的質問もなく散会。

杉山氏を訪ふ（三年町）。二十五日、露領の漁業権入札の結果、我国に不利となりたる由て憤慨の色あり。

篠田氏に面会。巌俊源氏の件、李堈公殿下、阿部充家氏斡旋の件。

【上欄】

両陛下、内親王殿下御同伴、還幸。

昭和五年三月

三月一日（土）
靖国神社賀茂〔百樹〕宮司来訪。
北白川宮永久王御成年に付、御祝宴。
花田中佐来訪。過般の選挙に付、革正運動をなせしこと及選挙法改正意見を述へらる。
李王邸御新築を拝見。
賀川〔豊彦〕氏来訪。
入江〔為守〕子爵を訪ふ。悠紀地方の歌揮毫の礼を述ふ。

三月二日（日）

水戸行。

六時半七時、上野発。〔空白〕時、水戸着。牛島〔省三・茨城県〕知事、纐纈〔弥三〕警察部長、岡野〔新〕官房主事の出迎を受け、県庁の新築を見、弘道館、武徳殿等を見、更に常盤公園に遊ふ。常盤神社に参拝。好文亭にて午餐。彰考館にて大日本史原稿等を見、水戸流朗読をきく。雨谷毅君、館の事務を掌る。

十二時半より高等学校を見て、太田町に出て西山荘を訪ひ、帰途、菅谷の正彦大演習中の宿泊せし家に立寄り、直に大洗に向ふ。常陽記念館にて田中〔光顕〕伯寄贈の恩賜品類を拝観す。それより鹿島神社に詣つ。五時、鹿島を辞し小川町をへて高浜に出つ。時に六時三十分、五十分発にて帰京。自動車は殆百哩に達せしならん。

【上欄】

二日より十二日までは十二日誌。

三月三日（月）
東洋協会研究会にて斎藤総督の朝鮮談をきく。
市政調査会主催にて元復興院参与の懐旧座談会に出席。
【上欄】

皇后職にて照宮、孝宮両殿下の御雛様を拝見。

御渡欧の記念にて参内、茶菓を賜はる。

三月四日（火）

ゴルフの活動写真を見る。

和田豊治〔元貴族院議員、実業家〕氏の七周年追悼会。

安岡君来訪。

【上欄】

正倉院特別委員（博物館）。新倉庫の設計。

三月五日（水）

服部博士、近藤〔達児〕君来省。丹羽家々政の件につき協議。

【上欄】

観桜会、観菊会に干する協議あり。

一．娘を召さるることは自今廃止のこと。

一．茶は給仕せしむること。

一．場所を池を挿みて両方に設けること、等。

三月六日（木）

筧〔克彦〕博士の基督教に干する研究を聴聞（大学御殿）。

中隈敬夫君、雨宮豊太郎氏令嬢由喜子嬢と結婚披露に出席、挨拶をなす。

【上欄】

皇后陛下御誕辰に付、十一時四十分参内。衣同道。

三月七日（金）

チッコスロバキア公使館に「マザリック」〔トマーシュ・ガリッグ・マサリク〕大統領の誕生日祝賀の為め訪問。

牛塚〔虎太郎〕君（東京府知事）の晩餐会に臨む。

大谷靖〔貴族院議員〕氏薨去につき弔問。

三月八日（土）

阿部充家氏来省。別府行を嘱す。今晩出発の筈。

阪谷男来省。聖堂復興に干し復興御視察の際、御辞あらせらるへきやにつき意見を述へらる。

修養団評議員会。欠席。

国史回顧会。花押の話あり。尤も興味あり。

蜷川氏邸にて同家の雛を拝見す。

前田君邸にて松村〔介石〕、徳富〔蘇峰〕二氏と会談。

三月九日（日）

末延道成〔貴族院議員〕氏を訪ふ。

中村円一郎氏の催にて午餐。

大谷靖氏の告別式に立会ふ。

修養団各支部会合の慰労会（工業クラブ）に出席。

三月十日（月）

三田谷〔啓〕博士の母性に干する談話。

三井〔高棟〕男邸にて斎藤総督を主賓とせる晩餐会に出席。

修養団朝鮮支部、橋本義雄（京城平洞二六、青雲寮）、中山貞雄両氏、新潟県支部、佐藤正男（医科大学）、佐藤文司氏来訪。

【上欄】

陸軍記念日（日露戦後二十五年）に付、戸山学校へ行幸。

三月十一日（火）

日匹〔信亮〕氏、満州より帰京、来訪。大連慈恵病院の改善状況を語る。聖愛医院と改称せし由。

牧野伯に随へ山川〔一郎〕侍医及小野〔八千雄〕秘書官と希望社を視る。最近、新館成る。土地十万円、建築四十万円、使用者三百人。勤労女学校及印刷学校を見る。

新渡戸〔稲造〕氏邸晩餐。米大使Castle氏夫妻、石井〔菊次郎〕子、小野塚〔喜平次〕、田川〔大吉郎〕、前田〔多門・朝日新聞論説委員〕氏等。

昨十日鎮海にて活動写真観覧中、失火。児童死者百〇四名に達す。

日匹氏と共に新築のＹＭＣＡを見る。

京城の中央保育学校長、朴熙道〔独立運動家〕氏来訪。氏は大正八年、独立運動署名者三十三人の一人也。

三月十二日（水）

慶福会。来年度予算。

環堵塾の画展及万古展を見る。

一高、向淩誌編纂委員小野田忍、新倉高久両君来省。同行、帰宅。

花田中佐、松井博士、亀岡君を招き晩餐。

【上欄】

入江大夫来省。大臣、次官に対し皇太后陛下の御沙汰を伝へられ、大臣の意見を徴せらる。

一．毎年御積立金廃止のこと（御緊縮の趣旨により）。

一．癩病事業に対し補助のこと。

一．旧華族女子校跡地に右事業従事者を御引見の為め建築のこと。

一．本年の五万円は免囚感化、癩等の事業に御下付のこと。

二日より十二日まて、十二日誌。

三月十三日（木）

前参謀総長鈴木荘六大将を訪ふ。近日、郷里新潟県三条に帰臥する由。風懐真に欽すへきものなり。

広島文理科大学長、吉田賢龍君の宗教につきての御進講（第二回目）に陪す。

釈迦十大弟子の一人、周利槃特〔十六羅漢の一人〕に「塵を掃て垢を除け」と命せられたる話、面白く感せり。

宿利君来訪。藤五代策〔理工玩具研究所設立者〕君の少年発明学校に干する件なり。

大倉粂馬氏来訪。伊予西条伊曽乃神社に干する研究につき松岡静雄君に依頼せしところ、神社考成りたる由。満悦なり。上田万年〔貴族院議員〕博士に紹介す。

吉田賢龍君を学士会館に訪問。神社と宗教との干係につき所見をたゝす。神社にて今より以上、宗教的色彩を濃厚にすることの不可なることを説かる。〔上欄へ続く〕

【上欄】

尚、皇族の信仰談出て、将来は如何なる宗教を信せらるゝも止むを得さるへしとの意見なり。欧米所見につき基督教につきては欧大陸にて失望し、米国に於ける新教の盛なることを感嘆せられるゝか如し。「ワシントン」の「コングレゲーショナルチャーチ」にて、各流の出席者■かきこと、「クーリッヂ」〔ジョン・カルビン・クーリッジ John Calvin Coolidge・アメリカ合衆国第三〇代〕大統領夫妻〔グレース・クーリッジ Grace Coolidge〕の如きも万止むを得さるときの外、出席する由。出席せされは其位地を保つ能はさる程なる由。

正、友、光、スキーより帰宅。

三月十四日（金）

徳富氏来訪。新聞協会東久邇宮〔稔彦王〕を総才に推戴の件につき意見を述へらる。

西原君来談。

花田中佐、報徳会を麻布霞町に新設するにつき霞町二十七番地居住者の会合を催うす。暫時出席。

芳沢〔謙吉〕君の招宴。鈴木大将、竹越〔与三郎・貴族院議員〕、馬場、埴原〔正直カ・元外交官〕等の諸氏。

【上欄】

中川〔望〕復興局長官、牛塚東京府知事、堀切市長等を招き近時の失業者の状況及復興御視察の為め行幸の際の下賜等につき内議す。

三月十五日（土）

阿部充家君、別府より帰京。

筧博士の講演に出席。

斎藤総督に面会。篠田君と李堈公殿下の件につき協議。

増田次郎〔大同電力社長〕君を招き晩餐をともにす。後藤一蔵伯は病気にて欠席。

三月十六日（日）

帝国図書館の増築開館式、昨日挙行。本日は諸名家の筆跡及中山道六十〔空白〕次の浮世絵展覧あり。

鈴木荘六大将、今般予備役に編入。近日帰国に付午餐に招待。仏国に赴任すへき芳沢君、入沢〔達吉〕博士、参謀次長岡本〔連一郎〕中将、林桂、建川美次〔中華民国公使館附武官〕の両少将を招く。

Golf。今夏以来、二、三回なり。

木村君の紹介にて小諸町の樋口医博士来訪。池田謙蔵君の兄なり。

三月十七日（月）

高松宮殿下、妃殿下、聖ルカ病院を御視察遊はさる。基督教青年会及女子基督教青年会をも同時に。

吉田賢龍君、宗教の話、御進講に陪す。

吉田氏に午餐の御相伴仰付らる。余亦陪す。

特別都市計画委員会に出席。最後の会議也。

博物館復興翼賛会第一部会に出席。

斎藤朝鮮総督及鈴木荘六大将に御相伴仰付られ、余亦陪す。

三二一会、トキワに開会。散会前、一寸出席。

三月十八日（火）

酒井〔忠正〕伯、近日外遊につき御送別会を催す（赤池〔濃〕、安岡、東方〔籌〕、池田〔成彬〕、町田〔辰次郎〕等の諸氏参会）。

徳富蘇峰氏の茶会。大毎の平川清風君を紹介する為め。

Moule氏。

海軍々令部長〔加藤寛治〕の招宴、独乙大使〔エルンスト・アルツール・フォレッチ Ernst Arthur Voretzsch〕を招待。

三月十九日（水）

丁抹皇太子〔フレデリック Frederik〕殿下御一行の為め宮中御陪食。

正倉院に干する委員会。

新倉庫、拝観人の問題。

拓殖大学卒業、豊田君来訪。

丁抹皇太子殿下の為め外相〔幣原喜重郎〕晩餐。

【上欄】

世襲財産審議会。

三月二十日（木）

空と海の展覧会開会式。欠席。

中川復興局長官の御進講、陪聴せす。

日本青年会にて御大礼の建物（掌典等の詰所）を拝受し、小金井に土地を求め移築し浴恩館と名く。本日、開館式を挙く。中川〔健蔵〕文部次官、潮内務次官等と共に出席。微雨にて道路悪し。場所は小金井水道の南一、二丁にて渡辺氏の所有たりしものを銀行より譲受けたる由。地積七千坪（代価は三万余円と記憶す）。

日丁抹協会の催にて皇太子殿下等御招待の宴会に出席（華族会館）。

三月二十一日（金）

大森佳一君（島根県知事）及池田宏君を招き午餐。

佐々木慎次君来宅。祈禱書につき講話。

【上欄】

皇霊殿及神殿の祭に参列。

三月二十二日（土）

西村保吉君（伊達家家令）来訪。丹羽家の財政につき、先日提出しおける財産及負債表等により、伊達家より援助に干する案を示さる。

安場〔末喜・貴族院議員〕男薨去につき弔問。

岩崎小弥太男、過日来、引籠中の由に付見舞ふ。

【上欄】

陸軍師団長、軍司令官等御陪食。

三月二十三日（日）

服部、近藤両氏来訪。丹羽家の財政及将来につき協議。

久松君夫妻来訪。

安場男の告別式。

Golf。

保科、岩崎、沢田、三御夫妻を招き晩餐。

山岡〔淑子〕女官、留守に来訪。河井君より辞職の諭旨ありし由を語らる。

昭和五年四月

四月十三日（日）
青木戒三〔元朝鮮平安南道知事〕君厳父告別式。
渋沢敬三氏邸にて三河北設楽郡の古俗花祭を施行。
故後藤〔新平〕伯の一年忌につき帝国ホテルにて一蔵君の招宴。
【上欄】
高松宮殿下御渡欧につき御送別御宴（宮中）。
此日、除喪仰出さる。

四月十四日（月）
高松宮留別御会（霞関）。明日は大公使等。
白根〔竹介〕静岡知事を招き晩餐。
【上欄】
松田以太利大使、御進講。

四月十五日（火）

大臣官邸にて復興行幸関係諸氏を招待。

中川前長官、牛塚知事、丸山〔鶴吉〕、堀切〔善次郎〕等の諸氏。

住田君来省。

一．副島伯と宅野氏同道、会見の結果、宅野氏同行の件中止を可とせる由。

一．頭山〔満〕氏等との会合も此際中止可然意見の由。余に於て元より異存なき旨答ひおけり。特に宅野氏の如き自ら其非を十分悟されは不可なる旨申添へおけり。

四月十六日（水）

大臣官邸にて高松宮随員の招待。

丹羽家の財政につき子爵御夫妻、服部、近藤両氏と協議（華族会館）。

一．月額五百五十円にて御生活をなす様、予算を作ること。

一．可成早く借家を求めて移転のこと。

藤五代策氏及久保恵氏を招きて発明学校中止の件につき誤解を生せさる様注意しおけり。

李王邸に御招を蒙る。牧野伯等。

四月十七日（木）

河村譲三郎〔貴族院議員〕博士告別式。

大臣、関西に出張（須磨）。

金谷大将の招待。

有賀長文〔三井合名常務理事〕氏の招待。芳沢氏送別。

【上欄】

初声御用邸の件につき山県〔治郎・神奈川県〕知事を招き協議。

米国大使Castle氏夫妻御陪食。

四月十八日（金）

林安繁君（宇治川電気会社々長）来宅。福富正男君に東京に於ける交渉につき依頼したき旨を述へらる。

林増之丞君、三宅源之助〔浴風会常務理事〕君の告別式。

丹羽邸に参上。将来、毎月五百五十円を御生活費とする案を御相談申し其案を拝見せり。

四月十九日（土）

博物館の講演（美術学校）。

高松宮殿下に御暇乞旁拝謁。主として「ダンス」のこと等。

副島伯に東京クラブにて会見。一両日前、宅野君より副島伯に書面より小生との会見につき、伯の斡旋を乞ひたき意味あり。伯より会見可然旨来書ありたるにつき卑見を述へおけり。二条件、即、

一．宅野氏より従来の態度につき謝意を表すること。

一．基督教信仰問題は各自の自由なれは、言及せさること。

を述へたるに、伯も賛意を表せられたり。

西村保吉氏を訪ひ丹羽家の補助につき、

一．毎月五百円（500）補助、一．外に百円（100）丈は御用立てること、一．世襲財産より生する収入は計算以外とすること、

等につき熟議せり。追て近日回答の筈。

四月二十日（日）

本田幸介博士、今暁七時死去。

午前、本田家弔問。

午後、久々にてGolf。五十六、七にて成績不良。

青年会第五回郷土舞踊。正彦同伴、見物。

四月二十一日（月）

東京駅、一時十分御発。横浜岸壁より鹿島丸に御乗船。二時御出航。倉富枢相、安達〔謙蔵〕、幣原両相、一木宮相、林〔権助〕式部長官、次官〔岡部長景〕、宗秩寮総才等、御見送の為め横浜まで御同車。朝来、曇天なりしか午後晴天。御発途の幸先良し。

大倉鶴彦翁、第三回忌の連夜にて男爵主催の宴会に招かる。

【上欄】

高松宮殿下、妃殿下、海外へ御出発。

皇族各殿下、御見送。侍従長、皇后宮大夫〔河井弥八〕、皇太后大夫〔入江為守〕、御使として御見送。

四月二十二日（火）

故後藤伯の伝記編纂干係者の会あり。

一高同窓会の理事会、評議員会等あり。森会長の希望にて会則を変更し、会長をやめ理事長をおき理事の互選とし、余を推選せらる。監事を増員し、明石、小池両氏に選定す。

【上欄】

二十二日より五月三日迄の分は五月三日記。疎懶例の如し。

四月二十三日（水）

本田幸介氏葬儀、青山斎場。

伊藤長七氏（第五中学校長）の葬儀、校庭。

霞山会館、支那談話会あり。水野梅暁〔浄土真宗本願寺派僧侶、『支那時報』創刊者〕氏の最近の視察談。

四月二十四日（木）

安達〔峰一郎・駐フランス〕大使の御進講。

四月二十五日（金）

藤園会第三回。鉄道協会（参円五十銭）。余、挨拶をなす。森孝三君、杉山茂丸君等の談話あり。可なり盛会なりき。児玉〔秀雄〕伯、東上中にて出席。

四月二十六日（土）

黒沢〔礼吉〕君、十五銀行の土地売却斡旋（伊太利大使館用地）につき謝儀の問題ありしか本日来省。委細小生に委《ママ》〔依〕頼する由、申出たるにつき西野〔元〕氏に伝へおけり。

観桜会行幸、微雨の為め御取止め。参園者は六千を超ゆ。

大日本同志会第二回、奉斎会にて開会。田中〔隆三・立憲民政党所属衆議院議員〕文相、中川次官、関屋〔龍吉・社会教育局〕局長、伊東〔延吉〕学生部長等来会。学生の思想問題につき講話す。

小林、墓所竣工（九品仏）につき墓前に読経あり。昨日の筈なりしか延期の為め参会するを得す。

四月二十七日（日）
静岡行、西〔西園寺公望〕公の病を御見舞申す。田中伯邸に寄る。風邪にて面会せす。西公は一両日前より食事の際、蓐上に半身を立つる由。
白根知事、中村〔恒三郎〕警察部長らと行幸干係につき打合をなす。浮月にて晩餐の饗をうく。
八時出発、十二時帰宅。

四月二十八日（月）
安達大使夫妻〔かね〕、宮中晩餐御相伴仰付られ、大臣、次官等も其光栄に与る。

四月二十九日（火）

天覧角力、二時より四時。覆馬場。

天皇、皇后、皇太后、三陛下天覧。角界最初最大の光栄なり。

常ノ花〔寛市〕、武蔵山〔武・小結〕、玉錦〔三右ヱ門・大関〕等成績良し。豊国〔福馬・大関〕、天龍〔三郎・関脇〕等之に次く。

李堈公殿下を御訪問申す。入浴中にて御面会なし。

【上欄】

夜来雨天の為め、天長節観兵式御取止め。

角力天覧。

夜、側近者、大臣、次官、御内宴。

四月三十日（水）
小林を訪問。敬次〔関屋敬次〕に面会。来月より太田氏に画を持参することに打合をなす。大体の標準として、
六号、額縁共　五十円位
八号　六十五円位
十号　八十円位
肖像画は二、三割増、但、出張して揮毫の場合は此外とす。

Moule氏、講義。

昭和五年五月

五月一日（木）

芳沢君、近日仏国に出発につき訪問。

芳沢大使の印度支那に干する御進講あり。

粕谷義三〔立憲政友会顧問〕君の病を額田病院に訪ふ。容体不良。

李堈公殿下を紅葉館に御招待申上く。韓〔昌洙〕長官、篠田次官、児玉総監等陪賓。

五月二日（金）

復興局の映画試写。

一高同窓会常務理事会。

金鶏学館《ママ》〔院〕にて松岡均平男の不景気の現状に対する講話あり。

西村保吉氏より丹羽家財政補助に干する契約案（決議をへたる）を郵送。

五月三日（土）

国際聯盟協会にてロンドン会議随員横田〔喜三郎〕東大助教授〔教授の誤り〕の談あり。

大倉男支那旅行に出発。

Golf。初めて四十八、九の成績を得たり。篠田君と殆同点なり。

【上欄】

一．久邇宮家の財政整理につき協議。

一．静岡行幸協議。

四月二十二日より今日に至る、五月三日夜記。

五月四日（日）

宮内省の大運動会（学習院運動場）。晴天にて入場者六千を超ゆ。競争、走幅飛《ママ》〔跳〕、角力、庭球、野球、撃剣等、何れも盛況。大満足にて終始す。

渡部叔母、午後一時過死去の報に接し不取敢見舞ふ。夜、更に再弔。八十四。心臓摩《ママ》ヒによると。

五月五日（月）

芳沢君夫妻〔操〕、仏国へ赴任の為め出発。

一高同窓会の理事監事会。本年の新入会員歓迎につき協議。
稲村修次君（東帝法一年）、稲村巳之次郎君、稲村弥作君同行、来訪。

五月六日（火）

星野、杉、川田大佐、空と海博覧会行幸願につき来省。

丹羽子爵家々政整理につき伊達家決定の案につき、子爵及令夫人、服部博士等と会合。近藤君は欠席。

渡部君邸に通夜にゆく。

【上欄】
皇太后陛下、新御殿に御移転。大宮御所と称す。京都の旧大宮御所は京都大宮御所と改称。

五月七日（水）

粕屋《ママ》〔谷〕義三氏の告別式。

渡部叔母の葬儀。

Moule。

一水会（華族会館）。佐原〔保助〕氏、満州より帰朝中にて満州に干する意見を陳へらる。

一．満州に干し内地識者の無関心なるか如きこと。

一．支那の治安絶対に完全なるまては租借の期限到来するも返付出来さること。

余、思ふに南満州鉄道、旅順、大連は国務上返付すへきに非す。其事由は種々あらんも実際問題として北米と十分了解あること第一なり。米国にては支那の内情は満州の治安発達を行ふに足らすと信せは、自然吾国に租借を認むる外なかるへし。否らされは支那の借款を認めて回収を図るなきを保せす。

五月八日（木）

陸軍科学研究所（黒崎〔延次郎〕中将）及技術本部を観る。科学研究所（所長里崎中将）は三部に分たれ、第一部加藤〔銀二〕少将（主として物理的）、第二部鈴木〔貞造〕少将（火薬、写真等）、第三部（主として化学兵器、毒ガスを中心とす）久村〔種樹〕少将、説明の任に当らる。

技術本部は部長吉田〔豊彦〕大将不在にて西義一中将（総務部長）案内せらる。第一部植村〔東彦〕少将、第二部は部長代理某中佐、説明に当らる。

宮内大臣の外交団招待あり。好晴日にて一同悦ふ。

富士見町五の一心塾を見る。正彦同伴、散歩。

【上欄】
皇太后陛下、多摩陵行啓。

渡部叔母の喪中にて忌あるにつき供奉せす。

昭和五年六月

六月一日（日）

水難救済会総会に出席。殆初めてなり（国技館）。華族会館の記念式に出席。

【上欄】
一日より十六日までは十六日夜誌るす。

六月二日（月）

前田〔利為〕侯の駒場の新邸を見る。高橋君の案内による。間取は感服せす。従来の樹木を取除ける由をきき、遺憾に堪えす。

平塚氏より招かる。森〔恪〕君同席。氏は田中内閣辞職当時、最近の加藤軍令部長の上奏と浜口総理の上奏と前後せしとて大に側近者の非を鳴らせるもの多しと述へられたるにつき、其誤謬を正しおけり。

六月三日（火）

鎌倉に小泉氏を訪ふ。先般来の招によるなり。帰途、吾孫子君を訪ひ遅く帰宅。

【上欄】
二時五十五分、東京駅御着にて静岡駅行幸より還御。

六月四日（水）

白根知事、加賀谷〔朝蔵・内務〕部長、白根〔松介〕、木下、大金〔益次郎〕の諸氏を招き午餐（日本クラブ）。

徳川〔家達〕公、近日渡欧につき国際聯盟にて御送別の集会（工業クラブ）。

Moule氏。

丹羽孝一〔子爵丹羽長徳の長男〕君を招き将来の決心につき御注意をなす。

六月五日（木）

芦田君の件、丹羽家の件、誤て七日の頁に記す。

日米文化学会の件につき会合。青木、一ノ宮、田部の三氏と余。

六月六日（金）

聾啞者の為め聾啞協会成立につき総理邸にて田中文相

等主催の会合あり。欠席。川西書記官、代出席。

武井〔守成〕君の音楽談。

近衛〔文麿〕公、木戸〔幸一〕侯、岡部〔長景〕子、原田〔熊雄〕男、河井氏等を招き晩餐。

【上欄】

司法官の御陪食。

六月七日（土）

芦田均君を招き午餐。

丹羽家を訪ひ子爵御夫婦及令嬢〔誠子、文子〕にも面会。具さに御家政の近況につき御話致し将来の御決心を促かせり。

〔ここまで、欄外に「五日」と記載〕

丹羽花子〔丹羽長保夫人、丹羽孝一の叔母〕様を訪問（谷口君と打合せ、同時に御訪問せり）。子爵家の家政を御話致し、一年千円にて御辛抱を乞ふ旨御懇談し御同意を得たり。御住宅は御希望により子爵より贈呈する様取計らひ見るへき旨申しおけり。従来は一ヶ月平均一日三十一円（地代とも）に当れは、一年千円とせは丹羽家経済の上都合よし。此千円は世襲財産の利子中より支出の筈。従て直接に伊達家の御取分になるに非す。

Golf。

六月八日（日）

Golfの半期大会。四回。最良五一、最劣五六?。此前の二回六〇以上の為め全体は成績不良。万里小路〔ソデ・皇后宮女官〕君、一等賞。

宮本央氏の新邸に招かる。富井〔政章〕先生、成瀬、時枝、此木田の三《ママ》〔四〕氏と余。

六月九日（月）

光田〔健輔・病理学者〕全生病院長を招き癩事業につき更に詳細に聴取す。

正彦と共に、ＹＭＣＡを訪問。館内を視察す。

六月十日（火）

久邇宮殿下に拝謁。

火曜会に出席。永田、堀切両氏出席。

専門学校長賜茶。

太田、増田、長田等の諸氏と会食。

六月十一日（水）

服部博士来訪。那須御用邸新築のお茶屋の命名案を持参せらる。

野村礼譲〔元久邇宮附事務官〕氏の告別式。

Moule氏。

金鶏学院の長老会合（翠松園）。

農士学校設立につきては、赤池、鶴見二氏及余も俄に賛意を表せす。

【上欄】

宮中顧問官、錦鶏間祗候等の賜餐（宮中）。

六月十二日（木）

徳川家達公渡欧。会議の為め御見送せす。

麝香間祗候の御陪食あり。王公家審議会の御認めありたる為め不参、拝辞す。

会議終了後、議長より上奏。更に御下付を乞ひ大臣より隠居勅許の手続をとる。

二時過、御裁可を得たるを以て勅許の旨御通知書を携へホテルに李堈殿下を訪ふ。御不在に付、康〔弼祐・李堈附〕武官に手交し直に李王殿下を御訪問して言上す。四時頃発表。

【上欄】

李堈公隠居の件につき王公族審議会開会（東溜）。王公家軌範制定後、第一回なり。

倉富議長、富井、荒井〔賢太郎〕、河合〔操〕、朴〔泳孝〕、高〔義敬〕、関屋、仙石、渡部〔信〕等の委員、篠田次官、一木大臣等列席。了て御認めを頂く。

六月十三日（金）

林安繁君来訪。

高等学校等の賜茶。

大臣官邸に朴泳孝侯を招かる。

朝鮮より上京せる中等学校長、福島、和田、鳥飼等の諸氏、七、八名を招茶。

【上欄】

李堈殿下の御招待を蒙る（錦水）。阿部、康両君と同席。

御用邸処分。特に須磨御用邸を処分に干する会議。大臣の意は廃止に在り。

六月十四日（土）

朴泳孝侯、高伯を招き午餐。朴侯は日本政府の方針は内鮮区別をなさすと称するも、実行に現はれされは何の役にも立たすとて前途を悲観せられ居れり。

泰東書道院の東久邇宮殿下推戴式に列す。

篠田次官、今夕帰鮮につき面会。

Golf。

六月十五日（日）
国際美術協会展覧会を見る。
李堈公殿下、李鍵公子襲系に付、御祝の為め参上。
伏見宮邸に伺候。徳川〔厚・元貴族院議員〕男の逝去につき御弔問申上。
Golf。
宮本翁を訪ふ。先夜の礼。
夕刻より雨。

六月十六日（月）

杉山茂丸君を訪ふ。来訪の筈なりしか都合により往訪す。共産党の猖獗なる内情（例へは楠公銅像の辺に集合せりとか、宮様襲撃の計画をなせりとか）及統帥権問題に干する件等なりき。

徳川厚男の告別式。

椎名龍徳氏、山口佐助氏を招き茶。山口氏は椎名氏の貧民救済事業の後援をなし学生等も養成し居る篤志なる実業家なり。

木内良胤夫妻、昭胤〔関屋貞三郎の外孫〕を伴ひ北野丸にて帰朝。昨日か上海を発し吾国に近きつゝあり。無線にて昭胤宛、「ハヤクアヒタイ、ユカ、ミエ、タケ」と打電せり。

【上欄】

宗秩寮審議官等の賜餐（霞関）。

近来疎懶最甚しく五月九《ママ》〔八〕日以来初めて記述す。

六月二十二日（日）
朝、Golf。
木内良胤一行、横浜着（北野丸）の筈に付、十二時頃出発。出迎へにゆく。予定より早く二時過、岸壁につく。衣、由香、美恵、光、健と余の外、大倉〔信子〕姉、ひろ子、鈴木操氏等。横浜には岩崎久弥男及高弥〔岩崎隆弥カ・岩崎久弥の二男〕君、信胤、高胤、山内豊中氏已に在り。諸事、岩崎男の御世話を蒙る。New Grand hotel に少憩。四時半頃の汽車にのり、五時過、東京駅着。

六月二十三日（月）
朝、木内を訪ひ昭胤を見る為め。

畑大将宅を弔問。

久邇宮殿下及大妃殿下を御訪問申上、将来の御邸につき御意見を伺ふ。

佐島君来訪。紙幣研究者と藤田〔伝三郎カ・藤田財閥創立者〕男の件につき意見を述へらる。

昭を迎ひウバと共に官舎に連れ来り一時間許り遊ひて帰へる。

【上欄】

三上博士の御進講。

明治天皇と十年の乱。

昭和五年七月

七月二十四日（木）

十一時半、上野を発し軽井沢に来る。炎暑可なり烈し。只生来の多忙より逃れ、頓に両肩の軽きを覚え車中読書に耽り暑熱を厭はす。高崎に着。松井田よりやゝ涼し。横川に至り涼気身に迫る。

四時四十分、軽井沢着。正彦の迎をうけ荷物を自動車に托し徒歩鹿島森別荘に赴く。原田、高野等及由香、美恵、昭を伴ひて迎ふ。

官仕已に三十年。曩に有馬に静養の際児等を伴ひしか、当時重患の後にて居住地やゝ雑閙なりしか、今次宿痾といふも前年とは事情を異にし、木内一家の近旁に避暑するあり。特に東京在勤後、長期の賜暇を得たりしは今年始めての事に属し、心神の転暢達せるの感あり。最近世相の険悪なる憂惧に堪へさるも此際少らく休養を専にし全快を期せんとするなり。

【上欄】

牧野内大臣、一木宮相と宮内省に会して、岡部子の議院入りにつき承諾の止むなきことに決定。牧野〔岡部カ〕子（二十日世襲財産の会議日に内話あり）に返答す。

汽車中駄句あり。

疾いえて元に好馬馬あゆみ出す秋の頃

都より逃避に入つる夏の汽車あつしといわは雲かかりけり

やすみなき日々の勤めにくらならむ夏の汽車こそ心安かれり

七月二十五日（金）

散歩。読書、橋田〔東声〕氏万葉集評釈。

葉書を出す。

夜は正彦と共に山本〔条太郎〕氏に招かれ晩餐を共にす。氏の経綸をきく。論旨透徹真に得易らさる材也。何時ながら敬服に堪へす。近来益錬熟の趣あり。健康も恢復の由。国家の為め自愛を祈りて止ま〔す〕。寧党人となれるを惜む。

宮内省に入りて長期の賜暇を得たるは今回を初めとす。心広体ゆたかなるを覚ゆること、別記の如くなるか、日常も此心得最肝要なり。日夕齷齪考ふる暇なきは真に愚の極。此後は可成土曜より日曜にかけて休養の方法を講す可し。

山本氏方にて茶をのみたる為めか又は読書のやゝ多かりしか睡眠甚悪し。

七月二十六日（土）

なすこともなし。市中に散歩。薄きスウエタ（白）を買ふ。四円五十銭。東京に求めたるに得す。却て軽井沢にえたるは奇なり。

万葉集をよむ。途上、原〔嘉道〕前法相及五斗博士に逢ふ。午後、博士を訪ふ。

【上欄】

てるはよし雨もまたよし軽井沢鹿島の森のしつけさかよし

軽井沢大塚山の夏の夜は君と語らむいとゝ短かし

浅間山もゆる■ひも軽井沢しつけき森の中にすむかも

浅間山白き烟はもゆれともふもとの里は静かなりけり

七月二十七日（日）

朝五時半発にて帰京。全く田代〔義徳・東京帝国大学名誉教授〕博士の寿像除幕式に参列の為めなり。寿像は同郷者相謀りて博士の病院前庭に建設、献上せしもの。長渡南君の作。贈呈の辞、余の発起人総代として朗読することなり。十時挙式。十二時式後、精養軒に於て簡単なる食事あり。

呉〔建〕博士の診察をうけおく為め往訪。応接間に於て最驚きしは博士の余技たる油絵の数枚なり。八十号とか百号とかの大さならん。就中、梅樹の図最佳作と覚ゆ。一年間の業なりと。之れのみにて氏の勢力と天材とに感せさるを得す。診断の結果は別に故障なく神経衰弱のみならんと。何れ■■■■は後月に検査する筈。ブロム曹達〔ソーダ〕とベロナールを勧めたるのみにて別に特別の注意なかりき。

木内と同車にて五時発にて帰沢す。

七月二十八日（月）

伊沢〔多喜男〕君来訪。不在にて面会せす。

Golf 一回。木内。Season 会員に申込む。

晴天、雨なし。来遊以来雨なきは殆初めてなり。

木内宅、大樹の間に在り。清涼、肌に快し。

七月二十九日（火）

朝、Golf 二回。木内。

黒沢君来訪。松平伯へ紹介せよとのことなりしが断はる。

昨夜夕刻、臭[redacted]を用いたるか別に睡眠薬を用いす、十時より二時まて一睡。其後、一、二回醒め、六時半起床。近来稀なり。軽井沢の気候と気分とによるか。転地たしかに有望なり。

昨夜に引換、今夜、〇.七を用いて僅に眠る。炎天、Golf 二回の為めか又は他に精神的原□もあらん。

七月三十日（水）

朝来、雨又は霄。午前、Golf 一回。

午睡一時、昨夜、薬を用いたるによるか。

一高生、大島君外一生来訪。万座温泉に赴く途次なりと。

衣、東京行。朝の祈禱会。正彦の説話、甚力あり。漸次内容と共に話方の進歩を見る。

夜は学生等に会食。森先生に葉書を差上く。

苦吟数首。

　御水端ゴルフのかへり結ふ手にあふる水と悦びとあり
　結ふ手にあふるゝ水をなつかしむゴルフの後の御水端哉
　ゴルフして帰へる家路に御水端おとなふことは忘れさりけり
　子等集ふ鹿島の森の山荘を天国と思ふ吾れ老いにけり
　三十年《みそとせ》に初めて得たる悦ひは今年の夏のいこひなるらむ
　疾ある身にしあらすはいかにして涼しき夏を子等
□□□さん
　三十年のつかれにたえぬ吾なさむいこひの夏は安くあれかし

やすらけきいこひ求めて吾来つるなさまたけそや
すきこゝろを

【上欄】
わかふどと食ひ且つ語る山荘は夏の夜こそ短かりけれ
子に似たる若き学徒のまといする鹿島の森の夏の楽し
さ
わかふどの楽しく学び且ついこふ貸間の森の夏のしつ
けさ
若徒よわかふとよ国の為め世の為めつくせ身を忘れ
つゝ
わかふとの子等と交りて山荘は夏を過こすもうれしか
りけり

七月三十一日（木）

雨。Golfに行かす。
東京、松平君の《ママ》〔に〕歌を送りて斧正を乞ふ。
雨天を幸ひ揮毫十数葉。増井氏の分（五枚？）、正彦
に托し小久保に送る。
三十年の長きつとめにつかれたり吾をあはれめ森の下
風
此頃Winn氏に逢ふ。二十余年前、大連にありし日、教会の牧師として来る。子孫繁栄、令老を下関に養ひ時々満鮮を巡遊すと。令嗣は京城にあり。令孫五、六人。

昭和五年八月

八月一日（金）

正彦、東京に帰へる。久里浜の同人を見舞ふ為め。
郵船会社の靖国丸の船室旅券等のこと。
雨。
午前中、近衛公を訪ひ閑談二、三時間。昼餐の饗をうく。
（内田）うつぶして祈るわかうど名にしおはゝ正しき道
によを導けよ
（原田）ムツリニ〔ベニート・ムッソリーニ〕の名にあこが
るゝ彼■原田何をか尊む森の木陰に
（高野）体温器見てほゝえめる白き顔赤くなれかし秋を
またすに
（小畑）おもかけはファザケリーに似たるかな気高き心
劣るなよゆめ

（友）もくもくと語らぬ友の腹のうち何か蔵す得てしらまほし

（光）乳の香のいまだうせぬと思ひしにはや一高の二年なりけり

睡眠不良。

八月二日（土）

雨。

多分、三十一日頃より降雨連続し、やゝ不快なり。加ふるに雨漏もあり。此間、昨日、Golf。

今日は午後雨やみ、Golf。

二日三日間なく降りしく夏の雨森の庵に書のみぞよむ

わかうどの作る夕鍋に舌鼓ならすもうれしき森の庵に

鶯の声に交りかよひて讃美歌の聞える森はパラダイスかな

■命十年も長くのひぬへし

鶯の声の聞える森のかけうれしき声は昭胤のなり

蓄音機きく夜はたのし軽井沢鹿島の森にきく夜はたのし

つれだちてそゝろあるきのわかうどら歌ひ出すなり一高の歌

おもしろき鳥の声きく森の道きゝわけにけり鶯の声

くさ〳〵の花さく秋の広野原たゝ七草を折て帰へりぬ

【上欄】

三十一日より四日までは四日朝記す。此間の歌十数首あり、佳作なし。

八月三日（日）

良胤夫妻（六時五十分発）を停車場に送り伏見宮殿下伺候。夏期大学を見る。散歩二時間。此日よりGolf「トウナメント」より或時間までは会員外のプレーを許さす。

十時半、英人の礼拝に参加。

午後、昼眠（可ならす）。

間なき雨今日は晴れけり夏の日をいとはぬ人の町にみちたる

わかうどと語り合ふ夜はふけ行きぬ山荘の外露立ちこむる

三十年のつとめは長し過るかさねし年も同しく長し

三十年は過多き月日かなかへり見すれば独り悲しき

睡眠は二十九日以後、やゝ不良となれり。

木内留守中、友と共に木内宅に宿す。

【上欄】
駄句。腰折のみ再帰に堪へさるものあるも静養の記念
として感興のままに書きつく。

八月四日（月）

昨夜は睡眠可ならさりし為め歌もやめたり。可成頭を使はす。

午前八時よりGolf。伊沢、松井〔慶四郎・元外交官〕両氏と愛媛より来りし木下〔信〕知事。木下君最優る。松井氏は堅実、伊沢氏は松井氏に及はさるか如きも距離多し。余、最劣る。本月末に至らは果して如何。巷野〔秀蔵カ〕、原田両氏来遊。巷野氏、銅像の賛を依頼せらる。

雲行雨施　貞三郎書（仁者得其寿　原田氏所撰
貝天真
心志間眩—形神超脱）

自動車にて沓掛グリーンホテルに案内し、四時過の汽車にて帰宅せらる。

夕刻、由、美と散歩。

夜、睡気を催うす。頭脳を使はさると午前中の運動と夕方の散歩との結果。刺激食物を用いす。

八月五日（火）

水泳のかへるさ迎ふ停車場に眼のみ光りて黒き顔出つ
二十日余り水にひたりて鍛えたる手足は黒く鉄におど
らし　くろがねの□と

八月十三日（水）〔「二十三日」と記載〕

Golfを休む。

夕刻、由香子、余の右眼に赤点を生したる〔を〕認む。硼酸のシップ。

八月十四日（木）〔「二十四日」と記載〕

Golfを休む。

八月十五日（金）〔「(二十五日)」と記載〕

九時、一同写真をとる（今井康道君）。

光彦、小山氏帰京。光は明日よりホード組選の舵手として練習の由。伊藤松太郎君（ガーデン）来訪。隣接敷地の買収を要し約三万〔空白〕千円を要すと。二ヶ月以内位に買収を決せされは旧教の方にて買収する由。当面の急務なれは何とかなるへしとて帰京せしむ。不得止は従来の土地を抵当として借金する外なきも、松本、熊沢、

古川、安田等の諸家に協議せは何とかなるへし。

益田孝〔実業家〕男、今朝来訪に付訪問。恰も山本氏来訪に付同行。山本氏と共に藤瀬宅を訪ひ又離山に上る。向井氏夫人、二令息同車。

山室軍平氏来宅。晩餐を共にし後て御話あり。

昨日来二日間、Golfを休む。

八月十九日（火）

佐々《ママ》〔佐〕木〔信綱・東京帝国大学講師、歌人〕氏を訪ひ斧正を乞ふ。

夜、藤瀬氏邸に佐々木氏と共に招かれ、食後、氏の歌話をきく。

山本氏、此夜帰荘す。

岡部子等と共に三井弁蔵〔三井本村町家二代目〕氏に招かれ新ゴルフ場を見、帰途、岩永君邸による。当日は各宮殿下も台臨。牛肉のすき焼に賑ふ。場処は低丘陵あり、四面広濶、落葉松、赤松等散在。別荘として適地ならんも、ゴルフを中心とするものなれは、貴族的にて周囲の雰囲気果して如何。坪二円五十銭位の由。

八月二十日（水）

益田男邸の茶会。高橋帚《ママ》〔箒〕庵〔元王子製紙専務、茶人〕、山本氏、藤瀬夫人、余等夫妻。

Golf。朝八時過、浅間爆発、其音大砲の如し。黒単色の噴烟天に漲る。ゴルフ場にて見たり。壮観極りなし。

淑、由、美、健等同伴。

夜、歌の清書。佐々木博士、一両日中帰京に付、今年の腰折をまとめ更めて高覧、批点を乞ふに在り。夜、写せしもの九十。残余は翌朝に譲る。殆数百を超えたり。

〇．五（Veronal）。此頃、ベロナール用いること已に数回。半錠又は一錠を用いる。一錠を用いたるときは効果著しく、在京中、アダリン〇．七、又は〇．八、又は〇．九等を用いたるときの比に非す。

八月二十一日（木）

山室軍平氏来訪。

白根君御夫婦〔喜美子〕、昨夜三笠に来校。今朝来訪。役所の談をなす。箱根温泉の問題等。

山本氏邸にて午餐。佐々木信綱博士、白根君と余。佐々木氏の歌話、清興極なし。

四時、西洋人数名を招き林間に茶を催うす。Bosanqwet、Carey、ワラ氏等。

Golf。

八月二十二日（金）

朝、Golf（加藤泰通子と木内）。

晴天、暑強よし。

Wilks氏に午餐に招かる。

八月二十三日（土）〔「（十三日）」と記載〕

来簡の返事を書く。近来疎懶性をなし亦深く意に介せす。

川西君帰京。

Golf。

「ニュウグランド」にて夏休大学、中村久四郎〔東洋史学者〕博士の招待あり。柿崎、伊東、高島等の諸氏あり。

夜、丹羽家の谷口氏来訪。

　十五銀行払競落の件。

　■■家屋売払の件。

承認を求めらる。同時に西村氏に一書を認め与ふ。

八月二十四日（日）〔「（十四日）」と記載〕

今暁、盗児、明放しの窓口より入り小山先生のバックより銀貨六円余を窃み去る。若人等目さめて追跡、隣家の相原氏別荘（■家）に睡眠せる一壮漢を認め警察に渡す。警察にて取調の結果、午後、放免す。夕刻、彼来宅。今暁■たりとて挨拶に来る。其大胆驚くへし。恐くは彼れ犯人たるや疑なし。一同、警察の不都合を憤る。

　夜、巡査部長某来宅。其事情を弁明す。余等警察の無能にあきれたるも余り追窮せす。部長、遂に弁明の辞なきか如し。

　此頃、引続き山本氏別荘に泊す。

八月二十五日（月）〔「（十五日）」と記載〕

快晴。打続く帝都の暑気思ひやらるゝ。

正彦の箴言及コリント前書第二節の研究あり。頗る有益。

従来作りし腰折を日誌補遺に書きつく。七十三首に及ふ。前のものを加へて已に百首に及はん。其歌らしきものの数首に過きさるへし〔三八九頁参照〕。

【上欄】

十三日より十日まて、十五日誌す。

疎懶最甚し。また一■初めす。六日以後の分、何日に記すへきか。

八月二十六日（火）

北白川〔宮〕大妃殿下（小田掛）伺候。一時間余にて退出。

Wilks氏夫妻、スミス〔サラ・クララ・スミスかSarah Clala Smith〕女史、〔空白〕女史を《ママ》茶。

Golf。

簗田中外社長及長瀬君来訪。夜、New Grandにて晩餐。ロッヂを見る。二室にてbeds二ありて、一日十二円位の由。

八月二十七日（水）

朝来雨、午後晴、夜に入りて又雨。

朝、六十八、九度。

午餐、山本氏邸。簗田、長瀬両君、下村宏君、正彦と余同席。

草津、マギル〔メアリー・マギルMary B. McGill〕女史を「サナトリアム」に訪問。

カナダ公使マーラー〔ハーバート・マーラーHerbert Mahler〕氏及令夫人、スパクマン夫人等を招きて茶。

公使夫妻とGolf。余、成績可なり良好。

東朝、岡見氏来訪。晩餐を共にし帰京せらる。

良胤夫妻帰京。外務省へ出頭の為めと志村〔源太郎・産業組合中央会会頭〕氏逝去の見舞なり。

八月二十八日（木）

木内、上海領事館勤務となり、来七日、神戸出発の旨電報あり。

山本氏帰京。

夜、Wilks氏方にて朝の鳥声を入れたるレコードを聞く。

正彦、腹痛にてゆかす。

小山女史又来宅。

Golf。単独。

八月二十九日（金）

午前、村尾立教大学教授来宅。ストレート氏の基督教に対する態度を語る。

正彦、腹をこわし臥床。

光武、野田、小畑、三人帰京。

Golf一回。五斗氏。

【上欄】

朝、六十七度。夜八時、六十八度。

八月三十日（土）

村尾氏、帰京に付訪問。

昨日来、間島弟彦〔銀行家、歌人〕氏の歌集〔米山〔梅吉・銀行家、歌人〕氏より寄せらる、米山氏のは「東より東へ」と題す）を読む。真摯にして歌も巧なり。感動せしむるもの少らす。所感を歌とす。

夜、山本忠美〔元日本組合基督教会朝鮮伝道副主任〕氏来訪。故趙東潤〔元朝鮮貴族〕男の嗣子〔重九〕某君のことにつき近状を語らる。其他、費府の徐載弼〔朝鮮の革命家、フィリップ・ジェイソンPhilip Jaisohn〕（Jaison と称す）のこと共。

Golf。岡〔実〕氏。

八月三十一日（日）

午前、教会へ行く。

大臣より来簡。充分療養せよと懇情不堪感謝。

友、健、小山女史、帰京。大臣へ書面を托す。良胤へも一書。今夏の楽かりしこと、上海の残暑に対する懸念等。

Golf。岡氏と。成績、昨日来不良。岡氏に劣る。二、三点、六十以上に上る。

夜、正彦の説教を宅にてきく。今午後、教会にてなしたるもの、軽井沢に於て之に初めとすと。

夕立あり。夜に入りて又雨。二百十日の前兆か。

電気療法を試む。

昭和五年九月

九月一日（月）

朝来、雨。二百十日としては平穏なり。

Golfに行かす。

夕刻、由香子と共に散歩一時間。

其後の歌三十首を清書し佐々木先生に送る。

米山君に一書す。「東《マ》より東《マ》」と間島弟彦集恵贈の礼を出すなり。

衣、帰京。

九月二日（火）

中村円一郎氏及結城君来訪。

Winn氏を招き軽井沢ホテルにて午餐。正彦同席。氏は明治五年来朝。大連には明治三十九年に赴任。以来、交際をつゝけ居れり。本年七十九歳の由。吾国に在る実に五十五年、極めて喜悦を以て在住せりと語れり。大連には九年、旅順に五年在勤せし由。明年は帰国の由。

中村、結城両氏と共に益田氏無塵庵を訪ひ、庭を拝見し碓氷に至りそれより更に押出を見る。軽井沢より一時間にして達す。

夜は万平ホテルにて食事。

Golf。日向〔利兵衛〕氏。第五ホールにて三点なりしは初めてなりき。昨日の二百十日、各地とも平穏。

九月三日（水）

朝、Golf。五斗君。第五番、三。最初の好成績也。

前田武四郎氏を訪ふ。夫人のみにて主人は上京中。

午後、Golf。松井男。距離は寧余に及はさるも正確なるは稀也。恐くは五十四、五?。

余は荷造をなす。

淑子、明日十時にて帰京。昭タネ、由、美、女中しな、すみ、同行。

余は那須御用邸伺候の為め明五時半の汽車にのる筈。

余、蓄音機を聞く。正彦、大河平兄弟、広田等来宅。

淑子と懇談。他人の為めに尽すこと大にして■社会奉仕の必要なることを力説す（独善主義―富裕階級の陥いる易き―の不可を説く）。半はよく諒解せる如し。

九月四日（木）

朝五時半発にて軽井沢を出発。那須御用邸に伺候。大宮にて日光行に乗換へ更に宇都宮にて待合せ、二時半頃、御用邸着。林式部長官、東久世〔秀雄〕君同車す。久々にて両陛下に拝謁。天顔の麗はしきを拝す。

其後、嚶鳴亭を拝見してGolf場一巡（東久世62、河井54、余は58）。

夜月明。昨夜は大雷なりし由。那須には雲多、明月を見ること稀なるは大幸なりき。

牧野内府、五時過、伊香保より伺候。

那須の歌数首を得たり。

此夜、薬を用いすして殆安眠し得たり。従来なき所、休養の効を悦ふ。

九月五日（金）

八時、馬にて澄空亭を見る。往復一時間半。東久世、友田《ママ》〔原田カ〕両君及技手同行。秋空晴れ渡り四方遠近の山、悉る《ママ》〔く〕見るを得へし。馬上、数首を得たり。

Golf。東久世、西園寺〔八郎〕両君と共に。

御相伴にて御陪食の光栄を荷ふ。牧野内府、東久世、岡部両君、栃木県知事原田〔維織〕氏等。

二時発の汽車にて帰京。

木内、明日出発に付、送別の晩餐を催うす。子女凡て集る。

丸茂藤平君来訪。豊橋市長就任の事情を述へらる。

九月六日（土）

出勤。

午後、西川氏の診をうく。別に異状なく血圧は百十、最低七十。幅四十にて最可なりと。十日前の眼疾は血膜の出血に非すや、別に憂ふることなしと。

大宮御所に伺候。

松岡洋右君来訪。

木村夫人、三橋君夫人の件につき電話せられ、午後来宅。

草間〔要〕博士の診をうく。目星と称するものにて憂ふるに足らすと。

木内宅を訪ひ昭胤同車にて停車場に送る。七時半発、明正午乗船（氷川丸）。

風月堂にて食事。衣と子女と凡て八人。

秋冷、肌に快し。

安眠。東京に於ては近来稀なり。休養の効を悦ふ。

九月七日（日）

七時十五分、上野発にて軽井沢に帰荘。中山久四郎〔東京文理科大学文理学部教授〕君、小平権一君〔蚕糸局長〕、夏季大学の用事にて同車。万平ホテルにて会食。両氏は新渡戸博士を訪ひ、余は帰宅。

Golf。

旧暦七月十五日、満月にて一天片雲なし。忽ち昭胤一行を想起し歌あり。食後、無線にて打電す。帰途、日本人の教会にて説教をきく。「祈の力」？。家に帰へるまて数分の途、秋冷肌に迫る。衣、正九時過帰荘。

からまつの庵にわか見るもち月を昭や謡はん瀬戸内の海
二回目さむ。夢、安眠を妨く。

九月八日（月）

【上欄】

朝、五十五度。午後二時、六十八度。

九月九日（火）

野沢〔源次郎〕氏を訪ひ同道追分に至り、油屋に立寄り老主人に面談。御維新前、諸侯の参勤交代につき聞く所あり。

北国街道、中仙道の追分標を見るに、

さらしなは右みよし野は左にて月と花とを追分の宿

安永六歳次丁酉十月穀旦

此の石碁の上に観音（地蔵？）石像あり、今は付近の寺に蔵す

大河平君。

九月十日（水）

九時二十二分着にて帰宅す。

午前中、Golf。正彦同伴。

新Golfリンク予定地等を見る。

九月十一日（木）

不在中の事務をき丶又若干の訪問者等あり。退出後、疲労を感す。

正彦帰宅。衣等は明日の由。

睡眠時間少し。

九月十二日（金）

午前、宅にて佐島君、谷口君等に面会。

午後、津田君を見舞ふ。先般、夫人を喪ふ、弔問。

枢密院と政府との間、正面衝突を伝ふ。精査委員会第〔空白〕回開かる。

夜、篠田君来訪。

原田（湖東紡績会社東京支店）、田部井進助（永楽証券株式会社）両君来訪。草雲〔田崎草雲〕先生の漁夫之図を持参、返却せらる。曩に原田政七〔元足利町会議員〕君に托し先生の仰章を乞ひたるものにて、翠雲〔小室翠雲〕君、荻野君、立会ひ之につくせる由。

夕、雷鳴甚し。室内八十度に上る。

Golfに行きしも雨の為め果さす。

九月十九日（金）

加藤泰通子母堂〔福子〕死去につき弔問。

樺山〔愛輔〕伯の催にて前朝鮮MethodistのBishop Welch〔ハーバート・ウェルチ Herbert Welch〕夫妻の為め午餐

（華族会館）。

帝国ホテルにMiss Welch主催の茶。

佐々木信綱氏に其後の歌三、四十首を郵送。

九月二十日（土）

海軍特命検閲使御陪食。

万国統計学会（第十九回）の賜茶、新宿御苑。外人六、七十名。日本人百余名。

正彦出発近つき荷物等の用意をなす。
二、三日来の雨晴れ秋空朗。
正彦出発につき一心塾等の経営に干する意見及外遊中の視察方面等に干する意見を認む。

九月二十一日（日）

九時、一心塾にて正彦の説教、礼拝。

写真をとる。

十時過、正彦と横浜にゆきNew Grandにて午餐を共にし、在英中、注意研究につき意見を述ふ。亦家屋のことにつき希望を述へおけり。

二時半、靖国丸を訪ひ友以下の弟妹、東京より来り共に船内に一巡す。

船長瀬川〔空白〕氏、事務長岩瀬〔空白〕氏、横浜支店副長藤野氏、接待せらる。

九月二十二日（月）

夜、渡辺〔千冬〕法相主催の篠田、五来、高瀬等の諸氏と会食。

明日、正彦出発にて何となく心落付かさるものあり。

正彦の歌数首を得たり。


【上欄】

皇太后陛下、多摩陵御参拝。供奉。少雨あり。

九月二十三日（火）

母上〔関屋卯多〕、正彦と午餐を共にす。

四時三十五分の明石行にて、正彦、渡英の途に上る。途次、静岡に下車。夜行の鳥羽行に乗り伊勢大廟に詣らんとす。停車場には蜂須賀侯、古河〔虎之助〕、大倉両男、松本君、其他御見送を受く。特に一心塾学生の一高寮歌に其行を壮んにせり、感慨真に不少。正彦の前途実に洋々たるを感せり。戒三氏、友、由、美、健を伴ひ国府津駅まて送る。光はボート練習にて送らす。

九月二十四日（水）
十時の汽車にて西下。八時過、京都着。直に奈良電にて九時過着。

九月二十五日（木）
衣、正彦を伴ひ博物館、正倉院、春日神社、三月堂、大仏、奥山等を見、午餐をホテルにてすませ、午後、法隆寺、中宮寺を見、四時過き、電車にて桃山御陵参拝。六時半過、帰館。知事〔小栗一雄〕主催の晩餐会に臨む。此日、天気晴朗。正彦の為め見学得る所甚多し。県の岸〔勝之・奈良県農事試験場〕技師案内しくれたり。

九月二十六日（金）
八時十五分の電車にて大阪に出て、大阪府の自動車にて住吉、菊池氏を訪ひ、十二時前、靖国丸に乗る。午餐を船上に済ませ出帆をまつ。三時やゝ過き、解纜。余等はテープをひかす。
岸壁のテープ何せんわか心遠くつかなる海のあなたに
正彦も余等両人感慨無量なり。
青山泰造、大河平次男と共に聖書と讃美歌を求め三宮駅に托し門戸駅に送り、自動車にて大阪に来り、大阪より京都まて汽車。中村屋にて入浴、晩餐を了へ、十時過の汽車にて帰京。岩崎男御夫妻同車。

九月二十七日（土）
朝九時、帰京。
大倉男、太田、有田、長田三《ママ》〔四〕氏を午餐に招く。Golf。篠田君等と。四六と四七にて従来初めの成績なり。
熊沢君に招かれ佐々木博士と共に八百善にて晩餐を共にす。今回の神戸行の車中の歌につき、斧正を乞ふ。

九月二十八日（日）
李王邸に伺候。拝謁。正彦、出発に際する恩賜につき御礼言上。
Dr. Wainwright氏の為め（勲四等に叙せらる）祝賀の宴に臨席（青年会）。
Golf。五十五、六。

九月二十九日（月）
米新大使Forbes〔W・キャメロン・フォーブズW. Cameron Forbes〕氏の為め宮中御陪食。

博物館第四部委員会。

小林姉を訪ひ良正〔小林良正・専修大学経済学部教授〕の件につき語る。

【上欄】

観菊会の相談。

東宮御渡欧日記の打合。将来、来六月迄に終了のことに取運ふ筈。

九月三十日（火）

中央朝鮮協会にて拓務政務次官小坂〔順造・立憲民政党所属衆議院議員〕君招待。主猟課新モーターボートに試乗。荒川放水路に至る。林男、仙石、東久世三氏と共に。加藤〔内蔵助〕課長案内。

保善社佐島君来訪。茨城磯原の文書を持参し来る。黒板博士の意見にて其信し難きを知る。

天野君を訪ひ良正の件につき保釈の成否につき意見をきく。

【上欄】

孝宮殿下御誕辰にて御祝賀。拝謁。

昭和五年一〇月

十月一日（水）
一水会。欠席。竹屋〔志計子〕女官長来訪。
【上欄】
一日以後十六日に至るもの、十六日誌るす。

十月二日（木）
観光局茶話会（Student Hotel）。
天皇陛下の御相伴仰付らる。
西朝子〔元外交官故西源四郎の妻、伊藤博文の三女〕氏来訪。

十月三日（金）
那須に出張。此夜、山楽に一泊。

十月四日（土）
四日
那須より供奉して帰京。
【上欄】

皇后陛下、還啓につき供奉。

十月五日（日）

（五日）

七時二十分発にて水戸に赴く。大洗の田中伯寿像除幕式参列の為めなり。渡辺法相等同行。十一時過、開式。浜口総理代、渡辺法相、一木宮相代余、徳富蘇峯《ママ》〔峰〕氏、演説等あり。式後、開宴折詰を喫し、一時半過、水戸を過き友部に至り、国民高等農学校を見る。加藤〔完治〕校長不在。江川氏（?）案内せらる。生徒は総数百二十名、内女十名内外。長男次三男、八十名。少年組、三十名。経ヒは一年三万円以上を要すと。修身は筧博士の神なからの道なり。一見したる所にては[redacted]を見す、只大体のんびりしたる気分と実践躬行の模様は窺ひ知るに足る。加藤氏より直接聞き《ママ》〔く〕を得さりしは遺憾なり。府県農学校に於ては精神を確立せは新に設立せすとも足りなんと思へり。

隣接せる県種畜場を見る。場長不在にて地方農林技師山村弘君、案内せらる。国民農学校敷地とほゝ同面積にて各五十町以上。牛、豚、鶏の三種にて吾国に於ける順位も三、四位なる由。極めて有望なりと。

七時半、上野着にて帰京す。

十月六日（月）

佐島君の催にて小宴（山口）。塩野〔季彦〕新行刑局長、金山〔季逸〕新検事正、其他。

十月七日（火）

一高同窓会理事会に出席。新築校舎内の新事務室に移りて第一回なり。

東亜同文会。欠席。此頃、やゝ疲労を感し居る為め、可成無理をせぬ為めなり。

十月八日（水）

宇治山田市長〔福地由廉〕来省。

平山〔成信〕男一年祭（工業クラブ）。

澄宮殿下、旧東御所跡に御移転につき伺候。

十月九日（木）

津島〔寿一・大蔵省ロンドン駐在〕財務官御進講。

加藤武男君を訪ふ。

十月十日（金）

大臣官邸にて先般の事務整理案に本き判任以下定員、定額につき協議す。

△―（…　）〔一〇月一一日欄の△部分の記述のことカ〕Moule。

孝宮殿下御誕辰につき御内宴。

十月十一日（土）

△天野菊次郎君（伊兵衛氏の三男）及同由三郎氏（伊兵衛令弟）等来訪。

Gross氏を滝の川Hostelに訪ひ朝餐の饗をうけ、家屋を一見す。

渋沢〔栄一〕子の事務所を訪ひ、癩予防の件、及大倉男の件につき懇談。

十月十二日（日）

京都画家、栖鳳〔竹内栖鳳〕氏及西山〔翠嶂〕、土田〔麦僊〕、福田〔平八郎カ〕、堀、三木〔翠山〕の諸氏来訪。晩餐を饗す。

杉浦氏夫妻と共に神奈川県初声及長井両村海岸の松林を見る。衣、同道。夜七時、帰宅。

十月十三日（月）

住友総理事湯川〔寛吉〕君辞し、小倉〔正恒〕君後任となり、銀行の方は八代〔則彦〕君、専務取扱役兼会長に就任につき披露宴、住友別邸に催され、牧野、一木両相及其他数氏招かる。

【上欄】

三上博士の御進講「明治天皇と大津事件」。

十月十四日（火）

正田氏を訪ひ滝の川Hostelの件につき大体の趣旨を述へ、従来の好意を感謝しおけり。非常に同感にて、将来の交渉に便ならんと思へり。

大臣、白根君同道、発明協会附属研究所を視察す。

外務大臣官邸の英大使〔ジョン・ティリー〕の送別宴に出席。

十月十五日（水）

近藤達児君来訪。丹羽子邸の近状を語らる。将来の見込、甚乏し。

岡部前式部次長、松平〔慶民〕新次長主催の招宴に出席。

伊藤君（ガーデンホテル）来訪。

Golf。

【上欄】

十一時、大宮御所に伺候。久々にて拝謁。御移転の際、画幅献上につき銀条器を賜はる。癩病患者の為め多額の御内帑御補助の御内意ありたるにつき、それ等の事項につき御話申上く。

十月十六日（木）

井上〔三郎〕侯及母堂〔末子〕を訪ふ。先侯〔井上勝之助〕三年祭等挙行の節は那須出張中にて欠席。

内閣各大臣、枢府議長に花蔭亭拝見を差許さる。

樺山伯来訪。秩父宮より Friend School に物品御寄贈のこと、移民法通過後、御渡米に干する件につき松平〔恒雄〕大使の伝言を伝へらる。本件は先般御話ありしも拝謁につき更に確めおけり。

Golf。三回なり。

芳沢大使に一書す。

【上欄】

皇后陛下御妊娠五ヶ月の旨、今六時発表。

十月十七日（金）

神嘗祭に参列。

友、光、由、美、健、浅川林業試験場に栗拾に行く。余も祭典後、自動車にて試験場に至り午餐を共にして一同汽車にて帰宅。

山座〔賤香・秩父宮〕御用取扱来訪。

倫敦条約批准書を運搬する米飛行機、護衛僚機墜落の報、新聞紙上に出つ。

十月十八日（土）

渋沢子に面会。大倉男の件につき同子よりの忠言の次第をきく。

秩父宮妃殿下に拝謁。Friend School へ御寄贈品のことにつき松平大使の樺山伯への伝言を申上け、且つ妃殿下の御心労と御健康につき御自重を願ひおけり。

英大使 Sir John Tilly 氏夫妻、令嬢と共に帰京の途に就く。在職五年、今回日本を去り、多分外交官生活を了るに非るか。見送人多数也。只車内に同氏三人のみなるは異様に感せられたり。

東京基督教青年会場五十年の祝賀会、日比谷公会堂に催さる。出席。

【上欄】

海軍大演習にて午前九時十分、御出門。横須賀に行幸。

同処より御乗艦。

十月十九日（日）

朝来、Golf。昨夜、安眠せさる為め不成績甚し。

午後、早慶第二日。北白川宮〔永久王〕殿下の御伴にて健彦を同伴見物。四対五にて慶の勝。

好晴日にて新宿にては薄毛シャツにて流汗。

此夜、松平大使御夫妻に一書し秩父宮両殿下の御近状と正彦の渡英の趣旨を述へ依頼しおけり。

十月二十日（月）
利子女王殿下三年祭、豊島岡墓地に行はる。強雨。
博物館翼賛会第四部。
沢田豊丈〔元東洋拓殖会社理事〕君令嬢、八並法学士（横浜の判事）と結婚披露。

十月二十一日（火）

野球場増築に干し明治奉賛会の評議員〔会〕あり。予算五十余万にて三万五千人（現在は三万）を更に収容するに足る設備をなす筈。

韓相龍〔実業家〕君の為め朝鮮協会午餐。

国際聯盟にて津島君の欧米の財政経済談をきく。

夜、伊知地《ママ》〔地知〕女官来訪。

衣より高橋君の件をきく。

〔睡眠〕尚不良。津島氏講演を筆記せし為めか。

十月二十二日（水）
日米文化協会（工業クラブ）理事会。
高橋貞三郎〔富士製紙専務取締役〕君に一書。

十月二十三日（木）
太田氏来訪。
午後、牧野伯と共に日清製粉鶴見工場を見る。鶴見、白根、小野〔八千雄〕三氏同伴。
Massage。帰途、眉のよりを感すること甚しく気分極めて悪しかりしか、Massageをなし、二、三十分にて軽快となれり。従来、アンマをとりたるか未斯の如く効果あること少し。

十月二十四日（金）

星野錫〔東京印刷創立者〕氏来訪。
加藤武男氏を訪問す。
Massage。
Moule氏。黙示録第二回。
韓相龍氏、有賀、渡辺、二《ママ》〔三〕氏を招き晩餐。

昭和五年一一月

十一月二日（日）
京都より帰京。
明治神宮御遷座十年祭第二日の儀に参列。降雨。
柴舟会主催の柴舟額碑及記念品贈呈式に臨み祝杯を挙くるの設をなす。

十一月三日（月）
天長節《ママ》〔明治節〕御祝宴。
拓殖大学三十年記念祝賀会に出席。
【上欄】
青年団の御視閲。三万余。三時より。

十一月四日（火）
事務調査会の定員定額に干し大臣官舎にて協議す。
田中〔都吉〕前駐露大使の見聞談を会議室に催す。

十一月五日（水）
午前十時より午後十時半に至る通常会計を終了す。
李鍵公殿下の御任官御披露にて午餐前後休会。
牧野伯の催による都市美に干する問題につき談話会に出席。
国際聯盟映画に出席。
【上欄】
予算会議。

十一月六日（木）
予算会議、午前中にて了る。林野局の分のみなり。
田沢義鋪〔大日本連合青年団常任理事〕氏の青年団につき御進講あり。最出色あるものにて同氏と熱誠と相俟つて傾聴せさるものなし。聖上にも御満足のことと拝察。

十一月七日（金）
原田積善会久田氏（益太郎?-）を訪ひGarden Houc《ママ》

〔s〕eにつき説明をなす。午前中、伊藤氏懇談せり。社会局大野〔緑一郎・社会〕部長も亦大に同情せられ紹介せられたるは感謝に堪へす。

大臣より事務調査会の決定に本き作製したる判任官以下の定員定額を各部局長に内示し、協力して事務刷新と節約とを実行せんことを希望せらる。不景気の今日、整理を実行するものに非ることを特に述へられ、優待法を講して七年度中に希望の定員定額に達せしめんとするに在り。

【上欄】

皇太后陛下、慈恵会病院（新築）に行啓。監事として奉送迎。

十一月八日（土）

澄宮殿下、旧東御所に御移転につき賜茶。

此頃、来年度予算編成につき蔵相と各省間、特に陸海軍との交渉、至難なるか如し。

山本条氏を訪ひ晩餐の饗をうけ経済、時局談をきく。傾聴すへきもの少らす。

七絃会（三越）浜田〔庄司・陶芸家〕氏の製陶陳列（鳩居堂）を見る。後者につき柳〔宗悦〕氏の推薦讃辞は聞くへきものあるも価格高きに過くるは遺憾なり。

【上欄】

御着帯式。両陛下に拝謁。

十一月九日（日）

府下多摩郡多摩村連光寺に明治天皇聖徳記念会館の新築成り御銅像除幕式あり（名誉会長田中伯）。大臣と共に参列。京王電車関戸渡より三十分徒歩行程。自動車にて一時〔間〕二、三十分を要す。

清水繁君、西式強健術の実効を語る。実行以来三ケ月後の由。気分頓に爽快、疲労を覚えすと。

吉野の歌其他十数首を認め佐々木先生に送る（明日便にて）。

十一月十日（月）

御大礼当時新聞班の記念会（錦水）。

安達内相の癩事業関係者の招待会に出席。

癩予防事業に対し、十万円　内務大臣。

公立私立の患者は御慰問の茶子《ママ》〔菓〕料。

従事者に対し御下賜品、御下賜金。

院長及之に次くものには銀花瓶。

之に次くものには硯箱。
小使其他、長年勤続者、金円。
私立療養所に対し五千円以下千円まて。五年継続御下賜金、内地六、朝鮮三、台湾一。
【上欄】
十一月十日より二十七日まては二十七日記す。
皇太后陛下より癩病事業関係に御内帑、御下賜あり。
シャム皇族の為め宮中にて御陪食。

十一月十一日（火）

電通〔空白〕祝賀。
シャム皇族の為めシャム協会の歓迎会。
【上欄】
観菊会。天気晴朗。参会者八千余。設備よく整ひ極めて静寂。一同大満足なり。

十一月十二日（水）

新山荘輔〔宮中顧問官〕氏葬儀。代理参拝。
Y. M. C. A. の Secretary たりし Fisher〔Galen M. Fisher ゲーレン・M・フィッシャー、日本YMCA同盟名誉総主事〕氏を招き茶。
木戸〔幸一〕新内大臣秘書官長主催の晩餐会。
Galen M. Fisher.
General Director Institute of Social and Religious Research Fact Finding Commission.
【上欄】
岡山県、広島県に於ける陸軍大演習に行幸御出発。九時〇五分。

十一月十三日（木）

故後藤伯伝記編纂に干する打合会。
林田俊彦君の主催の小宴に出席。

十一月十四日（金）

浜口首相、東京駅にてピストルにて狙撃せらる。大演習陪観の為め西下の途に上らんとし、九時発の燕号に乗車せんとする刹那なり。兇徒は佐郷谷《ママ》〔佐郷屋留雄〕某なること後に分明。
腹部に命中、小腸を貫き丸は腰部に止る。不取敢、駅長室に抱き入れ塩田〔広重・日本医科大学学長〕氏其他の治療をうけ、十一時過き大学病院に入る。直に手術、一時半余を要せり。小腸一尺五寸余（弾丸数ヶ所）をとりさりたりと。

腹膜炎を起さゝれは安全なりといふ。駅長室にて全員よりの輸血にて瀕死を回生するを得たる由。塩田氏の手術の巧妙なること、好評を博せり。余は河井氏と共に変をきゝて直に停車場に見舞。

八代〔豊雄〕侍医を御差遣相成たり。八代氏は復命中やゝ楽観の意を表せらる。

十一月十五日（土）
浜口首相の容体は手術後三十余時間を過ぐ。経過悪しか〔ら〕されは先つ安全なりと。今夕はやゝ愁眉を開けり。全く安堵せしは一、二日後なりき。

十一月十六日（日）
御乳母選定につき近府県知事の参集を乞ひ河井大夫と共に大臣官舎に懇談。東京、千葉、茨城、栃木、群馬、神奈川、山梨の諸府県。
武道選士権大会に出席。
シャム皇族ペンペット〔プラチャートラ・カムペーンペット〕殿下を三井家にて招かれ陪賓として参列。

十一月十七日（月）
同愛病院を視る。佐藤、河井、高橋氏等と共に。建築ヒ三百万、維持ヒ四百万。
博物館復興会。
中野好夫〔東京府立女子師範学校教師〕君の結婚披露あり。欠席。
小室氏を訪ふ。

十一月十八日（火）

小室翠雲君、渡独の途に上る。

「トイスラー」博士の渡米につき送別会。

田〔健治郎〕男爵家、弔問。

丹羽家にて誠子様、文子様、御両方に面会。財政状態につき懇談。存外注意節約せらるゝ由にて、やゝ安堵せり。

十一月十九日（水）
田男爵、青山斎場告別式。
故岩崎俊弥〔旭硝子創業者〕氏〔空白〕日に当り焼香。
華陽会に初めて出席。佐々木先生の御話をきく。二上、杉、浅田、三雲、山川、西川、武岡等の諸氏。

十一月二十日（木）
帝展、最終日なり。本年は多忙にて観覧の機なかりし為め狼狽して出かく。
第一銀行の丸ノ内新築成り観覧の為め招待をうく。
夜来の眼部故障の為め草間博士の診をうく。眼瞼の裏面に結石あり。直に除去。
再ひ帝展を見る。
下田〔歌子〕先生来訪。

十一月二十一日（金）
松平康荘〔貴族院議員〕侯の葬儀。
浜口首相を訪ひ令夫人〔夏子〕に面会。御見舞を述ふ。
【上欄】
大演習地より軍艦にて御帰京（三時四十分、東京駅御着）。

十一月二十二日（土）
蜂須賀侯の午餐（横浜の International School 教師、Miss Coxon の為め）に招かる。
青年会の顧問参与の会に出席。

十一月二十三日（日）
新宿御苑、Golf。五二、五三。
李覚鍾君来訪。
五時半、賢所参集。
天気快晴にて暖。風殆なし。参列中、寒冷に苦ます。大礼服の下にシャツ薄厚二、毛糸のチョッキ、真綿にて胸部以下を蔽ふ。カイロ二、小用の用意をなせしか四時間持続。朝餐に茶を用いし外、其後は注意せり。
祭典は六時に初まり八時半に了る。十時四十五分頃初まり一時半了る。各二時間半を要す。帰宅は二時頃。

十一月二十四日（月）
宮内省鴨猟（浜離宮）に出席。
霞山会館にて新聞記者との談話会に出席。
金鶏学院にて農業代表者の談をきく。

十一月二十五日（火）
賀陽宮殿下に拝謁（参謀本部）。
観光委員会（総理邸）。金谷ホテル主人の講演あり。
各分科（四）に分ち調査することとす。

互助会五週年記念講演会第一日（青年会）に出席。挨拶をなす。

此頃、西式を行ふ。但平床木枕は一、二回にして止む。睡眠に便ならさるか為め。

西氏の勧めによりて宮入氏の虫下散をのむ。今日より三日間。

十一月二十六日（水）

午前四時三分過、強震あり。直に宮中に伺候、御天機及御機嫌を奉伺す。宮中、宮内省共異状なし。朝、大宮御所に伺候。

伊豆北部の震源地たること、六、七時明かとなれり。

三島町全滅の報伝はる。

午後、ミス・ボサンケット女史訪問。姉君出発、帰英の為め茶会。

互助会修養慰安会第二日。加藤咄堂氏の講話。

夕刊にて震害の甚大なること明かとなれり。

【上欄】

二十七日朝刊の記才によれは、
震源地は丹那盆地なること。丹那大断層地帯の活動。

箱根金山の惨状、殊に箱根町の倒壊。箱根離宮の倒壊。

修善寺の公園の水の氾濫による死者。清水港岸壁の被害、百万円、全部亀裂、崩壊。

鉄道。熱海線の開通、午後二《マ》十五《マ》分復旧。

近来又々日記に誌するに懶し、二十六、七日は三十夜記述す。

十一月二十七日（木）

午後、大宮御所に伺候。安達内相及松田拓相等に面会。

森岡〔二朗〕朝鮮〔総督府〕警務局長、上京につき朝鮮協会にて午餐。

細川〔護立〕侯に面会。博物館復興に干し談話す。

中村藤兵衛〔前衆議院書記官長〕君来訪。

伊豆方面の震害（東日、静岡県発表）

	死	傷	全壊	半壊
三島町	六	二二	一一一	一七一五
函南	四〇	四二	四四〇	九八四
韮山	七五	一五二	八一三	八四一
修善寺	二〇	一八	一	一〇
熱海	三	二	一二	一八
伊東	一	四	五〇	〇

沼津其他　一　一　二三　〇
二五三　三四五　二二六五　五五六二
神奈川県〔読売〕
死　傷　全　半
湯本　四　一　三
箱根町　一　七〇　三六
四　六　八一　四九〔数字は全て原本のママ〕

【上欄】
天皇陛下、陸軍大学校卒業式に行幸。
皇太后陛下、安達内相、松田拓相に拝謁仰付られ癩予防事業に対し御下問あり。
牧野〔貞亮〕侍従御差遣。四時出発。
御下賜金　一万五千円　静岡県
千円　神奈川県

十一月二十八日（金）
Moule氏の講義、ヨハネ黙示録にて第三回なり。不可解至難のもの故、来年は他の御講義を願ふ筈。
柴田、松浦夫人と同行、伊豆の震災地を見舞ふ。堀江氏の家は枉折したるも仆ほるゝに至らす。

十一月二十九日（土）

牛塚東京府知事来省。

一．小学教員病院の件、赤十字副社長阪本〔釤之助〕氏の賛成を得たる由。

一．本年末より来三月まで府市協同細民救済の件。

白岩達平氏来省。

午後より、聖上、Golfの御相手を奉仕す。吹上リンクにて第一回は聖上33、岡本〔愛祐〕君32、余は30。第二回、岡本29、余は31。

宅にてバザーあり。簗田、長瀬両君も来会。余は終に臨み帰宅。

椎名龍徳君の外遊送別会に出席。

昭和五年一二月

十二月十一日（木）
判任官昇級。
国富〔信一・中央気象台〕技師の御進講。
重田君、朝鮮より来訪。晩餐を共にす。

此頃、幣原臨時総理大臣代理に干し議会に対し此まま党外の大臣を以てするの可否につき民政党内に議論あり。安達内相を議会と政府の連絡係として一段落をつけたるか如し（党側にては原〔脩次郎・立憲民政党〕総務、富田〔幸次郎・立憲民政党〕幹事長）。

【上欄】

発明家に賜餐。

鈴木梅〔鈴木梅太郎〕博士、本多光〔本多光太郎〕、密田〔良太郎・電気試験所技師〕、御木本〔幸吉・御木本真珠店創業者〕、島津〔源蔵・日本電池鉛粉塗料創業者〕等九氏。一名は不参。

十二月十二日（金）

互助会評議員会。

国際聯盟理事会（予算の件に干する打合）。

Moule氏、ヨハネ黙示録の終講なり。之は最初甚難解にて初学者には不適切なりし。極めて簡単に本講を了り、来春は更に別の題目を撰ふ筈。

華陽会。出席は第二回目なり。

【上欄】

私立大学長の拝謁、賜茶。

今回か最初なり。文部省の会合は思想問題、殊に近来学生の悪化に対する対策なり。

十二月十三日（土）

東亜同文会にて佐藤安之助〔元衆議院議員〕少将の支那談あり。

東京日々新聞主催の陶器講演会を傾聴。

十二月十四日（日）

松浦〔寅三郎〕女子学習院長夫人〔イチ〕の告別式。

東京日々の肥前古窯の発掘を見る。

清浦〔奎吾〕伯を大森私邸に訪ひ「ガーデンホーム」の件につき詳細説明しおけり。

西園寺君の病を見舞ふ。

小林姉を訪ふ。

十二月十五日（月）

朝、高橋貞三郎君を訪ひ正彦渡英に干する同氏の好意を謝す。先きに女子寄宿舎の為めにせんとせし寄付〔三千円〕は寄宿舎当分中止に付、正彦在英中活動の資に充てら〔れ〕たしと。感謝に堪へす。不取敢二千五百円丈返却。他は近く返却の筈。

人見〔次郎〕氏、霧社事件につき講演。

有田〔八郎〕墺国公使、出発。

徳川公爵、帰朝につき千駄谷邸に参上。

加藤泰通子来訪。

十二月十六日（火）

佐々木■山君来訪。初めて面会。

御内儀より恩賜。

十二月十七日（水）

堂上華族資金会議。

徳川公帰朝につき日本クラブ歓迎会。

木村棲雲〔南画家〕画伯の会。「白雲去来」の幅六〇を求む。

事務官会議出席者を丸ノ内会館に招く。約三十人。招宴前、役所会議室に於て卑見を述ふ。
一、属僚教育指導の一層適切ならんこと。
一、国史を中心とせる古典、美術、文学其他、日本の文化を講究する会を設くること。

十二月十八日（木）

新渡戸博士御進講。

日米協会の徳川公招待会に列す。

富谷氏紹介なりとて桐山仙之助氏に面会。同氏は政党の弊を力説して之を否認するせんとする請願書を出さんとする前、牧野伯に紹介を求め来れるなり。職務上、紹介を断はる。

十二月十九日（金）

清水谷〔実英・元侍従〕伯を招き小杉君のことにつき懇談。

伊知地《ママ》〔地知〕氏来訪。

南大曹〔日本医科大学教授カ〕君邸に招かる。吉村画伯、西川〔義方〕侍医同席。

【上欄】

皇太后陛下、多摩陵参拝。

十二月二十日（土）

夜、白根竹介君の招待に臨む。

小山氏を訪ふ。

十二月二十一日（日）
岡部氏送別の為め朝香宮〔鳩彦王〕殿下御催しのGolf。
成績不良、五十七、八。前夜安眠せさりし為めか。

十二月二十二日（月）
白根静岡知事来省。
一高理事会。
一、蹴球遠征につき援助のこと。
外務大臣の外交官招待の晩餐会に出席。
【上欄】
大臣、枢密顧問等の御陪食。

十二月二十三日（火）
荒木学習院長を招き事務調査会の結果につき学習院を除外したる理由と又学習院に於ても其趣旨に副はれ可成四月迄には成案を得られんことを嘱望しおけり。
国際聯盟にて映画「建設」を見る。中央亭。
歳末恒例診療事業と府市等連合の窮民救済事業を見る。
千住大橋付近のダルマ船宿泊所
朝日の診療所、日々の診療所
瑞光学校の衣類分配所、大学のセツトルメント
中川糸〔李王家御用掛〕氏来訪。徳恵〔李徳恵〕姫の御経過をきく。
【上欄】
景行天皇千八百年式年祭に参列。大臣は御陵。

十二月二十四日（水）
竹田宮妃殿下の御召により伺候。
牧野伯に面会。小林良正のことも御話申上けたり。
徳川家達公帰朝に御相伴あり。両大臣以下、陪席を賜はる。
潮田氏来訪。
大臣にも小林の件、話しおけり。
【上欄】
天皇陛下、多摩陵御参拝。

十二月二十五日（木）
午後、多摩陵参拝。河井君同行。
横山大観画伯夫人母堂〔くら〕逝去につき弔問。
田中敬君来訪。
【上欄】
大正天皇祭に参列。

冬日、寒けれとも風なし。

十二月二十六日（金）

朴春琴君来訪。李堈殿下の御近状につき或方面の人々の憤慨して殿下の反省を乞ふ意味の文書を頒布する計画をきく。

歳末診療を視察す。

【上欄】

開院式。

十二月二十九日（月）

【上欄】

宮中歳末言上。

十二月三十日（火）

林〔銑十郎〕前近衛師団長、朝鮮軍司令官に栄転。本日出発につき見送る。蓋好将軍也。

十二月三十一日（水）

小村〔欣一〕侯爵告別式。肝臓溢血にて急に薨去。

康弼祐氏来訪。李堈殿下の問題につき解決方協議。丸山〔鶴吉〕君にも面会。意見を徴し朴氏に依頼することとせり。

補遺

〔三六六頁参照、補遺に記載されている和歌七三首は省略〕

関屋貞三郎宛牧野伸顕書簡

凡例

・仮名遣いは平仮名に統一し、変体仮名や合成字は現行の普通平仮名に改めて表記した。ただし、踊り字の「ゝ」や「〃」は原文ママとした。

・漢字の旧字体は新字体に改めて表記した。

・読者の便宜を考慮し、原文に適宜句読点を補った。

・原文にみられる闕字・平出・擡頭については、これを実現せずに追い込みをおこなった。

・判読不能な語句は■で表記し、インクの染みやかすれで判読不能な箇所は□で表記した。また、文字数が不明な箇所は［　　］で表した。

・書簡の袖書については、本文の宛名の後に一行あけて表記した。

＊資料の所蔵は以下のように略した。
関屋貞三郎関係文書→関屋文書
憲政資料室収集文書→憲政収集文書
牧野伸顕関係文書→牧野文書
（いずれも、国立国会図書館憲政資料室所蔵）

市川周佑が主に筆耕し、茶谷誠一が校閲にあたった。

関屋貞三郎宛牧野伸顕書簡一覧

1 一九一三（大正二）年八月三〇日（消印）〔関屋文書11〕
2 一九一五（大正四）年六月二三日〔関屋文書23〕
3 一九一五（大正四）年八月一六日（消印）〔関屋文書20〕
4 一九一七（大正六）年三月二五日（消印）〔関屋文書17〕
5 一九二一（大正一〇）年八月一三日〔関屋文書7〕
6 一九二二（大正一一）年一月四日〔憲政収集文書9〕
7 一九二二（大正一一）年二月一八日〔憲政収集文書3〕
8 一九二二（大正一一）年一一月一四日〔関屋文書4〕
9 一九二二（大正一一）年一一月二〇日〔憲政収集文書18〕
10 一九二三（大正一二）年三月一九日〔牧野文書10〕
11 一九二三（大正一二）年三月二三日（消印）〔憲政収集文書2〕
12 一九二三（大正一二）年七月二七日〔憲政収集文書16〕
13 一九二四（大正一三）年一一月七日〔憲政収集文書17〕
14 一九二五（大正一四）年四月二日〔憲政収集文書13〕
15 一九二五（大正一四）年カ六月九日〔憲政収集文書15〕
16 一九二五（大正一四）年八月二二日〔憲政収集文書1〕
17 一九二六（大正一五）年四月三日（消印）〔憲政収集文書4〕
18 一九二六（大正一五）年六月二〇日（消印）〔憲政収集文書5〕
19 一九二六（大正一五）年七月九日（消印）〔憲政収集文書6〕
20 一九二六（大正一五）年七月二七日（消印）〔憲政収集文書7〕

21 一九二六（昭和元）年一二月二九日（消印）〔憲政収集文書21〕
22 一九二八（昭和三）年五月三〇日〔関屋文書16〕
23 一九二八（昭和三）年八月二三日（消印）〔憲政収集文書8〕
24 一九二九（昭和四）年一二月二〇日（消印）〔関屋文書19〕
25 一九三〇（昭和五）年八月一九日（消印）〔関屋文書1〕
26 一九三一（昭和六）年七月三一日（消印）〔関屋文書27〕
27 一九三一（昭和六）年八月二六日（消印）〔関屋文書21〕
28 一九三一（昭和六）年九月一二日（消印）〔関屋文書18〕
29 一九三二（昭和七）年八月二〇日〔関屋文書15〕
30 一九四五（昭和二〇）年六月一〇日〔関屋文書6〕
31 一九四六（昭和二一）年三月一八日〔関屋文書13〕
32 一九四六（昭和二一）年四月三日〔関屋文書5〕
33 一九四六（昭和二一）年カ八月二七日〔関屋文書22〕
34 一九四八（昭和二三）年カ一月二五日〔関屋文書3〕
35 二月一六日〔関屋文書10〕
36 三月四日〔憲政収集文書10〕
37 三月一九日〔憲政収集文書11〕
38 三月三一日〔憲政収集文書12〕
39 五月三一日〔憲政収集文書14〕
40 六月一二日〔関屋文書26〕
41 八月八日〔関屋文書24〕

42 八月一七日〔関屋文書2〕
43 一一月二四日〔憲政収集文書19〕
44 一二月一日〔憲政収集文書20〕
45 一二月二三日〔関屋文書14〕
46 三日〔憲政収集文書22〕
47 一一日〔関屋文書8〕
48 二三日〔関屋文書9〕
49 二四日〔関屋文書25〕
50 三〇日〔関屋文書12〕
51 〔日付なし〕〔憲政収集文書23〕
52 〔日付なし〕〔憲政収集文書24〕

1　一九一三（大正二）年八月三〇日〔関屋文書11〕

残暑難堪候処先以御清康候段奉欣賀候。扨過日は御滞京中極めて御繁忙之折柄容易ならぬ御高配を奉煩、御蔭を以縁談も大方決定に到候段一同深く感佩喜悦罷在候次第に御坐候。昨日秋月も帰京同人方親戚一同も何等異存無之、何れも打悦ひ居候様の次第誠に好都合と存申候。是皆御尽力に負ふ処に御坐候。前段為念奉得御意度先つは要用のみ如此。匆々拝具

八月三十日　　牧野伸顕

関屋老台

郡山君に宜敷願上候。其後御健康は如何御坐候哉。御発運前別て御摂生之程偏に奉祈候。

（封表）朝鮮京城学務局　関屋貞三郎殿　必親展

（封裏）八月三十日　牧野伸顕

2　一九一五（大正四）年六月二三日〔関屋文書23〕

内啓

暑気相募申候得共先以御情勢御励精之段奉賀候。扨突然之至に御坐候得共少々御伺致度候。先般来内地における鮮人留学生監督として永山時英其候補者に相成候段右に付ては御高配にも預り候由難有存居次第に御坐候。実は永山之件に付ては兼て田所局長へ依頼致居候処より前段之成行伝聞致候義に御坐候。然は同人は去月師範学校長に擬せられ候こと有之、其節貴府内務部長官へ経過御問合及候こと有之候趣之処、此方は他之事情にて中止致候ことに相成、乃本人は今日場合総督府におゐて御採用被下候得は、進て御受致十分努力致度覚悟に罷在候。就ては誠に唐突之義に御坐候得共御詮議振り如何之御都合に御坐候哉。御内示に預り候得は仕合之至に御坐候。尚又此上にも御配慮被成下候余地御坐候はゞ何卒宜敷奉願上候。一寸生は乍思御無音罷在不本意之次第に御坐候。郡山筑子事に付ては不相換御厚情に浴し居由時々当人より之音信にも見得居別て仕合に存居申候。同人両親を始め我々も深く感謝罷在候。何卒令夫人様へ宜敷御伝へ被下候様奉願上候。先つは願用旁御礼申上度。匆々当用のみ如此御坐候。拝具

牧野伸顕

関屋老台

（封表）朝鮮京城総督府官舎　関屋貞三郎殿　必親展

（封裏）六月二十三日　牧野伸顕

3　一九一五（大正四）年八月一六日〔関屋文書20〕

残暑尚難去御坐候処別段涼くも無之御精励候段奉賀候。然は過般御多忙中度々御面倒を掛申上殊に炎天終日御案内被成下誠に御迷惑千万に御坐候処、小生におゐては少時間に拘はらす京城之近況を視察するを得右仕合居候。乍遅延御礼申上度候。時下折角御自愛之程偏に奉祈候。匆々拝具

牧野伸顕

関屋老台

乍末筆令夫人様へ宜敷御伝声奉願上候。

尚々永山之事に付ては御心配被成下候処愈々大阪之方に位地出来候趣に御坐候。是又御礼申上候。

（封表）朝鮮京城総督府　関屋学務局長殿　私事必親展
（封裏）八月十六日　牧野伸顕

4　一九一七（大正六）年三月二五日〔関屋文書17〕

拝復仕候。先頃は御病気之趣拝承致乍思御見舞も不申上彼是取込打過申候段甚た不本意之至に御坐候。其後御経過宜敷御帰任被為候由何により結構にて欣喜此上なく存上候。扨郡山夫婦之事に付ては始終被為懸念御親切に被成下誠に難有厚く御礼申上候。秋月家も昨年不幸有之、只今は長男病気にて快方には向申候得共一時は両親始心配致候。然るにお筑等之方は結婚以来一回も病気不致、先頃は男子出産一家常に団欒之下に暮居万仕合なりと申居ることに御坐候。全く御陰にて此幸福に浴申居ることに御坐候。御地も昨年は主脳《ママ》に更迭有之多少事情も改り候こと丶御察致候。内地は選挙にて持切り居る状況にて其結果に到り候ては未た何人も見込確然不致と存候。乍去内閣之成立当時よりは其位地持続之必要条件かはり候様に存候。現内閣之同情を得居候は外交特に対支政策に有之、此方面におゐて蹉跌無之候得は誠に国家之大幸と存候。今日之場合支那問題真く将来帝国興廃之懸る処と愚考仕候。先つは御悦ひ旁拝復迄。匆々拝具

牧野伸顕

関屋老台

追伸。先日は本田君より手紙拝受致候。返事差出度存しなから未得、其迄に若御逢之序御坐候はゞ何卒宜敷御伝声置被下度。御病後之事にも有之、貴台には御油断なく御摂生之程乍末筆奉祈候。

（封表）朝鮮京城大和町　関屋貞三郎殿　親展
（封裏）三月廿五日　中渋谷七五七　牧野伸顕

5　一九二一（大正一〇）年八月一三日〔関屋文書7〕

御天気悪敷由に御坐候処先以御健勝御鞅掌候段奉欣賀候。然は前田翁之事に付ては深く御同情被下諸事迅速に御取扱被下為め意外に早く相運、同人旧知故旧遺族等におゐても非常に感激罷在候事と存候。半世紀近き縁故として厚く御礼申上候。扨小生明後日帰京致度存居候。無事打合相済申候はゞ数日御都合にて供奉被為候方は如何と存候。先つは御礼まて一筆如此御坐候。拝具

牧野伸顕

次官閣下

（封表）東京宮内省　関屋次官殿　親展

（封裏）御用邸　八月十三日　牧野伸顕

6　一九二二（大正一一）年一月四日〔憲政収集文書9〕

前略仕候。勝手とは存候得共愈々午後二時発にて修善寺へ出掛申候段宜敷奉願上候。扨燁子夫人之件岡総監へ其後の経過聞合申処和田豊治不在之為め■会面会を不得、只今折角所在聞合申にて帰京候はゞ必らす面会委曲相談可致との事に御坐候。尚柳原伯へは直接面会致候事は如何と聊か考慮致候付黒田清輝を通じ所見を伝へ候ことに取計らひたる旨申居候付、人伝にては徹底せざる恐有之候付是非直接面会此まて之多少誤解ある点に付説明相成度。自れ何等か責任ある処決を自発的に取られ候方可然意味も加へられ度次第も申通候処総監も委細承知致候付和田及伯爵両氏へ可成至急面談可致との事に有之候。就ては余り遷延に流れ候ては面白からす又兎角打遣り勝ちの感も有之候間今後の形行に付ては可成御注意被下、時機を失せす又無責任に陥らざる様御監視被下候様奉願候。尚小生在京致方幾分にても進行上好都合との御見込に御坐候はゞ何卒御遠慮なく御打電被下度願上候。乱筆匆々御推判被下度。当用のみ如此御坐候。拝具

伸顕

次官閣下

二伸

皇后陛下本月中旬一時御帰京之儀は過日葉山にて得御意候通り決定的之御思召を伺はす、尚御考置を願上引下り候付帰へりても宜敷位之御思召に御坐候はゞ御講書御歌始めジヨフル賜謁等を兼ね御帰京を願上候方可然存候付適宜御取計被下度願上候。

（封表）関屋次官殿　必親展

（封裏）一月四日夜　牧野伸顕

7　一九二二（大正一一）年二月一八日〔憲政収集文書3〕

拝啓仕候。別紙三浦より提出相成過日■致置候艸稿之清書に有之為念申添候。当用のみ。匆々拝具

伸顕

次官閣下

尚々御序之節一応珍田大夫以下へ一覧に備へ置被下候様願上候。

〔別紙〕

拝啓仕候。然は別紙意見書提出仕候間御一覧被遊被下度願上候。頓首

二月十五日　　三浦謹之助

宮内大臣閣下　侍史

〔別紙〕

意見書

恭しく惟るに皇太子殿下御身体尚ほ御発育の途に在らせらるるに拘らす摂政の御大任に就かせられ為に御日課御多端に渉らせらるるは真に已むを得さる事には御坐候得共御身体の御発育御完了遊はさるる迠は成る可く御過労を御避け遊はさるる事は医学上の見地より必用と存候に付敢て卑見を述へ申候也

大正拾一年二月拾五日

宮内省御用掛　医学博士　三浦謹之助㊞

宮内大臣子爵牧野伸顕殿

（封表）関屋次官殿　親展

（封裏）葉山御用邸　二月十八日　牧野伸顕

8　一九二二（大正一一）年一一月一四日〔関屋文書4〕

拝啓仕候。然は殿下御出発以来御機嫌麗敷■尊万事御都合克く只今大本営に御着相成、明日より演習御統裁御開始之日取りに相運ひ申候。扨て出発前御話合可致筈に有之候得共、其間合無之候付紙上概要記載致候間、右御高慮之上可然御取計可被下候。去十日陸相之内話に巴里之殿下附武官より之内信に依れは東久邇宮御健康不被為勝、御衰弱之御状体に被為在、其原因としては近頃婦人関係を生し居り御殿に入込み候義には無之候得共、其関係より御健康に影響を及ぼし候歟と認定致候付、矢張可成早く御帰朝相成候方可然候との来意に有之候趣、陸相

は自分丈けにて一読致候に止め一応小生へ内話し置くとのことに有之候。就ては松平慶民も最早倫敦には到達致居候筈に有之、或は已に巴里へ渡り候も難計、兎に角同人へ別紙之意味にて電報を発し近状を聞合はせ旁に此際之尽力を促し候を不取敢之処置として着手致度存候。別紙電文は起艸致候までに有之候間文字等は御取捨可被下候。出発前二位局へも御面会致候。委曲申述候処、非常之感動にて時々不謹慎之現行も有之候趣に伝聞、殊に不都合之次第と痛心致候に拘はらず里之ことに付斯くまで御配慮奉煩候て、恐懼に堪へすとて深く感激之様子に有之候。乍去小生之相談に対しては篤と考へさせ呉れとて極めて慎重之態度に有之、今更らなから其思慮深きことに敬服致さすかと思入引取申候。何も帰京之上存候。匆々当用のみ。匆々敬具

伸顕

関屋次官閣下

十一月十四日高松市

(封表) 関屋次官殿　必親展

(封裏) 高松市　十一月十四日　牧野伸顕

9　一九二二(大正一一)年一一月二〇日〔憲政収集文書18〕

拝啓仕候。然は殿下益々御機嫌克く引続好天気重候処に大演習も極めて順序《ママ》に被為済慶賀之次第に御坐候。今日より地方行啓之端を開き少々風雨に変し申候得共一時的之天候かと存候。当地方は人心純朴行啓に対する一般感情は亦予想以上に深甚只々勿体なく我々までも一々御答礼下さる実に難有怡意奉迎者は遺憾なくおがむことか出来たと一生之光栄に浴したる気分溢れ候様見受申候。此度は供奉致候為め大に参考に相成候こと尠からす。第一御旅程之割に余まりプロクラム之繁多なることに御坐候。連日に六時七時之早くより終日時刻を切詰め御臨場之箇所も十分間前後之処も有之、総て落附を欠き殿下之御気情には却て御短所を助長致候嫌有之又御健康にも決して宜敷からすと存候。今後は日に六時間位を限り御日程を作製致候様致度存候。来年之台湾は熱帯之地方にも有之此点は只今より必要之条件として諒解を得置候こと肝要と存候。日々之御外出は九時頃より御開始相成候致度ものに御坐候。

李公云々御希望之ことは到底詮議之限りに無之存候。尤も王職華新云々には相当之理由あることに有之候はゞ両端考慮御実行之方法可有之存候。只此度の申出に付て

は何等か伏在致候情実も可有之目的も自から他に存在する哉に推測被致候。何も可然御配慮奉願上候。匆々一筆乱文如此御坐候。拝具

伸顕

次官閣下

（封表）関屋次官殿　必親展

（封裏）十一月二十日　牧野伸顕

10　一九二三（大正一二）年三月一九日〔牧野文書10〕

前略。昨日は御苦労に存候。扨来二十五日李王殿下五十年之祝典に付ては斎藤総督より天機奉伺之際意見を尋申候処宮内大臣旨を奉し両陛下摂政殿下の御祝意を電報にて申送候はゞ宜敷からんとの事に御坐候。右可然御取計被下度。尚宮内大臣よりも電報にて御祝申上候方相当かとも存候。麻布李王家にも奉伺之必要なきや右奉得御意度。匆々拝具

伸顕

次官閣下

（封表）関屋次官殿　親展

（封裏）三月十九日　牧野伸顕

11　一九二三（大正一二）年三月二三日〔憲政収集文書2〕

前略致候。今般一寸御意を奉得候。来五日久邇宮殿下神宮御参拝之路順之件此度は良宮様御同伴之事にも有之、慣例等に背き候為め彼是世評に上り候ては面白からす存候間、家職へ御聞合被下度。殊に京都より山田へ御出向相成候旅程に紙上にては相成居、京都は別して神宮参拝路順に付ては彼是申す本源地に有之候間為念此段御考慮被下度候。

霞ケ関離宮遣増之図面は今朝内匠頭より落手致候付、明日拝謁申上候含に御坐候。匆々拝具

伸顕

次官閣下

（封表）東京麻布宮村町七一　関屋貞三郎殿　親展

（封裏）葉山御用邸　三月二十三日　牧野伸顕

12　一九二三（大正一二）年七月二七日〔憲政収集文書16〕

拝啓致候。当地は山気清良別天地之思致候得共今日頃は御地は難堪酷暑と拝察致候。扨て女官問題に付ては尚緩々御伺上候処最早御思召之程も愈々明瞭致候間此上は何等之煩可致余地無之確信致候付早速長丸夫人之方へ手を附け兎に角小生親しく面会致度目立だ《ママ》ゝぬ様出京を促

候ことに取計置申候間御含被下度。又細川、津軽、岩倉、高木各夫人之事も一々言上に（候補者として）及ひ申候処別に差障無之尚此外に宮松典侍へ送候も堂上方之子女中可然候補者取調候様申附くべしとの御仰も承はり候。尤も此上之実際之交渉は長丸夫人之進退に付粗々見込附き今後に着手致候方好都合かと存候。宮侍従長も候補者に心当り有之候哉に伝承致候付是又聞取度考居候。尚委曲は拝晤に譲候。先刻御親電云々之事電話拝承御親電は絶対に不可と申すことも有之ましく存候得共宮内大臣より御思召を伝達致候方穏当と存候間電文之起艸を試候様呈事致置候。先つは右迄匆々如此御坐候。拝具

牧野伸顕

次官閣下

七月二十七日小西別館にて

（封表）関屋次官殿　必親展

（封裏）栃木県日光町小西旅館別館方　牧野伸顕

13　一九二四（大正一三）年一一月七日〔憲政収集文書17〕

前略御免可被下候。然は昨日杉課長之話に西公は十三、四日頃まて御滞京之伝言有之。就ては帰京早々例之問題始末致度存候処、酒井家よりは已に出発前電話にて徳川侯より諒解致候通り非公式に辞退之内意宮家へ申出候こと相違無之候哉。万一此■に誤解にても有之候はゞ若予定通り進行致候義に候はゞ可成小生帰京までには可然之手続出来候様致度西公出発前に御内話之件も相運申度存候次第に御坐候。右為念奉得御意度要件のみ如此御坐候。拝具

十一月七日

伸顕

次官閣下

尚々小生其後経過宜敷御交替願上候にも及はす存候間御放念被下度候。書余は委曲御聞取被下候こと丶存候間すべて相略申候。

（封表）関屋次官殿　必親展

（封裏）金沢　十一月七日　牧野伸顕

14　一九二五（大正一四）年四月二日〔憲政収集文書13〕

前略御免可被下候。扨今回本省を去ること丶相成付ては此思出多き四年間中賢台之献身的御忠誠及細大之御援助公私之御厚情は最も感銘致候処に有之、御陰を以御面倒なる場合も常に心強く御奉公致来候次第に有之候。茲

奉深謝候。就ては此福《ママ》〔幅〕持合之物にて近頃現代大家之作品御集め之趣拝承致候ことに有之紀念として御笑納被下候得はうれしく存候。今後も永く御忍耐御奉仕之段為皇室切望致候。匆々拝具

四月二日

牧野伸顕

関屋次官閣下

（封表）関屋貞三郎殿　紙包添　親展

（封裏）四月二日　牧野伸顕

15　一九二五（大正一四）年カ六月九日〔憲政収集文書15〕

前略仕候。然は大塚之事只今形行御内聞に達置候間可然御運ひ被下度願上候。尚先刻申落し候御序を以先夜は種々御心遣被下候段感佩致候旨令夫人へ宜敷御礼御伝へ被下度候。右迄。匆々拝具

九日

伸顕

関屋次官閣下

（封表）関屋次官殿　必親展

（封裏）六月九日　牧野伸顕

16　一九二五（大正一四）年八月二二日〔憲政収集文書1〕

御懇書難有拝読仕候。不相換御健勝御鞅掌大慶奉存候。扨別封入手致候間御覧後西園寺次長へ御廻被下度。新旧之撞突日常之小事にも顕はれ心遣之こと丶推察にも余まり申候。然しなから同子も気張り呉れ候こと丶存候。此点は今後も特に注意を要すること丶存候。同子帰朝之暁には英国側との調和甚た被案申候。何れ林男之到達を待ち疎通を計り候必要可有之候。当地昨今漸く快晴日々清気に触れ延命之感を覚申候。大臣も已に帰京之由に有之貴台にも是非軽井沢にも御出浮之程御勧め申上候。先日来度々思に懸めつらしき品々御恵贈に与り難有頂戴致候。令夫人へも宜敷御伝へ被下候様奉願上候。匆々当用のみ如此御坐候。拝具

伸顕

関屋次官閣下

乍末筆両宮家にも極めて御清適御起居被遊候。一昨日は三里程之勝地たる岩井洞へ世子殿下三方華宮様抔を御供致候。皆々様御揃御機嫌克く御避暑被遊居候。

小生月末に相成候はば日光及葉山へ伺候更に帰山致候含に罷在候。

（封表）東京市糀町区紀尾井町官舎　関屋貞三郎殿　親展
（封裏）〔藤〕木暮　八月廿二日　牧野伸顕

17　一九二六（大正一五）年四月三日〔憲政収集文書4〕

前略御免可被下候。然は御都合宜敷候はゞ明後五日午前九時官舎にて御待申上候。過日一寸御話之次第申聞候間此段奉得御意候間別封到来致候処過日御話之一条と存候。然は小生内容之程は余まり記憶不致居一応承はり度存候。匆々拝具

四月三日　伸顕

関屋次官閣下

（封表）東京糀町区紀尾井町宮内次官々舎　関屋貞三郎殿　親展
（封裏）四月三日　牧野伸顕

18　一九二六（大正一五）年六月二〇日〔憲政収集文書5〕

前略御免可被下候。然は過日廊下にて河井云々其後此迄之各候補と併せ考慮致候処、結局は河井君最も適任之様に存候。御都合之節内々意向（貴兄限り之希望として）御聞糺被下候得は別して仕合に御坐候。但し大臣へは未た御内談致候機会を得不申、何れ小生よりも御話致候筈に御坐候得共、御序之節御持出被下候様御依頼仕置候。右奉内願度候。匆々拝具

伸顕

関屋次官閣下

尚々朝鮮之三矢君抔も適当かと存候得共、第一に河井君に是非承諾を願度義に御坐候。

追伸。河井君へ之御話は大臣へ協議済之上に致度為念申上候。

（封表）東京市糀町区紀尾井町官舎　関屋貞三郎殿　親展
（封裏）鎌倉二階堂　六月二十日　牧野伸顕

19　一九二六（大正一五）年七月九日〔憲政収集文書6〕

前略御免可被下候。然は河井君採用に付東宮職におゐて、官長の外に側近之御用も奉仕致候意味を以勧誘之件に付今日大夫、侍従長へ相談致候処、何も同氏為人を十分認知被致居候ことゝて同意に御坐候間何卒宜敷極力御配慮奉願上候。尤も右側近御用云々に付ては侍従或は内

府官制改正之上相当可然職掌―御手許文書之整理若しくは法律勅令等之取扱に任する―に任用することも一応話合申候得共、此等具体的相談は跡廻しと致し今日は大体丈けのことにて諒解を得るに止め置申候間、是又御含置可被下候。右迄不取敢奉得御意置度。匆々拝具

九日　　伸顕

次官閣下

先刻近衛公入来にて喜田某之一条に付事実聞取之為め種々内話有之候付小生承知致候限り開陳致置候。三千円云々に付特に心配致居られ候様見受候間、次官は全く関係無之第三者限り之取計に過ぎざる旨も明瞭に申置、或は御序に御面会被為候ては如何と存候。然し此は御賢慮次第にて可然と存候。

（封表）東京市糀町区紀尾町《ママ》宮内省官舎　関屋貞三郎殿

親展

（封裏）七月九日　牧野伸顕

20　一九二六（大正一五）年七月二七日〔憲政収集文書7〕

愈々御安固御鞅掌之段奉賀候。然は河合君任命も迅速に相運ひ特に御配慮被下候結果に有之深謝仕候。東宮職御用掛之方は已に発表相成候哉。尚交際費之事は未た小生より何等内話不致御序之節御伝へ置被下候得は大幸に御坐候。前後致候得共巴里之方へは一昨日投函取計置申候間御含置被下度。陸相より何歟申進候必要は無之や。此点はしかと記憶不致候付為念御考慮可被下候。右当用とりませ如此御坐候。匆々拝具

二十七日　　伸顕

関屋次官閣下

小生明後二十九日帰京仕候。

（封表）東京糀町区紀尾町《ママ》宮内省官舎　関屋貞三郎殿

親展

（封裏）七月二十七日　鎌倉二階堂　牧野伸顕

21　一九二六（昭和元）年一二月二九日〔憲政収集文書21〕

前略。乍早速俵内務次官入来に付広橋伯のこと持出試申候処川崎次官へ相談可致とのことに有之、無理とは存候得共御序の節一応事務次官へ御談込被下候得は誠に仕合之至に御坐候。此段御多用中奉願上候。匆々拝具

廿九日

伸顕

関屋次官閣下

（封表）市内糀町区紀尾井町官舎　関屋貞三郎殿　親展
（封裏）十二月二十九日　牧野伸顕

22　一九二八（昭和三）年五月三〇日〔関屋文書16〕

前略。早速に御坐候得共、昨日話頭にのほり候松平家の新築工事功《ママ》程に付聞合申候処、同家帰京までには必らす落成之筈にて十七日には高女住込候予定に致居由右之趣は宮内省にても確定と御覧被下候ても宜敷由に御坐候。別紙は御覧相成候歟とも存候。専はら鮮人に対する警戒と存候得共、内地にても同様之意味にて相当取締行は必要可有之存候。右迄。匆々拝具

伸顕

次官閣下

追啓

尚々昨日御噂致候[redacted]竹君之外に里部大将も同部内には、人格にして一般に敬重せられ候由承はり居候。小生明日愈々出発可致候。

〔別紙　英字新聞一九二七年五月二八日付切り抜き〕

Matsudairas to be Guarded
Nippon Dempo Service

SAN FRANCISCO, May 28. — The Washington Government has decided to take steps for the protection of Miss Setsuko Matsudaira, bride-elect of Prince Chichibu, and her parents on their journey back to Japan.

When the Matsudairas board a train from Washington on June 1 a large number of plainclothes policeman will be posted on the train and also at the Fairmont Hotel at San Francisco. It has also been arranged that when the Matsudairas go out shopping here, detectives will be ordered to guard them on motorcycles.

（封表）関屋次官殿　親展
（封裏）五月三十日　牧野伸顕

23　一九二八（昭和三）年八月二三日〔憲政収集文書8〕

拝啓仕候。其後兎角不順之程候得共御障りも無之大慶奉存候。然は名刺之方今朝来訪有之東本願寺之件に付種々心配の話し承はり候。大体文部省管轄之ことに御坐

候得共大谷家に範之改正も之に伴ひ此方は宮内省関係に有之、客よりは宮内次官は中学時代同学致候縁故もあり其後全く無音に打過候得共、兎角拝晤致度電話致候得共御不在に付一応小生へも聞置呉とのことに有之、其主張は改正に付余程反対の意見に有之、根拠も有之候様存候付主任は宗秩寮なるか縁故もあることなれは次官へ面会十分陳述処置候方可然申置候間、宜敷御引見御聞取被下候様御願致候。去大正十四年句仏法主の問題起り候時小生関係致候こと有之、今回の問題は其時より発生致候趣にて旁に小生方へ訴出候こと、推測致候間前条通り申聞置候間可然御取計被下度。近角師は普通有振れたる運動者流とは選を異にし全く信念より起したるものと見受申候。為念申添候。右当用のみ。匆々拝具

八月二十三日　　牧野伸顕

関屋次官閣下

乍序此程は岡山産之白桃沢山御恵送被下時節柄誠に難有御厚意と共に拝受致候。令夫人へよろしく御伝声申可被下候。

〔別紙　名刺〕

近角常観
本郷区森川町一番地
仲通二八〇求道会館
電話小石川一六四一番

（封表）東京糀町区紀尾井町官舎　関屋貞三郎殿　必親展

（封裏）八月二十三日　牧野伸顕

24　一九二九（昭和四）年一二月二〇日〔関屋文書19〕

前略御免可被下候。然は過日御内談申上候維新之功労者及五摂家等分家授爵之類例別紙取調之通りに有之、特に黒点を附置候分御参考被下度候。右迄。匆々拝具

伸顕

次官閣下

〔別紙　略（一覧表掲載分）〕

（封表）市内糀町区紀尾《マ》町《マ》宮内省官舎　関屋貞三郎殿
親展

（封裏）三田台町　牧野伸顕

25　一九三〇（昭和五）年八月一九日〔関屋文書1〕

御念書当地にて拝見致候。御転地以来御健康向上之効

果顕はれ候由欣賀此事に奉存候。多年無理之仕通しの結果と存候間、十分之効果実現迄には相当日子を要候は当然に可有之、実際余儀事情到来迄は引つゝき御静養之程御勧告申上候。今後は益々御心配事は絶へすと存候間、此際精々御加養心身共に御快復迄御辛坊相成度切望仕候。小生去十四日登山致候。出発前西園寺公宮相等へ面会致候。両所共至極元気之様に見受申候。種々問題は有之候得共、其中大事之起る様のことは先つ〳〵無之存候。宮相之談中に失業救済之意味にて初声村之工事に着手致てはとの意見一部に有之旨承はり候。此れは予算と関係の問題と存候得共、此れは篤と考慮を重ぬべき重要なる案件と愚考致候。此種の事柄は世人の直感か最も大事に有之最初御延期後僅に一ヶ年余にて復活致候ことは誤解を生じ安く、折角之御聖旨を打消し又は夫れに悖候様の感を与へ候ことは容易ならざることゝ存候。殊に適当之時機致来候はゞ工事を急き取返へし出来候ことに御坐候間誤解を起し候恐れあることは早まらさる方万全と存候。余まり緩談致候間合無之付唯大体丈けは宮相へは御話致置、西園寺公も同感の様に御坐候。予算迄には尚時間も御坐候間十分之審議を尽され初声、条約は未た何共断言は出来すと存候得共結局は治まり候半と期待罷在候。先つは拝復迄。匆々拝具

八月十九日　伸顕

関屋次官閣下

尚々令夫人へ宜敷御伝声願上候。

ブロームカリ　一、五

ブロームナトリウム　一、五

苦丁　一、五

水　一〇〇、〇

右一日三回食後分服二日分

当分持続

昭和五年八月十八日

東京　医学博士　佐藤恒丸㊞

(封表) 県内軽井沢町鹿島森別荘　関屋貞三郎殿　親展

(封裏) 伊香保　子ノ木暮第七号別荘　八月十九日　牧野伸顕

別封相認候処果物沢山令夫人様より御恵送被下誠に難有、山中のことにて別して御心入難有拝受致候。宜敷御取為被下度。

追伸。其内御用邸へ御伺候之御予定御坐候はゞ一寸御通知被下候得は仕合之至に御坐候。

（封表）県内軽井沢町宮内次官別荘　関屋貞三郎殿　親展

（封裏）伊香保子ノ木暮第七号別荘　牧野伸顕

26　一九三一（昭和六）年七月三一日〔関屋文書27〕

拝啓。過日は種々承はり御心遣之程敬承致候。来月那須御用邸御伺候之時分小生も可成出向重て得御意度存候。扨て団男之話しに八月十日頃より箱嶺《ママ》へ静養致度旨申居候。付ては岡、河合其他可然人選之諸君（可成少数者）之会合は其前に実現可然存候。依て人選之御見込決定致候はゞ小生より同男へ一席之会談を同男へ勧誘相試申べく候。最も閣下より同男へ一応御面会之都合附き候はゞ此上次第と存候。此段為念奉得御意候。一筆迄如此御坐候。匆々拝具

伸顕

七月三十一日

関屋次官閣下

（封表）東京市麹町区紀尾町《ママ》宮内省官舎　関屋貞三郎殿

必親展

（封裏）七月三十一日　牧野伸顕

27　一九三一（昭和六）年八月二六日〔関屋文書21〕

拝啓仕候。早速乍ら昨日は御遠来被下縷々御深意之程敬承御高配之段奉深謝候。就ては今日幸ひ首相へ面会出来候付、昨日得御意候趣旨申入候処同人謹承閣僚一同へ御思召之事を申聞け今後人事行政に付ては一層注意致候様附言可仕との事に御坐候間右御含迄に極秘奉得御内意候。其他一、二余談有之候得共要領は以上に止まり申候。不取敢如此御坐候。拝具

八月二十六日

伸顕

関屋次官閣下

尚々御思召之ありたるは内務省人事内奏之直後なりしと申置候間間接に事情は十分諒解致候ことゝ存候。又首相の口気より察申候ても、話之意味合は分かり候様見受申候。

浜口前総理之遠逝長大息之至に御坐候。

（封表）東京市糀町区紀尾井町宮内省官舎　関屋貞三郎殿　必親展

（封裏）八月二十六日　鎌倉　牧野伸顕

28　一九三一（昭和六）年九月一二日〔関屋文書18〕

拝啓。然は団君昨日来訪にて一両日前箱根より帰京致候付関屋次官より御話有之候小集の事に付御話致度との事に有之小生は別に人選、問題之範囲等に付何等的確之具体案は無之、只今日之状勢少しく心あるものは何れも心配のみにて対策に関する定案を得す、只成行を看過する如き態度も感心不致、真に心ある人々の極々少数者にて兎に角持合、話を交換する為め時々会合を催ふし懇談を遂げ候はゞ得る処も可有之申置候。就ては団君は然らは委曲は関屋君と御打合可致とのことにて此話は打切り申候。小生十四日帰京之予定に有之、同日午後五時半頃成田町方面へ所用有之候付、其時刻に御在宅に候はゞ一寸御伺致前文尽さゝる処を申述度御都合如何に御坐候哉。小野迄御指示被下候得は仕合に存候。右迄。匆々拝具

伸顕

関屋次官閣下

（封表）東京市糀町区紀尾井町官舎　関屋貞三郎殿　親展

（封裏）鎌倉　九月十二日　牧野伸顕

只上

29　一九三二（昭和七）年八月二〇日〔関屋文書15〕

別封御参考迄御廻致候。小生両三日鎌倉罷越次週早々帰京可致候。尚過日来之件森恪氏其一端を探知致居候消息有之木戸官長より御聞取被下度。尤も小生は官長にも固より内容に付内話致候ことは無之、森[redacted]へは其必要有之候はゞ飽迄右は已に落着致候。過去之事実として種々之伝説は打消し候態度を取る外なき旨申候得共御含迄。

匆々拝具

二十日　伸顕

次官閣下

（封表）関屋次官閣下　必親展

（封裏）八月二十日　牧野伸顕

〔別紙　聯合情報社昭和七年八月一九日付記事〕

◎小世帯の特権をかざし　絶対的反政府の国民同盟政府側、政民党急進派との提携を警戒

安達氏一派の国民同盟は僅か三十名の交渉団体資格を有するに過ぎないが其の目的に鑑み、極めて自由の立場に

あるので議会中如何なる言動に出づるものやも測り難きものありと為し政府側は政友、民政党に対するとは自づから別個の注意を払つてゐるが最近政府方面に達した情報に依ると議会会期中強硬に反政府熱を高調する事に依つて国同の存在を強く世間に認識せしめ議会後の党勢拡大強化に資せんとする策戦の下に往年の国民党又は革新倶楽部の如く猛烈に政府攻撃の態度に出で些かも政府との妥協の余地を存しない模様なので国同対策については慎重に考慮してゐる模様である。問題は国同の策動に依り政民両党の急進分子がどの程度までに提携し議会中同一行動を執るか否かにありとし此の点を最も警戒してゐるが今までの処では直接提携するまでに至つてゐないものと観てゐる。

◎所謂園公の肚嚢　当然憲政常道と見て　一意自重を持する政友幹部

鈴木総裁を中心とする直系並に前閣僚及長老連が頗る自重して現内閣糺弾の挙措に出ることを深く相戒めてゐるのは政友会の手によつて直接現内閣を倒壊するに於ては其の責任は当然政友会に帰することになるからさうなれば次の政権は断じて政友会には来ないと云ふ見解に基づいてゐる。しかし政権の帰趨に関して最近西園寺公が抱いて居る意嚮なるものは必ずしも然らず却つてこれに相反すると信ずべき理由があると伝へられてゐる。即ち園公は如何なる場合に於ても何人に対しても政権の帰趨等に就て軽々に私見を述べることはないのみならず容易にこれが窺知をさえ許さぬけれど、園公の殊□〔遇〕をうけてゐる某貴族院議員が最近訪問の際四方山の雑談中園公は輿論の反映と見て変則ながら現内閣の出現を見たとは云へこれが政党の支持を得ずして崩壊するやうな場合は再び本筋に戻つて政党内閣が出現すべきものであつてこれがため輿論を激化せしめたり不祥な事態を惹起するやうなことはないだらう現内閣の出現も云はばその為め一時の息抜きに成立させたのだと云ふやうな意味にとれることをもらしたと確聞する。

◎現内閣影薄しと見　早くも新内閣の下馬評　依然強力一致を目論んで

政友会の硬化説と共に斎藤内閣の運命も余り長くないと見られるやうになり政界各方面にいろいろな策動が行はれるに至つた、そして斎藤内閣瓦解後或は平沼内閣或は内田内閣等いろいろ唱へられてゐるが、最近最も注目すべき運動は内田伯、鈴木政友会総裁、安達謙蔵、平沼騏一郎男、荒木中将等の実力ある政治家を中堅閣僚とし更に森恪、中野正剛氏等をも加へた挙国一致内閣の出現を企図してゐることであつてこれには政界は勿論軍部の巨頭連も参画して居り、既に平沼、安達両氏はその協力を受諾し、鈴木喜三郎氏は一度反対したが森恪氏がこれをすゝめてゐると云ふのであつて次第に具体的計画が進められてゐる模様である、ただ注目すべきはこの運動には果して何人を内閣の首班とするのかまた民政党側が全然問題にされてゐないことである。

◎河井弥八転任内定したが　皇后宮大夫後任者決定せず、なほ相当紆余曲折あらん〔筆で印あり〕

最近皇后宮大夫河井弥八氏が帝室会計審査局長官に転任することが内定以来その後任問題に関し関屋宮内次官が某々宮家別当某氏に対し交渉を開始したが今に至るも決定を見るに至らず目今後任難ともいふべき状態に陥り、後任決定までには、なほ紆余曲折を経るものと見られてゐる。

（別紙封表）芝区三田台町一ノ五　内大臣官邸　伯爵牧野伸顕閣下

（別紙封裏）東京・丸ノ内・昭和ビル一階　聯合情報社

30　一九四五（昭和二〇）年六月一〇日〔関屋文書6〕

御手紙ありかたく拝見致候。実は御宅之御安否に付誤聞伝はり候付慥め申処辛ふじて御無事之事を慥め御祝ひ申居候処、御懇書に依り全く意外御避難此際別して御同情申上候。兼て御故障被為在候様承はり居候付御無理は不被為様呉々祈上候。此れは御一身の為めのみに無之候。小生も不敢取当地に避難致候得共全く一時間に合せの処置有之、見付け次第移転致度存居候。最も食料其他不便は無之、然かも居宅武見之隣家方おちつき候付御放念被下度御礼旁一筆。匆々拝具

六月十日　　伸顕

関屋老閣下

追伸。此度之人事に付ては御感想も少からす存候。御養生中は外出は勉めて御避け為され度希望致候。御都合によりては大金は御呼び寄せ相成御注意被為ては如何と存候。

令夫人へもよろしく御伝被下度。兼て絶えす御心遣被下難有、感敬罷在候次第に御坐候。乱筆偏に御高恕可被

下候。

追記

大金は時局之宮内省に付ては相当腹案を懐抱致候趣、此れは伝聞に過きす候。

（封表）紀尾町《ママ》　関屋貞三郎殿　必親展

（封裏）千葉県柏町　六月十日　牧野伸顕

31　一九四六（昭和二一）年三月一八日〔関屋文書13〕

御念書恭読。先以御健勝奉賀候。然して御多幸之件敬承仕候。態々御内報に預り御厚情感佩致候。小生首相議長より直接承はり候ことは無之候得共只動気は能く納得出来る心地致候。此より皇室及憲法に関する重要問題の取扱方に付周到之準備を整へ置度予想に出て候推薦と存候て両長の念も其事情を御明取相成、両長に御進退を御任せに相成候ことは大に賛成申上候。憲法に付ては小生も最初は松本案に大体賛意を表居候得共首相始め此頃の内外氾濫の大勢を食止め度念願より大に決心して、発表案に譲歩せられたるものと推察致候。固より事前に御思召を伺ひ奉り議長抔も同意なりしと存候。右発表案は骨組丈けに有之愈々法文化するには枢府抔の冷静なる検討に待つ処多かるべく、政府の期待も茲にありと存候。一例に右案に皇室財産の条文に「世襲財産ノ外」云々の文字有之、具体的に明記無之候得共木曽御料林か其重《ママ》もなるものと存候。此丈けは少くとも是非将来皇室御経済の根本として宮内省限りにおゐて御経営相成御経済の基礎被為度切望致候。有価証券に付ては政府との交渉の結果に待つ外無之。但し有価証券は時々の変動を免かれす、絶対安全の投資物には無之此等は第二段の御資と存候。何れ致候ても政府側に多大之同情は有之候様信居候得共宮内省内部の事情には余まり通暁不致と存候付御両者の間に御斡旋被下候半。彼我疎通の上に大に効能可有之存候。過般岡本君入来省議之あらまし等承はり小生も気付申述置候次第に御坐候。要するに現内閣存在の間に大体之取極め丈けは御済せ置相成度熱望致候次第に御坐候。尚貴台宮内省問題に付兼々御焦慮相成居候ことは能く承知致居此点に付特に首相議長御話相成候ことは将来之為めにも宜敷と存候。然して目下差迫たる前記の諸問題等の善処に付ても枢府に御席のあることは却て今迄よりは御働き易く、亦関係間への響きも強く効果も挙り候半と信申候。降て小生珍らしく風邪に罹り半月はかり臥床致漸く一昨日より床上げ被致候。若物《ママ》なれは疾く外出も可能に存候得共、老人は肺炎の恐有之医者之注意を守り来候次第に御坐候。何卒御放念被下度候。末筆にて所を得す候得共、維新の始めに帝室費の事に元勲方大に留意せられ今日の基礎を創設せられ今は環境は変はり候得共事情は似たる点有之、何卒御経済の確立に付ては先輩方の遺思継承之目的にて偏に邁進相成度蔭乍ら祈居候。拝具

伸顕

関屋老閣

尚々書損等も有之御高恕御推判被下度候。令夫人へも宜敷御伝被下度候。

（封表）都内紀井《ママ》町　関屋貞三郎殿　必親展

（封裏）三月十八日　千葉県東葛飾郡田中村大字十余二庚塚　牧野伸顕

32　一九四六（昭和二一）年四月三日〔関屋文書5〕

拝啓。漸く春暖之候に相成御健勝奉賀候。扨て早速乍ら封入之名刺の学生御迷惑かと存候得共御引見被下候はゞ難有存候。過日来両度拙宅入来、云ふ処聞くに足るもの有之委曲は趣意書に其一端を記載有之海外より引上同朋之救護之仕事に有之候。現に相当成績を挙け居外務省所管之主任者におゐても其運動を認め保助を約束致居候趣に有之、右学生等は誠意ある人物と見受申候処有力なる後援者を求め居候趣に有之、御都合にて御引見御聞取御指導被下候はゞ仕合之至に存候。実は類似之申込時々有之退隠者は大抵断はり来候得共、学生等の熱意に動かされ御煩申上候次第に御坐候。右御願迄。匆々拝具

四月三日

伸顕

関屋老台

別記学生等は直接御都合御伺致こと、存候。

〔別紙〕

別啓

過日拙宅孫共万世倶楽部趣意書入手、加入方本会より勧められ候由、趣意書は面白き企図に有之候。名前記載其外顔触れも世之信用ある向々に有之、ましめなものと見受申候間申込可然申置候。御意見次第にては他にも勧め可申存居候。

〔別紙〕

趣意書

在外父兄救出学生同盟㊞

□災熄みてより数閲月、平和の名の下に祖国を訪れし

ものに対し、唯呆□□失たりしに、独り学生のみ対岸の火災視するは許されず、且社会一部□□倫理主義の衰退と生活不安に伴ふ非行とは目を蔽はしめ慨然却つて嘗つての□借を思ふ今日、遠く笈を海外より負ひ来り或は砲爆下に辛くも身を□ふして□を続け或はペン執る身を戎衣に更へたるもの復り来り。斯くの□□大勢に、非力の如何とも為し得ぬを歎ずるのでありました。

一方新聞報道に脱出帰国者の談話に在外邦人の一般に窮乏に陥るを聞□□□北鮮満洲南方諸地に於て意外の悪条件下に苦しむを知り然も気候の□□と衣食住の絶望的状態とは想像に難くなかつたのでありました。

此の時マツクアーサー司令部外諸連合国の友好的保障を待つのみにして□の施策は着々成果を進め、彼地邦人の感謝の的となり其生活に一光明を点じたのでありました。にも拘らず吾が政府に何の策なく施す術を知らずして同胞の日に苦しむを荏苒拱手する有様でありました。

然し乍ら生等父や母や兄や弟妹の血の絶叫を聞きつゝ、空しく傍観するを得ませうや。ついに昨年十一月十七日情を同じうするものを糾合し東京に同盟を結成、広く国内輿論に訴ふると共に父兄の保護方について連合国に懇願したのであります。

又国内転変に伴ふ学徒の生活維持につき諸種の手段を講ずる上から在外同胞援後《ママ》会に依つて海外より送金杜絶しある学生に学資金の貸与を願ひ、年末に個人百五十円を受け年更めて再度の貸附を約したのであります。同盟としては一に職業の斡旋に努め学徒地力の生計を勧むると共に日本劇場の好意による興行より収入を得、特に困窮する学生へ個人百円程度の貸与を行ひつゝあるのであります。

更に生等の念ずる所は唯一日も早く在外の父兄の救出されんことに在ることから浦賀に品川に上野に集散する引揚者への援護事業を開始したのであります。学業の余暇を見出しつゝ、引揚げ来る人々を父とも母とも思ひ乍ら奉仕をさせて戴くのであります。

生等の此の企てが一度にして連合国始め国内輿論の受入るる所ならずとも、生等が表情の発する所必ずや前進の困難を打開し同胞を温き祖国に迎入るることになるを信じて居ります。

東京に三千の同志を持ち其の活動も日に拡大発展せらるると共に札幌、仙台、名古屋、京都、神戸、岡山、福岡等に同志を得全国的なる展開を期して居る現況であります。

志を同じうする諸兄は奮つて参ぜらるると共に窮状にある友を各地〔以下　印刷不鮮明〕

〔別紙　名刺〕
東京帝大工学部　吉原操
東京帝大医学部　吉田清貫
在外父兄救出学生同盟員
拓殖大学商経学部　伊藤正喜

東京都麻布区飯倉片町十二番地　樺太庁東京出張所内
（封表）東京都麹町区紀尾井町　関屋貞三郎殿　親展
（封裏）四月三日　千葉県東葛飾郡田中村大字十余二庚〔塚〕　牧野伸顕

33　一九四六（昭和二一）年カ八月二七日〔関屋文書22〕

拝啓御健勝奉賀候。先般は遠方態々御見舞被下特に印象拝、御恵み被下神山全焼後別して難有感銘罷在候。扨て其事彼是申す余地無之、唯御詔勅の御意義を服膺致候外無之候間我々之代に奉仕致来候遺臣と致ては恐懼の極みに御坐候。老台には特に半島の前途に付御関心のこと、拝察申上候。当地にては確報に接せす候得共噂には蘇米両国か両分して占領致為めに鮮人多大の動揺を来し混乱状体《ママ》に落入居候云々何程の根拠有之候哉否不明に候得共斯様の場合鮮人一般に認識を欠き指導者なき為め方向を誤まり一時は前途墜《打》落之淵に沈み、浮き挙る望み絶へ独立性を失ひ候恐れ有之候半と存候。占領の事実ありとすれは対日の目的にて一時的の弁法ならんと推測被致候。去り乍ら鮮人の態度如何に依りては無期限之占領に推移致候懸念多分に有之様存候。此際は一時的之処置と見做し飽迄落付国民治安を維持致候こと半島及ひ東亜の将来の為賢明之心懸けと存候。島内に指導者なしとすれは此意味を有力者等に納得せしめ彼等をして協力時下に処せしめ度ものと存候。現下半島に取りては実に運命の決する危機と存候。余計之こと、存候得共序に申添候。過日来御礼申上度存候乍ら遅延致御高恕可被下、末筆候得共令夫人へよろしく御伝へ被下度候。小生近日中に此程買入れ住宅に引移り候予定に致居候。疎開者とは申す乍ら二間の間借りに十人の転居は到底永続は不可能に有之、止むを得す買入候次第御坐候。先つは御礼迄。匆々敬具

八月二十七日　伸顕

関屋老台　侍史

尚々甚た無遠慮に御坐候得共罹災者と致筆墨の持合無之鳩居堂、ハイバラ等各方面を捜候得共入手六ケ敷、此れは六ケ敷注文に御坐候得共御知り合之向きに調達之見込有之候半。御示し被下度願申候。

乱筆御推判可被下候。

（封表）東京都麹町区　紀尾井町　関屋貞三郎殿　親展

（封裏）千葉県柏町字高田九拾五　八月二十八日　牧野伸顕

34　一九四八（昭和二三）年カ一月二五日〔関屋文書3〕

拝復致候。縷々之御懇書繰り返へし拝読候間御近況粗々拝承時適ひ御尽力之段大慶奉存候。御健康も御回復之由別して安堵致候。今日は彼を識り我を有り《ママ》之儘に納得し［　］候こと最も必要に有之候処、貴家は国際的資格御備へ相当者御動員被下候ことは為邦家誠に望ましきことに有之、特に英米幷に中国は今後相互了解を得候こと極めて大切之ことに有之、此三国は何れも前途に対し難問題に直面致居候間、共々協力を要候時機も横はり居候予感を禁する能はす候。

正彦君御帰朝被為候由力強く御在り候こと丶拝承候も此■御経験も御参考に相成候こと丶存上候。健彦君御健康御心不勝御心遣と存上、何卒御加養御回復之程祈申上候。小生も交通不便之為め引籠勝ちに進駐軍之人々自動車は自由に使用出来候為め、時折来訪有之精々疎通に努め居候。其内出京之機会到来致候はゞ御面会期待致候。過日は御礼旁に参内し陛下に拝謁之光栄に浴し申候。前後致候得共御上は御肥満被遊、御血色勝れ御機嫌うるはしく被為在、時節柄別して難有感佩致候。種々得御意候得共略議乍ら擱筆致候。匆々拝具

伸顕

関屋老台

令夫人へ別してよろしく御願致候。別冊は漸く見本丈け一冊入手致候間拝呈致候。此節は印刷機刷り出して来月に相成り候はゞ発売致とのことに御坐候。乱筆御推判被下候。回顧録は四冊にて終結致予定に御坐候。宮中奉仕は差扣候積に御坐候。

追伸。封入之拙詠は昨年来各県御巡視之聖旨を恐察致、感激候余り之思出に御坐候。真のデモクラシーの出現を祈居候。

〔別紙　ハガキ〕

賀正　楽翁伸顕
君民の隔てなき御代の姿こそさかゆる国のしるへなるらん
（封表）東京都千代田区紀尾井町三　関屋貞三郎殿　親展
（封裏）一月二五日　千葉県東葛飾郡田中村大字十余二
庚塚　牧野伸顕

35　二月一六日〔関屋文書10〕

別紙難有拝見仕候。残念之至に候得共致方無之断念致候。扨入沢君へ相談致候処佐藤博士云々には大賛成に有之、専門之点は差支有之ましくとの意見に有之候。今後之処置に付ては帰京之上打合致度候。耳鼻門家之事に付ては数日間考へ度しとのことに有之、此又帰京之頃確答に接可申存候。此上為念御含まて奉得御意度候。匆々拝具

伸顕

次官閣下
　尚々諸事宜敷御指図奉願上候。
（封表）関屋次官殿　必親展
（封裏）二月十六日　十二時　牧野伸顕

36　三月四日〔憲政収集文書10〕

前略仕候。別紙例之竹葉より落手致候。御一読成置被下度候。宮内之嘱託は考へ物之様に存候得共水平社運動は近頃頗る発展致来益々油断の出来さる状況と存候。就ては竹葉の件は兎に角一考を要候こと丶存候。何れ拝晤之上奉得御意度存候。拝具

伸顕

次官閣下

〔別紙〕

拝啓仕候。

時下春寒之候先以て其後之御容体如何被為在候哉。最早御全快被遊候御事と奉存候へとも御老体に候へは格別に御加養被成下度願上候。陳は例之方面状況は近時可驚勢力増進致候。夫に就き当春本県高等女学校を卒業致す部落之子女にして卒業後は水平社へ投し同族之為犠牲とならん等高唱するものすら相生し候。以て水平社之現状及ひ前途御推測被成下度又同社は社勢之拡張に伴ひ策源地（是迄は奈良県にて候）を京都又は大阪に移さんと致居候。而して彼等之秘密会之如き近頃は極て巧妙にして

容易に警察官へ知らしめさると幹部之者は一層社会主義者と連絡を堅ふする等昨年之行動とは余程進歩せるを見受け申候。斯る状勢に就ては畏き事なから御内帑金の御下賜も詔書とても既に時を失ひ最早阻止之方法絶体に無之と存候。随て寔に洵に遺憾至極に存候へとも不祥事之発生を見るは弥歳月之問題と被存候間此より一層彼等之会合並に行動を探知するの要を生し夫には小生も本県に就職致居候ては機を逸する虞有之、又成行に依りては彼等を退治するの秘計を採らさるへからさるに至るへく夫には今より彼等に近接し居らされは不相成、旁々弥四月には本職を辞し大阪へ出つる覚悟に候。尤も右秘計は書面にては都合悪敷弥々之場合は拝顔之上御相談可仕候。小原知事は此之秘御計承知にて（知事は憂国之士に就き打明け居候）是迄はまあ〳〵と被申居候も先日之事最早其方法を採らさるべからさるかと被申候。以て水平社之大勢は御推測被可被成。

却説茲に一つ困り候は辞職致候はゝ他府県及ひ露国方面之社会主義者之運動情報を知る事を得さるに至る儀に御坐候。就ては誠に申上兼候へ共小生を陸軍又は憲兵隊或は御省の嘱託として大阪に駐在之辞令を頂く事に御尽力を願度存候。此を得れは随意に大阪府庁内警察部高等課へ出入して右情報を知ることを得、偵察及ひ将来を観測する上に利便を得る訳に候。此之義何んとか御配慮被成下様奉願上候。尚々申上度は右御配慮を得ると否とに不拘小生は四月迄に小生之後任を定めて辞職致す考に御坐候。

先は右状況並に覚悟を申上度乍末筆為皇室一層御生寿被成下度奉願上候。拝具

二月二十五日　　寅一郎

牧野閣下　玉榻下

（封表）関屋次官殿　親展

（封裏）三月四日　牧野伸顕

37　三月一九日〔憲政収集文書11〕

拝復致候。一昨日は御下賜之双幅幷御書面正に拝受御多幸之段拝承致候。扨軸物早速拝見致候処栖鳳近年之力作の一つと存候。早春の猫の如き同画伯にあらされは到底望み得さる出来に有之、麦秋又特徴を顕はし居如此名作之恩賜を蒙感佩之至に有之家宝として大切に保管可仕、大臣へも宜敷御伝声奉願上候。何れ近日中其筋へは御礼申上候含に罷在候。然して先般来之懸案も一段落を告け

御安心被為候こと丶拝察致候。昨日西郷後室へ（伊地知未亡人は侯爵の養女也）詳細御依頼致置候処十分含み居られ候間左様御承知可被下候。右迄。匆々拝具

二月二十日　　伸顕

関屋次官閣下

（封表）東京市糀町区紀尾井町官舎　関屋貞三郎殿　親展

（封裏）三月十九日二十日　二階堂　牧野伸顕

38 三月三一日〔憲政収集文書12〕

拝啓仕候。不順候先以御障りも無之御精励奉賀候。然は突然御坐候得共東京倶楽部敷地拝借期限近々満期相成候。付ては今後も此迄通りの条件にて借用致度同幹事等より御願致呉とのことに有之、元々国際関係を慮はかり御許容相成候事情今後も同然と存候間止むを得ざる次第と存候得は何れ正式之手続等可致と存候間可然御詮議之程奉願上候。尚乍序橋本氏へは過日面会委曲聞取申候。先つは右迄。匆々拝具

三月三十一日　　伸顕

関屋次官閣下

（封表）東京市内宮内省　関屋貞三郎殿　必親展

（封裏）相州鎌倉　三月三十一日　牧野伸顕

39 五月三一日〔憲政収集文書14〕

別紙御一読安岡君之都合にて兎に角団君へ面会被致置候方将来の為めに宜敷候半と存候。拝具

伸顕

次官閣下

（封表）関屋次官殿　親展

（封裏）五月三十一日　牧野伸顕

40 六月一二日〔関屋文書26〕

拝啓。早速乍ら昨夜は御心入之御夜宴を蒙久々振り緩一夕之歓を尽し候段御厚情之賜ものに有之深く御礼申上候。令夫人へ何卒宜敷御伝声之程奉願上候。扨少々早廻はりにて然かも告別式之今日躙躇致候得共小生後刻鎌倉引取申候間、兎に角一応老台限り御考慮願上候。副島伯之ことに御坐候。前回は已に行掛有之日本銀行之方は断念候処、若し上野君之方別段約束等無之候はゞ此際副島伯を推挙致候ては如何と存候付御煩慮奉願上置候。右御

礼旁奉得御意度候。匆々拝具

伸顕

関屋老台閣下

（封表）関屋次官閣下　必親展

（封裏）六月十二日　牧野伸顕

41　八月八日〔関屋文書24〕

拝啓仕候。然は昨日は那須へ御出張被下候由東郷大将より承知致候。誠に御苦労に存候。扨新聞代表者より申立之件尚勘考致候処、矢張御意見通り一定之時期に相当人員に拝謁賜はり御旅行中之通信等に関し御挨拶之御言葉賜はり茶菓被下候方可然存候。尤も此際は招待会御台臨候義は種々の関係上此際は不可能有之、乍去他之方法に依り代表者之熱誠なる希望之徹底致候様心配すべき旨内示致す位にて宜敷らんと存候。御見込を以必要との御考に候半。貴台にて御取計被下候得は仕合に存候。昨日皇后様へは一と通御内話申上置候。尚ほ詳細取極候節は更に言上可致申上置候。此段奉得御意度候。匆々拝具

伸顕

関屋次官閣下

尚々本件に付ては大夫へ（浜尾）成行御示被下候必要可有之存候。

（封表）関屋次官殿　親展

（封裏）八、八　牧野伸顕

42　八月一七日〔関屋文書2〕

拝啓。不順之候先以御健勝御鞅掌之段奉欣賀候。然は別紙土肥博士より申来候。付ては無論差支無之義と存候得共、為念御意見相伺度候。御承知通り土肥博士は正倉院蔵品中之薬品に付先般来研究調査中にて其結果を公表被致候ことは世界斯道之為め裨益不少と存候。当用のみ如此御坐候。匆々拝具

牧野伸顕

関屋次官閣下

（封表）東京市糀《ママ》町区紀尾井町官舎　関屋貞三郎殿　親展

（封裏）伊香保木暮別荘　八月十七日　牧野伸顕

43　一一月二四日〔憲政収集文書19〕

拝啓。扨突然御坐候得共先般一寸話題に登り候鎌倉国宝館関係書類数部差出申候間一応御調させ被下候得は仕合之至に御坐候。本館は工事丈けは立派に出来上り候得

共却《ママ》に諸掛り多く目下発起人等におゐて頻りに各方面に募集中に御座候。然して事業其物は文化の上に裨益少からざるへく関東東京は別としてにおゐては先つ他に其類を見すと存候。奈良博物館と粗々同様之用途を充すに到るべく存候。先つは右迄参考迄奉得御意度。拝具

十一月二十四日　　伸顕

関屋次官閣下

　尚必要に応し陸奥伯若しくは他の当事者出頭委曲開陳可致候。

（封表）関屋次官殿　包添

（封裏）十一月廿四日　牧野伸顕

44　一二月一日〔憲政収集文書20〕

〔関屋宛の福原鐐二郎書簡。別紙として封入されたものカ〕

　拝啓。別紙報告書と共に進退伺書差出候間可然御処理致下度候。学生監大塚謙一郎より進退伺出候に付其書面も併て進達致候へとも今回の事一学生監の責任とも申し難く候へば不及其儀旨御指令致下度候。当人は軍人のこととて御指令を得る迠謹慎致居候間可成速に御指令致下度候。又学生課員武課教官たる御用掛林大尉及教授馬場轍よりも大臣宛進退伺出たるもそれに及はざることと思考し小官限にて差戻し致間此義も御了承致下置度候。

草々頓首

十二月一日　　福原鐐二郎

関屋次官閣下

（封表）関屋宮内次官殿　福原鐐二郎　親展

（封裏）〔なし〕

45　一二月二三日〔関屋文書14〕

　拝復。早速乍ら別封拝見仕候。委曲は拝眉承はり度候。右迄。匆々拝具

十二月二十三日　　顕

関屋次官閣下

（封表）関屋次官閣下　親展

（封裏）十二月二十三日　牧野伸顕

46　三日〔憲政収集文書22〕

　只今大森大夫入来、六日之打合之為め先刻院長へ面会致候処毛利令嬢をも御覧に入れ候事は何等話無かりし由

に有之、然るに一昨日特に御申含被為候様記憶致候こともも有之予め言上之必要可有之存候。為念奉得御意度。

昨日拝謁之折過日蒲大佐より巴里之御近況を詳敷聞取大に安心せりと御話相伺候。付ては其委曲は小生より同人へ申聞け巴里之殿下へ同人より申上候はゞ御感情之緩らき候一端にも相成可申存候間小生帰京迄出来得ることに候はゞ大佐之滞京を希望致候次第に御坐候。勝手なから此旨本人へ御通知被下候得は仕合之至に御坐候。右迄。

匆々拝具

伸顕

次官閣下

大乱筆御推判可被下候。

（封表）関屋次官殿　必親展

（封裏）三日　牧野伸顕

47　一一日〔関屋文書8〕

拝啓仕候。然は殿下には先刻予定通り御安着被遊拝謁等も被為済候間御放念可被下候。扨昨日一寸得御意候伊東郵船社長より之案内に対しては、何とか返事可致旨申置候。付ては此までも応諾致候例も有之又差支なしとの御意見なれは、内蔵頭あたりと御談合日取りに付可然先方へ御返事被下候得は仕合之至に御坐候。小生は廿日より廿一、二日入京中なれは約束等無之候。

侍従長云々のことは今日首相へ会談小生帰京之上運ふべきことに取極置候。尤も侍従長へは面会之機無之候付此又帰京之上小生所見申入候含に御坐候。結局は現次々長を昇任為致候ても次長に相当者あれは差支無之存候。

右まて。匆々拝具

伸顕

次官閣下

（封表）関屋次官殿　親展

（封裏）静岡市大東館　牧野伸顕　十一日

48　二三日〔関屋文書9〕

前略致候。然は評議会は三月四日開会致候度差支無候はば会長院長等へ御打合置被下度候。右当用如此御坐候。

拝具

伸顕

次官閣下

昨日妃殿下陛下へ御対話三十分位に予定致候処二時間余に渉誠に御都合御宜敷存上候。

（封表）関屋次官殿　必親展
（封裏）二十三日　御用邸　牧野伸顕

49　二四日〔関屋文書25〕

前略致候。然は過日御噂致候女官御用掛等候補者としての園伯未亡人学歴別紙入手致候間御廻申上置候。拝具

伸顕

次官閣下

〔別紙〕

明治二十五年七月廿五日生
〃　三十一年青山幼稚園
〃　三十二年〃　小学校
〃三十五年九月女学部へ入学
此迄の処よ■おほくなく心きつくたよりのものゆゑ■■
■候
明治四拾二年　病気退学
〃　四拾一年より　婦人教育会にて花料理造花ピアノ
四拾四年六月迄
〃九月廿四日　園家入籍
〃十二月より　横須賀
四十五年五月迄
〃六月より　呉
大正一年十一月迄
十一月より　東京　二年四月長男　生
二年七月迄
〃八月より　逗子（任地横須賀）
三年五月迄
〃六月より　東京　三年八月長女　生
四年七月迄
〃八月より　呉、但軍艦行動と共に再之横須賀へ住居
六年八月迄
〃九月より　東京　七年八月長女死去
七年十月迄
〃十月より　逗子
八年十二月迄
八年十二月より呉鎮守府副官任務の為官舎住居
十一年五月迄
十一年二月次男誕生
十一年三月次男死去
十一年六月　現住所へ同居
十一年八月　夫　周次死去

大正九年分家
本籍青山南町六ノ一三八
（封表）関屋次官殿　親展
（封裏）二十四日　牧野伸顕

50　三〇日〔関屋文書12〕

日々御鞅掌之段大慶奉存候。然は詔書案之件種々御配慮候段深謝至御坐候。小生二日に帰京致度候処、首相は同日出発之予定と承知致候。付ては伊東等と協議の結果に付重て首相へ相談及ひ候こと不相叶候間、為念兎に角御含まて伊東等之主張之程御伝置被下候得は仕合に存候。詔書は総理と連名副署を要し、結局合意之上ならては奏請取計兼候義に付今後之打合上只今までの成行を含置かれ候ことは便宜と存申候。此段得御意度。匆々拝具

伸顕

次官閣下
（封表）関屋次官殿　必親展
（封裏）三十日　御用邸にて　牧野伸顕

51　〔日付なし〕〔憲政収集文書23〕

珍田伯より本多独大使へ之電文別紙の通り発信方可然御取計被下度。同伯之意見に外務を経過せさる方宜敷とのことに有之候間邦文をローマ字に綴り発送之外無之存候。右迄得御意候。

顕

次官殿
（封表）関屋次官殿　必親展
（封裏）〔なし〕

52　〔日付なし〕〔憲政収集文書24〕

重要の御任務なるに顧み是非御熟考の上御承諾あらんことを皇室の為め切望す。

山川健次郎

林男爵

右の通りと記憶致候付外務省より発信を待ちて差出相成可然存候。拝具

伸顕

関屋次官閣下
（封表）関屋次官殿　必親展
（封裏）牧野伸顕

解説

茶谷誠一

1．資料概要

本資料は国立国会図書館憲政資料室に所蔵されている「関屋貞三郎関係文書」のうち、日記に該当する文書（以下、「関屋貞三郎日記」「関屋日記」と表記する）の原文を翻刻し、適当な体裁に整えたうえ、登場人物に関する補注など必要な情報を補って編集したものである。今回、「関屋貞三郎日記」を翻刻するにあたり、何も記されていない空白部分に加え、関屋の睡眠障害に関する記述（服薬や睡眠時間）、また、趣味の一環として詠まれた俳句や短歌については、他の出来事とのつながりのある部分以外、収録しないこととした。また、原文のカタカナ表記は全てひらがな表記に改めたほか、読者の利便性を考慮し、適宜、句読点を補った。第一回配本となる第一巻では、一九二六年から一九三〇年までの五年間分を収録した。

「関屋貞三郎日記」は、一九二六（大正一五）年から一九四六（昭和二一）年までの各年分と、一九五〇（昭和二五）年分が現存し、原本から複写された冊子版が憲政資料室で閲覧、利用可能となっている（請求番号九〇五―五一〜七〇）。「関屋貞三郎日記」が憲政資料室に寄託（現在は所蔵）されるまでの経緯については、巻頭に収録した、関屋貞三郎の二男、故関屋友彦氏による「刊行にあたって」を参照いただきたい。日記が欠けている年につき、戦後の一九四七年から一九四九年分のほか、おそらく、日記を書き留めていたであろう一九二五年以前のものについても、所在不明とのことである。

「関屋日記」は、戦争末期や敗戦後の一部を除き、市販の日記帳にペンや筆でその日の出来事を業務日誌や備忘録のように書き記している箇所が多い。当日のうちに書き記すこともあれば、メモ書きしておいた紙片をもとに数日分をまとめて書き込むことも多かったようで、空欄のまま何も記されていない日もある。日記は当日の予定にそって、時間経過と接触した関係者の名前、そして、行事に関する概要などを簡潔にまとめたうえで筆記している。日記のなかで関屋が自身の心境や所感を書き記すことは稀で、職務について私情をあらわにすることはほとんどない。それでも、家族に関する冠婚葬祭や遊興の際には自身の考えや思いを書き連ねる場面もでてくる。

第一巻に相当する本巻には、明治大学文学部史学地理学科在籍中の市川周佑が主に筆耕し、編者が校閲にあたった国立国会図書館憲政資料室所蔵の「関屋貞三郎宛牧野伸顕書簡」の翻刻版も付録として収録した。関屋が宮内次官に在職中、牧野が宮内大臣から内大臣に転任するまで二人は直属の上司と部下の関係であった。「関屋日記」はすでに牧野が内大臣に転任した後からの分しか残っていない。付録の書簡は牧野宮相時代のものが多く、当時の宮中がどのような事案や問題に直面し、宮内省を束ねる牧野宮相と関屋次官がどう対処していたのか、その一端がうかがえる貴重な資料といえよう。

なお、本資料の刊行にあたっては、編集当初より関屋家のご理解と全面的な協力をうけてきたことにふれておく。生前の関屋友彦氏（貞三郎の二男）、寿美子氏夫妻、そして、関屋宏彦氏（貞三郎の孫）からは貞三郎や家族に関する情報を提供していただいたほか、本資料内に掲載した貴重な写真も借用することができた。この間、関屋家からは編集の委細を一任いただき、個人の毀誉褒貶に対する要望や意見もなく、純粋に歴史資料として編集する趣旨に賛同いただいた。関屋家のご協力に感謝申し上げる次第である。

2. 関屋貞三郎の略歴と研究

宮内次官に就任するまでの関屋の生い立ちや経歴に関する人物紹介の概要については、関屋友彦氏の「刊行にあたって」に記されているので、[1]ここでは、宮内次官就任後、日記をしたためていた時期を中心とした関屋の経歴について説明していく。[2]関屋は一九二一年三月、宮内次官に就任する。内務官僚出身で静岡県知事の職にあった関屋を宮内次官に推薦したのは、牧野伸顕宮内大臣の弟で貴族院議員の大久保利武であり、関屋友彦氏の語るところによると、関屋と大久保は以前から顔見知りであったという。[3]

ただし、牧野と関屋も全く見ず知らずの関係だったわけではなく、本巻付録の関屋宛牧野書簡のなかに、牧野が第一次山本権兵衛内閣の外相、関屋が朝鮮総督府学務局長だった一九一三年八月末に関屋が牧野の世話をしたことに対し、牧野から関屋の尽力を労う手紙が発せられている。[4]その後も朝鮮総督府関係者の人物評について牧野から関屋へ照会した書簡もあり、[5]早い時点から両者は知悉の関係であったことがうかがえる。牧野は関屋と接するうち仕事に対する姿勢や性格に好印象を抱いたのではないだろうか。そのため、牧野に前触れしたうえで弟の利武から関屋へ宮内次官就任が打診されたものと推測される。

こうして、関屋は内務官僚としての経歴を離れ、宮内次官として宮中に奉仕する身分となった。その後、関屋は一九三三年二月までの長期にわたり、宮内次官として牧野宮相、一木喜徳郎宮相を支えながら、宮内省の職務を取りしきっていくこととなる。本巻に収録した関屋宛の牧野書簡から、牧野が次官の関屋を信頼して職務を任せている様子がうかがえ、一方の関屋も牧野への敬慕の念を終生変わることなく抱き続けていく。

一九三三年二月、宮内次官を辞した関屋は同年一二月に貴族院勅撰議員となり、敗戦後までその職にあった。この間、日本は中国大陸への膨張政策をつづけ、日中戦争から三国同盟締結、そして、対米英開戦と戦争への道を突き進んでいく。元老西園寺公望や牧野内大臣らとともに協調外交を支持していた関屋は、満州事変以降、国際的に孤立していく国家の前途を憂慮するとともに、日記にも苦悩の心情が表れるようになる。敗戦後も貴族院議員の地位にあった関屋は、枢密院議長となっていた鈴木貫太郎から推され、一九四六年三月、枢密顧問官に就任する。天皇側近としての経歴をもつ関屋の枢密院入りは、明らかに当時の憲法改正、皇室・宮中改革への対処のためであった。[6]そして、日本国憲法が制定され、一九四七年五月三日の施行にともない、前日の五月二日に枢密院が廃止されると、関屋も枢密顧問官を廃官となる。長年にわたる公務から解放された関屋は、一九五〇年六月一〇日に亡くなる（享年七五）。

関屋貞三郎の人物研究については、各種の『人物事典』に項目が立てられてはいるものの、[7]占領期に天皇制維持や昭和天皇の免責工作のために奔走した事実を紹介したものを除くと、[8]彼の政治思想や言動などを詳しく分析する研究はほとんどなかったといってよい。拙稿「関屋貞三郎の政治思想と政治行動——牧野グループ理解への一考——」（『史苑』第六六巻第一号、二〇〇五年一一月）が唯一の関屋に関する研究といってよいであろう。[9]

関屋個人に焦点をあてた研究は乏しいものの、関屋の宮内次官在任期は政党内閣期から満州事変を契機として軍部が台頭していく時期に相当し、いわゆる宮中グループ研究として研究蓄積の豊富な分野、時期でもある。宮中グループ研究のなかでは、戦後早くに刊行された原田熊雄の『西園寺公と政局』（岩波書店）と『木戸幸一日記』（東京大学出版会）に加え、昭和天皇死後の一九九〇年以降、相次いで側近や政治家の資料や関係文書が発表、刊行された。[10]とくに、関屋とともに側近に奉仕した牧野伸顕、河井弥八、岡部長景、そして軍人の側近として侍従武官長の地位にあった奈良武次の日記は、[11]本資料を読み解いていくうえでの必要不可欠な批判史料というだけでなく、日本近現代史のなかで重要な役割を担った宮中グループの動向を解明するため大いに利用されてきた。

そのなかで、「関屋日記」は専門的な学術界のなかでその存在が知られ、個別研究の参考資料として利用されることはあったものの、他の既刊日記や関係文書と比較すると政治的な記述が少ないのと、当時の「関屋貞三郎関係文書」は憲政資料室への寄託資料で、複写を申請するためには所蔵者（関屋友彦氏）の了解をとる必要があったため、利用の頻度や引用箇所は限定される傾向にあった。すなわち、研究者らは憲政資料室に赴いて冊子版の日記を閲覧して必要箇所を書き写したうえ、学術論文や研究書で引用するという利用方法が主であったと思われる。そのため、「関屋貞三郎日記」を本格的に利用した研究成果がなかなかあらわれなかったのである。

この点では、同じく憲政資料室所蔵の「倉富勇三郎日記」は、独特の崩し字で読解が難解という点で「関屋日記」と同じ問題を抱えているものの、「倉富勇三郎日記」には個々の事案に対する背景や倉富自身を含めた登場人物の発言や心情が細かく記されており、また、資料自体が憲政資料室の所蔵だったため、当初より複写が容易であり、研究者の間で広く利用されてきた。なお、「倉富勇三郎日記」も京都橘大学の永井和氏らを中心とする研究グループにより、翻刻のうえ刊行されているところである。[12] 当時の牧野宮相や関屋次官と倉富帝室会計審査局長官、小原駐吉内匠頭、南部光臣（宮内省参事官→宮中顧問官）ら守旧の側近との間で宮内省改革の方針や人事をめぐって対立が生じていたが、「倉富勇三郎日記」にはその相剋の様子が克明に描かれている。[13] いっぽう、「関屋日記」では感情を書き留めない関屋の筆記スタイルに加え、倉富や小原ら敵対していた同僚が宮内省から去ったこともあり、彼らに対する感情的な記述は一切記されていない。

このように、概して関屋貞三郎という人物については、研究上でも注目を集めることはほとんどなかったといってよい。しかしながら、本資料の刊行により、今後、関屋貞三郎という人物への関心が高まるとともに、宮中グループ研究や戦時期の貴族院研究、そして、敗戦後の天皇制存続に向けた政治史研究に寄与していくものと思われる。

3. 資料解説

（1）宮内次官としての職務

編者の方針として、編者の解説執筆や研究論文のための資料編集ということは控えたいので、以下、第一巻に収録した「関屋日記」の内容について簡単に解説していく。なお、（ ）内の日付は「関屋日記」の記載日をあらわす。宮内次官在任中における記述の中心は、何といっても宮中行事とその職務についてである。なかでも、第一巻に収録した一九二六年から一九三〇年は、大正末期から昭和初期の比較的政局が安定していた時期に相当し、日記の記述も宮中の業務や皇室に関係する事項が中心となっている。

宮内次官は宮内省官制のなかで、「大臣ヲ輔ケ省務ヲ整理ス大臣事故アルトキハ之ヲ代理スルコトヲ得」と定められており、[14] 宮相を補佐して宮務全体を整理する役目を担った。宮内省の職務とはいえ、広範な天皇大権の一部として爵位や位階の授与に関する栄典大権と皇室事務一般に関する皇室大権は宮内大臣の輔弼担当であり、宮相を補佐して

「省務ヲ整理」する宮内次官も重要な地位であった。

宮内次官は省内に設置された各種の委員会や評議会、審議会のメンバーとなることが多く、関屋もそれぞれ委員長や委員、会員などを務めている。例えば、一九二六（大正一五）年度では、帝室制度審議会、華族世襲財産審議会の会員、恩給審査会の会長、考査委員会、旧堂上華族保護資金調査委員会、御物管理委員会の委員長、臨時東山御文庫取調掛の掛長を務めている。日記のなかでは、これらの会議や委員会が頻繁に開かれ、何が議題となったかを書き残している。

一九二六年二月一五日には、帝室制度審議会で李王家の扱いを定める王公家軌範の第一回特別委員会が開かれ、その後、同二八日、三月四日、同八日と同問題を協議する委員会を経て、六月二日に「王公家軌範の特別委員会の意見を決定」と進行していく様子がわかる。なお、一九二六年は社会情勢の変化に即応するため、牧野宮相・関屋次官時代から検討されてきた皇室制度の整備事業が進展し、皇室令に関連する諸法令が次々と制定されていく。[15]「関屋日記」にも、天皇家の戸籍にあたる「皇統譜」を整備するのにともない、皇位に就いた歴代天皇の在位期間を確定するために設置された臨時御歴代史実考査委員会に関する記述などが日記内に散見され、安徳天皇と後鳥羽天皇の在位期間（五月一三日）や、長慶天皇の在位確認（四月二〇日）などを協議していた。

第一巻に該当する期間では、大正天皇の死と摂政裕仁の践祚、即位への対処が宮内官僚にとって最大の課題であった。大正天皇の病状悪化については、一九二六年九月一一日条で、「聖上陛下、十一時頃、脳貧血の御発作あり」と記されて以降、経過が散見されるようになり、関屋も東京と天皇の静養先である葉山御用邸を何度も往復している。大正天皇の病状経過はメディアや民衆の関心を集め、葉山御用邸にも記者らが多数押し寄せ、関係者や近隣住民に迷惑を及ぼすようになった。そのため、関屋は各新聞社の社会部長と面会し、天皇の容態に関する宮内省の発表方法や取材規制などについて伝達した（一九二六年一一月二五日）。一九二六年分の日記は一二月一五日までしか記載されておらず、同二五日に亡くなる大正天皇の臨終間際の情報や関屋の行動をうかがい知ることはできない。ただし、同僚の河井弥八の日記や『昭和天皇実録』を追うことで、関屋ら当時の宮内官僚の対応を把握することは可能である。

奇しくも、大正天皇の病状が悪化していくさなか、前述の皇室令に関連する諸法令が制定され、そのなかには皇室喪儀令、皇室陵墓令も含まれている。日記の一九二六年一〇月二一日条には、「長慶天皇御在位に関する詔書及皇室令八令公布（午前八時半）に付、葉山に伺候。小早川〔四郎〕侍従次長をへて聖上陛下に奏上」と記されているが、病状の進行した天皇には、もはや文章の意味を理解することはできなかったはずである。なお、大正天皇の死後、大喪儀や陵墓はこれらの法令に基づいて執行、造営されていくこととなる。『昭和天皇実録』によると、大正天皇が亡くなった当日、大喪使官制が公布され、閑院宮載仁親王総裁、一木宮相長官のもと、関屋は内閣書記官長の塚本清治とともに大喪使次官に任命されている。[16]

一九二八年一一月に挙行された昭和天皇の即位の礼では、関屋は田中義一内閣の鳩山一郎内閣書記官長とともに大礼使次官に任命され、「役所にては事務調査会と御大礼準備委員会は共に出席を要し、夏休の外は欠席せしこと殆し」（一九二七年補遺）ほど多忙な任務に追われることとなる。関屋の言葉通り、省内での「御大礼準備打合の第一回」（一九二七年三月二三日）を皮切りに、以後、省内の事務手続きはもとより、式典の関係者と予算や服制、御召列車、供応などにつき協議を重ね、儀式に必要な斎田に選ばれた滋賀県（悠紀田）や福岡県（主基田）への出張記録も記されている。

この間、宮中の側近陣容は牧野内大臣、一木宮相、珍田捨巳侍従長の首脳が中心となって協議体制を整えていたが、このうち、珍田侍従長は一九二九年一月に脳出血で急死する。珍田が死去したその日、関屋は牧野のもとを訪ね、珍田の位階追陞について協議した後、侍従長の後任人事について牧野の意見を聞き、「大臣〔一木〕の意見も同様、愚見と大差なきは仕合なり」（一九二九年一月一六日）との所感を記している。すでに鈴木貫太郎という具体的な名前まで出ていたのか定かではないが、関屋は牧野と一木の考える侍従長後任の考えと自身の考えとがほぼ一致していることに安堵したのであった。そして、鈴木の侍従長就任後、そのもとを訪ね、二時間も会談している（一九二九年三月一七日）。おそらくは、関屋が知りうる宮中の現状や直面する課題について状況説明をおこなったものと思われる。

政局は安定していたが、一九三〇年代に激化する側近攻撃の芽はこの時期に胚胎しており、北一輝や西田税らをはじめとする右翼活動家らは牧野内大臣を中心とするリベラルな側近陣容に対し、執拗な批判活動を繰り返していく。関屋も北や西田から、御料地払い下げ時に賄賂を受け取ったという噂をもとに攻撃され[17]、その対応に苦慮する様子が日記に散見される（一九二六年五月一九日、六月三〇日、一九二七年一月二五日ほか）。

（２）家族・近親・友人

「関屋日記」の特色の一つは、家族や近親者、友人に関する記述が豊富な点であり、とくに家族については、父親の視線から子どもたちの生活、進学、就職、結婚について温かく見守る様子がうかがえる。ここで、関屋の妻子について簡単に紹介しておく。妻の衣子は旧幕臣の長田《おさだ》銈太《けいた》郎《ろう》の娘として誕生し、関屋とは一八歳になるまでに結婚している[18]。関屋と衣子の年齢差は一〇歳であった。衣子は華族女学校（現在の学習院女子）で学んでいた際に婦人宣教師と出会ってキリスト教（プロテスタント）の洗礼をうけ、その信仰心は夫の貞三郎や子どもたちに影響を与えていく。つぎに関屋の子どもたちについて、貞三郎と衣子は長男正彦、二男友彦、三男光彦、四男健彦、長女淑子、二女藤子（早逝）、三女由香子、四女美恵子の四男四女をもうけている[19]。

　第一巻での子どもたちに関する大きな出来事は、長女淑子の結婚である。淑子は一九二六年四月に女子学習院高等科を卒業後、すぐに外交官の木内良胤のもとに嫁ぎ木内淑子となる。結婚式後、関屋は「之れにて人生の一大義務を了へたる心地す」という感慨を日記に書き留めている（一九二六年五月一二日）。その後も関屋は木内一家について、良胤の外地赴任にともなう淑子の離日や孫の昭胤の誕生など、結婚後も淑子一家の動向を記している。世間一般の家庭と同様、関屋も孫の誕生を殊のほか喜び、昭胤について語る場面では、珍しく心情をあらわにしながら書き記している（一九三〇年六月一六日、八月二日、九月七日など）。

　つぎに、長男正彦のキリスト教信仰と就職問題も家族のなかでの重大問題であった。内務官僚出身の関屋は正彦の信仰心を尊重しつつ、将来の就職先として自分と同じく官界（内務省か大蔵省）の道へ進むことを望んでいたようである（一九二七年一一月三日条）。父の期待どおり、正彦は高等文官試験に合格し、内務省に就職して長野県に赴任する。関屋も自分と同じ内務官僚としての道を歩みだした息子の動向を喜々としてあらわしている。しかし、正彦は社会奉仕や信仰への道を捨てきれず、一九三〇年になると吃音矯正事業を起こしたいという希望を両親に伝える。関屋は正彦の意思に反対し翻意を促す（一九三〇年一月五日）。しかし、その後の日記には、正彦が教会で説教する様子などが記されていることから、関屋は息子の決意を最終的に尊重したのか、正彦の行動に反対することはなくなり、時に叱咤激励しながら、息子の進む道を後押ししていく。正彦は一九三〇年九月にイギリス留学のために離日することとなり、関屋は見送りに際して「正彦も余等両人感慨無量なり」（一九三〇年九月二六日）という心情を書き記している。

このほか、家族については、二男友彦と三男光彦の進学や学生生活、息子、娘たちとの遊興についての記述が散見され、仕事の繁忙から解放されてリラックスした関屋の様子が垣間見える。また、関屋の近親者のなかでは、衣子の実家である長田家の関係者（戒三〈甥カ〉）、さらには、関屋の親類の嫁ぎ先である小林家（義兄の小林丑三郎）も日記によく登場する。[20]ただし、関屋は小林丑三郎の死去をうけ、珍しく人柄の短所に言及しており（一九三〇年一月一六日）、親戚付き合いの苦労をうかがわせている。

家族と親類のほかでは、関屋が趣味としていた絵画鑑賞、骨董品収集に関連し、同時代の画家や陶工との付き合いも目立つ。第一巻では、小室翠雲、竹内栖鳳、荒木十畝、川合玉堂などの著名な日本画家がよく登場し、私邸や会食に招かれるなど親密に交際していた形跡をうかがわせる。

交友関係については、関東都督府勤務時代に知悉となった陸軍軍人の南次郎や外務官僚の松岡洋右とは、互いに出世してからも友人としての関係を続け、満州事変前後の重大な時期には、関屋が友人としての立場から両者に政治上の忠告や助言を呈する場面も登場する（第二巻に収録予定）。また、すでに拙著でもふれているが、関屋は思想家の安岡正篤との付き合いもあり、安岡が主宰する金鶏学院の創設にあたって発起人を務めている。[21]公務として関屋が日々接する人々は、宮内官僚が圧倒的なのは当然だが、宮内官僚以外では、内務官僚との接触が多い。宮内次官として行幸時の治安問題を把握するために、内務省幹部や各道府県に配属された内務官僚と打ち合わせをする場面がほとんどであるが、自身の地方赴任時代の同僚や友人との旧交を温めている様子も散見される（一九二九年一〇月二五日など）。公私両面にわたる交友関係では、郷里の栃木県関係者、なかでも生まれ故郷の足利出身者の名前もよくでてくる。

以上のほか、読み方によって様々な情報が得られるものと思われる。読者の中心は研究者となるであろうが、本資料を有益に使用していただければ編者として幸いである。

1　その他、関屋の生い立ちとその生涯について、関屋友彦『私の家族の選んだ道』（紀尾井出版、二〇〇二年）第一章で詳しく紹介されている。

2　東京帝国大学卒業後から戦後の枢密顧問官退官にいたるまでの関屋の履歴全般については、『枢密院文書　枢密院高等官履歴書・昭和二十二年五月二日廃庁ニ因リ退官』（国立公文書館デジタルアーカイブ、本館―二A―〇一六―〇三・枢〇〇一八二一〇〇）の関屋貞三郎分に記載されている。

3　関屋と大久保の接点については、松田好史『内大臣の研究』（吉川弘文館、二〇一四年）が指摘する、関屋の鹿児島県での勤務歴も影響していよう（九〇～九一頁）。

4　本巻付録の「関屋貞三郎宛牧野伸顕書簡」一九一三年八月三〇日付の1。「関屋貞三郎関係文書」三五〇―一一（国立国会図書館憲政資料室所蔵）。

5　同前、「関屋貞三郎宛牧野伸顕書簡」一九一五年六月二三日付の2。「関屋貞三郎関係文書」三五〇―一三（国立国会図書館憲政資料室所蔵）。

6　拙著『象徴天皇制の成立』（NHK出版、二〇一七年）第二章参照。

7　臼井勝美ほか編『日本近現代人名辞典』（吉川弘文館、二〇〇一年）の広瀬順皓執筆担当分、日外アソシエーツ編『新訂　政治家人名事典　明治～昭和』（同、二〇〇三年）、伊藤隆・季武嘉也編『近現代日本人物史料情報辞典』（吉川弘文館、二〇〇四年）の梶田明宏執筆担当分。

8　高橋紘・鈴木邦彦『天皇家の密使たち』（文春文庫、一九八九年）第四章、岡本嗣郎『陛下をお救いなさいまし』（集英社、二〇〇二年）二四三～二五五頁、拙著『象徴天皇制の成立』（NHK出版、二〇一七年）第二章など。

9　同論文は加筆修正のうえ、拙著『昭和戦前期の宮中勢力と政治』（吉川弘文館、二〇〇九年）第五章に収録。

10　吉田裕「新史料にみる昭和天皇像」（『歴史評論』第四九六号、一九九一年八月）。

11　刊行順に、伊藤隆・広瀬順皓編『牧野伸顕日記』（中央公論社、一九九〇年）、尚友倶楽部編『岡部長景日記』（柏書房、一九九三年）、高橋紘ほか編『昭和初期の天皇と宮中　侍従次長河井弥八日記』全六巻（岩波書店、一九九三～九四年）、波多野澄雄ほか編『侍従武官長奈良武次日

記・回顧録』全四巻（柏書房、二〇〇〇年）。また、本資料でカバーする戦後占領期については、木下道雄『側近日誌』（文藝春秋、一九九〇年）、入江相政『入江相政日記』第二巻～第三巻（朝日新聞社、一九九〇年）、徳川義寛『徳川義寛終戦日記』（朝日新聞社、一九九九年）、尚友倶楽部ほか編『河井弥八日記』戦後篇一～二（信山社、二〇一五～一六年）がある。
12 倉富勇三郎日記研究会編『倉富勇三郎日記』第一巻～第三巻（国書刊行会、二〇一〇年～一五年）。全九巻構成の予定で、二〇一八年六月現在、第三巻まで刊行。
13 『倉富勇三郎日記』第三巻に収録の一九二三年一〇月六日条、一九二四年四月七日条をはじめ、いたる箇所に散見される。また、拙著『牧野伸顕』（吉川弘文館、二〇一三年）第三章の記述を参照。
14 内閣記録局編『明治職官沿革表』巻二（国書刊行会、一九七四年）。一八八五年の宮内省官制より。
15 西川誠「大正後期皇室制度整備と宮内省」（近代日本研究会編『年報・近代日本研究』二〇、山川出版社、一九九八年）参照。
16 『昭和天皇実録』一九二六年一二月二五日条。
17 この、いわゆる宮内省怪文書事件については、伊藤之雄『昭和天皇と立憲君主制の崩壊』（名古屋大学出版会、二〇〇五年）五六～五七頁に詳しい。
18 前掲関屋友彦『私の家族の選んだ道』に所収の衣子自身の回想談より（三七頁）。
19 同前、一二六頁に掲載の「関屋友彦家系図」より。
20 日記では、「小林姉」という語句で登場することが多いが、関屋の兄弟は弟と妹のみであるため、この「姉」というのがどういう親類なのか不明である。関屋の兄弟については、関屋友彦『使命感に燃えた三人男』（紀尾井出版、二〇一〇年）一四七頁。
21 関屋の交友関係については、拙著『昭和戦前期の宮中勢力と政治』（吉川弘文館、二〇〇九年）第五章参照。

茶谷誠一（ちゃだに せいいち）
昭和46（1971）年石川県生まれ。
立教大学大学院文学研究科博士後期課程修了。
現在、立教大学・明治大学兼任講師。
専攻、日本近現代史。
主要著書――
『昭和戦前期の宮中勢力と政治』（吉川弘文館、2009年）
『宮中からみる日本近代史』（筑摩書房、2012年）
『牧野伸顕』（吉川弘文館、2013年）
『象徴天皇制の成立』（NHK出版、2017年）

関《せき》屋《や》貞《てい》三郎《ざぶろう》日記《にっき》　第一巻
2018年6月10日初版第1刷印刷
2018年6月21日初版第1刷発行
編者　茶谷誠一
発行者　佐藤今朝夫
発行所　株式会社国書刊行会
東京都板橋区志村1-13-15　〒174-0056
電話03-5970-7421
ファクシミリ03-5970-7427
URL : http://www.kokusho.co.jp
E-mail : info@kokusho.co.jp
印刷所　中央精版印刷株式会社
製本所　株式会社ブックアート
ISBN978-4-336-06271-0 C0321

人名索引

1. 氏名のうち名字だけ判明して名前が分からない人物については名字だけを、氏名のうち名字が不明で名前だけ判明している人物は、名前だけを採録した。
2. 日記中において名前が記されていないが、役職名や別の人物との続柄を用いて言及されていて、その人物が特定できる場合にも採録した（例「宮内大臣」→「牧野伸顕」、「幣原喜重郎の妻」→「幣原雅子」）。ただし、「宮内大臣」と記されていても、それが大臣個人ではなく職名を指す場合は採録しなかった。
3. 2の場合において、ある人物について言及する際に用いられている別の人物（例でいえば「幣原喜重郎の妻」の「幣原喜重郎」）については、これを一つの単語とみなして、氏名が記されていても採録しなかった。ただし、その別の人物（例では「幣原喜重郎」）が日記に初めて登場する場合には、言及されている人物（「幣原雅子」）とともに採録した。
4. 同一人物の名字や称号などが結婚などで変わる場合（「関屋淑子」→「木内（関屋）淑子」）は、どちらかの名前でまとめて採録し、旧名字や新名字を（　）で補った。
5. 朝鮮人、中国人は日本語による漢字の読み方で採録した。
6. 人物を同定するために必要な属性や日記本文の人物名表記が一定していない場合の複数表記を、人物名に続けて（　）で記した。

あ

相川（警保局事務官） 309
相川 318
相川勝六 124, 185, 226
愛甲 61
愛新覚羅溥儀→宣統帝
相田良雄 76
相場有 205
相原 366
アヴェノル、ジョセフ 277
青木（三菱） 59
青木（日本文化学会） 355
青木愛子→吉沢愛子
青木戒三 349
〜の父 349
青木謹英子→村上謹英子
青木達造 275, 308, 309
青木秀夫 274, 318, 319
〜の両親 319
青木実 275
青山熊治 81
青山泰造 373
青山忠精 32
青山忠允 32
青山忠徳 32
青山元子 32, 91, 107, 234
赤井春海 235
赤池濃 53, 164, 265, 347, 357
赤池和子 48
赤城朝治 318
赤木万二郎 111
明石 351
明石元二郎 191
赤穴保 306
赤星 54
赤星 143
赤星（建築事務所） 207
赤松 228
秋草ちか 31
秋田 204
秋田 250
秋田 299
秋田清 180
秋田達三 238
秋野孝道 335
秋元 27, 76, 97, 100, 315
秋元 216, 264
秋元春朝 49
秋元雄治 129
秋山高彦 164
秋山光夫 20
浅岡の娘（南沢岩吉の妻） 192
浅岡一 74
朝夏祐十郎 264
朝香宮正彦王 220
朝香宮鳩彦王 20, 23, 35, 36, 39, 43, 53, 121, 136, 212, 233, 269, 312, 388
朝香宮鳩彦王妃允子内親王 36, 212
浅川伯教 73, 253, 325
朝倉文夫 226
浅田（『錦羊』作者） 70
浅田（華陽会） 382
浅田恵一 155
浅田知定 81, 87
浅野 38, 143, 146
浅野孝之 204
浅野長武 37, 38, 58, 187, 325
浅野安子 38, 325
朝比奈知泉 142, 173
朝吹 281
朝吹英吉 226
芦田均 340, 355, 356
葦津耕次郎 119
飛鳥井 257
東 28
東 138
東武 180
安積得也 281
麻生菊江→新居菊江
麻生正蔵 319
麻生二郎 165
安宅虎雄 81
安達かね 352
安達謙蔵 99, 301, 304, 320, 322, 351, 380, 384–386
安達清一 193
安達峰一郎 351, 352
足立太一 25
アドルフ、グスターヴ 71–73, 81
〜の妻 71
穴沢蔵平 200
穴水要七 262

姉崎正治　221
吾孫子　355
油小路裳子　223
阿部　71
阿部　112
阿部　253
阿部　281
阿部　296
阿部　307
阿部菊一　308, 309
阿部信行　249, 272
阿部寿準　255
阿部充家（無仏）　20, 107, 141, 181, 186, 197, 206, 212, 225, 266, 303, 338, 342–344, 347, 357
安辺浩　18, 19
安保清種　130–132
天岡直嘉　254
雨谷毅　343
尼崎　127
天野　271, 374
天野伊兵衛　376
天野菊次郎　376
天野弘一　43, 55, 60, 65, 68, 77, 80, 113, 152, 193, 207, 297
　～の妻　80
天野俊夫　297
天野由三郎　376
アムンゼン、ロアール　124
雨宮豊太郎　344
雨宮由喜子　344
綾川武治　157, 158, 252, 273
新居　109
新居　205
新居　322
新居（麻生）菊江　165, 319
新居善太郎　75, 101, 165, 319, 321
　～の子　319
新井亀太郎　283
荒井寛方　75, 219
荒井賢太郎　83, 182, 215, 357
荒井福太郎　181
荒井恵　88
荒木糸子　209, 325
荒木月玖　121
荒木貞夫　186, 234, 252
荒木十畝　26, 56, 186, 198, 208, 209, 240, 325, 334
荒木寅三郎　31, 65, 341, 388
荒野ジョルジェット夫人　40
有賀　112, 158
有賀　379
有栖川宮威仁親王妃慰子　56, 211
有栖川宮熾仁親王妃董子　187
有田　373
有田八郎　166, 387
有馬静子　85
有馬頼万　109
有馬頼寧　85, 142, 306
有吉忠一　277
有賀長文　350
アロイージ、ポンペーオ　231, 324
アロングコット　324
淡路円次郎　335
粟屋謙　185, 222, 256, 272
安藤　97
安藤円秀　214
安藤信昭　88
安東昌喬　293
安徳天皇　45, 47
安楽　48

い

飯田欓隠　20, 109, 125
飯塚啓　86
飯沼　105, 109
飯沼（静岡会）　181
飯村　212
飯山　76
家林　146
五百木良三　77
生田　222
生田清三郎　201, 211
池上秀畝　178, 198, 208, 218
池上四郎　183, 280, 298
池尻万寿夫　339
生悦谷求馬　299
池田　43, 80
池田　54, 68
池田　65
池田　143
池田　277
池田亀雄　278
池田清　212, 246, 253
池田桂仙　202

池田敬八　180
池田謙蔵　347
池田幸子　116
池田成彬　107, 163, 347
池田他人　87
池田忠作　232
池田常太郎　49
池田仲博　84, 116, 288, 298
池田宏　31, 83, 265, 267, 348
池大雅　276
池辺棟三郎　35, 42
池辺龍一　221
生駒高常　298
伊沢多喜男　60, 138, 312, 361, 364
石井　21
石井（京城控訴院長）　122
石井　225
石井菊次郎　152, 209, 277, 345
石井省一郎　266
石井保　47
石井豊七郎　236
石井豊次郎　288
石川岩吉　31, 202, 209, 298, 315
石川寒巌　36
石川宰三郎　180
石川宗吉　324
石川利左衛門　35, 204, 324
　～の母　324
石川利左衛門（祖父）　324
石黒忠篤　61, 62
石黒忠悳　21, 57, 75, 83, 209, 218, 280
石田馨　253
石田新太郎　103
伊地知みき子　107, 108, 119, 183, 250, 270, 289, 321, 378, 387
石津新一郎　229
石塚英蔵　306, 307
石塚甚蔵　225
石橋和訓　58
石原　54
石原健三　135, 136, 203, 262
石原静子　262
石原助熊　211
石原誠　229, 230
　～の妻　229
石原雅二郎　46
石松　222
石丸　112, 119
石丸優三　37
石渡　179
石渡七五郎　28
石渡要吉　26
五十二　118, 151, 272
磯野定次郎　160, 307
磯部　186
磯村豊太郎　300
板倉勝憲　219
板倉源太郎　328
板谷波山　255, 291, 302
市川中車　276
市来乙彦　49, 52, 55, 164, 180
一木喜徳郎　16, 17, 23, 25, 27, 32, 34, 40, 43, 45, 48, 49, 51, 53, 57, 60, 70, 71–73, 75, 79, 80, 82, 84, 87, 88, 93, 98, 100, 103, 106, 115, 120, 121, 126, 127, 135, 141, 143, 149, 152, 153, 163, 165, 167, 170, 177–179, 192, 194, 196, 201–203, 205, 208, 211, 214, 215, 217, 218, 222, 232, 236, 240–244, 247–249, 253–256, 261, 263–265, 275, 277, 279, 284, 286, 291, 293, 297, 300, 302, 307, 311, 314, 315, 319, 323, 326, 327, 332–334, 339, 340, 345, 350–352, 354, 357, 359, 368, 375, 376, 380, 388
一条実孝　320
一条直子　59
市田弥一郎　123
一戸兵衛　90
一宮（一ノ宮）　321, 355
市村慶三　55, 65
一龍斎貞山　51
五来　372
出岡　209
伊東　366
伊東延吉　352
伊東七郎　157
伊東忠太　117, 217
伊東巳代治　61, 70, 75, 79, 82, 83, 85, 231, 242
伊藤　27
伊藤勘助　233, 236
伊藤金弥　110
　～の娘　110
伊藤武雄　65
伊藤たま子　110
伊藤忠次郎　277
伊藤長七　351

伊藤常夫　46, 49, 55, 59
　〜の妻　46
伊藤陶山　110, 119
伊藤博邦　61, 75, 89, 106, 114, 195, 220, 244, 245, 247, 255, 271, 276
伊藤博文　80, 322
伊藤博通　271
伊藤松太郎　364, 377, 380
伊藤芳子→正田芳子
稲田龍吉　25, 34, 82, 180, 216
稲葉　35
稲村欣治郎　90
稲村修次　354
稲村巳之次郎　354
稲村弥作　90, 354
乾　89
乾新兵衛　19
犬塚太郎　195, 196, 339, 340
犬塚力　337
井野次郎　232
井上　87
井上　188
井上　250
井上　321
井上馨　120
井上角五郎　266
井上勝之助　88, 97, 119, 127, 211, 305, 377
　〜の妻　88
井上桂　269
井上源之丞　274
　〜の娘　274
井上三郎　127, 377
井上準之助　92, 129, 145, 157, 158, 167, 301, 302, 327, 380
井上末子　377
井上猛夫　53, 85
井上哲次郎　57, 97
井上友一　53, 327
井上仁吉　236
井上通泰　51, 60, 218
井上良馨　278
猪熊信男　127
猪子徹雄　132
井原豊作　238
井保　222
今井慶松　251
今井信之　33
今井康道　364
今泉　55, 76
今泉　138
今泉定介（定助）　60
今泉丈吉　204
今泉康道　364
今川　336
今関天彭　74, 75, 90, 315, 342
　〜の母　315
今藤長十郎（二代目）　251
今村　220
今村（博士）　335
今村信次郎　130
今村正美　197, 267, 272
　〜の娘　272
今村恭太郎　131, 132
今村力三郎　181
入江　24
入江　63
入江貫一　32, 70, 142
入江為守　72, 78, 79, 84, 103, 117, 142, 189, 197, 215, 218, 243, 292, 343, 345, 351
入江毅　63
入沢茂麿　205
入沢達吉　29, 40, 45, 55, 72, 87, 90, 106, 117, 118, 137, 179, 180, 192, 298, 347
　〜の息子　192
入交好保　196
岩倉具実　100, 104, 168, 187, 240
岩倉具張　100, 104, 240
岩倉具栄　35, 51, 58, 74, 100, 104, 136, 168, 184, 187, 217, 240
岩倉具視　257
岩倉道倶　104, 114, 136, 139, 158, 225
岩崎勝太郎　41
岩崎清七　274
岩崎小弥太　25, 33, 53, 55, 103, 109, 115, 142, 187, 243, 266, 277, 290, 348, 349
岩崎早苗　273, 274
岩崎重次郎　333
　〜の娘　333
岩崎誠子→丹羽誠子
岩崎勢津子　208
岩崎孝子　349
岩崎隆弥　358
岩崎恒弥　261
岩崎俊弥　382

岩崎彦弥太　108, 115, 155, 179, 208
　～の妹　155
　～の弟　155
岩崎久弥　21, 36, 41, 43, 47, 49, 56, 62, 75, 85, 108, 123, 165, 166, 178, 188, 189, 201, 303, 307, 322, 325, 358, 373
岩崎正弥　41
岩崎（佐竹）操子　102, 108, 115, 155, 190
岩崎寧子　41, 47, 85, 373
岩崎康弥　41
岩瀬　372
岩田（博士）　157
岩田　207
岩田　279
岩田正巳　200
岩永　365
岩永裕吉　281, 282
岩波武信　23, 31, 34, 113, 115, 151, 155, 157, 178, 201, 202, 215, 340
岩野平三郎　200
岩原謙三　253
岩松五良　35
巌谷小波　81, 185
岩山素心　300
イングラム　92

う

ヴァルベルガ、サン・マルチノ・デイ　242
ウィニントン、アーサー・フォーリー　91
ウィルクス　366, 367
　～の妻　367
ウィルソン、バートン　210
ウィン　362, 368
　～の父　362
　～の孫　362
　～の息子　362
ウールワース　284
ウェイクフィールド、ハリー・B　289
ウェインライト　373
上垣　89
上杉慎吉　67, 281, 282
上田　144
上田万年　346
上田恭輔　158, 185
上田三平　335
上田駿一郎　281
上田天昭　57, 107
上野景明　15-17
上野広一　77
上野季三郎　265, 301, 304
上野操　320
上原　109
上原夫人　114
　～の息子　114
上原（東）寿恵子　114, 116, 117
上原槙子　35
上原勇作　35, 319
植松雅道　31
植村澄三郎　288
植村東彦　354
ウェルチ、ハーバート　371
　～の妻　371, 372
　～の娘　372
ヴェルネ、クリマンス　76
ウォーホン　318
ウォルター　331
宇垣一成　113, 114, 159, 301, 303
宇川済　266
宇佐美勝夫　44, 50, 62, 65, 87, 122, 162, 201, 209, 211, 298, 307
潮恵之輔　272, 290, 335, 348
牛島省三　343
牛塚虎太郎　232, 233, 344, 347, 349, 385
歌川国貞　145
歌川国芳　145
歌川豊国　145
歌川豊春　144
歌川豊広　145
歌川広重　145, 288
内田　362
内田嘉吉　270
内田康哉　75, 81, 83, 215, 240, 277
内田信也　180, 182
内田良平　92, 308
内村鑑三　147
ウッド、ジョン・W　162, 166, 167
宇都宮太郎　285
宇都宮徳馬　285
宇都宮マス　285
馬野精一　111
梅浦健吉　120
梅崎延太郎　235
梅谷孝永　228, 257

梅谷光貞　270
梅宮薫子内親王　52
梅若亀之　115
梅若万佐世　115
梅若万三郎　115
梅若六郎　115
浦口　18
漆間　213, 218
漆間真学　238, 239

え

エアリー　286
江川　375
江木　230
江木　261
江木千之　35, 61, 83, 211
江木翼　23, 301, 331
江口　54, 56
江口謙介　202
江口定条　202, 305
江口孝子→岡孝子
エクック　101
エジネ、ジェヴァト　284
エッケナー、フーゴー　308, 310, 311
エリオット、サー・チャールズ　21, 23, 24
エルス、ヒュー　286
閻立本　251
円地与四松　308
遠藤　250
遠藤敬三　200
遠藤柳作　248, 307

お

緒明　145
及川古志郎　66
王　180
王樹楠　90
汪永宝　342
大石　61, 75, 199
　～の妻（関屋貞三郎の姉妹カ）　199
大石　313, 314
大石明徳　314
　～の妻　314
大石正吉　38, 76, 108
大石正巳　40, 52, 108, 109
大石義郎　139
大金益次郎　185, 355
大川英太郎　230
大川周明　35, 64, 126, 170
大河原　277
大河原日東　126
大木　91
大木　323
大木遠吉　29, 53, 106, 196
大木親雄　52–54, 73
　～の娘（高橋温の妻）　53, 54
大木彝雄　185, 189
大北勝三　179
大口喜六　180
大久保　118
大久保栄　324
大久保純　185
大久保忠言　50
　～の妹　50
大久保利武　107, 110, 140, 280, 300, 305, 324
大久保利通（甲東）　116, 280
大久保教恵　30
大久保教尚　50
大熊　308
大隈重信　300
大隈敬夫　157
大倉　34
大倉の妻　78, 117
大倉和親　159, 279, 315, 333
　～の娘　159, 315, 333
大倉喜七郎　29, 57, 61, 70, 97, 99, 125, 154, 163, 165, 167, 178, 190, 202, 210, 271, 280, 281, 289, 298, 302, 306, 309, 331, 335, 351, 353, 372, 373, 376, 377
大倉喜八郎　40, 44, 48, 97, 99, 121, 127, 129, 130, 146, 182, 201, 203–205, 207, 210, 216, 284, 351
　～の妻　121
大倉喜六郎　302
大倉国子→川合国子
大倉久美子　61, 121, 125, 134, 165, 302, 335
大倉粂馬　313, 331, 346
大倉秀二　192
大倉俊一　15, 97, 109, 140
大倉尭信　204
大倉鈕蔵　204
大倉てつ　302
大倉信子　16, 217, 358

大倉弘子　76, 358
大倉正子　302
大河内正敏　154, 340
大越大蔵　240
大沢　28
大島　181
　～の妻　181
大島　361
大島濤兎　139
大島直治　133
大島又彦　235
大島与吉　217
大島義脩　61, 107, 110, 117, 120, 156, 162, 167, 213
大島義昌　42
大角岑生　40, 91, 252, 255, 291
大園　89
大田（井上源之丞の娘の夫）　274
太田　18
太田　328
太田　352
太田　356, 373, 378
太田政弘　60, 91, 98, 341
太田光熙　39, 205, 285, 296
太田嘉太郎　308
大平善市　267
　～の妻　267
大竹　23
　～の弟　23
大竹勇蔵　320
大谷瑩亮　86, 123
大谷光演（彰如）　86
大谷光暢　34, 123
大谷光明　223
大谷靖　344, 345
大智勝観　75, 324
大津　197
大塚　187
大塚惟精　19, 66, 156, 210, 229, 288, 310, 335
大塚武松　284
大塚璞子　21, 63, 201, 277
大塚（戸塚）玉子　98, 184, 277
大塚常三郎　21, 22, 24, 25, 27, 33, 34, 36, 38, 42, 60, 98, 108, 111, 161, 277
大寺純蔵　269
オードワイヤ　89
大沼吉平　145
大沼直輔　209
大野　54
大野（海軍兵学校）　295
大野緑一郎　380
大ノ里万助　276
大原重明　78
大原孫三郎　190, 193, 287
大湊直太郎　287
大海原重義　198, 253, 285
大森佳一　180, 348
大森金五郎　338
大森鍾一　56, 61, 84, 193
大谷正男　23, 32, 61, 70, 79, 82, 84, 98, 113, 123, 140, 155, 185, 195, 215, 217, 223, 226, 245, 273, 274, 308, 321, 326
　～の妻　23
大山卯次郎　290
大山柏　53, 61
大山鷹之介　142, 173, 183
岡　187
岡　188
岡（府主事）　326
岡弘毅　76
岡（江口）孝子　202
岡正雄　320
岡実　135–137, 181, 303, 304, 312, 368
岡元輔　323
岡崎雪声　172
岡沢慶三郎　142, 173, 183
小笠原貞頼　131
小笠原長幹　275
岡島銀次　133, 134
緒方　186
緒方（中将）　311
岡田（静岡会）　181
岡田　188
岡田（海軍副官）　293
岡田　305
岡田包義　85
岡田清子　238
岡田啓介　191, 293–296, 316
岡田源吉　304
岡田恒輔　322
岡田三郎助　81, 219, 225, 264
岡田周造　105
岡田信一郎　44
岡田蘇水　36

岡田忠彦　85
岡田恒輔　182
岡田正之　19
岡田嘉子　113
岡田良平　18
尾形乾山　197
尾形光琳　197
岡野新　343
岡野敬次郎　56
岡野昇　109, 321
岡野広　109
岡部長景　61, 190, 248, 265, 267, 269, 273, 274, 287, 299, 314, 318, 333, 351, 356, 359, 365, 370, 376, 388
～の妻　274
岡部弥太郎　335
岡見　367
岡村龍彦　54
岡村三活　34
岡本愛祐　157, 195, 213, 216, 217, 225, 273, 385
岡本武二　82
岡本万次郎　43, 55
岡本連一郎　234, 314, 347
小川芋銭　70, 193
小川恒三郎　308, 309
小川平吉　118, 149, 178, 198, 235, 236, 247, 271, 283
小河正儀　112, 157
小河原　315
荻根丈之助　236
荻野　181, 371
荻野万太郎　148
大給（土居）幸子　182
大給近孝　182
荻生天泉　78
荻原一羊　208
奥田　48
奥村政信　144
奥山万次郎　196
小倉正恒　316, 376
小倉遊亀→溝上遊亀
小栗一雄　31, 373
小栗孝三郎　33
小此木信六郎　179, 187
大河平　371
大河平次男　369, 373
尾崎（北海道第四区立候補者）　186
尾崎　226
尾崎　279
尾崎行雄　331
長田　97, 103
長田戒三　21, 28, 33, 39, 41, 61, 79, 97, 120, 140, 148, 177, 205, 311, 342, 372, 373
小平浪平　85
小平百合子　85
小田切　42
小田切　59
尾立維孝　124
小田部　98, 184, 188
小田部胤康　324
～の父　324
落合（高松宮妃殿下御用取扱）　326
落合慶四郎　320
落合竹彦　64
落合為誠　64
小津　271
乙部　250
小野　88
小野　218
小野英二郎　160
小野俊一　263
～の妹　263
小野八千雄　93, 103, 157, 265, 345, 378
小野芳彦　304
尾上菊五郎（六代目）　276
小野田忍　345
小野田元興　81
小野塚喜平次　312, 313, 345
小幡　50, 54
小畑　362, 367
小畑啓造　161
尾浜徳三郎　30
小原　90
小原　122
小原（富久町）　212
小原新三　114, 115
小原駐吉　264
小原直　140, 201
小尾　78
折田有彦　35, 36, 137
恩田民親（木工）　138

か

柯劭忞　90
カー、ハワード　286
カーゾン卿　56
海江田幸吉　64, 220
戒能義重　111
貝原益軒　146
各務謙吉　290
鏡保之助　235, 236
加賀谷朝蔵　84, 85, 185, 211, 303, 355
香川景之　38, 78, 108
賀川豊彦　318, 343
柿崎　366
賀来佐賀太郎　23, 25, 27, 87, 166, 185, 190, 192, 194, 196, 256, 263, 267, 274–277, 281, 299, 305, 317
角田竹冷　81
筧　62
筧克彦　44, 46, 48, 186, 204, 218, 344, 345, 375
筧舜亮　234
筧正太郎　236
鹿児島虎雄　66, 75, 139
笠井信一　305
葛西万司　235
笠木良明　55, 164
笠原吉太郎　152, 184, 263
樫田文右衛門　295
鹿島　313
鹿島萩麿（山階宮萩麿王）　46, 57, 100, 213, 215–217, 325
柏島　55
梶原　38, 56
梶原英夫　311
春日政治　229
和宮親子内親王（静寛院宮）　69, 75
粕谷　250
粕谷義三　353, 354
和代　142
加世田　295
片桐庄平　18
片山外美雄　230
堅山南風　75
華頂博信（伏見宮博信王）　84, 91, 92, 180
勝川春章　144
葛飾北斎　145
勝田蕉琴　190
勝田哲　199
葛城茂麿（山階宮茂麿王）　38, 158, 205, 325
加藤　19
加藤　80
加藤　186
加藤　228
加藤完治　375
加藤銀二　354
加藤内蔵助　374
加藤厚太郎　36
加藤恵義　131
加藤タカ　297
加藤高明　20, 23, 24, 33, 36, 59, 103, 184
加藤隆義　87
加藤武男　36, 41, 43, 53, 57, 109, 118, 139, 165, 291, 317, 375, 379
　〜の妻　53, 118, 165
加藤咄堂　384
加藤春路　41, 169
加藤寛治　133, 291, 293, 295, 316, 319, 347, 355
加藤福子　371
加藤政之助　207
加藤泰秋　54
加藤安子　207
加藤泰通　54, 121, 155, 366, 371, 387
加藤義清　78
門野　139, 160, 162, 163, 304, 312
　〜の妻　304
香取久吉　236
金井　328
金井四郎　36, 92, 116, 152, 161, 180, 184, 185, 187, 188, 270
金沢庄三郎　24
金森徳次郎　273
金谷範三　111, 342, 350
金山季逸　375
金内良輔　326
金子角之助　193
金子堅太郎　77, 85
金子元臣　78
金子有道　78
金杉英五郎　57
金田浅衛　150
狩野永徳　283
狩野蔵次郎　272
狩野武次郎　58

狩野尚信　108
狩野芳崖　120
嘉納治五郎　288
鹿子木員信　292
鹿子木孟郎　81
樺山　186
樺山愛輔　112, 121, 129, 153–155, 157, 159, 166, 178, 179, 182, 188, 213, 275, 371, 377
樺山資紀　213
樺山とも子　213
カフマン、エマ・R　297, 339
鏑木清方　206
鎌田　312
神尾光臣　105
神代敬亮　229
神野金之助　149
～の妹　149
上村清敏　226
上村哲弥　180, 183, 226
神谷八郎　328
上山満之進　60, 73, 74
カミル、セル　76
カムペーンペット、プラチャートラ　382
亀岡　345
亀岡慶治　144, 155
亀岡長次郎　232
亀岡豊二　74, 133, 334
亀田　87
亀山　70
亀山俊蔵　73
賀茂百樹　343
蒲生秀実　152
賀陽宮邦憲王妃好子　124, 264
賀陽宮恒憲王　15, 92, 93, 101, 217, 233, 311, 333, 383
茅原華山　64
唐沢章　40
河合栄治郎　17
河合錦太郎　28
河合操　357
河井寛次郎　285
河井弥八　60–62, 65, 67, 71, 73, 77, 84, 107, 108, 113, 122, 123, 129, 135, 137, 142, 151, 153, 167, 179, 194–196, 203, 210, 217, 220, 233, 239, 241, 244, 247, 253, 255, 261, 273, 277, 287, 291, 296, 306, 308, 317, 319, 321, 323, 326, 339, 342, 349, 351, 356, 369, 382, 388
川合玉堂　46, 56, 78, 155, 160, 163, 167, 187, 189, 196–198, 204, 208, 217, 239, 266, 325
川合（大倉）国子　204
川合貞一　221
川合とみ　167
河上清　212
川上操六　341
河越重紀　133, 134
川崎克　311
川崎卓吉　91, 212, 301
川島信太郎　303
川島長十郎　152
川島令次郎　159, 256
河瀬　181
川田　354
川田敬三　220
川田貞治郎　302, 327
～の妻　327
河田烈　310, 319
河内一彦　18, 19
河津暹　221, 222, 336
川西（書記官）　17, 52
川西　366
川西実三　60
川西清兵衛　84
川西文夫　334, 356
河西健次　117
河鰭実英　55
川端龍子　75
川原茂輔　291
川村景明　44
川村清雄　119, 314
川村竹治　84, 227
～の妻　84
川村曼舟　199
～の妻　189
河村譲三郎　350
河原田稼吉　217
韓昌洙　105, 112, 115, 117, 167, 249, 278, 288, 353
韓相龍　378, 379
韓大龍　84
簡朝亮　90
閑院宮載仁親王　15, 23, 31, 43, 72, 80, 84, 104, 178, 199, 210, 233, 236, 238, 244, 245, 248, 253, 264, 266, 304, 309, 318
閑院宮直仁親王　252
閑院宮春仁王　23, 59, 77, 233

簡牛凡夫　162, 181, 186
神崎一郎　28
神田鐳蔵　50
漢那憲和　33
管野　45
甘露寺（島津）績子　181
甘露寺受長　113, 121, 130, 288
甘露寺澄子　85
甘露寺方房　85
甘露寺満子　113

き

木内　57
木内昭胤　173, 358, 359, 363, 369, 370
木内磯路　21, 99, 100, 181
木内けい　41
木内こう　41
木内重四郎　21, 99
木内高胤　33, 36, 41, 42, 62, 148, 358
木内（志立）多代　250, 269, 302
木内直　41
木内信胤　33, 36, 41, 42, 47, 52, 64, 70, 148, 152, 153, 196, 250, 269, 303, 358
木内（関屋）淑子　36, 39, 41–49, 52, 56, 64, 70–72, 97, 160, 173, 358, 363, 365, 367, 369
木内良胤　21, 36, 39–43, 46–48, 52, 53, 69, 299, 303, 313, 358, 361, 363, 366–368, 370
菊池（盛岡・林野出張所）　234
菊池　373
菊池第三　233
菊池忠三郎　281, 282
菊池豊三郎　338
菊池福次　34
菊池米太郎　44, 154
　～の娘（頼の妻）　154
菊地白　228
岸　200
岸勝之　373
岸倉松　189, 265
岸ふみ　189
岸沢式佐（六代目、五代目岸沢古式部）　251
木島　161
北一輝　57, 68, 102, 119, 170
北リク　102
北昤吉　102, 170
北大路魯山人　208
喜多川歌麿　144
北崎　336
北沢　325
北白川宮永久王　39, 68, 100, 135, 157, 168, 222, 312, 343, 378
北白川宮成久王妃房子内親王　39, 73, 86, 101, 337, 367
北白川宮美年子女王　44, 222
北白川宮能久親王妃富子　32, 68, 72, 74, 191, 202, 303
北田親氏　233, 236
木谷　101, 104, 110, 130
北野　314
北野吉内　308
北原大輔　52, 62, 64, 75, 109, 115, 255, 291, 302, 324
北見庸造　287
北村梅子　84
北村耕造　61, 195, 217, 228
北村民枝　212
木戸幸一　190, 356, 381
木戸孝允　50, 207
稀音家六四郎（三代目）　251
紀淑雄　152
木下　210
木下　215
　～の母　215
木下謙次郎　217
木下竹次　31, 32
木下信　364
木下道雄　19, 27, 105, 107, 130, 135, 195, 225, 265, 285, 300, 338, 355
木辺孝慈　227
君島（京都）　192
君島　271
木村　92
木村　121
木村　207
木村　347
　～の妻　370
木村鋭市　74
木村棲雲　387
木村清治　314
木村清四郎　163, 192, 302
木村探元　79
木村徳衛　54
木村武山　75

木村雄次　39, 52, 141, 279, 339
　〜の弟　39
　〜の長男　39
　〜の長男の妻→長島の娘
木村蓮　232
キャッスル、ウィリアム・R　334, 338, 341, 345, 350
　〜の妻　338, 345, 350
キャリー　203, 206, 365
　〜の姉　206
　〜の妻　206
　〜の娘　206, 318
姜　201
姜錫天　81, 157–159
姜仁遠　90
清浦奎吾　17, 18, 40, 88, 149, 178, 198, 207, 250, 386
　〜の母　17
清棲幸保　79
清田　201
清水六兵衛　87
桐山仙之助　387
金（「シスアッペンツエラー」校文学部長）　111
金（朝鮮協会）　202
金殷鎬　91
金泳煥　84
金応善　67, 84
金海岡　17
金学元　18, 45, 112
金亨墩　37
金姜理　36
金衡鎮　307
金紹城　55, 56
金性洙　18, 39
金両英　276
金良瓛　137, 146, 147, 154, 189
錦城斎典山（三代目）　187

く

クーリッジ、グレース　346
クーリッジ、ジョン・カルビン　346
久喜田　227
草間要　38, 370, 383
草生政恒　35, 69, 127
串田万蔵　167
九条武子　187, 188
九条道実　38, 126, 195, 196
　〜の孫　116
九条道秀　49–51, 98
九条良致　98, 188
久須美東馬　178, 198
久世通章　199
百済文輔　156
工藤　52
工藤　59
工藤　193
工藤　315
工藤壮平　78, 120, 200, 227
国富信一　385
久邇宮朝融王　77, 80, 91, 129, 155, 156, 196, 227, 230, 292, 326, 339, 356, 359
久邇宮朝融王妃知子女王　326
久邇宮邦英王→東伏見慈洽
久邇宮邦彦王　18, 23, 26, 27, 30, 34, 39, 49, 51, 52, 78, 84, 91, 120, 143, 154–156, 161, 192, 194, 199–201, 209, 219, 233, 256, 267–270, 272, 273, 275, 277, 288, 337
久邇宮邦彦王妃俔子　51, 52, 155, 268, 278, 326, 339, 359
久邇宮良子女王→香淳皇后
久原房之助　239
久保　121
久保健麿　228
　〜の妻　229
久保恵　349
久保田　209
久保田鼎　31, 32
久保田譲　211
窪田栄吉　164
窪田勘六　99
窪田静太郎　76
熊切　137
熊沢　364, 373
熊沢一衛　19, 27, 33, 51, 57, 90, 143, 237
熊本　54
熊本利平　201, 266
　〜の妻　201
　〜の息子　266
久米の妻　121
クラーク、フランシス・W　289
倉田松濤　60
　〜の妻　60
倉知　114

倉富勇三郎　20, 24, 47, 53, 82, 85, 88, 103, 165, 178, 215, 247, 255, 277, 319, 332, 351, 357, 377
倉橋藤治郎　253, 325
グリーン、ジェローム　321
栗田　125
栗田五百枝　236
栗原　55, 70, 72, 164
栗原彦三郎　300
栗山（博士）　48
栗山　202
呉建　117, 120, 216, 360
グレイス　86, 318
黒板勝美　82, 117, 217, 301, 321, 337, 374
クロウスリー、キャロライン・M　86
グロエンボルト、L　124
グローティウス、フーゴー　19
黒木三次　146
黒崎延次郎　354
黒沢礼吉　33, 34, 125, 166, 351, 361
黒須　81
グロス　271, 272, 376
グロスター公→ヘンリー王子
黒瀬弘志　274
黒田清輝　290
黒田長敬　88, 130, 180, 223
黒田長成　75, 83
黒田英雄　198, 255
黒田善治　54
桑重儀一　81
桑島　250
桑山鉄男　300
グンデルト、ヴィルヘルム　123

け

ケアリー　312
景行天皇　388
月僊　180
厳俊源　342, 343
謙蔵　21
建礼門院　257

こ

辜顕栄　213
呉士鑑　90
伍哲英　89
小池　351
小泉　355
小泉策太郎　71, 145, 291
小泉又次郎　301
後一条天皇　256
小糸源太郎　81
江　342
黄　15
黄荃　251
黄庸河　77, 84, 85, 89
　～の兄　85
高義敬　75, 84, 155, 215, 357
郷誠之助　115, 121, 129, 145, 163, 164, 213, 302
康弼祐　357, 389
纐纈弥三　343
香坂昌康　210
香淳皇后（久邇宮良子女王）　15, 20, 34, 35, 65, 78, 98, 99, 104, 115, 126, 137, 138, 143, 149, 177, 184, 191, 194, 196, 197, 201, 206, 212, 215, 216, 223–225, 227, 232, 241, 243–246, 251–253, 263, 266–268, 270, 275, 276, 279, 280, 297, 316, 326, 327, 331, 333, 334, 337, 338, 341, 343, 344, 352, 369, 375, 377, 380
古宇田晶　55–57, 108, 114, 133, 180, 219
郷田兼安　142
河内山楽三　249
郷津　221
厚東篤太郎　209
幸徳秋水　279
河野　151
河野元三　192
河野秀男　319
巷野秀蔵　35, 59, 205, 364
神戸　151
孝明天皇　185, 336
小枝指達雄　234
ゴーゲンソン　283
　～の妻　283
コールマン　48
古賀　63
久我常通　54
後柏原天皇　50
コクソン　383
国分　114
国分三亥　191
国分胤之　191
国府種徳　276

小久保　239, 313, 362
小隈和助　74
古在　65
古在由直　51, 211, 240
小坂順造　374
小島　29
小島（関野）綾子　250
小島一谿　230
小島源三郎　54, 68, 70, 152, 250
小島正治郎　280
小島文六　89
小島淑子→堤淑子
児島友子　193
児島虎次郎　122, 124, 190, 193, 287
小杉　387
小杉天外　312
小杉彦治　68
小杉放庵（未醒）　43, 68
小菅　28
小平権一　370
児玉　274
児玉一造　261, 296
児玉謙次　192, 220, 254
児玉源太郎　169
児玉友雄　306
児玉秀雄　34, 105, 218, 298–300, 306, 351, 353
児玉マツ　306
コップ、ヴィクトール・L　43
五斗　312, 313, 360, 367, 369
後藤　69
後藤　186
後藤一蔵　161, 280, 282, 347, 349
後藤環爾　142
後藤象二郎　266, 267
後藤新平　16, 37, 62, 88, 105, 109, 160, 161, 169, 170, 188, 218, 250, 266, 276, 280–282, 300, 303, 349, 351, 381
後藤長乗　257
後藤春子　280
後藤文夫　165
後藤保弥太　266, 277
後鳥羽天皇　45, 47, 257
後二条天皇　256
近衛文麿　59, 61, 178, 186, 190, 198, 215, 241, 243, 244, 247, 251–254, 266, 275, 312, 356, 362
此木田　356
小橋一太　301
小早川式子　308
小早川四郎　79, 83, 88, 222, 308
小林　26, 28, 34, 36
小林（技師）　43
小林　112
小林　138
小林丑三郎　42, 99, 106, 114, 124, 140, 179, 199, 231, 255, 321, 322, 326, 335, 336, 352
　～の妻　48, 55, 80, 114, 128, 140, 199, 221, 302, 374, 386
　～の母　106
小林源松　236
小林古径　70, 75, 230, 314, 324
小林清七　224
　～の妻　224
小林躋造　293
小林尋次　299
小林良正　374, 388
小堀鞆音　188, 219
駒井卓　295
小松　26
小松行一　181
小村欣一　304, 389
小村俊三郎　188
後村上天皇　80
小室　181
小室翠雲　15, 17, 22, 24, 35, 36, 39, 40, 44, 46, 56, 76, 78, 90, 119, 120, 129, 130, 141, 178, 180, 184, 198, 208, 231, 254, 255, 264, 315, 371, 382
小室ふき　24
小森雄介　24
小山　364, 366–368
小山　387
小山善太郎　135, 136
小山大月　75
小山武　33
小山松吉　42, 209, 311, 316
　～の父　42
小山田繁蔵　233, 234
近藤浩一路　208, 230
近藤達児　122, 344, 348, 349, 354, 376
近藤友右衛門　333
　～の子　333
権藤　296
権藤種男　264
金春栄治郎　251

さ

崔　331
西園寺公望　22, 40, 53, 86, 232, 249, 290, 299, 303, 352
西園寺八郎　20, 31, 32, 40, 79, 123, 130, 195, 198, 224, 245, 248, 255, 264, 370, 386
佐伯矩　149
西郷　289
　〜の妻→田子の娘
西郷吉之助　24, 42, 220
西郷吉弥　267, 268
西郷清子　240
西郷従徳　240
西郷隆盛　73
斎地磐夫　340
　〜の妻　283
斉藤音作　112
斉藤清子　72
斉藤金蔵　72
斉藤隆　112
斉藤春子　72
斉藤柾五郎　224
斉藤隆三　75, 192, 324
斎藤　187, 193
斎藤　225, 226
斎藤（第一教頭）　297
斎藤　309
斎藤阿具　205
斎藤勲　137
斎藤伊次　308, 309
斎藤幸次　278
斎藤七五郎　62
斎藤松洲　204
斎藤惣一　333
斎藤隆夫　301
斎藤直橘　32
斎藤秀資　88, 272
斎藤斉　85
斎藤博　321
斎藤実　85, 88, 282, 283, 303, 309, 341, 343, 345, 347
斎藤宗宜　298
佐伯　34
佐伯定胤　161
坂千秋　272
坂井　188
坂井　250
阪井　167, 281
阪井徳太郎　76, 147, 278, 305
酒井栄蔵　142
酒井三良　230
酒井忠亮　220
酒井忠正　72, 79, 91, 106, 163, 181, 265, 347
酒井抱一　151, 197
栄谷藤一郎　65, 70, 76
阪口鎮雄　211
坂口総一郎　295
阪谷芳郎　48, 50, 63, 78, 141, 165, 167, 168, 172, 188, 207, 281, 305, 336, 340, 344
阪谷朗廬　335
坂中　28
坂部十寸穂　234
酒巻　282
酒巻芳男　105, 113, 183, 185, 215, 300, 326
酒巻廉一　105
阪本　44
阪本釤之助　162, 299, 322, 333, 385
阪本（古井）福子　162
咲花　59
桜井錠二　83
桜井省三　166
　〜の妻　166
桜井恒次郎　229
桜間金太郎　251
佐郷屋留雄　381
左近司政三　293
笹尾　311
笹川　198
佐々木　57
佐々木　191
佐々木（八幡製鉄所理事）　230
佐々木　387
佐々木慎次　348
佐々木静吾　56
佐佐木信綱　365, 368, 372, 373, 380, 382
佐々松賢識　341
佐島　162, 197, 275, 320, 359, 371, 374, 375
佐竹操子→岩崎操子
佐竹義利　115
佐竹義準　102, 108
佐竹義文　38, 91, 113, 162, 209, 226, 270, 299, 322
佐藤　29

佐藤（表具屋） 90
佐藤（朝鮮協会） 202
佐藤（技師） 212
佐藤慶太郎 44
佐藤功一 152
佐藤三吉 51, 268
佐藤繁吉 19
佐藤昌介 50
佐藤禅忠 226
佐藤達次郎 54
佐藤朝山（玄々） 230
佐藤恒丸 18, 41, 118, 125, 130, 142, 145, 178, 180, 189, 197, 300, 315, 382
佐藤文司 345
佐藤正男 345
佐藤貢 78
佐藤安之助 386
佐藤林蔵 52
実吉敏郎 18
～の妻 18
実吉安純 201
佐野 227
佐野 312
佐野 326
佐野常羽 315
佐野利器 170, 207, 217
佐野朝男 342
佐野尚子 315
佐野彪太 25–27, 137
～の妻 25
佐橋 114
佐橋道隆 321
佐原 80
佐原保助 113, 354
佐分利貞男 325
寒川陽光（鼠骨） 92, 146
鮫島具重 332
鮫島雄介 322
沢田 20
～の娘 20
沢田 207, 279
沢田 349
～の妻 349
沢田牛麿 114, 127, 211, 298, 299, 305, 322
沢田健 140, 183
沢田源一 140
沢田節蔵 303, 321, 322
沢田豊丈 378
～の娘 378
沢柳政太郎 166, 167
沢山喜多路 38, 105
沢山精八郎 28, 34, 40, 105
三条 202
三条公輝 44
三条泰子 44
三定定夫 234
三条西実義 245
三条西信子 27
三田谷啓 345

し

椎名龍徳 301, 306, 318, 358, 385
塩沢健 57
潮田 388
塩田広重 381, 382
塩野季彦 277, 375
塩谷温 100, 298, 337, 340
塩見暉夫 81
志賀 220
志賀潔 111
志賀重昂 50
鹿園博仲 270, 271
軸丸春吉 208, 213, 216, 226
重田 249, 385
重村義一 111
慈光寺伸敏 78
四条隆愛 268
志田錦太郎 336
志立 281
志立滝 269
志立多代→木内多代
志立鉄次郎 250, 269
七田孝子→副島孝子
七田基玄 184, 187, 189, 341
～の妻 186, 189
シップパン 77, 81
幣原喜重郎 41, 45, 47, 49, 56, 71, 83, 99, 106, 277, 301, 324, 348, 351, 386, 388
幣原雅子 41, 106
しな 369
篠田の娘 84
篠田治策 24, 25, 27, 68, 105, 112, 115–118, 217, 220, 223, 249, 265, 266, 288, 311, 315, 342, 343,

347, 353, 357, 358, 371–373
　〜の息子　265
篠塚義男　235
篠原春一郎　18, 19
信夫山秀之助　276
芝　317
柴四朗（東海散士）　26
　〜の母　30
柴田　209
柴田　385
柴田徳次郎　60
芝谷邦子　201
渋沢栄一　47–49, 50, 62, 66, 305, 376
渋沢敬三　42, 50, 52, 53, 56, 57, 62, 115, 147, 148, 159, 162, 163, 166, 188, 193, 201, 288, 325, 327, 349, 377
渋沢登喜子　41, 42, 47, 52, 56
島崎　35
島崎藤村　135
島薗　326
島田（山階宮武彦王に随伴）　37
島田　312
島田寅次郎　229
島津績子→甘露寺績子
島津源蔵　386
島津忠承　44
島津忠彦　181
島津長丸　24, 25, 103, 107
島津ハル（治子）　32, 35, 59, 107
島津久賢　86, 87
島野三郎　112
清水　236
清水重夫　212
清水繁　134, 380
清水澄　273
清水安次　303
清水喜重　66
清水谷実英　387
シムス、W・P　289
志村　56, 62
志村源太郎　367
下岡忠治　33, 89, 159
下郷　123
下阪　113
下住　124
下田歌子　61, 63, 100, 114, 162, 180, 268, 298, 383
下村　313
下村観山　70, 85, 118, 142, 186
下村宏　18, 122, 367
寂室元光　197, 200
ジャルディーニ、マリオ　274
　〜の妻　274
周肇祥　55, 56
宿利　186
宿利英治　340, 346
周利槃特　346
純宗→李坧
荘田達弥　108
順徳天皇　257
徐載弼　368
徐世昌　55
城一格　140
章炳麟　90
昭憲皇太后（美子）　139, 172, 180
庄司　250
小路弘通　250
章子内親王　256
昌子内親王　257
正田　261
正田きぬ　49, 55
正田卓治　46, 49, 55, 61
正田貞一郎　46, 49, 55, 74, 275, 311, 322, 376
正田冨美→副島冨美
正田英三郎　275
正田文右衛門　46, 49, 55
正田（伊藤）芳子　46, 49, 55
聖徳太子　257
昭和天皇（摂政、迪宮裕仁親王）　16, 18, 20, 23, 27, 33, 35, 39, 48, 65, 66, 72, 74, 77–80, 82, 83, 85, 86, 91, 97–99, 105, 126, 131, 134, 138, 141, 143, 151, 153, 156, 159, 160, 165, 168, 170, 177, 184, 191, 193, 194, 196, 197, 206, 207, 212, 215, 216, 223–225, 227, 241, 243, 244, 246, 247, 249, 251–253, 256, 263, 266, 268, 272–274, 276, 279, 280, 286, 294, 297–299, 301, 303, 306, 316, 319, 323, 326, 327, 332, 334, 338, 339, 341, 343, 352, 369, 374, 379, 380, 385, 388
ジョンズ、ジョージ・S　289
白井二郎　270
白井芳子　270
白岩達平　385
白上　120
白上佑吉　319
白河天皇　306

白川義則　116, 149, 191, 248, 298
白仁武　290
白根喜美子　23, 150, 365
白根竹介　210, 349, 352, 355, 387, 388
白根松介　16, 23, 29, 30, 34, 37, 58, 69, 71, 74, 78, 84, 90, 93, 100, 106, 112, 122–124, 126, 135, 140, 143, 145, 161, 178, 185, 189, 195, 197, 198, 217, 225, 237, 241, 249, 253, 264, 265, 267, 285, 310, 313, 318, 319, 335, 355, 365, 376, 378
シルヴァ、リナルド・デ・リマ・エ　18
　～の妻　18
代谷清志　230
塩飽嘉右衛門　269
進経太　30
　～の妻　30
陣野　52
新保　297
神武天皇　38

す

推古天皇　161, 201
末永一三　82, 85
末延　305
末延道成　345
須賀　80
須賀　219
菅谷修徳　132
杉　297
杉　354
杉　382
杉栄三郎　23, 31, 34, 61, 70, 79, 80, 82, 98, 100, 112, 125, 139, 140, 144, 163, 187, 189, 192, 194, 195, 198, 200, 255, 292, 301, 302, 333
　～の妻　23
杉琢磨　274, 276
杉浦（代議士）　37
杉浦　376
　～の妻　145, 376
杉浦倹一　17, 42, 49, 53, 72, 89, 140, 145, 181, 303, 307
杉浦重剛　105, 340
杉浦俊香　272
杉浦とし　54, 269
杉木弥助　164
杉野加寿　307
杉原　178, 198
杉村　288, 297
杉村陽太郎　333, 338
杉本　32
杉山　218
杉山　312
杉山茂丸　85, 266, 270, 274, 277, 279, 341–343, 351, 358
杉山四五郎　180, 181
杉山常次郎　75
杉山若代　180, 181
鈴木　59
鈴木　178
鈴木　199
鈴木　208
鈴木　239
鈴木　256
鈴木　283
鈴木　337
鈴木の子　255
鈴木の妻　179
鈴木按　315
鈴木一郎　202, 240, 263
鈴木梅太郎　340, 386
鈴木慤太郎　69
鈴木喜三郎　72, 76, 82, 118, 182, 204, 274
鈴木啓処　18
鈴木三郎　105, 110, 117, 123, 210, 228, 300
鈴木鎮雄　62, 110, 228
　～の父　62
鈴木島吉　157
鈴木鶩山　74
鈴木信太郎　31, 73, 123, 179, 272
鈴木雪哉　128, 156
鈴木荘六　234, 235, 308, 346, 347
鈴木大拙　181, 186, 225
鈴木孝雄　158, 234, 235, 300
鈴木碇治　28, 37, 41
鈴木貞造　354
鈴木はる子　123
鈴木春信　144
鈴木富士弥　55, 152, 301–304
鈴木文治　149, 152, 297, 304, 316, 317
鈴木文四郎（文史朗）　78, 99, 122, 162, 168, 221, 300, 312, 313
鈴木穆　255
　～の妻　255
鈴木馬左也　69

鈴木操　358
鈴木有哉　128, 150
鈴木利蔵　328
薄田泣菫　269
須田　27
スチュワート　311
　〜の妻　311
ステファニック　17
須藤　59, 66, 89, 181
須藤　276
須藤宗次郎　191
ストレート　367
スパクマン夫人　367
すみ　369
スミス、サラ・クララ　367
住田平彦　339, 340, 342, 349
澄宮崇仁親王→三笠宮崇仁親王
住山徳太郎　130
住吉　373
頭本元貞　50
スレフュー　206
スワグロウスキー、ジョセフ　164, 166, 179

せ

静寛院宮→和宮親子内親王
清野長太郎　72, 141
清和天皇　256
瀬川　372
瀬川八十雄　334
関　336
関清長　144
関一　272
石義澄　18
関口隆嗣　81
関根正直　19, 298
関野　217
関野綾子→小島綾子
関野謙吉　250
関野英夫　250
関谷　59
関屋卯多　46, 47, 135, 204, 372
関屋衣子　17, 18, 23, 27, 30, 36, 38, 46, 47, 49, 50, 52, 59, 62, 67, 71, 78, 88, 98, 106, 116, 128, 129, 134, 136–138, 141, 146, 154, 159, 160, 171, 179–181, 187, 190, 205, 208, 209, 216, 218, 223, 230, 231, 236, 239, 241, 246, 248, 250, 253–255, 261, 263, 264, 267–270, 275, 287, 290, 305, 309, 310, 312, 313, 315, 324, 332, 338, 344, 358, 361, 365, 368, 370, 371, 373, 376, 378
　〜の母　47, 339
関屋敬次　150, 285, 300, 352
関屋健彦　43, 69, 72, 108, 109, 127, 128, 135, 137, 138, 140–142, 159, 160, 173, 178, 198, 220, 239, 255, 261, 269, 313, 323, 331, 337, 358, 365, 368, 372, 377, 378
関屋友彦　17, 18, 39, 62, 68, 71, 72, 74, 89, 106, 128, 138, 140, 147, 149, 167, 173, 177, 178, 181, 196, 198, 204, 213, 239, 255, 267, 269, 281, 284, 289, 291, 300, 309, 311, 312, 323, 325, 331, 346, 363, 368, 372, 377
関屋正彦　16, 18, 39, 48, 62, 67–69, 71, 89, 92, 97, 101, 106, 116, 135, 138, 140, 147, 150, 154, 167, 173, 177, 178, 181, 198, 216, 239, 255, 261, 262, 267, 269, 285, 286, 291, 302, 307, 309, 313, 315, 317, 322–324, 326, 331, 332, 338, 343, 346, 350, 354, 356, 359–362, 366–373, 378, 386
関屋美恵子　72, 80, 108, 109, 135, 137, 138, 140, 146, 149, 159, 160, 173, 178, 208, 218, 239, 255, 261, 269, 315, 323, 331, 337, 358, 359, 364, 365, 369, 372, 377
関屋光彦　18, 62, 71, 72, 89, 108, 109, 135–138, 140, 168, 173, 181, 198, 213, 216, 239, 255, 269, 281, 284, 289, 291, 300, 313, 323, 325, 331, 346, 358, 363, 364, 372, 377
関屋由香子　47, 72, 135, 137, 140, 149, 159, 173, 178, 208, 218, 239, 255, 261, 269, 315, 323, 331, 337, 358, 359, 364, 365, 368, 369, 372, 377
関屋淑子→木内淑子
関屋良純（仁彰院）　199, 204
関屋龍吉　352
雪潤　58
摂政→昭和天皇
銭選（舜挙）　58
銭痩鉄　285
仙厓義梵　229
仙石政敬　23, 24, 27, 31, 32, 36, 38, 40, 49, 54, 58, 70, 84, 88, 100, 103, 112, 113, 115, 117, 120, 140, 142, 151, 152, 157, 162, 165, 178, 192, 200–202, 208, 215, 217, 223, 232, 240, 255, 256, 288, 292, 298, 299, 326, 334, 337, 351, 357, 374
仙石稔　42
千田　108
セント・ジョン、アリス・C　305

宣統帝（愛新覚羅溥儀） 121

そ

曹元弼 90
相馬孟胤 20, 35, 59, 81, 198, 248
副島佐和 130
副島（七田）孝子 184, 187, 189
副島種臣 276
副島種忠 268
副島種義 341
副島綱雄 275
副島（正田）冨美 275
副島道正 51, 62, 65, 69, 136, 187, 197, 200, 268, 281, 341, 349, 350
副島みね 187
添田 179
添田寿一 301, 302
曽我祐邦 91
外松（竹内）良一 113
曽根 22
曽根玄昌 91
薗一雄 203
園基資 180
園池実康 202
ゾルフ、ウィルヘルム 106, 116, 188, 249, 252
〜の妻 106
孫奉祚 81, 90

た

ダージン 283
〜の妻 283
大工原銀太郎 228, 229
醍醐忠直 31
大正天皇 15, 48, 69, 70, 72, 79, 83, 85–87, 166, 254, 388
平 236
たか 182
高井友貞 281
〜の息子 281
多嘉王 245, 320, 322
高木（侍医） 189
高木 342
高木亥三郎 188
高木古泉 141
高木三郎 185, 195, 196, 340
高木多都雄 156
高木保之助 200
高楠順次郎 321
高倉 77
高倉（藪）篤麿 199
高倉寛 108
高崎在子 76
〜の娘 76
高島 166
高島 298
高島 366
高島の妻 121
高嶋米峰 210
高瀬（牧師） 147
高瀬 372
高瀬武次郎 182
高瀬伝 15, 26, 146
高田 80
高田覚三 234
高田義 103
鷹司熙通 103
高辻祥子→三井祥子
高辻正長 292
高辻宜麿 292
高野 211
高野 359
高野 362
高野源進 232
高野辰之 251
孝宮和子内親王 324, 334, 338, 344, 374, 376
高橋 50, 54
高橋 59
高橋 113
高橋 124
高橋 137
高橋 187
高橋（博士） 222
高橋 282
高橋 283
高橋 355
高橋 382
高橋愛子 244
高橋皞 159, 225, 256
高橋温 53, 54, 154
〜の妻→大木親雄の娘
高橋其三 23, 25, 73, 84, 178
高橋健自 126, 321

高橋是賢　244
高橋是清　114, 115, 139, 149, 193, 213, 220, 244
高橋静男　89
高橋周桑　230
高橋貞三郎　107, 378, 386
　～の妻　107
高橋貞太郎　207
高橋亨　111, 118, 280
高橋直武　298, 299
高橋信　24
高橋洋次郎　118
高橋義雄（箒庵）　365
高林兵衛　239
高間惣七　81
高松宮宣仁親王　15, 20, 23, 46, 49, 50, 83, 98, 99, 106, 108, 120, 155, 195, 201, 232, 249, 250, 271, 272, 291, 292, 302, 307, 322, 326, 331, 337, 338, 341, 347, 349–351
高松宮宣仁親王妃喜久子（徳川喜久子）　113, 119, 271, 288, 290, 291, 298, 325–327, 337, 347, 351
高村　269
高村光雲　200
高村光治　55, 164
高山　147
高山紀斎　207
財部彪　100, 190, 232, 301, 320, 323
高羽　209
多川　165
多川遊亀子　45
田川大吉郎　345
滝精一　117, 127
滝川俄作　271
滝川美津子　271
田口（報知）　78
田口　219
田口（警察部長）　285
田口邦重　85
田口久盛　33
宅野田夫　202, 225, 227, 239, 240, 263, 323, 339, 349, 350
詫摩武人　48
武井晃陵　36, 108, 142
武井守成　126, 183, 356
武内作平　20
竹内の母　30
竹内栖鳳　46, 49, 78, 85, 110, 123, 206, 228, 243, 245, 246, 285, 376
　～の妻　110, 245
竹内良一→外松良一
武岡　382
竹越与三郎　346
竹崎　246
竹崎律次　228
竹下勇　202
竹下豊次　213
武島羽衣（又次郎）　78
竹城　118
竹田倭子　262, 298
竹田宮恒久王　284
竹田宮恒久王妃昌子内親王　39, 72, 98, 100, 101, 136, 168, 336, 388
竹田宮恒徳王　48, 53, 68, 100, 106, 109, 115, 137, 157, 213, 278, 290
竹葉　115
建部　193
建部遯吾　49, 51, 121, 280
武宮喜佐　62
武宮雄彦　62, 122, 126, 185, 237
竹屋志計子　103, 107, 108, 115, 119, 151, 161, 237, 240, 244, 272, 325, 374
竹屋津根子　21, 215
田子　254
田子　289
　～の娘（西郷の妻）　289
田崎草雲　45, 371
田沢義鋪　379
田島　209
田島準一郎　60
田代　219
田代皖一郎　209
田代義徳　360
立花小一郎　272
建川美次　347
立野　46
立松懐清　273
田中　19, 27, 57
田中（朝鮮逓信局技師）　214
田中　218
田中　277
田中義一　19, 34, 109, 115, 120, 121, 145, 158, 178, 182, 186, 203, 204, 210, 217, 227, 231, 240, 243–245, 247, 249, 251–254, 261, 288, 297–299, 301, 318, 319, 355

田中敬　157, 388
田中広太郎　319
田中三郎　245
田中清純　89, 291
田中清次郎　28, 30, 158, 282
田中武八　225, 289
田中都吉　379
田中平八　338
田中光顕　22, 32, 88, 139, 144, 159, 171, 173, 180, 183, 189, 193, 194, 300, 302, 343, 352, 375, 380
田中隆三　352, 355
田辺（理学士）　56
田辺（彫刻）　152
田辺至　81
田辺武雄　48
田辺文太郎　289
棚町丈四郎　131
谷井清一　183
渓内　86
谷川浩　304
谷口　356, 366, 371
谷口尚真　86, 301
谷山初七郎　262
ダブルデー　271
田部　355
田部井進助　371
玉田　332
玉錦三右ヱ門　352
田本　124
多門二郎　235
ダリ、ラドンズ　56
俵　48
俵積雄　68
俵孫一　301
俵屋宗達　291
団　41
団伊能　152
団琢磨　61, 62, 154, 167, 298
丹下謙吉　267
ダンニー（ダーニー）　77, 81, 82
檀野綾子　224
檀野きよ子　224
檀野延子　224
檀野典子　224
檀野首　224
檀野礼助　114, 186, 211, 224, 279

ち

ちえ　216
近角常観　225
力石雄一郎　34, 272, 277
秩父宮雍仁親王　25, 29, 30, 45, 51, 56, 62, 87, 89, 98–100, 102, 103, 106, 108, 117, 120, 136, 152, 155–157, 162, 170, 177, 179, 185, 196, 200, 204, 209, 210, 215, 221, 225, 226, 230, 231, 236, 238, 241, 244, 245, 248, 249, 251–253, 255, 273, 286, 291, 301, 303, 304, 309, 334, 337, 340, 342, 377, 378
秩父宮雍仁親王妃勢津子（松平節子）　179, 215, 217, 220, 230, 231, 244, 249, 253, 291, 303, 377, 378
千葉胤明　78
長延連　274, 290
長渡南　127, 360
長喜穂　308, 309
張学良　242
張継　316
張弘植　307
張伯洪　58
張和順　210
趙爾巽　55
趙重九　368
趙東潤　368
長慶天皇　43, 74, 79, 80, 84
チョップ　188
知覧啓二　157
沈友燮　207
珍田岩　46, 47, 92
珍田捨巳　24, 32, 43, 47, 72, 84, 87, 91, 92, 106, 130, 137, 141, 178, 195, 196, 215, 217, 242, 244, 246, 248, 254, 265, 266, 275, 277, 335

つ

塚原夫人　206
塚原伊勢松　137, 212
塚原大応　257
塚本清治　91, 98–100
塚本はま　210
津軽理喜子　137, 243
次田大三郎　335
筑波喜代子→毛利喜代子

筑波藤麿（山階宮藤麿王） 37, 38, 213, 216, 217, 253, 325
辻善之助 82
津島寿一 375, 378
辻村 256
津田（少将） 31
津田 112
津田 371
〜の妻 371
津田晴一郎 221
津田チセ子 62
津田敬武 87, 108
津田正夫 62
土田誠一 187, 192
土田麦僊 376
土屋 148
土屋忠安 23
土屋正直 130, 224
筒井 43
堤 318
〜の妻 318
堤経長 113, 164
堤浜 113, 262
堤康次郎 280
堤雄長 113, 164, 262
堤要子→内藤要子
堤（小島）淑子 280
綱川 60
常ノ花寛市 80, 352
津野一輔 185, 191, 192
角田柳作 188, 321
坪井九馬三 214
坪上貞二 342
鶴田 312
鶴見 84
鶴見 357
鶴見 378
鶴見愛子 280
鶴見左吉雄 186, 265, 304
鶴見祐輔 136, 280, 312
〜の弟 146

て

貞明皇后（節子） 15, 20, 38, 39, 59, 65, 67, 70, 77, 78, 82–84, 89, 98, 100, 119, 129, 134, 143, 156, 157, 167, 169, 170, 177, 181, 184, 201, 203, 215, 217, 221, 225, 238, 241, 254, 270, 271, 277, 284, 297, 299, 307, 317, 325–327, 341, 342, 345, 353, 354, 372, 377, 380, 381, 384, 385, 387
ティリー、エリザベス 54, 178, 378
ティリー、ジョン 41, 43, 54, 167, 236, 253, 281, 283, 287, 376, 377
〜の妻 54, 253, 283, 377
出海偉佐男 302, 307
手代 317
デビットソン 20, 56, 57
デビットソン、C・J 286
出淵勝次 155, 185, 230, 234
寺内綾子 310
寺内毅雄 310
寺内正毅 84
寺尾亨 71
寺尾秀子 71
寺尾政篤 239
寺崎武男 24
寺崎遊 24
寺島（安田）恭子 184
寺島健 130, 136
寺島誠一郎 184, 291
寺島久松 228
照宮成子内親王（東久邇成子） 21, 65, 92, 128, 140, 141, 191, 192, 197, 215, 216, 249, 263, 334, 337, 338, 344
田健治郎 61, 75, 83, 382
天龍三郎 352

と

土居 192
土居剛吉郎 182
土居幸子→大給幸子
土居保太郎 182, 279
トイスラー、ルドルフ 167, 305, 333, 382
東海散士→柴四朗
ドヴガレフスキー、ヴァレリヤン 156
東郷直 150
東郷安 299
桃中軒峰右衛門 184, 185, 253
ドウマス、マリ 76
頭山満 53, 266, 274, 280, 300, 349
トーマ、アルベル 250
トーマス、ロイド 286
遠山郁三 263, 269, 271

遠山英一　78
土岐嘉平　198, 285
土岐政夫　139
時枝　356
時永浦三　140, 270, 271
常磐津松尾太夫　251
常磐津文字太夫（七代目）　251
常磐津文字兵衛　251
徳恵姫→李徳恵
徳川厚　358
徳川家達　45, 50, 60, 61, 84, 118, 120, 167, 185, 207, 213, 216, 268, 275, 320, 355, 357, 387, 388
徳川家正　287
徳川家康　131
徳川喜久子→高松宮宣仁親王妃喜久子
徳川達成　43
徳川達孝　43, 98
徳川実枝子　74, 271, 291, 325, 327
徳川義親　114
徳川慶喜　266
徳川慶光　136, 325, 327
徳川頼貞　190, 289
徳川頼倫　43
徳富猪一郎（蘇峰）　19, 40, 57, 78, 118, 182, 186, 204, 218, 263, 290, 344, 346, 347, 375
徳富静子　204
床次秋子　117
床次竹二郎　71, 88, 109, 117, 220, 222, 269
戸崎信一　324
戸田氏秀　43
戸田務　234
戸田元子　43
戸田康保　68, 322
戸塚武比古　184, 201, 277, 279
戸塚玉子→大塚玉子
等々力森蔵　288
殿岡利助　221
土肥慶蔵　122
とみ　216
トミ　30
トミ　222
富井政章　70, 72, 79, 81, 82, 214, 253, 356, 357
富木謙治　181
富島　256
富田愛次郎　212
富田幸次郎　386
富田嘉則　75
冨田渓仙　230
富谷（博士）　64
富谷　219
富谷　387
富谷鉎太郎　19, 21
富取風堂　75, 230
留岡幸助　76
友野欽二　187, 193
外山　146
外山且正　78
豊国福馬　352
豊島栄　134
豊島正清　134
豊田　348
豊田勝蔵　322
豊田佐吉　328
豊田利三郎　328
ドラサル夫人　118, 162
　～の兄　162
　～の兄の妻　162
ドラモンド＝ヘイ、グレース　308, 311
鳥居清信　144
鳥居百三　111
鳥飼　357
鳥野幸次　78
鳥水　200
鳥山南寿次郎　68
トロヤノヴスキー、アレキサンドル　188, 195
トンマーゾ、ウンベルト・ニコラ　333

な

内藤桂子　85
内藤湖南（虎次郎）　337
内藤（堤）要子　85, 164
内藤頼輔　85, 113
尚　152
中井　237
中井三郎兵衛　198, 256
中井三之助　198
永井（子爵）　119
永井　193
永井（校長）　332
永井末子　218
永井登久二　26
永井松三　218-220
永井泰量　314

中内鉉一郎　321, 327
中内春吉　327
長尾　283
長尾半平　282
長岡隆一郎　76, 300
中川糸　388
中川健蔵　302, 310, 348, 352
中川小十郎　71
中川貞夫　89
中川甚五郎　320
中川正左　89
中川望　212, 306, 347-349
中川吉郎　22, 120
中隈敬夫　125, 126, 151, 158, 268, 344
　〜の母　126, 191
中隈敬蔵　268
　〜の妻　268
中里喜一　229
中沢弘光　81
長沢　334
　〜の妻　334
　〜の娘　334
長沢伝六　88
長沢林太郎　51
長沢芦雪　295
中島　86
中島（中将）　334
中島久万吉　78, 302, 317
中島晋　203
中島玉吉　298
中島正武　41, 147, 222, 264
中島万平　236
中嶋虎吉　142
長島の娘（木村雄次の長男の妻）　39
長瀬　28, 150, 169, 178
長瀬　367, 385
長瀬鳳輔　58
長瀬吉次　240, 332
中田覚吾郎　228
長田　356, 373
永田仁助　34
永田秀次郎　35, 186, 212, 221, 282, 299, 300, 335, 356
中谷秀　32
中谷武世　158
永積寅彦　203
中西　238
中西清一　145
中野　76
中野正剛　34, 35, 268
中野好夫　382
長野草風　155, 196
中ノ条尊　212
中橋徳五郎　118, 218
中原　112
中原徳太郎　158
永藤　219
永見房吉　70
中村（ハルピン）　46
中村　190
中村　270
中村卯吉　38
中村円一郎　142, 239, 345, 368, 369
中村岳陵　75, 230
中村久四郎　366
中村孝也　217
中村伍作　152, 184, 263, 281, 292
　〜の弟　281, 292
　〜の妻　281
　〜の息子　281
　〜の娘　281
中村長五郎　30
中村恒三郎　352
中村藤兵衛　384
中村寅之助　282
中村是公　18, 28
中森　59
中屋尭駿　63
中山　316
中山久四郎　370
中山貞雄　345
中山輔親　276
中山忠徳　67
中山昌　207
長与又郎　311
半井君子　184
半井清　193
名古屋　38
梨本宮規子女王　90, 91
梨本宮守正王　23, 31, 38, 58, 59, 103, 159, 219, 233, 244, 245, 333, 339
梨本宮守正王妃伊都子　244, 333
生田目　231
鍋島直映　182

鍋島栄子　231
鍋島陸郎　73, 149
　〜の妻　73
生江　205
生江孝之　76
生津和太郎　236
奈良　19
奈良武次　98, 130, 224, 244, 247, 277, 293-296
成瀬　51
成瀬　61
成瀬　189
成瀬　325
成瀬　356
成瀬俊介　341
成瀬正雄　141
南郷三郎　144, 157
南部利淳　233, 236

に

新倉高久　345
仁井田　34
仁井田益太郎　54
新美（見）　124, 144
新山荘輔　381
新納忠之介　156
二木　53
西（京都）　123, 198, 237, 285
西　384
西浅子　271, 290
西朝子　374
西彦太郎　190, 250
西義一　88, 354
西尾忠方　143
西岡景美　256
西川（高知高等学校長）　122, 128
西川　382
西川義方　130, 152, 180, 326, 338, 370, 387
西久保弘道　157
西崎弘太郎　201
西沢四郎　182
西沢新蔵　111
西田周吉　319
西田税　49, 52, 58, 112, 119, 164
西野　283
西野元　107, 114, 127, 155, 213, 237, 292, 302, 351
西ノ海嘉治郎　80
西原　346
西原亀三　306
西村　336
西村清　97, 200
西村五雲　245, 246
西村保吉　119, 122, 124, 339, 348, 350, 353, 366
西山翠嶂　376
二条厚基　33, 45, 142, 168
二条基弘　188
西脇　108
日観　58
新渡戸稲造　138, 239, 312, 313, 345, 370, 387
新渡戸孝夫　65
蜷川新　68, 69, 342, 344
二宮　49
二宮桂僊　192
二宮治重　287
丹羽　250
丹羽組子　74, 119, 339, 349, 354, 356
丹羽孝一　355
丹羽（岩崎）誠子　160, 356, 382
丹羽長徳　74, 122, 339, 340, 349, 350, 354, 356
丹羽花子　356
丹羽（武藤）文子　160, 356, 382
庭田重行　228
仁孝天皇　190, 273, 341

ぬ

沼田　87

ね

ネヴィル、エドウィン・L　326
　〜の妻　326
根津元　191
根本敦行　78

の

野口　30
野口明　17, 265, 285, 293
　〜の弟　128
野口援太郎　237, 256
野口米次郎　105
野崎　217
野崎広太　22

野沢源次郎　137, 138, 143, 144, 146, 158, 278, 371
野地栄　53
野尻　89
能代潟錦作　276
野田　367
野田卯太郎（大塊）　51, 225
野手耐　290
野村万斎（初代）　251
野村礼譲　357
乗杉嘉寿　251

は

馬遠　58
パーカー　270
萩博　226
白　112
白寅基　137, 146, 147, 187, 283
莫徳恵　242
橋田東声　359
橋本永邦　75
橋本雅邦　120
橋本関雪　114, 285
橋本圭三郎　276
橋本静水　75
橋本徹馬　75, 193, 198, 263
橋本直三郎　72
橋本邦助　36
橋本義雄　345
橋本利邦　43, 44, 48
橋本霊星　185
バジル　154
蓮見　80
長谷信道　181, 243
長谷川一男　328
長谷川赳夫　253
長谷川直敏　142
畑英太郎　81, 91, 182, 222, 232, 255, 293, 359
畑俊六　234
畑良太郎　298
畑生武雄　287
バチェラー、ジョン　76
蜂須賀　28
蜂須賀正韶　44, 45, 73, 150, 156, 298, 332, 340, 372, 383
蜂須賀正氏　44, 73, 167, 169, 202, 340
バッソンピエール、アルベール・ド　38, 274, 332
八田善之進　22, 130
八田嘉明　89, 198, 300
初谷藤兵衛　16, 20, 57, 59, 205
初富　59
服部宇之吉　111, 129, 135, 137, 204, 221, 317, 340, 344, 348, 349, 354, 357
服部喜三　81
服部金太郎　77
服部邦光　218
服部暢　116
服部久子　41
パテク、スタニスワワ　38
鳩山一郎　145, 178, 198, 219, 241, 243, 244, 246, 247, 253, 254
鳩山春子　230
鳩山（古沢）百合子　253
花井卓蔵　54
花岡止郎　148
花岡敏夫　148
花田　343, 345, 346
花田凌雲　142
塙徳子　257
埴原正直　346
羽生慶三郎　158
羽生藤四郎　316
馬場　346
馬場鍈一　70, 79, 82, 298
浜三郎　30
浜尾新　73
浜口　230
浜口雄幸　20, 77, 301, 309, 322, 323, 332, 355, 375, 381-383
浜口夏子　383
浜田　187
浜田耕作（青陵）　71
浜田庄司　380
ハミルトン、ヒーバー・J　318
早尾富子　41
早川清三　228
林　19
林　137
林　189
　～の妻　189
林　198
林　271
林敦陸　333

林桂　234, 347
林久治郎　130
林健太郎　84, 340
林権助　44, 46, 68, 85, 87, 167, 179, 183, 271, 277, 286, 287, 292, 299, 311, 351, 369, 374
　〜の妻　299
林銑十郎　315, 389
林荘治　26, 28, 44, 46, 67
林貞次郎　163
林仙之　234
林博太郎　109, 136, 270, 338
林雅之助　52
林増之丞　350
林安繁　350, 357
林頼三郎　70, 74, 79, 334
林田俊彦　381
早野錫　81
葉山　297
速水御舟　75, 85, 230
速水滉　111
ハラ、カーレル　342
原　68
原浅子　235
原静枝　80
　〜の夫　80
原脩次郎　386
原敬　235
原胤昭　76
　〜の息子　222
原鉄五郎　273, 334
原富太郎　304
　〜の妻　304
原嘉道　122, 140, 149, 198, 232, 360
原口晃　328
原田　24, 41
原田　181
原田　331, 359, 362, 364
原田　341
原田（湖東紡績会社東京支店）　371
原田維織　370
原田金之祐　228
原田熊雄　23, 81, 184, 190, 356
原田光次郎　35, 36, 61, 63, 102, 276, 277, 336
原田新一郎　102
原田武一　68
原田助　86
原田政二　52
原田政七　75, 221, 371
ハリス、メリマン・コルバート　45
梁田　239
パレット　117
阪正臣　78, 189
バンカム　188, 312
　〜の妻　188
坂西利八郎　113
半田賢作　127
半田寛　127
ハンバート　87

ひ

東　109
　〜の妻　109
　〜の養嗣子　109
東　137
東寿恵子→上原寿恵子
東義胤　108, 116, 117, 121
東方籌　163, 347
東久世小六　23, 322
東久世秀雄　23, 27, 29, 30, 49, 55, 58, 61, 100, 135, 149, 179, 194, 195, 197, 198, 217, 222, 225, 226, 242, 255, 271, 308, 317, 321, 322, 369, 370, 374
東久邇成子→照宮成子内親王
東久邇宮稔彦王　39, 51, 54, 87, 88, 98, 101, 103, 107, 116, 117, 152, 161, 162, 165, 168, 170, 205, 213, 219, 227, 240, 284, 346, 358
東久邇宮稔彦王妃聡子内親王　72, 100, 101, 107, 278
東久邇宮盛厚王　220
東伏見慈洽（久邇宮邦英王）　184, 185, 187, 190–192, 194, 220, 256, 278
東伏見宮依仁親王　125
東伏見宮依仁親王妃周子　18, 51, 88, 92, 97, 104, 187, 194, 214, 219, 253, 256, 278, 279, 324
ビカステス夫人　341
引田乾作　111
樋口　347
樋口富麻呂　230
久田益太郎　379
久宮祐子内親王　141, 143, 194–197, 200, 202, 275
久松韞子　318, 335, 348
久松定孝　292, 318, 335, 348
久村種樹　354
土方久徴　158, 291, 302

土方寧　214
菱川師宣　144
菱田きく　81
肥田　138
肥田栄三　72, 216
肥田理吉　53
日高秩父　334
日高里起子　334
日戸　319
人見次郎　29, 307–309, 387
人見弥　127
ビニヨン、ローレンス　321
日野西資博　31
日匹信亮　34, 102, 255, 256, 283, 311, 345
百武源吾　49
日向利兵衛　143, 369
平井政遒　264
平井三男　209
平川清風　347
平熊友明　318
平沢直巳　87
平田貫一　228
平田東助　123
平田穣　83
平塚　62
　～の長男　62
平塚　188
平塚　209
平塚　355
平塚直美　139
平塚広義　18, 90, 131, 132, 157, 162, 269, 293, 302, 335
平塚みね　139
平塚米次郎　295
平沼騏一郎　42, 53, 70, 79, 82, 85, 186, 218, 231
平沼淑郎　72, 231
平福百穂　181, 185
平山成信　60, 61, 99, 125, 165, 205, 208, 315, 318, 375
ビリー、ロベール・ド　116, 190
広瀬興　318
広瀬猛　235
広瀬久忠　319
広田　369
広橋真光　90
広幡忠隆　208, 295
裕仁親王→昭和天皇
閔　111
閔泳綺　58, 84
ビンガム　336

ふ

フィッシャー、ゲーレン・M　381
フィッツジェラルド、アリス　87
フィリップ　188
フィンチ、ジョージ・A　289
ブース、ブラムウェル　78, 79
フェイトーザ、アントニオ　157, 252
　～の妻　252
フェーン、ポンソンビ　304
フェルプス、G・S　211, 283, 326, 336
　～の妻　283, 326
フォーブズ、W・キャメロン　373
フォレスト、ウィルバー　289
フォレッチ、エルンスト・アルツール　347
深井英五　77
　～の娘　77
福井　167
福井　312
福井菊三郎　188, 305
福岡利三　213, 216
福沢桃介　39, 44
福沢泰江　193
福島　357
福島繁三　78, 300
福島四郎　210
福島楳隣　208
福田　319
　～の兄　319
福田　334
福田行誡　206
福田浩湖　36
福田静処　276
福田彦助　230
福田平八郎　376
福田雅太郎　85, 184, 218
福地由廉　245, 375
福富　207
福富正男　20, 75, 350
福永晴帆　181
福原　255
福原鐐二郎　21, 23, 79, 99, 113, 115, 118, 165, 191, 198, 211, 213, 256, 312–314, 319, 341

藤五代策　346, 349
藤井（山階宮武彦王に随伴）　37
藤井　63
藤井音次郎　288
藤井健次郎　221, 222
藤井茂太　107
藤井幸義　107
不二夫　81
藤岡作太郎　136, 144
藤岡万蔵　35, 36, 235, 308, 309
藤懸静也　110
富士川金二　150
藤倉善八　327
藤沢親雄　69
藤沢行俊　22, 25
藤沢利喜太郎　17
藤島武二　225
藤瀬　365
　～の妻　365
藤田　51
藤田伝三郎　359
藤田霊斎　184, 185
藤波言忠　50, 51, 68
藤沼庄平　63, 113, 122, 163, 250, 319
　～の妻　319
藤野　372
藤野君山　22
伏見宮敦子女王　79
伏見宮邦芳王　23
伏見宮貞愛親王　25, 186
伏見宮貞愛親王妃利子女王　151, 154, 156, 158, 161, 164, 185, 379
伏見宮博信王→華頂博信
伏見宮博英王　31, 32, 220
伏見宮博恭王　23, 30–32, 41, 45, 73, 79, 136, 154, 155, 208, 251, 302, 339, 363
伏見宮博義王　18, 57, 100
伏見宮博義王妃朝子（伏見朝子）　306
伏見宮光子女王　306
藤宮　181, 276
藤山竹一　133, 232, 342
藤吉直四郎　308
藤原　218
藤原銀次郎　26
藤原咲平　293
二上　91
二上　313
二上　382
二上兵治　70, 79, 82, 85, 91, 98, 104, 237, 238, 240, 336
二荒　137
二荒芳徳　195, 196, 265, 282
淵沢能恵　210, 217
船曳　17, 141, 150, 247
フライシカー　189
ブライス　54
ブラウン、E・ゴードン　17
ブラウン、フランクリン・H　283
　～の妻　283
ブラングイン、フランク　126
古井福子→阪本福子
古井喜実　162
古川　59
古川　365
古川岩太郎　149
古川静夫　228, 229
古河虎之助　25, 27, 29, 30, 49, 74, 90, 187, 372
古河不二子　26
古沢潤一　253
古沢百合子→鳩山百合子
古見　99
古山石之助　42
ブレイクスリー、ジョージ　179
フレイザー、C・M　86
フレデリック　348
フレデリック、レオン　190

へ

ペイン、ジョン・バートン　87, 90
ベー、フウルウッシ・フウアド　242
ヘーズレット、サミュエル　317
ヘッジス　227
別府総太郎　160
ペテトアダムス、アリス　76
ベネシュ、エドヴァルド　17
ペリー、マシュー　131
ベル、フォーク　89
ベルジョ、マリーア・ジョゼ・デル　333
逸見梅栄　335
ヘンリー王子（グロスター公）　271, 283, 286–289, 292

ほ

北条時敬　286
坊城俊良　195
ボウルズ　54
ホーグ、フレッド　289
ホール、ワシントン　67
朴泳孝　155, 357
朴熙道　345
朴賛　45
朴重陽　41
朴春琴　51, 389
朴烈　74
ボサンケット　211, 213, 217, 262, 263, 271, 365, 384
　～の姉　384
星一　84
保科　137
保科　186
保科　349
　～の妻　349
保科正昭　73
星野　354
星野錫　379
星野輝興　126, 195, 238
星野麦人　81
細川興治　256
細川利文　78
細川護立　24, 129, 138, 162, 201, 317, 384
堀田鼎　228, 250
　～の妻　250
穂積陳重　23, 39–41
穂積英子　342
　～の弟　342
ホプキンス、ロバート　317
堀　319
堀　376
堀内（藤園会発起人）　213, 218
堀内　274
堀内の娘　49
堀内文次郎　139, 147
堀江　385
堀江武子　35, 114, 206
堀切善次郎　288, 292, 319, 322, 347, 349, 356
堀口　91
堀口董　145
堀越　214
堀越善重郎　74
堀越雪子　74
堀場立太郎　325
ボルトン　55
本郷房太郎　26, 27, 34, 288, 333
本田　43
本田幸介　53, 54, 57, 62, 73, 179, 350, 351
　～の妻　57
本田仙太郎　124
本田常吉　76
本多（代議士）　18
本多　71
本多　186
本多　195
本多　328
本多勘次郎　287
本多光太郎　236, 386
本多静六　321
本多忠夫　117, 120, 151
本多正復　181
本多康虎　303
本多猶一郎　15, 54, 126
ボンヌメゾン、マヌエル・エリアス　86
本間雅晴　213, 289

ま

マーラー、ハーバート　367
　～の妻　367
前木直立　89
前田青邨　75, 314, 324
前田武四郎　204, 369
　～の妻　369
前田多門　109, 281, 283, 345
　～の妻　283
前田利男　101, 117, 137, 140, 166, 215, 312, 318, 335
　～の妻　318
前田利為　49, 84, 355
前田直造　236
前田昇　339
前田米蔵　145, 198
前房　199
槙不二夫　119, 160, 339
牧野克次　54
牧野清人　264

牧野貞亮　27, 28, 156, 223, 243, 300, 385
牧野伸顕　20, 23–25, 34, 38–40, 47, 49, 53, 55, 58, 60, 61, 65, 71, 73, 77, 82, 84, 88, 101, 102, 106, 110, 121, 137, 141, 159, 163, 168, 177, 183, 190, 191, 196, 203, 207, 215, 218, 225, 226, 241, 244, 247, 261, 263, 265, 277, 281, 293–295, 299, 305, 319, 320, 327, 333, 339, 345, 350, 359, 369, 370, 376, 378, 379, 387, 388
巻野綱子　83
巻野寿亀　83
マキム、ジョン　317
　～の娘　317
槙山栄次　31, 32
マギル、メアリー・B　367
マクベーグ、チャールズ　42, 45, 167, 188, 236, 248
真崎勝次　160
真崎甚三郎　235
正木直彦　117, 120, 198, 213, 251, 280
正治　15
マサリク、トマーシュ・ガリッグ　17, 344
間下　41, 269
真下貞子　43, 45, 81
真下龍平　35, 309
間島弟彦　368
真清水蔵六　154
マシューズ、ハーバート　289
増井　362
増田（御用掛）　32
増田（博士）　180
増田　356
増田次郎　347
益田孝　365, 369
増野　320
町井畔山　63
町尻量弘　53
町尻量基　61
町田辰次郎　163, 347
町田忠治　301, 320, 331
松井（少佐）　69
松井　192
松井（博士）　345
松井慶四郎　364, 369
松井元淳　156
松井義　334
松居松翁　317, 334
　～の妻　317
松浦の妻　385
松浦イチ　386
松浦円四郎　299, 322
松浦鎮次郎　89
松浦長太郎　328
松浦寅三郎　21, 23, 79, 113, 165, 211, 215, 290, 314, 341, 386
松浦彦次　327
松浦靖　88
松枝角二　75
松尾重政　144
松尾芭蕉　151
松岡　76
松岡映丘　36, 43, 55, 167, 181, 200, 208, 214
松岡均平　63, 353
松岡静雄　346
松岡洋右　35, 87, 180, 181, 194, 196, 231, 280, 282, 308, 326, 370
松方巌　30
松方幸次郎　144, 283
松方正作　272
　～の息子　272
松木幹一郎　282
松下専吉　63
松下春雄　81
松城　325
松田　80
松田　216
松田源治　222, 284, 301–303, 307, 321, 384, 385
松田為常　272
松田道一　313, 338, 349
松平　16
松平　57
松平　256
松平　361
松平　362
松平の妻　92
松平一郎　291
松平定信　49, 66, 162
松平進子　231
松平節子→秩父宮雍仁親王妃勢津子
松平恒雄　168, 179, 183, 210, 213–216, 220, 225, 230, 231, 237, 253, 254, 291, 377, 378
松平信子　168, 210, 213–215, 230, 231, 253, 270, 290, 291, 378
松平乗承　32
松平正子　291

松平保男　183, 215, 231
松平康荘　383
松平慶民　20, 31, 61, 62, 64, 103, 117, 157, 165, 215, 287, 300, 376
松平頼寿　99, 139, 168, 213, 275
松寺竹雄　112, 123
松永琢磨　224
松永武吉　25
　〜の妻　25
松永和一郎　160
松根東洋城　243
松村梅代　186
松村介石　35, 186, 204, 218, 223, 344
松村光三　210
　〜の妻　210
松室致　61, 211
松本　19
松本（報知記者）　67
松本　219
松本　364
松本　372
松本剛吉　276
松本姿水　35, 36, 155
松本烝治　54
松本留吉　206, 263, 271, 274, 321, 327
松本雅太郎　62
松本学　133–135
楽本一洋　199
松山　63
松山（火曜会）　288
松山忠次郎　59
万里小路ソデ　356
マテボルシャ　77
丸茂藤平　179, 180, 233, 235, 236, 263, 323, 370
丸山（弁護士）　181
丸山　186
丸山幹治　59, 114
丸山鶴吉　35, 53, 105, 181, 188, 349
円山応挙　183

み

ミード、ハーバート　286
三浦　188
三浦英太郎　156
三浦謹之助　40, 73, 79, 151, 153
三浦顕蔵　160
三浦権一　160
　〜の妻　160
三浦教子　153
三浦周行　82, 337
三笠宮崇仁親王（澄宮崇仁親王）　66, 91, 189, 201, 203, 204, 220, 238, 375, 380
三上参次　47, 79, 82, 109, 115, 116, 121, 129, 135, 137, 161, 211, 221, 289, 292, 298, 317, 333, 359, 376
三木翠山　78, 123, 202, 203, 208, 228, 245, 254, 376
御木本幸吉　78, 386
三雲　382
水城圭次　167
水谷八郎　271
水谷政次郎　250
水野　214
水野　250
水野喜平　324
水野直　306
水野梅暁　351
水野錬太郎　88, 155, 284, 343
水町袈裟六　99
　〜の息子　110
三角　63, 98, 113
溝上（小倉）遊亀　314
溝口三郎　117
溝口禎次郎　36, 167, 187, 209, 213, 271, 324
道家　336
道重（大僧正）　336
迪宮裕仁親王→昭和天皇
三井（理事長）　54
三井　186
三井（高辻）祥子　292
三井餞　236
三井高棟（八郎右衛門）　23, 47, 166, 167, 190, 191, 248, 287, 288, 345
三井弁蔵　365
光田健輔　356
密田良太郎（宮内官僚）　156, 179, 197, 303
密田良太郎（発明家）　386
光武　313, 367
三土忠造　115, 139, 158, 182, 302
三橋四郎次　31
三矢宮松　51, 60, 64, 65, 76, 77, 86, 88, 114, 148, 186, 209, 210, 219, 221, 299, 307, 308, 336
三輪善兵衛　128

南方熊楠　295
水上七郎　44, 65
南次郎　116, 159, 234
南大曹　40, 208, 216, 387
南満子　208
南沢岩吉　191, 192
　〜の妻→浅岡の娘
峯幸松　236, 253, 293
峰村教平　164
箕浦　18
　〜の妻　42
美濃部　88
美濃部達吉　54, 338
　〜の娘　338
美濃部洋次　120
美濃部亮吉　125
箕輪　54
三橋　221, 302
三橋の妻　370
三保二　272, 273
三村　202
　〜の母　202
宮入　384
宮入慶之助　139
宮岡の妻　154
宮岡恒次郎　179
宮川　302
宮川長春　144
宮城山福松　276
三宅　298
三宅源之助　350
三宅克己　81
三宅米吉　117, 322
宮崎燁子→柳原白蓮
宮崎勝太郎　203
宮崎道三郎　201
宮沢　282
宮地直一　172
宮島　110
宮島敏雄　84, 115
宮田光雄　129, 163, 232, 255, 262, 293
深山亀三郎　308, 309
宮本　157
宮本央　208, 209, 292, 356, 358
宮脇梅吉　232, 254
三善焞彦　121
三好重夫　323
三好重彦　63, 64
三好重道　63, 304
三好一　234
三輪修三　81, 113
三輪周蔵　273
三輪信次郎　112
　〜の娘　112

む

向井の妻　365
向井の息子　365
向井喜一　118
向田金一　266
武蔵山武　352
武者小路公共　303
ムッソリーニ、ベニート　124, 362
武藤金吉　112, 151, 202
武藤文子→丹羽文子
村井　108
村井吉兵衛　16, 17
村尾　367, 368
村上　34
村上（植木屋）　69
村上　91
村上　274
村上　318, 319
村上（青木）謹英子　319
村上雷吉　116
村瀬　221
村田　143
村田（漢冶萍顧問）　186
村山浩一　130, 132
村山龍平　19
室町公藤　181

め

明治天皇　92, 121, 122, 139, 141, 142, 144, 171, 172, 180, 183, 306, 359, 376
目賀田種太郎　61, 70

も

毛利の娘　262
毛利（筑波）喜代子　253
毛利高範　218, 253

モウル　53, 183, 188, 196, 207, 209, 265, 268, 271–273, 276, 278, 281, 286, 290, 297, 299, 316, 318, 322, 338, 341, 342, 347, 353–355, 357, 376, 379, 385, 386
モーガン　216
茂木宇一　74
茂木政吉　254
持地の妻　58
望月軍四郎　26, 27, 163
望月圭介　133, 221, 236, 247, 253, 279, 280, 285, 293, 294, 298, 299, 316
牧谿　58
モット、ジョン・R　16, 280, 281, 292
泉二新熊　133, 334
元田　119
元田亨吉　64
元田作之進　54, 109, 202
　～の妻　202
元田肇　35, 162, 207
本野久子　271
本山俊介　16, 20, 57
桃川如燕　288
森（一高同窓会会長）　322, 351
森　361
森巌　166
森寛斎　171
森巻吉　309, 322
森賢吾　304
森孝三　351
森為三　111
森恪　166, 355
森泰治　105, 195
守尾孝蔵　21
森岡二朗　210, 232, 384
森口　156
守永　15, 17, 27, 30, 41
森永　184, 185
森村開作（七代目森村市左衛門）　78, 84, 281
守屋　228
守屋栄夫　76, 124
守屋孝蔵　156, 225
森安　114, 122
森山　332
森山慶三郎　334
諸井恒平　53
モロニー　135

や

八木岡春山　58, 62
柳生俊久　192
矢崎　300, 317
矢沢　86
矢島　112
矢島杉造　282
矢島富蔵　316
矢島正昭　107
矢島松造　316
矢代　80
矢代幸雄　227, 316
八代豊雄　180, 382
八代六郎　75, 266
安居　146
安井小太郎　16
安岡　72, 146, 162, 163, 181
安岡　186
安岡　189
安岡　216
安岡　254
安岡の祖父　310
安岡一郎　213
安岡正篤　35, 48, 58, 69, 73, 75, 80, 90, 92, 170, 213, 227, 274, 304, 310, 339, 340, 344, 347
安川　199
八杉　271
安河内麻吉　215
安田（報知新聞記者）　264
安田　365
安田岩次郎　184
安田恭子→寺島恭子
安田郷輔　111
安田善三郎　184
安田鉄之助　152, 219, 226, 340
安田靫彦　75
安場末喜　348
安満欽一　297
八束清貫　195
八代則彦　376
梁川星巌　162
柳宗悦　124, 380
柳沢保恵　31
柳田国男　221
柳原吉兵衛　126

柳原愛子　53, 97, 177, 261, 331
柳原白蓮（宮崎燁子）　29
柳原義光　61, 76
簗田欽次郎　337, 338, 367, 385
八並　378
矢野晋也　72, 103
矢野恒太　53, 182
矢野機　130
矢ハギ　312
矢橋　18
矢橋賢吉　119
藪篤麿→高倉篤麿
矢吹慶輝　76
矢吹省三　86, 325
矢吹久子　161
山内　213
山内長人　70
山内草子　33, 36, 42, 47, 52, 56, 102, 153
山内多門　155
山内豊景　42
山内豊中　33, 45, 47, 51, 53, 60, 106, 224, 358
山内春子　33
山内美艸子　41, 42
山岡国利　48, 58, 83, 112, 180, 298
山岡万之助　131, 132, 281, 308
山岡淑子　196, 223, 349
山県　59, 230
山県　227
山県有朋　185, 341
山県有道　335
山県伊三郎　75, 83, 146, 147, 152, 201, 230, 315, 318
山県五十雄　112
山県治郎　350
山県武夫　287
山県辰吉　81, 130, 195
山県鞭子　335
山川　221
山川　382
山川一郎　345
山川健次郎　79, 183
山川端夫　70, 83, 85, 98, 99
山河（秘書官）　71
山口　59, 89, 205
山口（徳川慶光公附中将）　136
山口氏令嬢　135, 136, 138
山口勝　183
山口佐助　358
山口脩一郎　157
山口十八　16, 39, 136, 137, 140, 141
山口巍　312
山口ヌイ　16, 39, 140, 312
山口蓬春　78, 200
山口政二　100, 104, 190
山座賤香　267, 271, 377
〜の妻　271
山崎（八幡神社社司）　205
山崎　229
〜の長男　229
山崎　281
山崎　283
山崎の妻　210
山崎覚次郎　182
山崎亀吉　165
山崎四男六　226
山崎直方　305
山下亀三郎　227
山下源太郎　130, 133
山階宮菊麿王妃常子　58
山階宮茂麿王→葛城茂麿
山階宮武彦王　15, 23, 28, 37–41, 59, 76, 101, 108, 117, 119, 120, 124, 169
山階宮萩麿王→鹿島萩麿
山階宮藤麿王→筑波藤麿
山階宮芳麿王　38, 158
山田兼松　221
山田三良　19, 207, 338
山田準次郎　212
山田登代太郎　289
山田直矢　320, 327
山田登　289
山田益彦　34, 49–51, 69, 97, 107, 155, 192, 227, 256
〜の妻　107
山梨勝之進　291, 311
山梨半造　182, 217, 298
山根　19
山辺知春　86, 108, 157, 200, 215
山村耕花　75
山村弘　375
山室軍平　60, 76, 78, 79, 135, 340, 341, 365
山元春挙　49, 85, 114, 171, 181, 189, 198, 208, 244, 250, 285
〜の妹　171

〜の姪　171
〜の両親　171
山本（代議士）　31
山本（片瀬）　23, 43, 216
山本雄　308, 309
山本英輔　293
山本鼎　24
山本権兵衛　149, 250, 319
山本定孝　301
山本地栄　157
山本条太郎　50, 79, 116, 166, 206, 281, 308, 360, 365–367, 380
山本信次郎　83, 217
山本忠美　368
山本直正　83
山本直良　83

ゆ

兪星濬　105
湯浅倉平　88, 92, 105, 112, 155, 157, 158, 212, 271, 284, 323
結城（安田銀行）　79
結城　188
結城　197
結城　209, 270
結城　368, 369
結城豊太郎　157, 162
湯川寛吉　297, 376
雪沢千代治　46
雪野元吉　197, 302
弓削幸太郎　72, 120, 122, 159, 299, 322
湯沢三千男　271

よ

揚在河　184
陽成天皇　256
用田　58
横河　312
横河民輔　322
横沢　23, 34, 213, 218, 239, 249
横島常三郎　294
横田　204
横田喜三郎　353
横田秀雄　23, 186, 335–337
横溝光暉　229
横村　204
〜の妻　204
横山　184
横山　216
横山永十　287
横山くら　388
横山静子　125
横山助成　212, 233, 236, 261, 293, 299
横山大観　39, 43, 52, 55, 56, 58, 65, 70, 75, 85, 117, 118, 125, 130, 136, 141, 142, 179, 187, 190, 200, 223, 230, 324, 327, 331, 388
横山孫一郎　163
与謝野鉄幹（寛）　83
与謝野七瀬　83
吉川兼光　254
吉川安平　133
吉沢（子爵）　275
吉沢　282
吉沢（青木）愛子　275
芳沢謙吉　64, 74, 240, 264, 290, 306, 316, 346, 347, 350, 353, 377
芳沢操　353
吉住小三郎（四代目）　251
吉田賢龍　346, 347
吉田茂（外務官僚）　248, 265, 274, 287, 341
吉田茂（内務官僚）　172, 306
吉田豊彦　354
吉田博　36, 81, 116
吉田文外　238
吉田増蔵　42, 74, 114, 137, 237, 238, 317
吉田要作　165
吉野　52
吉益俊次　58, 61, 64, 149, 155, 156, 236
吉村　387
吉村鉄之助　186
芳村孝次郎（五代目）　251
吉本　67
米内光政　86
米田　89
米山　45
米山（静岡会）　119
米山　181
米山梅吉　368
米山辰夫　272
万鉄五郎　79
万富次郎　232

ら

ラーマ七世　154
頼　154
　～の妻→菊池米太郎の娘
頼山陽　151
ライオン、ギデオン・A　289
ライト、ポール　289
ライフスナイダー、チャールズ・S　143
ラバーニャ、ジュリオ　193, 195

り

李允用　306, 307
李覚鍾　39, 383
李環鎮　108
李起東　51, 53
李埼鎔　200
李垠　24, 25, 32, 38, 39, 59, 75, 103, 112, 116, 118, 199, 202, 212, 214, 217, 226, 307, 311, 342, 350, 357, 373
李鍝　167, 222, 325
李瓊完　36
李鍵　167, 325, 358, 379
李堈　91, 92, 105, 106, 115, 118, 149, 167, 202, 249, 266, 288, 306, 309, 339, 342, 343, 347, 352, 353, 357, 358, 389
李恒九　75, 340
李三椒　21
李軫鎬　29, 33, 183, 283
李聖熙　41
李正守　41
李爽　253
李坧（純宗）　39, 51, 53, 78, 118
李徳恵（徳恵姫）　39, 112, 115, 388
李楠学　41
李秉鎮　21, 108
李方子　39, 321, 322
李有来　253
李雍溶　192
リー、アーサー　312
　～の義妹　312
　～の妻　312
リー、メアリー・ヘレナ・コンウォール　262, 263
リーガル、フランシス・E　289
リカード、デヴィッド　182
力石　285, 290
陸川　68
リデル　77
柳一宣　26, 27, 50, 62, 65
　～の子　26, 27, 254
劉驤業　125
良寛　186, 276
良斎　162
リンカーン、エイブラハム　273

る

ルイス、J・M　289

ろ

ロックフェラー、ジョン　248

わ

ワイルショット、レオネ　333
若槻礼次郎　20, 23, 25, 40, 47, 50, 69, 71, 78, 80, 106, 109, 149, 323
若宮卯之助　158
若宮貞夫　186
脇水五郎　231
脇水鉄五郎　88, 196, 231
分部資吉　26–28, 51
和田　357
和田英作　78, 81, 127, 322, 340
　～の妻　322
和田亀治　131, 132
和田豊治　344
和田彦次郎　35, 163, 265
和田英正　153
渡辺　112
渡辺　136
渡辺　186
渡辺　218
渡辺　379
渡辺（小金井土地所有者）　348
渡辺長男　180
渡辺海旭　76
渡辺勝三郎　157, 221, 261
渡辺香堂　78
渡辺定一郎　63, 111, 181

渡辺晨畝　125
渡辺千冬　73, 136, 204, 301, 302, 312, 315, 316, 321, 322, 372, 375
渡辺直達　23, 177, 195, 240, 241
渡辺八郎　105, 187, 209, 238, 265
渡辺正雄　159
渡辺芳子　136, 316
渡部　354
　〜の叔母　353-355
渡部信　70, 79, 82, 91, 118, 179, 185, 241, 273, 274, 301, 315, 326, 336, 354, 357
渡部定次郎　304
渡川　61
亘野　149
ワット　282
和仁貞吉　215
ワラー　55, 365
藁谷　23
　〜の妻　23